GEORGES LAHY

DICTIONNAIRE DE GUIMATRIA

Valeurs numériques des termes hébraïques en usage dans la Kabbale et la spiritualité

Éditions Lahy

Du même auteur

Kabbale extatique et Tsérouf, 1993.
Vie mystique et Kabbale pratique, 1994/2003.
Le Sépher Yetsirah, 1995.
Le Grand Œuvre de Jonas, 1996.
L'Alphabet hébreu et ses symboles, 1997.
Les 72 Puissances de la Kabbale, 1999.
La Voix du corps, 2002.
Paroles de nombres, 2003.
Abécédaire du langage des animaux, 2004.
Dictionnaire encyclopédique de la Kabbale, 2005.
Ésh metsaréf, le feu de l'alchimiste – Traduction et annotations, 2006.
Les Assemblées initiatiques du Zohar – Traductions et annotations, 2006.
Les mystères de la dent, avec Gérard Athias, Éd. Pictorus, 2009.
La Voix des maux, 2010.
Le Trône de Joie, 2015.
Kabbale et couleurs, 2016.
Les Épistoles Tome I, de 2013 à 2019.
Aboulâfia – La Quête du kabbaliste, 2019.
Dictionnaire de guimatria, 2020.
Racines hébraïques usuelles, 2020.
Les Portes de la lumière, Shaaréi Orah de Joseph Gikatilla, 2001/2003.
L'immortalité de l'âme chez les Juifs, de Gidéon Brécher (2004).
Abécédaire du langage des maux, de Orén Zétah (2004*).*
Les Symboles des Égyptiens, de Frédéric Portal (2008).
La Lampe d'Élohim, Nér Élohim, Abraham Aboulâfia, *2008 / 2021.*
Divorce des Noms, Guét ha-shémoth, Abraham Aboulâfia, *2009 / 2021.*
Le Livre de la Réponse adéquate, de Jacob ben Shéshéth (2010).
La vie du Monde à venir, Ḥayéh haolam Haba, Abraham Aboulâfia, *2019.*
Le Livre du Signe, Séfer haOth, Abraham Aboulâfia, *2007- 2019.*
*Textes de la Kabbale provençale médiévale – Séfér haÎyyoun / Mayân
     haḤokhmah, 2019.*
Ode à la Création, Péréq Shirah, 2020.
L'Art bref, Ars brevis – Raymond Lulle, 2020.
Les Portes de la Justice, Shaâréi tsédéq, Nathan Harar, 2021.
Guélyana, l'Apocalypse dévoilée, 2021.

X-XXI

© 2020 Éditions Lahy
www.lahy.fr

ISBN 978-2-917729-31-1

Présentation

La *guimatria* est l'art numérique des anciens hébreux réunissant lettres et nombres. Une chorégraphie bien codifiée de mots et de phrases qui se connectent, se comparent et se remplacent dans une danse transgénérationnelle d'adeptes des mystères de la *Torah*. Ces artistes sont des jongleurs du verbe installés sur les marches du parvis du Temple.

Bien avant l'arrivée et l'adoption d'un système chiffré indépendant des lettres, les civilisations méditerranéennes avaient, dès l'origine, attribué des valeurs numériques à chacune des lettres de leurs alphabets respectifs. Mais c'est sans doute avec les hébreux, lors de la rédaction de la *Torah*, que cet usage prit une dimension cryptographique mystique bien particulière. Il est connu que la *Torah*, au-delà de son sens premier, possède nombre de niveaux d'interprétation. Soixante-dix, dit-on … nous voici déjà face à un nombre. Parmi ces niveaux, la considération des valeurs numériques des éléments du texte est l'une des ouvertures du sens caché. Chaque lettre correspondant à un nombre, écrire un mot revient à écrire un nombre et écrire un nombre revient à écrire un mot. Par exemple, le nombre 32 s'écrit avec deux lettres : le *laméd* qui vaut 30 et le *béith* qui vaut 2. De cette façon : לְ"ב. Immédiatement, l'hébraïsant lit לֵב (*lév*), cœur. Le nombre 14 s'écrit avec la lettre *yod* qui vaut 10 et la lettre *daléth* qui vaut 4, de cette façon : י"ד, que l'on peut alors lire יָד (*yad*), main. Le nombre 48 s'écrit avec la lettre *mém* qui vaut 40 et la lettre *héith* qui vaut 8, de cette façon : מ"ח, qui se lit מֹחַ (*moaħ*), cerveau.

Bien que cela y ressemble beaucoup, la *Guimatria* n'est pas de la numérologie. Cette dernière est une méthode qui consiste à mettre en relation deux systèmes : l'un alphabétique, l'autre numérique. Dans ce contexte, la numérologie attribue à chaque lettre un chiffre (qui peut différer selon les numérologues) et il faut ensuite convertir un mot pour en faire un nombre. Une interprétation du nombre obtenu est donnée en fonction de sa symbolique ou selon une signification choisie attribuée à ce nombre.

Avec la *guimatria,* la symbolique du nombre est secondaire, car ce concept particulier a pour objectif d'établir des liens d'équivalence entre des mots, des expressions ou des phrases. Chacun des termes nommant les objets du microcosme et du macrocosme, possède un « poids numérique » par les lettres qui le forment. Cette valeur le connecte naturellement avec tous les autres termes ayant ce même « poids numérique », de l'infiniment grand à l'infiniment petit. Les objets peuvent alors se substituer, s'attirer, se repousser ou s'associer. Leurs connexions constituent une géométrie terrestre et céleste. Il n'est pas à douter que les noms « *guimatria* » et « géométrie », partagent une origine commune. Certes, la *géométrie* est la science de la mesure de la terre. Mais elle permet aussi de dessiner et mesurer l'espace. La *guimatria* est la « *Daâth shioûr Beréshith* » [דַּעַת שְׁעוּר בְּרֵאשִׁית] : la Science de la mesure de la Création. Elle offre une explication du sens d'un mot en lui substituant un autre mot, de sorte que la valeur numérique des lettres constituant l'un ou l'autre mot soit identique. Pour prendre une image, lorsque l'on place deux poids identiques sur chacun des plateaux d'une balance, les poids peuvent être intervertis sans que la balance n'en soit déséquilibrée.

Le nom hébreu *guimatriah* [גִּימַטְרִיָּה] ou *guimatria* [גִּימַטְרִיָּא] dans sa forme araméenne, tout en restant connecté au *geometria* [γεωμετρία] grec, dérive probablement du grec *grammateia* [γράμματια], qui signifie « jeu de lettres ». Lui-même issu de *gramma* [γράμμα], lettre.

Le *guimtour* [גִּמְטוּר] est l'art d'interpréter un texte à l'aide de la *guimatria*. Il est devenu d'usage de prononcer *guématria* [גִּימָטְרְיָה], mais les écrits vocalisés les plus anciens montrent que la forme d'origine est *guimatria*, que ce soit en hébreu ou en araméen. Voilà pourquoi, j'ai choisi de revenir à cette forme dans cet ouvrage.

Cette méthode alphanumérique entre dans le cadre des sept règles d'interprétation codifiées par Hillel haZaqén[1]. Lorsque deux choses ont la même *guimatria*, on dit alors qu'elles sont reliées l'une à l'autre, car selon les maîtres de l'herméneutique tout a été créé au moyen de permutations des lettres du Verbe divin. Ainsi, par leur mesure ces deux choses partagent une potentialité commune essentielle.

La numérotation ancienne hébraïque est assez simple. Les vingt-deux lettres de l'alphabet hébreu sont structurées en unités, dizaines et centaines. Les neuf premières lettres (de *Aléf* à *Teith*) sont les unités, les neuf suivantes (de *Yod* à *Tsadé*) sont les dizaines et les quatre dernières (de *Qof* à *Tav*) sont les centaines. Voici un tableau récapitulatif des valeurs des vingt-deux lettres hébraïques, structurées en unités, dizaines et centaines :

א	ב	ג	ד	ה	ו	ז	ח	ט
1	2	3	4	5	6	7	8	9
Aléf	*Beith*	*Guimel*	*Daléth*	*Hé*	*Vav*	*Zayin*	*Heith*	*Teith*
י	כ	ל	מ	נ	ס	ע	פ	צ
10	20	30	40	50	60	70	80	90
Yod	*Kaf*	*Laméd*	*Mém*	*Noun*	*Samék*	*Āyin*	*Pé*	*Tsadé*
ק	ר	ש	ת					
100	200	300	400					
Qof	*Réish*	*Shin*	*Tav*					

---

[1] Hillel haZaqén était un Sage et dirigeant religieux qui vécut à Jérusalem au temps d'Hérode et de l'empereur Auguste. Hillel renouvela l'interprétation de la Loi en publiant sept règles herméneutiques reprises plus tard par R. Yohanan ben Zakkaï lorsqu'il transféra le Sanhédrin à Yabné après la destruction du temple en 70.

Il existe cinq lettres dites "finales", mais qui arrivées tardivement, ne sont pas utilisées pour écrire les nombres en hébreu.

Le mouvement naturel des lettres est rotatif, les textes de la mystique parlent du *Guilgoul haOthioth*, de la rotation ou de la révolution des lettres. Lorsqu'elles sont organisées en tableau, comme ci-dessus, on est tenté de demander : « *qu'y a-t-il après le tav qui vaut 400 ?* ». Dans une roue de lettres, la question ne se pose plus. Après le *tav*-400, il y a le *aléf* qui ramène à l'unité ou qui ouvre au millier. C'est pourquoi l'écriture circulaire correspond mieux à leur nature, de cette façon :

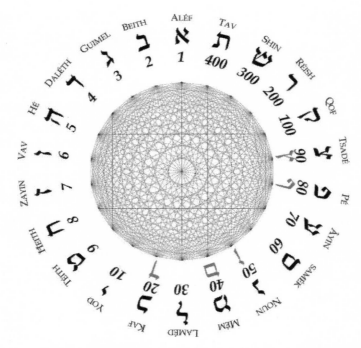

Ainsi disposées, les lettres peuvent se connecter les unes aux autres et former tous les jeux de nombres et de lettres possibles.

Pour écrire un nombre en caractères hébreux, il faut procéder de la manière suivante :

1) Si le nombre correspond à la valeur d'une lettre, on écrit tout simplement la lettre. Exemple : 80 = פ'.

2) Pour un nombre avec dizaine, on écrit d'abord la dizaine et l'unité, un signal numérique ["] sépare les deux. Exemple : 25 = כ"ה (20 et 5 - *Kaf* et *Hé*). Il y a une exception lorsque le nombre écrit un Nom de Dieu, par exemple 15, qui devrait normalement s'écrire *Yod-Hé*, mais ceci forme *Yah*. À la place, 15 s'écrit ט"ו (*Teith Vav* - 9+6).

3) Pour un nombre avec centaine et unité, on écrit la centaine, le signal numérique et l'unité. Exemple : 202 = ר"ב (200 et 2).

4) Pour un nombre avec centaine, dizaine et unité, on écrit la centaine, la dizaine, le signal numérique et l'unité. Exemple : 457 = תנ"ז (400+50+7 - *Tav, Noun, Zayin*).

5) Lorsque la centaine dépasse 400, il faut la composer avec *tav* et une autre centaine. Exemple : 742 = תשמ"ב.

6) Pour les milliers, il suffit de placer une unité avant la centaine (*Aléf* = 1000, *Beith* = 2000, etc.). Exemple : 5757 = התשנ"ז.

Les vis-à-vis des lettres, dans la roue ci-dessus, composent déjà des nombres et racontent quelque chose. *Aléf*, la première lettre, fait face au *Laméd*, la douzième. Les deux lettres réunies forment le nom *Él* [אֵל], la divinité, qui est aussi le pronom *él* [אֶל], qui fait aller vers ..., pour ... Car en hébreu, aller vers revient toujours à aller vers Dieu. Ces deux lettres réunies écrivent le nombre 31 : א"ל. Et voici naturellement associés la divinité, le fait d'aller vers et le nombre 31. D'autres mots pourront les rejoindre.

Et les valeurs des lettres finales ? Fondamentalement, elles n'en ont pas, car dans la roue des lettres un *noun* reste un *noun*. Toutefois, certains auteurs ont imaginé pouvoir continuer le compte après le *tav* en utilisant les lettres finales dans l'ordre, pour numéroter : 500, 600, 700, 800, 900. Mais les lettres finales n'ont jamais été prises en compte pour écrire les nombres en hébreu, elles sont apparues bien trop tardivement pour cela. Il est arrivé que des auteurs de la littérature kabbalistique médiévale aient appuyé leurs démonstrations en recherchant un enseignement dans les changements de formes des lettres finales. Ou qu'ils en soient venus à jouer avec les valeurs finales, mais tout cela reste tardif. On peut en découvrir quelques exemples dans des ouvrages majeurs, tels que le *séfer haZohar* ou le *séfer haBahir*.

La base traditionnelle de la *guimatria* se fonde donc sur les valeurs usuelles de l'alphabet hébreu. On dit alors *mispar raguil* [מִסְפָּר רָגִיל], valeur usuelle (normale) ou alors *mispar gadol* [מִסְפָּר גָּדוֹל], grande valeur. Mais cette dernière appellation sert à différencier des autres techniques numériques : *mispar qatan* [מִסְפָּר קָטָן], petite valeur, *mispar sidouri* [מִסְפָּר סִידוּר], valeur ordinale, et bien d'autres encore.

Dans ce dictionnaire, seules les valeurs usuelles sont prises en compte. C'est la valeur traditionnelle, l'attribution des valeurs des lettres correspond au tableau ci-dessus. Voici quelques exemples :

Exemple 1 : *Éḥad* אֶחָד (unité) = 1+8+4 = 13.

Exemple 2 : Le nom unifié de Dieu : *Yhwh-Élohim* [יהוה אֱלֹהִים] vaut **112** (10+5+6+5+1+30+5+10), c'est le Saint, béni soit-il, signalé dans les textes par l'abréviation *Haqba'h* [הקב"ה], qui vaut aussi **112**. Avant de traverser le gué du *Yaboq* [יַבֹּק] (valeur **112** : 10+2+100), Jacob était une étoile errante (*kokav nodéd* [כּוֹכָב נוֹדֵד] **112** : 20+6+20+2 +50+6+4+4). Par cette traversée, Jacob a retrouvé son intégrité et s'est redressé pour devenir Israël. Cet axe, c'est celui des *sefiroth* centrales : *Malkouth*, *Tiféréth* et *Kéter*, qualifiées par les trois Noms divins : *Adonaï, Yhwh, Éhyéh* [אֲדֹנָי יְהֹוָה אֶהְיֶה], dont la somme est **112**. S'est alors révélé à lui le *sod Éloha* [סוֹד אֱלוֹהַ], le secret de Dieu (**112** : 60+6+4+1+30+6+5). Ce chemin, il l'a ouvert pour tous les *bnéi haAdam* [בְּנֵי הָאָדָם], fils de l'Adam, humains, qui vaut aussi **112**.

Ainsi utilisée, la *guématria* sert à changer le niveau de lecture d'un texte en lui apportant une nouvelle dimension.

AU SUJET DE CE DICTIONNAIRE

Le dictionnaire des *guimatrioth* qui suit s'est constitué progressivement, au grès de mes études et de mes recherches. Il contient la majorité des termes en usage dans la mystique juive. On y trouve la plupart des termes mentionnés dans le lexique de Moïse Cordovéro du vingt-deuxième chapitre du *Pardès Rimonim*, la terminologie mystique araméenne du *Zohar* et du *Talmud*, des expressions et des versets bibliques. Ainsi que nombre d'autres termes hébreux rencontrés au fil des jours et pour diverses raisons.

Bien que déjà riche, cette recension ne sera jamais exhaustive, je continue à l'enrichir très régulièrement. Encore au moment même où j'écris cette présentation. Il appartiendra donc au lecteur de la compléter selon sa propre expérience.

Il n'était pas dans mon intention de publier ce dictionnaire personnel. J'en ai collecté chaque nombre, comme on collecte des cailloux sur le chemin. Après tout, calcul et caillou partagent la même origine latine : *calculus*.

Abraham Aboulâfia, qui était un génie de la *guimatria*, conseillait à ses adeptes de mémoriser les nombres, comme l'on ramasse des cailloux en les plaçant dans un petit sac que l'on garde toujours avec soi. Ainsi, lorsque l'on rencontre un terme dont la valeur est déjà dans notre sac, on peut relier ces deux histoires dans l'espace et dans le temps. C'est une expérience très personnelle. C'est pourquoi une liste de *guimatrioth* est un trésor intime. Chacun rencontre les nombres en fonction de ce qu'il est et de sa mission d'être.

Pour ma part j'ai pu constater, en construisant ce dictionnaire, qu'en ce qui me concerne certains nombres sont très « loquaces », d'autres restent plutôt « discrets » ou plongés dans un « mutisme » complet. J'observe qu'après des dizaines d'années, des nombres sont encore absents, je ne les ai jamais rencontrés sur le chemin. Quelques timides se sont montrés une ou deux fois, sans plus. En revanche, ceux que j'appelle « loquaces » racontent chaque détour du chemin. Je reste persuadé que des utilisateurs de ce dictionnaire, en fonction de leur propre expérience, trouveront que mes nombres silencieux peuvent s'avérer éloquents dans leur cheminement.

La demande régulière d'élèves, de lecteurs et d'amis, depuis maintenant des années, a fini par me convaincre de publier ce dictionnaire. Mais ce qui m'a finalement décidé, fut de réaliser que lorsque j'ai entrepris ce chemin, il y a maintenant bien longtemps, le jeune homme que j'étais aurait été heureux de pouvoir bénéficier d'une telle base.

DICTIONNAIRE DES GUIMATRIOTH

מִלּוֹן גִּימַטְרִיּוֹת

- 1 -

א - *Alef* - 1ère lettre de l'alphabet hébreu.

- 2 -

ב - *Beith* – 2ème lettre de l'alphabet hébreu.

- 3 -

אָב - *Ab* - Père - Mois de Juillet/Août.

בָּא - *Ba* - Venir, arriver.

בֹּא - *Bo* - «Va» - *Parasha* #15 Ex. 10:1-13:16.

- 4 -

אַבָּא - *Abba* - Papa, père.

גֵּא - *Gué* - Fier ; hautain, arrogant.

- 5 -

אָבַב - *Avav* - Faire pousser, produire.

אֵד - *Éd* - Vapeur.

בָּבָא - *Bava* - Porte - Bava (docteur de la Loi).

בַּג - *Bag* - Portion, ration.

גַּב - *Gav* - Dos, verso.

דָּא - *Da* - *(araméen)* cela.

- 6 -

אַבָּא - *Abba* - Père, qualificatif de la *sefirah Ḥokhmah* (araméen).

בַּד - *Bad* - Étoffe -branche, rameau.

גַּג - *Gag* - Toit.

דֹּב - *Dov* - Ours.

הֵא - *Hé* - Hé (5ème lettre de l'alphabet hébreu).

- 7 -

אָבַד - *Avad* - Se perdre, périr.

אוֹ - *O* - Ou.

בדא - *Bada* - Imaginer, fabriquer un mensonge.

גְּבַב - *Guevav* - Pile, tas.

גִּבֵּב - *Guivév* - Rassembler, accumuler.

גָּד - *Gad* - Gad, chance, bonheur, coriandre.

דָּאַב - *Dav* - Pleurer, se lamenter.

דָּג - *Dag* - Poisson.

הַאָא - *Haïa* - 26ème nom du *Shém haMeforash*.

- 8 -

אָבָה - *Avah* - Vouloir, consentir.

אָגַד - *Agad* - Lié, attaché, faisceau.

אָהַב - *Ahav* - Aimer.

גָּדָא - *Gada* - Chance.

- 9 -

אוֹב - *Ov* - Nécromancien.

אָח - *Ah* - Frère.

בָּבָה - *Bavah* - Prunelle (de l'œil), pupille - poupée.

בֶּגֶד - *Béguéd* - Habillement, vêtement.

בָּגַד - *Bagad* - Trahir, tromper.

בּוֹא - *Bo* - Venir, arriver, entrer.

בַּז - *Baz* - Faucon.

זָב - *Zav* - Débit, décharge.

- 10 -

אָ"בּ-גָּ"ד - *Ab-Gad* - Système combinatoire des lettres.

אַבּוּב - *Abouv* - Flûte pour les nobles.

אָדָה - *Idah* - Évaporer, s'envoler.

אַט - *At* - Lentement, magicien.

בָּדָד - *Badad* - Être seul, isolé - solitude.

גַּבָּה - *Gabah* - Sourcil, hauteur, altitude.

דָּאָה - *Daah* - Planer, milan, cerf-volant.

דּוֹ - *Do* - deux, bi (*araméen*).

זְאָב - *Zév* - Loup.

- 11 -

אַבּוּב - *Aboub* - Récipient en cuivre dans le Temple, utilisé pour griller les grains d'orge durant l'offrande d'Ômer - Hautbois.

אֲהָה - *Ahah!* - Hélas.

אוּד - *Od* - Tison.

אִי - *I* - Île - Non, malheur !.

בָּדָה - *Badah* - Imaginer, fabriquer un mensonge.

חָבָא - *Ḥaba* - Cachette.

חַג - *Ḥag* - Fête.

טֹב - *Tov* - Être bon.

- 12 -

אֲבֵדָה - *Avédah* - Perte.

אַוָּה - *Iouah* - Désir, passion.

אַחְאָב - *Aḥav* - Achab (roi d'Israël).

גֵּט - *Guét* - Divorce.

דּוֹב - *Dov* - Ours.

הוּא - *Hou* - Lui, il.

וָו - *Vav* - Vav (6ème lettre) - crochet.

זֶה - *Zéh* - Ce.

חָבַב - *Ḥavav* - Aimer, chérir.

חֹד - *Hod* - Pointu, aiguisé, fer de lance.

- 13 -

אָבוּד - *Avod* - Perdu, désespéré.

אָבִי - *Avi* - Mon père.

אַגָּדָה - *Agadah* – Légende ; Conte de fée.

אֲגֻדָּה - *Agoudah* - Faisceau, paquet.

אַהֲבָה - *Ahavah* - Amour.

אֶחָד - *Éhad* - Un, unique.

אֹיֵב - *Oyév* - Détester, haïr.

בַּגְדָּד - *Bagdad* - Bagdad.

בֹּהוּ - *Bohou* - Chaos, confusion, désolation.

גְּבוּב - *Guivouv* - Tas ; accumulation, collection.

גִּבֵּחַ - *Guibéah* - Chauve (calvitie antérieure).

גֵּהָה - *Guéhah* - Santé, guérison, bien-être.

דְּאָגָה - *Dagah* - Inquiétude ; problème, difficulté ; se soucier.

דִּדָּה - *Didah* - Sauter, trottiner.

הֵבָאָה - *Havah* - Apporter, prendre.

הֶגֶה - *Héguéh* - Barre, gouvernail - Prononciation.

וָאו - *Vav* - Vav (Sixième lettre de l'alphabet hébreu).

זֶבֶד - *Zévéd* - Don, cadeau.

זוֹ - *Zo* - Celle-ci.

חָגָב - *ħagav* - Sauterelle.

יָבֵא - *Ibé* - Importer.

- 14 -

אָהוּב - *Ahouv* - Aimé, préféré, chéri.

אוֹהֵב - *Ohév* - Amant, ami.

אַוָּז - *Avaz* - Oie.

אָטָד - *Atad* - Ronce.

בִּדַּח - *Bidah* - Amuser, divertir.

בִּזָּה - *Bizah* - Humilier, châtier, écraser - Pillage.

גַּיְא - *Gaï* - Vallée, gorge, ravin.

דָּבַח - *Dévah* - Orchidée abeille – *Ophrys apifera* - Sacrifice *(araméen)*.

דָּוִד - *David* - David.

דַּי - *Daï* - Assez.

הַב הַב - *Hav Hav* – Donne ! Donne !

זָהָב - *Zahav* - Or.

זָז - *Zaz* - Bouger, remuer.

חַבַּ"ד - *ħabad* - Abréviation pour *ħokhmah, Binah* et *Daâth.*

חָגַג - *ħagag* - Danser, tournoyer.

יָד - *Yad* - Main.

- 15 -

אָבִיב - *Aviv* - Printemps.

אֲהָדָה - *Ahadah* - Sympathie.

אָחוּ - *Ahouo* - Pâturage, prairie.

אֵיד - *Eid* - Malheur, désastre, évaporer.

בּוּז - *Bouz* - Mépris, dédain.

גַּאֲוָה - *Gavah* - Fierté, égotisme.

הֹדּוּ - *Hodou* - Inde.

דּוּדָא - *Douda* - Mandragore.

הֲהָה - *Hahah* - 41ème nom du *Shém haMeforash.*

הוֹד - *Hod* - Gloire (*sefirah*).

זְבָאה - *Zévah* - Louve.

זוֹב - *Zov* - Sécrétion, écoulement sanguin.

חִבָּה - *ħibah* - Amour, Estime.

יָהּ - *Yah* - Nom de Dieu.

- 16 -

אִבְחָה - *Ivhah* - Massacre, carnage.

אָהוּד - *Ahod* - Sympathique.

אֵזוֹב - *Ézov* - Hysope.

אָחַז - *Ahaz* - Tenir, saisir.

אַיָּה - *Ayah* - Vautour.

בָּבוּאָה - *Bavouah* - Reflet, image, silhouette.

בּוֹדֵד - *Bodéd* - Isolé.

בּוֹחַ - *Niboah* - Aboiement.

בָּזַז - *Bazaz* - Piller, butin.

גָּבוֹהַ - *Gavoha* - Grand, haut.

גּוֹבַה - *Gobah* - Hauteur, altitude.

זוּג - *Zoug* - Apparié, accoupler - paire.

חַבוּ - *Havou* - 68ème nom du *Shém haMeforash*.

חָח - *Hah* - Boucle, broche - Anneau, crochet.

- 17 -

אֱגוֹז - *Égoz* - Noyer, noix.

אָדִיב - *Adiv* - Aimable, poli.

גְּדִי - *Guedi* - Capricorne.

גִּיד - *Guid* - Tendon.

דָּחָה - *Dahah* - Retarder, différer.

דַּיָּג - *Dayag* - Pêcheur.

הַגָּדָה - *Hagadah* - Légende, récit.

הָזֶה - *Hazéh* - Ceci.

וְהָו - *Vehao* - 49ème nom du *Shém haMeforash*.

וְהוּ - *Vehou* - 1er nom du *Shém haMeforash*.

זְבוּב - *Zvouv* - Mouche.

זֶבַח - *Zébah* - Sacrifice.

זָהָה - *Zihah* - Reconnaître, identifier.

חוּג - *Hog* - Groupe, cercle.

חַט - *Hat* - Incisive.

טוֹב - *Tov* - Bon.

- 18 -

אַבָּהִי - *Avhi* - Paternel.

אָגִיד - *Aguid* - Branchie, ouïe.

אֵיבָה - *Éivah* - Hostilité.

בְּהֶחָבֵא - *Behéhavé* - Invisible, secrètement.

גֶּטוֹ - *Gueto* - Ghetto.

הֵבִיא - *Hévi'* - Apporter, transférer, transporter.

חֵטְא - *Héite* - Faute involontaire.

חַי - *Haï* - Vivant.

- 19 -

אֲבוֹי - *Avoï!* - Hélas ! Malheur !

אוֹיֵב - *Oyév* - Ennemi.

אִיּוֹב - *Iyov* - Job.

בֶּטַח - *Bétah* - Sécurisé, être en confiance.

גּוֹי - *Goï* - Nation, goy.

דּוֹדָה - *Dodah* - Tante.

הִטָּה - *Hitah* - Divertir, incliner, plier.

חַהוּ - *Hahou* - 24ème nom du *Shém haMeforash*.

חַוָּה - *Havah* - Ève.

יָדָה - *Yadah* - Jeter, lancer (des pierres).

- 20 -

אַחְוָה - *Ahvah* - Fraternité.

אָט-בָּח - *At-Bah* - Méthode de transposition de lettres.

דְּיוֹ - *Dyo* - Encre.

הוֹדָה - *Hodah* - Remerciement.

הָיָה - *Hayah* - Était.

זוּז - *Zouz* - Zuz (ancienne pièce juive) ; ancienne unité métrique.

זִיג - *Zig* - Gilet.

חָזָה - *Hazah* - Voir, regarder - poitrine.

יְהַהּ - *Yehah* - 62ème nom du *Shém haMeforash*.

יוֹד - *Yod* - Yod (10ème lettre).

- 21 -

אֶהְיֶה - *Éhyéh* - Je serai.

אֲחֻזָּה - *Ahouzah* - Propriété, terrain, ferme.

אַךְ - *Ak'* - Mais - Seulement, assurément.

גְּבוּי - *Guiboui* - Sauvegarde.

הַבָּטָה - *Habatah* – Observation, contemplation.

הָגִיג - *Haguig* - Méditation, pensée.

הוֹדָאָה - *Hodaah* - Action de grâce.

הוֹדוּ - *Hodou* - Inde.

יָטַב - *Yatav* - Faire le bien.

- 22 -

אֱהֻוִי - *Éhoui* - Une forme mystique du Tétragramme.

אָכָּא - *Ak'a* - 7ème nom du *Shém haMeforash*.

בּוּדְהָה - *Boudah* - Bouddah.

בָּךְ - *Bakh* - En toi.

הֶאֱבִיד - *Héévid* - Annihiler.

הַזִי - *Hazi* - 9ème nom du *Shém haMeforash*.

זִוּוּג - *Zivoug* - Conjonction des Partšoufim.

חָבִיב - *Havivi* - Amiable.

חוֹחַ - *Hoha* - Crevasse, recoin, fissure - Chardon, bruyère, épine.

חִטָּה - *Hitah* - Froment.

טוֹבָה - *Tovah* - Bienfait.

יֵהוּא - *Yéhou* - Jéhu.

יַחַד - *Yahad* - Ensemble.

- 23 -

אֹבֶךְ - *Évèk* - Opacité, brouillard, brume.

אֲגִידָה - *Aguidah* - Action de lier, ligature.

הִדְאִיג - *Hidig* - Préoccupé, inquiet.

זְבוֹחַ - *Zébouha* - Abattage (d'animaux).

זִיו - *Ziv* - Rayonnement, splendeur.

חֶדְוָה - *Hédvah* - Joie mystique.

חוּט - *Hout* - Fil.

חַיָּה - *Hayah* - Vitale (âme).

כְּאֵב - *Keév* - Douleur, souffrance, angoisse, chagrin.

- 24 -

אַזבּוֹגָה - *Azvogah* - Un nom magique.

בִּטחָה - *Bithah* - Sécurité, tranquillité, paix, certitude.

גְוִיָה - *Gviah* - Corps.

דוֹדִי - *Dodi* - Bien-aimé.

זִיבָה - *Zibah* - Flux, sécrétion.

זִיז - *Ziz* - Moulage, proéminence.

יְחוּ - *Yehou* - 33ème nom du *Shém haMeforash*.

כַּד - *Kad* - Quand, lorsque - cruche, broc, jarre - extrémité arrondie.

כֹּד - *Kod* - Extrémité arrondie.

- 25 -

אֲבִיבִי - *Avivi* - Printanier, vernal.

בָּטוּחַ - *Batouah* - Sécurisé, certain.

דִכָּא - *Dikah* - Opprimer, subjuguer; écraser, maîtriser.

הַיַי - *Hayaï* - 71ème nom du *Shém haMeforash*.

כֹּה - *Koh* - Ainsi.

- 26 -

אַבטוּחַ - *Avtouah* - Protection, garde.

הֲוָא־דִי - *Hou daï* - Il suffit.

הֲוָיָה - *Havayah* - Existence.

חוֹזֶה - *Ḥozéh* - Visionnaire, voyant.

- 27 -

יהוה - *Yhwh* - Tétragramme divin (Nom de Dieu).

כָּבֵד - *Kavad* - Foie - lourd - Pesant, respect.

- 27 continued in column -

אֲחוּזָה - *Ahouzah* - Propriété, possession.

בָּכָה - *Bakah* - Pleurer.

דְחִיָה - *Dehiyah* - Rejet, repousser.

זַך - *Zak* - Pur, limpide, clair.

חִידָה - *Ḥidah* - Énigme mystère.

יְיַז - *Yeyaz* - 40ème nom du *Shém haMeforash*.

כָּהֹב - *Kahov* - Jaune foncé.

- 28 -

אִבכָה - *Ivaḳah* - Volute (de fumée, de poussière ou de brume).

בוֹך - *Bok* - Perplexe, confus.

בַּיהוה - *BaYhwh* - En Yhwh.

הוּא הִיא - *Hou Hie* - Lui Elle.

הֶחֱיָה - *Héhéyah* - Ressusciter, revivre - ressusciter des morts.

טִיט - *Tit* - Boue, vase, limon.

יָד אוֹהֵב - *Yad ohév* - Main aimante (affectueuse).

יָד זָהָב - *Yad zahav* - Main d'or.

יָדִיד - *Yadid* - Ami.

יָחוּד - *Yihoud* - Unicité; désignation, sélection.

כֹּחַ - *Koah* - Force, puissance.

- 29 -

אִי אַגָּדִי - *I agadi* - Île légendaire, mythique.

זֶה טוֹב - *Zéh tov* - C'est bon.

חַג הָאַהֲבָה - *Ħag haAhavah* - Fête de l'Amour (Saint Valentin).

חֲגִיגָה - *Ħaguigah* - Célébration.

חֲוָיָה - *Ħavayah* - Expérience.

כּוֹאֵב - *Koav* - Douloureux, souffrant.

- 30 -

אֲבַטִּיחַ - *Avtiħa* - Pastèque.

הוּא־חַי - *Hou-haï* - Il est vivant.

הִכָּה - *Hikah* - Abattre, frapper, tuer.

זֶהוּ זֶה - *Zéhou zéh* - C'est ça.

יְהוּדָה - *Yehoudah* - Judah.

יְיַי - *Yeyaï* - 22ème nom du *Shém haMeforash*.

כָּהָה - *Kahah* - Sombre, profond (couleur).

כָח"ב - *Kaħab* - Abréviation pour *Kéter*, *Ħokhmah* et *Binah*.

כִּי - *Ki* - Car, comme.

- 31 -

אָחִי הוּא - *Ahi hou* - C'est mon frère.

אֲחִיזָה - *Ahizah* - Saisir, trouver un support.

אֵל - *Él* - Él, dieu, vers.

זָהָב טוֹב - *Zahav tov* - Bon or.

חַג הָאָבִיב - *Ħag haviv* - Fête du printemps, Pâque.

כֹּחַ אָב - *Koah av* - Force du père.

לֹא - *Lo* - Non, ne pas.

- 32 -

אֶלָּא - *Éla* - Mais, seulement, toutefois.

בְּכִי - *Beki* - Pleurer.

בַּל - *Bal* – Ne pas.

הֵא הֵא יוֹד - *Hé Hé Yod* - Développement des lettres Hé-Hé-Yod, en allusion aux 32 sentiers de la Sagesse.

זָכָה - *Zakah* - Innocent, acquitté.

חָזִיז - *Ħaziz* - Éclair.

טוּבִיָה - *Toviah* - Tobie.

יָחִיד - *Yahid* - Seul, unique.

כָּבוֹד - *Kavod* – Honneur, gloire.

כִּחֵד - *Kiħéd* - Dissimuler la vérité.

לֵב - *Lév* - Cœur.

- 33 -

אָבִיך - *Avik* - Poussiéreux, brumeux.

אָבֵל - *Aval, Avél, Évél* - Être en deuil, désolé, maïs, plaine, vallée - Abel.

גַּל - *Gal* - Tas, monceau - vague, onde.

חַי בָּאַהֲבָה - *Ħaï baahavah* - Vivre dans l'amour.

כּוּז - *Kouz* - Récipient pour l'huile utilisé dans le Temple de Jérusalem.

- 34 -

אֵגֶל - *Égél* - Gouttelette.

בָּבֶל - *Babel* - Babel.

גֹּאֵל - *Goél* - Rachat.

דּוּ יְדֵי - *Dou-Yedéi* - Ambidextre.

דַּל - *Dal* - Ouverture -pauvre, indigent.

וַיְחִי - *Vayeḥa* – « *Et il vécut* » - *Parasha* #12 Gen. 47:28-50:26.

- 35 -

אֲגְלָא - *Agla* - Abréviation de : *Atha guibor léolam Adonai* אַתָּה גִּבּוֹר לְעוֹלָם אֲדֹנָי, « *tu es fort éternellement Adonai* ».

אֲגְלָא – *Igla* – Porte extérieure, porte de la ville (aram.).

אַכְזָבָה – *Ak'zavah* – Déception, désappointement.

אֱלַד - *Alad* - 10ème nom du *Shém haMeforash*.

גְּבֵל - *Gavél* - Frontière.

הֵל - *Hél* - Cardamone.

חַי טוֹב – *Ḥaï tov* – Bien vivre.

יְהוּדִי - *Yéhoudi* - Juif.

כּוֹזֵב - *Kozév* - Frauduleux.

לָהּ - *Lah* - Pour elle.

- 36 -

אֹהֶל - *Ohél* - Tente.

אֲהָל - *Ahal* - Aloès.

אֵיכָה – *Éik'ah* – Où ? Comment ? Lamentations (livre de la Bible).

אֵלֶּה - *Eléh* - Ceci.

אֵלָה - *Élah* - Térébinthe.

בְּדָל - *Badal* - petite pièce - Se séparer, se détacher.

דֹּלֶב - *Dolév* - Platane.

וִידּוּי - *Vidouï* - Confession.

לֵאָה - *Léah* - Léa.

לְבַד - *Levad* - Seul, séparé.

לוֹ - *Lou* - Pour lui, si seulement.

- 37 -

אֱלָהָא - *Élaha* – Dieu (araméen).

בָּלָה - *Balah* - S'user, se décomposer, dépérir.

גֹּדֶל - *Godel* - Taille; magnitude, énormité.

גֶּלֶד - *Guéléd* - Peau, épiderme.

דֶּגֶל - *Déguél* - Drapeau.

הֶבֶל - *Hévél* - Abel - vapeur, buée - Vain.

וַיִּהְיוּ - *Vayihyou* - Et ce fut.

ז"ל - *Za'l* - De mémoire bénie (après avoir mentionné une personne décédée).

חוּט זָהָב - *hout zahav* - Fil d'or.

יְהוּדָה + גַּד - *Yehoudah Gad* – Judah + Gad.

יְחִידָה - *Yehidah* - Âme unique - Unifiée.

כְּבוּדָה - *Kevoudah* - Glorieuse.

לְאוֹ - *Lov* - 11ème nom du *Shém haMeforash*.

לְאוּ - *Leou* - 17ème nom du *Shém haMeforash*.

- 38 -

אָזַל - *Azal* - Disparaître, épuisé.

גָּלָה - *Galah* - être exilé, être déporté, être expatrié.

גִּלָה - *Guilah* - Révéler, découvrir; découvrir.

חִיֵּךְ - *Ĥiyék* - Sourire.

חָל - *Ĥal* - Profane, séculaire.

לָהַג - *Lahag* - Bavardage.

לוּב - *Louv* - Libye.

לַח - *Laĥ* - Humide - sève.

- 39 -

אגְלָה - *Iglah* - Révéler, découvrir.

אָחֵל - *Iĥél* - Souhaiter, saluer, bénir.

גְּאֻלָה - *Geoulah* - Délivrance.

דָּלָה - *Dalah* - Puiser l'eau d'un puits.

זֶבֶל - *Zévél* – Fumier, engrais, compost.

טַל - *Tal* - Rosée.

יהוה אֶחָד - *Yhwh éh'ad* - *Yhwh* est un.

כוזו - *Kouzou* - Transposition du Tétragramme יהוה.

לֵדָה - *Lédah* - Naissance, accouchement.

לַט - *Lat* - Incantation, sortilège.

- 40 -

גָּזַל - *Gazal* - Voler, dérober.

דָּא לְדָא - *Da leda* - L'un contre l'autre (araméen).

הַלָה - *Halah* - Celui-là.

חֶבֶל - *Ĥévél* - Douleur, souffrance.

חָלָב - *Ĥalav* - Lait - graisse.

טִלְא - *Tilé* - Rapiécer.

יַד־יְהֹוָה - *Yad Yhwh* - Main de *Yhwh*.

יְהוּדִיה - *Yéhoudiah* - Juive.

לִבּוּב - *Livouv* - Tendresse.

לִי - *Li* - Pour moi.

- 41 -

אַיִל - *Ayil* - cerf.

אֵם - *Ém* - Mère.

בדלה - *Bdolah* - Cristal.

בָּלַט - *Balat* - Se tenir debout, se détacher; être proéminent.

גְבוּל - *Guevoul* - Limite - pétrissage.

הֶבְדֵּל - *Hévdél* – Différence, distinction.

הָלְאָה - *Halah* - Plus loin, au-delà.

טָבַל - *Taval* - Immersion dans un *miqvéh* (bain rituel).

כְּוִיָה - *Kviyah* - Brûlure.

לִוָּה - *Livah* - Accompagner, escorter.

- 42 -

אֱלוֹהַ - *Éloha* - Divinité.

אִמָּא - *Ima* - Maman.

בָּדוּל - *Badoul* - Séparé, disctinction.

בֶּהָלָה - *Béhalah* - Panique.

בִּלְהָה - *Bilhah* - Bilha.

בְּלִי - *Beli* - Sans, en l'absence de.

גְּדֻלָּה - *Guedoulah* - Grandeur, dignité, honneur.

גֻּלְדָּה - *Guildah* - Semelle de chaussure.

וֶנָל - *Veval* - 43ème nom du *Shém haMeforash*.

חָדַל - *Hadal* - Cesser, s'abstenir; arrêter.

יוֹכֶבֶד - *Yok'évéd* - Honorée.

לֶהָבָה - *Léhavah* - Flamme, langue de feu.

לְוּו - *Levou* - 19ème nom du *Shém haMeforash*.

- 43 -

גָּדוֹל - *Gadol* - Grand.

גִּיל - *Guil* - Réjouissance, triompge.

גַּלִּי - *Gali* - Ondulé, ondulant.

גַּם - *Gam* - Aussi.

דָּגוּל - *Dagoul* - Distingué, éminent, remarquable - Hisser un drapeau.

דִּלּוּג - *Diloug* – Sauter par-dessus, bond.

הֵחֵל - *Héhél* - Débutant, profane.

זוֹל - *Zol* - Bon marché - vulgaire, commun.

חָלֶה - *Haléh* - Malade, faible.

חַלָה - *Halah* - Pain de Shabbath.

יְדִידְיָה - *Yedidiah* - Bien aimé de Dieu.

לָבִיא - *Lavie* - Lion.

לְהָח - *Lehahé* - 34ème nom du *Shém haMeforash*.

לוּז - *Louz* - Noisetier, os d'immortalité.

לֵחָה - *Léhah* - Humidité, mucosité.

מָג - *Mag* - Mage.

- 44 -

אֲגוּדָל - *Agoudal* - Pouce.

אֶגְלִי - *Egli* - Gouttes.

אֲגַם - *Agam* - Lac.

בָּבְלִי - *Baveli* - Babylonien.

בְּדֹלַח - *Bdolah* - Cristal.

גוֹלָה - *Golah* - Exil, diaspora.

גֹּמֶא - *Gomé* - Papyrus.

גַּמָּא - *Gama* - *Gamma* (lettre grecque) - boire à petit traits, siroter.

דְּלִי - *Deli* - Verseau.

דָּם - *Dam* - Sang.

חוֹל - *Hol* - Sable - phénix - danser.

חֶלְאָה - *Hélah* - Rouille.

טָלֶה - *Taléh* - Bélier.

יָד כָּהָה - *Yad Kahah* - Main sombre.

יֶלֶד - *Yéléd* - Enfant.

יָלַד - *Yalad* - Enfanter, mettre au monde.

לְבָבִי - *Levavi* - Chaleureux, cordial.

לָהַט - *Lahat* - Brûler, flamber.

לוּחַ - *Loah* - Tableau, tablette.

מַד - *Mad* - Vêtement - mesure.

- 45 -

אִיגְלָא - *Igla* - Porte extérieure, porte de ville (aram.).

אֹדֶם - *Odém* - Cornaline ou rubis.

אָדָם - *Adam* - Adam.

אָדֹם - *Adom* - Rouge.

אָמַד - *Amad* - Estimer, évaluer.

גְּאוּלָה - *Gueoulah* - Rédemption, salut.

גִּיא חִזָּיוֹן - *Guéi ḥizon* - Vallée de la vision.

הֵם - *Hém* - Eux.

זְבוּל - *Zevoul* - Demeure.

זָחַל - *Zaḥal* - Ramper.

חִלְבָּה - *Ḥilbah* - Fenugrec.

יוד הא ואו הא - *Yod-Hé-Vav-Hé* - Expansion « *Mah* » du Tétragramme יהוה.

יְלָה - *Yelah* – 44ème nom du *Shém haMeforash*.

לֵב אֶחָד - *Lév éhad* - Cœur unique.

לוֹט - *Lot* - Loth.

לְטָאָה - *Letaah* - Lézard.

מֶה - *Mah* - Quoi ?.

- 46 -

אַיָּלָה - *Ayalah* - Biche.

אֱלֹהֵי - *Élohéi* - Dieu.

אַלְיָה - *Aliah* - Queue.

אֵלֶיהָ - *Éléyah* - Vers elle.

אַמָּה - *Amah* - Coudée - Doigt majeur - servante.

בְּדִיל - *Bdil* - Étain.

גּוֹזָל - *Godél* - Oisillon, poussin.

דְּמַב - *Demav* - 65ème nom du *Shém haMeforash*.

הַבְדָּלָה - *Havdalah* - Séparation.

לֵוִי - *Lévi* - Lévi.

מֵאָה - *Méah* - Cent.

- 47 -

אַבָּא יהוה יָה - *Abba Yhwh Yah* - Père *Yhwh* Yah.

אֱוִיל - *Évil* - Fou, stupide.

אֲוֹם - *Avam* - 30ème nom du *Shém haMeforash*.

אַלְוַי - *Aloy* - Aloès.

בְּטַח בַּיהוה - *Bétaḥ ba-Yhwh* - Confie-toi en *Yhwh*.

בַּלּוּט - *Balout* - Gland.

בָּמָה - *Bamah* - Haut-lieu, hauteur, colline - forum.

גַּמָּד - *Gamad* - Nain, gnome.

הֲוָיָה אֶהְיֶה - *Havayah éhyéh* - L'existence sera.

זַךְ - *Zakan* - Clair, pur.

חֻלְדָּה - *Ḥouldah* - Rat.

יִהְיֶה-טוֹב - *yihyéh-tov* - Sera bon.

יוֹאֵל - *Yoél* - Joël.

יְזַל - *Yezal* - 13ème nom du *Shém haMeforash*.

כִּי-טוֹב - *Ki-tov* - Que c'est bon !.

מְבַה - *Mebah* - 55ème nom du *Shém haMeforash*.

מבה - *Mavah* - 14ème nom du *Shém haMeforash*.

מֶגֶד - *Mégued* - Chose précieuse, agréable, D'une douceur délicate.

- 48 -

אֲבֵילָה - *Avéilah* - Deuil.

גְּדוּלָה - *Guedoulah* - Grandeur (4e *sefirah*).

וַמַב - *Vamav* - 61ème nom du *Shém haMeforash*.

חֵיל - *Ħeil* - Soldat, enrôlé, terreur - douleur.

חַם - *Ħam* - Chaud.

יְבוּל - *Yboul* - Croissance, production.

יוֹבֵל - *Yovél* - Bélier - jubilé - affluent.

כּוֹכָב - *Kokav* - Étoile, Mercure (planète).

לֹא־טוֹב - *Lo-Tov* - Pas bon.

לְבִיאָה - *Leviah* - Lionne.

לֶחִי - *Leħy* - Joue, mâchoire.

מֵאָז - *Méad* - depuis.

מָדַד - *Madad* - Mesurer.

מֹחַ - *Moaħ* - Cerveau.

- 49 -

אֵל־חַי - *Él Ħaï* - Dieu Vivant.

דָּמָה - *Damah* - Ressembler.

דִּמָּה - *Dimah* - Imaginer, visualiser, comparer.

הַגּוֹלָה - *Hégoulah* - Diaspora.

הוֹכִיחַ - *Hokiaħ* - Prouver, confirmer.

חוֹלֶה - *Ħoléh* - Malade.

טִיל - *Til* - Projeter.

לֵב טוֹב - *Lév tov* - Bon cœur, chaleureux, généreux.

מִדָּה - *Midah* - Mesure.

מוֹאָב - *Moav* - Moab.

מָט - *Mat* - Osciller, vaciller - Échec et mat.

- 50 -

אָב וָאֵם - *Av veÉm* - Père et mère.

אֲדָמָה - *Adamah* - Terre.

אָטַם - *Atam* - Sceller, obturer - Infarctus.

אִיזֶבֶל - *Izévél* - Jézabel.

בּוֹא אֵלַי - *Bo élaï* - Viens à moi.

בַּיּוֹבֵל - *Bayovel* - Dans le Jubilé.

בֶּלְגִיָה - *Bélguiah* - Belgique.

דָּג גָּדוֹל - *Dag gadol* - Grand poisson.

דוֹם - *Dom* - Silencieusement - Jujube.

הוֹלָדָה - *Holdah* - Naissance.

הָמָה - *Hamah* - Soupirer, grogner.

טָמֵא - *Tamé* - Inapte à manger, impur.

יִזְבְּחוּ־זֶבַח - *Yizbeħou-zébah* - Il sacrifie un sacrifice.

יִיַל - *Yiyal* – 58ème nom du *Shém haMeforash*.

יָלוּד - *Yaloud* - Né, nouveau-né.

יְלִי - *Yeli* - 2ème nom du *Shém haMeforash*.

יָם - *Yam* - Mer.

כֹּל - *Kol* - Tout.

לֵב חַי - *Lév ħaï* - Cœur vivant.

לֵךְ - *Lék* - Va.

מִי - *Mi* - Qui ?.

- 51 -

אֱדוֹם - *Édom* - Édom.

אַיֵּם - *Iyém* - Menacer.

אָכַל - *Akal* - Manger, nourriture.

כֶּלֶא - *Kélé* - Prison, pénitencier.

מְאוֹד - *Méod* - Pouvoir, très, beaucoup.

מַגָּח - *Magah* - Coup de corne.

מַיָּא - *Maya* - Eau *(araméen)*.

נָא - *Na* - De grâce, donc, je vous en prie.

- 52 -

אַבָּא וְאִמָּא - *Abba velma* - Père et Mère.

אֵלִיָּהוּ - *Éliyahou* - Élie.

אַמְבַּט - *Amvat* - Bain, baignoire.

אָנָּא - *Ana* - S'il vous plaît.

בְּהֵמָה - *Bahémah* - Animal, bête.

בַּלּוּטָה - *Baloutah* - Glande.

בֵּן - *Bén* - Fils.

זֹהַם - *Zoham* - Pollution.

חָחוּל - *Hihoul* - Lange.

חֶמֶד - *Hémèd* - Grâce, charme, beauté.

יָבָם - *Yevam* - 70ème nom du *Shém haMeforash* - Beau-frère.

יָהוֹאֵל - *Yahoel* - Un nom de Métatron.

יוד הה וו הה - *Yod-Héh-Vav-Héh* - Expansion «*Bén*» du Tétragramme יהוה.

כֶּלֶב - *Kélév* - Chien - faufiler, coudre.

לְכַב - *Lekhav* - 31ème nom du *Shém haMeforash*.

מְאוּוֶה - *Méouvéh* - Désiré, convoité.

- 53 -

אֶבֶן - *Évén* - Pierre, pétrifier - calcul.

גַּן - *Gan* - Jardin.

זֻהֲמָא - *Zouhama* - Pollution, corruption.

חֲלוּדָה - *Haloudah* - Rouille.

חֻלְיָה - *Houliah* - Vertèbre.

חַמָּה - *Hamah* - Soleil - colère, fureur.

טְחוֹל - *Tehol* - Rate.

לֶךְ־בָּא - *Lék-Ba* - Va et vient.

מָחָה - *Mahah* - Protester, objecter.

נִבָּא - *Niba* – Pro103phétiser.

- 54 -

אַגָּן - *Agan* - Bassin.

דָּן - *Dan* - Dan (fils de Jacob).

חוּם - *Houm* - Brun.

חֶמְאָה - *Hémah* - Beurre, crème.

טַלְיָה - *Taliah* - Agnelle.

כַּדְכּוֹד - *Kadkod* – Calcédoine (cela peut aussi parfois désigner le jacinthe ou le rubis).

לָכַד - *Lakad* - Capturer, piéger.

מֻטָּה - *Moutah* - Penché, incliné, biaisé.

מַטֶּה - *Matéh* - Bâton, baguette.

מִיָּד - *Miyad* - Immédiatement.

- 55 -

אֶדֶן - *Édén* - Base, fondation - rebord de fenêtre.

גַּבֵּן - *Guibén* - Bossu.

גָּנָב - *Ganav* - Impureté.

דּוּמָה - *Doumah* - *Doumah* (ange gardien des morts) - Tombeau.

הַכֹּל - *Hakol* - Le tout.

הָלַךְ - *Halak* - Marcher, aller, voyager.

טֻמְאָה - *Toumah* - Impureté.

יַמָּה - *Yamah* - Lac.

כֹּהֶל - *Kohél* - Alcool.

כַּלָּה - *Kalah* - Fiancée - Achèvement.

מוֹט - *Mot* - Poteau, tige.

מַחֲבוֹא - *Mahabo* - lieu secret.

מְיָה - *Meyah* - 48ème nom du *Shém haMeforash*.

נֶגֶב - *Néguév* - Désert du Néguév - sec.

נֹהַּ - *Noah* - Lamentation, plainte.

- 56 -

אַבָּא בֵּן - *Abba bén* – Père-fils.

אֶחָד לְאֶחָד - *Éhad leahad* - Un par un.

אָטוּם - *Atoum* - Scellé, enclos, imperméable.

אֵימָה - *Éimah* - Terreur, frayeur.

אִמָּא יָד - *Ima yad* - Main maternelle.

בִּלְבָבְךָ - *Bilevavék'ah* - Dans ton cœur.

טְבִילָה - *Tevilah* - Immersion rituelle, baptême.

יהוה יְהוּדָה - *Yhwh Yehoudah* - *Yhwh* Judah.

יוֹם - *Yom* - Jour.

לַיהוה - *leYhwh* - Pour *Yhwh*.

מַאיָה - *Mayah* - Maya (prénom).

נָאֶה - *Naéh* - Beau, agréable.

- 57 -

אָבְדָן - *Avdan* - Destruction, perte.

אוֹכֵל - *Ouk'al* - Qui mange.

אוֹן - *One* - Force, vitalité ; puissance sexuelle.

אִיּוּם - *Iyoum* - Menace, avertissement.

אִכּוּל - *Iḳoul* - Corrosion, combustion.

בֹּהֶן - *Bohén* - Gros orteil, pouce.

בִּיטוּל - *Bitoul* - Annulation.

בִּימָה - *Bimah* - Plateforme (dans la synagogue pour lire la Torah).

בָּנָה - *Banah* - Construire, développer, édifier.

דָּגִים - *Daguim* - Poissons.

דָּגָן - *Dagan* - Blé, céréales.

דְּחִילָה - *Dehilah* - Peur, crainte (araméen).

זֻהֲמָה - *Zouhamah* - Saleté, pollution.

זַן - *Zan* - Espèce.

חֹטֶם - *Hotém* - Nez - nasiller.

חֹמֶט - *Homét* - Lézard.

כָּלוּא - *Kalou* - Geôle.

לוּחַ הֶגֶה – *Louaḥ héguéh* - Gouvernail.

מַגִּיד - *Maguid* - Prédicateur, messager, porte-parole - inspirateur.

מִזְבֵּחַ - *Mizbéaḥ* - Autel.

מָחוֹג - *Maḥog* - Aiguille (sur une horloge ou une mesure).

- 58 -

אֹזֶן - *Ozén* - Oreille.

זֹהוּם - *Zihoum* - Pollution.

חֵן - *Ḥén* - Grâce, charme, attractivité.

יְבּוּם - *Yiboum* - Lévirat.

כָּבֵד לֵב - *Kavéd lév* - Cœur lourd.

כְּבוֹד־יְהוָה - *Kavod-Yhwh* - Gloire de *Yhwh*.

כָּחֹל - *Kaḥol* - Bleu.

כֶּלַח - *Kélaḥ* - fraîcheur, qui n'est pas démodé.

לֶחֶךְ - *Léḥék* - Plantain.

מְחִי - *Meḥi* - 64ème nom du *Shém haMeforash* - Cérébral - Coup.

נֹגַהּ - *Nogah* - Vénus, lueur, nom d'une *qlipah*.

נֹחַ - *Noaḥ* - Noé - calme, tranquille, immobile - *Parasha* #2 Gen. 6:9-11:32.

- 59 -

אִבּוּן - *Iboun* - Pétrification, fossilisation.

אָדָם זָהָב - *Adam zahav* - Homme d'or.

גּוֹיִם - *Goïm* - Nations.

דֻּבָּה גְדוֹלָה - *Doubah guedoulah* - Grande Ourse.

זוּהֲמָא - *Zouhama* - (araméen) Pollution, souillure.

זָנָב - *Zanav* - Queue.

חוֹמָה - *Ḥomah* - Mur, barrière.

כִּי־טוֹב הוּא - *Ki tov Hou* - Qu'Il est bon.

מִבְטָח - *Mivtaḥ* - Refuge sûr, assurance - forteresse.

מַחֲוֶה - *Maḥavéh* - Index (tige pointue pour suivre la lecture).

- 60 -

גָּאוֹן - *Gaon* - Génie, personne douée - Grandeur, supériorité, gloire.

גְּבָהִים - *Guevahim* - Hauteurs.

הֲלָכָה - *Halak'ah* - Règle religieuse.

טֶנֶא - *Téné* - Corbeille, panier.

כְּלִי - *Keli* - 18ème nom du *Shém haMeforash*.

לָכוּד - *Likoud* - Union, rassemblement - Capturé, pris au piège.

מַחֲזֶה - *Maḥazéh* - Vision.

- 61 -

אַהֲבָה גְדוֹלָה – *Ahavah gdoulah* – Grand amour.

אָדוֹן - *Adon* - Maître, seigneur.

אֵין - *Ein* - Rien, il n'y a pas - Néant.

אֵלֶיךָ – Éléik'a – Vers toi.

אָכִיל - Akil - Mangeable, comestible.

אָכֹם - Akom - Noir foncé, sombre.

אֲנִי - Ani - 37ème nom du Shém haMeforash - Je, moi.

בֶּטֶן - Bétén - Ventre, abdomen.

הִיוּלִי - Hiouli – Matière primaire amorphe - Hylétique.

הַיוֹם - Hayom – Aujourd'hui.

- 62 -

דֻּבְדְּבָן - Douvdvan - Cerise.

הָבְנֶה - Havnéh - Ébène.

חוֹלָה אַהֲבָה – Holah ahavah – Malade d'amour.

טוֹב מְאֹד - Tov méôd - Très bon.

לִבִּי דַוָּי – Livi davaï – Mon cœur dolent.

מְיֻחָד - Meyouhad - Extraordinaire, unique, spécial.

נָאוֶה - Navéh - Joli, désirable, plaisant.

סָב - Sav – Vieux, âgé, grand-père – Tourner, se concentrer sur.

- 63 -

אֲבַדּוֹן - Avadon - Destruction, dévastation.

אָבַס - Avas - Engraisser.

בַּבּוֹנַג - Babonag - Matricaire, camomille.

בּוֹנֶה - Bonéh - Bâtisseur, constructeur.

גָּלַל - Galal - Rouler.

דּוֹנַג - Donag - Cire.

זו"ן - ZoN - Mâle et femelle (abréviation).

חֲגָבִים - Hagavim - Sauterelles.

חַנָּה - Hanah - Anne - Grâce, charme, attractivité.

יוד הי ואו הי - Yod-Hi-Vav-Hi - Expansion « Sag » du Tétragramme יהוה.

כְּבוֹד־אֵל - Kevod-Él - Gloire divine.

נָבִיא - Navi - Prophète.

- 64 -

אַגָּס - Agass - Poirier.

אִזּוּן - Izoun - Équilibre.

אֲנָחָה - Anahah - Soupir, gémir.

דַּגְדְּגָן - Dagdgan - Clitoris.

דּוֹדִי לִי – Dodi li – « Mon bien aimé est à moi ».

דִּין - Din - Jugement (sefirah).

דָּנִי - Dani - 50ème nom du Shém haMeforash.

כָּחֹל - Kehol - Couleur bleue, azur.

כָּבֵד לִבּוֹ – Kavéd libo – Endurcir son cœur, être têtu.

לִבְלֵב - Lavlav - Pancréas - bourgeonner, fleurir.

מֵי זָהָב - Méi-Zahav - Eau d'or.

נְבוּאָה - Névouah - Prophétie, prédiction.

נָהוּג - Nahoug - Coutumier, acceptable - Conduit, mené.

נוּגֶה - *Nouguéh* - Triste, mélancolique, douloureux.

נוֹחַ - *Noah* - Confortable, facile, pratique.

- 65 -

אֲדֹנָי - *Adoni* - Nom de Dieu - Seigneur, maître.

אוֹחִים - *Oħaïm* - Hiboux.

גָּבִין - *Gavin* - Sourcil.

דּוּדָאִים - *Doudaïm* - Mandragores.

דּוּמִיָּה - *Doumiah* - Silence absolu.

הֵיכָל - *Héikal* - Palais.

הַלֵּל - *Halél* - Louange.

חַזָּן - *Ħazan* - Chantre.

כְּלָיָה - *Kliyah* - Rein.

לְלָה - *Lelah* – 6ème nom du *Shém haMeforash*.

מְזוּזָה - *Mezouzah* - Mezouza (élément fixé sur le montant de la porte).

נְבִחָה - *Nevihah* - Aboiement.

- 66 -

אֳנִיָּה - *Oniah* - Bateau, navire.

אֱלֹהֶיךָ - *Éloheik'a* - Ton Dieu.

אַלְלָה - *Allah* - Allah.

בָּחוֹן - *Baħon* - Test, approbation.

בֶּן דּוֹד - *Bén-David* - Fils de David - Cousin.

גַּלְגַּל - *Galgal* - Sphère, roue.

גָּנוּז - *Ganouz* - Caché, secret, enfoui.

הָיָה הֹוֶה יִהְיֶה – *Hayah hovéh yihyéh* – Était, est, sera.

וַיֵּלֶךְ – *Vayélèk'h* – « Et il alla » - *Parasha* #52 - Nbr. 31:1-31:30.

כְּלִיאָה - *Kliah* - Emprisonnement, détention, confinement, incarcération.

לִגְלֵג - *Liglég* - Se moque de, railler.

נָדִיב - *Nadiv* - Charitable, généreux, noble.

- 67 -

אַבְחוּן - *Avhon* - Discernement, diagnostic.

אֶבֶן דּוֹד - *Evén David* - Pierre de David - Échelle.

אִיּוּן - *Iyoun* - Anéantissement, négation.

אֱלוּל - *Éloul* - Eloul.

בַּאדֹנָי - *BaAdonaï* – En Adonaï.

בִּינָה - *Binah* - Compréhension, intelligence (*sefirah*).

גָּחוֹן - *Gaħon* - Ventre.

הֹוֶה וְהָיָה וְיָבוֹא - *Hovéh vehayah beyavou* - [celui] qui est, qui était et qui vient (sera).

זַיִן - *Zayin* - *Zayin* (7ème lettre) - armer, orner, parer.

כָּל־דְּגֵי – *Kal-deguéi* – Tous les poissons.

נָבוּט - *Navout* - Germé, germination - massue.

נִבְיָה - *Neviah* - Feuillage.

נָגוּחַ - *Nagouah* - Coup de corne, heurt, choc.

סִבָּה - *Sibah* - Cause, raison.

- 68 -

אִיזֶן - *Izén* - Griffon.

בְּלוּל - *Bloul* - Limace.

הַנְהָגָה - *Hanhagah* - Guidance.

זוֹנָה - *Zonah* - Prostitué.

חַיִּים - *Hayim* - Vie.

חָכַם - *Hakam* - Être sage.

חָלָל - *Halal* - Vide.

חָס – *Has !* – Pitié ! miséricorde !

לוּלָב - *Loulav* - Branche de palmier.

מָבוֹךְ - *Mavouk* - Labyrinthe.

נְבִיאָה - *Neviah* - Prophétesse.

- 69 -

אָבוּס - *Évous* - Engraissé, gras - Crèche, mangeoire.

אֶבְיוֹן - *Évion* - Pauvre, nécessiteux.

אָבִינוּ - *Avinou* - Notre père.

אַחְיָן - *Ahyan* - Neveu.

גּוֹלֵל - *Golal* - Pierre ronde qui ferme une tombe.

דִּינָה - *Dinah* - Dinah.

הֲדַס - *Hadass* - Myrte.

טַבָּחִים - *Tabahim* - Immolateurs, cuisiniers.

יִהְיֶה יהוה אֶחָד - *Yihyéh Yhwh éhad* - Yhwh sera l'unique.

יוֹם אֶחָד - *Yom éhad* - Jour 1 - Premier jour.

מַכְאוֹב - *Makov* - Douleur, chagrin, souffrance.

נִידָּה - *Nidah* - Menstruation.

- 70 -

אָבִי וְאִמִּי - *Avi veimi* - Mon père et ma mère.

אָדָם וְהַזָּהָב - *Adam vehazahav* - Adam et l'or.

אָדָם וְחַוָּה - *Adam veHavah* - Adam et Ève.

גּוֹג וּמָגוֹג - *Gog oumagog* - Gog et Magog.

דָּם וּדְיוֹ - *Dam vedio* - Sang et encre.

טַל אֵל - *Tal Él* - Rosée divine.

יַיִן - *Yayin* - Vin.

כְּמֵהָה - *Keméhah* - Truffe.

כֵּן - *Kén* - Oui - socle, piédestal.

מִי הָיָה - *Mi hayah* - Qui était-ce ?

מִיַךְ - *Miyak* - 42ème nom du *Shém haMeforash*.

נִדּוּי - *Nidoui* - Bannissement, expulsion – Excommunication, ostracisme.

נְהִיָּה - *Nehiyah* - Lamentation - aspiration, nostalgie.

סוֹד - *Sod* - Secret.

- 71 -

אֲהַלְלָה - *Ahalélah* - Louer, prier.

אֱלִיל - *Élil* - Idole.

אֵלֶם - *élèm* - Mutisme.

אֲנָךְ - *Anak* - Vertical, perpendiculaire - Fil à plomb.

חָזוֹן - *Hazon* - Vision.

יוֹנָה - *Yonah* - Jonas - Pigeon, colombe.

כֹּחַ גָּדוֹל – *Koah gadol* – Grand pouvoir.

מִכְוָה - *Mik'vah* - Brûlure.

מָלֵא – *Malé* – Plein, complet.

נְדִיבָה - *Nadivah* - Générosité.

- 72 -

בְּלִיל - *Blil* - Mixture, concoction.

גִּלְגּוּל - *Guilgoul* - Mouvement circulaire - Migration des âmes.

הִנֵּה־זֶה – *Hinéh-zéh* – Le voici.

חֶסֶד - *Hesséd* - Miséricorde, Bienveillance (*sefirah*).

טַחֲנָה - *Tahanah* - Meule, moulin.

י יה יהו יהוה - *Y Yh Yhv Yhvh* - Y Yh Yhv Yhvh.

יוד הי ויו הי - *Yod-Hi-Viv-Hi* - Expansion « *Âb* » du Tétragramme יהוה.

מַכְּבִי - *Makabi* - Macchabée.

- 73 -

אֶגֶל־טַל - *Éguél tal* - Goutte de Rosée.

אָל-בָּם - *Al-Bam* - Méthode de transposition de lettres.

אֲנִי הוּא - *Ani Hou* - Je suis Lui.

בְּנוּיָה - *Benouyah* – Bâti, construit.

גָּלִיל - *Galil* - Phalange, Galilée.

גֹּלֶם - *Golém* - Golem - masse informe, corps brut.

גָּמָל - *Gamal* - Chameau, mûrir, compensation.

גָּמֵל - *Gamél* - Sevrage.

הַזּוֹנָה - *Ha-zonah* - La prostituée.

הַחַיִּים - *Hahayim* - La Vie.

חַיֵּי אָדָם - *hayé Adam* - Vie d'Adam.

חָכְמָה - *Hokhmah* - Sagesse (2ème *sefirah*).

חָנוּט - *Hanout* - Embaumé - momie, fossilisé.

יוֹם טוֹב - *Yom Tov* - Bon jour.

כּוּמָז - *Koumaz* - Ornement féminin : bague, collier.

מְבוּכָה - *Mevoukah* - Confusion, perplexité.

סוֹד אָב - *Sod av* - Secret du père.

- 74 -

אֲבִיּוֹנָה - *Avionah* - Désir amoureux ou sexuel, libido - Câpre.

אַלְגֹּם - *Algom* - Santal.

דִּלְדּוּל - *Dildoul* - Atrophie.

דָּלִיל - *Dalil* - Fil, frange.

דֵּעַ - *Daâ* - Avis, opinions.

הִגָּיוֹן - *Higayon* - Logique, sens commun.

הֲדַסָּה - *Hadassah* - Myrte.

יוֹחָן - *Yohan* - Jean.

יוֹם הָאַהֲבָה - *Yom ha-ahvah* – Jour de l'amour.

יָסַד - *Yassad* - Fondé, établi.

כֹּחַ כּוֹחוֹ - *Koah koho* - Indirect (résultat).

כֹּחַ אֱלֹהִי - *Koaħ Élohi* - Puissance divine.

כְּלִי זָהָב - *Keli zahav* - Calice d'or.

לָמֶד - *Laméd* - Lamed (12ème lettre) - apprendre, étudier.

מִי הוּא זֶה - *Mi hou zéh* - Qui est-il ?

עֵד - *Âad* - Témoin, jusqu'à.

- 75 -

בְּחָכְמָה - *BaĦokhmah* - Avec Sagesse.

בִּטָחוֹן - *Bitahon* - Confiance, garantie, sécurité.

דֻּגְמָה חַיָּה - *Dougmah hayah* - Exemple vrai, exemple vivant.

הֵילֵל - *Héilél* - Astre brillant - Lucifer.

וּבַבִּינָה - *OubaBinah* - Et avec Intelligence.

טַוָּס - *Tavass* - Paon.

טָלוּל - *Taloul* - Apparition de la rosée.

יְלָלָה - *Yelalah* - Cri,.

כֹּהֵן - *Kohén* - Prêtre.

כִּימָה - *Kimah* - Les Pléiades (constellation).

לַיְלָה - *Laïlah* - Nuit.

לָמָה - *Lamah* - Pourquoi ?.

מַגְלֵב - *Maglév* - Fouet.

מֹהַל - *Mohal* - Sève.

מִיכָה - *Mikah* - Michée.

מְלָה - *Melah* - 23ème nom du *Shém haMeforash*.

נְבִיחָה - *Nevitah* - Aboiement, glapissement.

- 76 -

סִיאָה - *Siyah* - Sarriette.

אֱלִילָה - *Élilah* - Déesse.

אֲלֻמָּה - *Aloumah* - Gerbe – rendre muet.

אַסְיָה - *Assiah* - Asie.

הִלּוּלָה - *Hiloulah* – Célébration de la mort d'un saint.

חֶבְיוֹן - *Ħévion* - Cachette, mystère - état latent.

יְוָנִי - *Yevani* - Grec.

מִזְבַּח הַזָּהָב - *Mizbéaħ hazahav* - Autel d'or.

מְלֵאָה - *Meléah* - Récolte abondante.

עֶבֶד - *Êvéd* - Serviteur, esclave, travailleur.

- 77 -

אוּלָם - *Oulam* - Salle, hall.

אֵל אֱלֹהִי - *El élohi* - Él mon dieu.

בֶּן־בּוּזִי - *Bén-Bouzi* - Fils de Bouzi (Ézéchiel).

הוּא אֲדֹנָי – *Hou Adonaï* – Lui, Adonaï.

הוֹדוּ לַיהוָה - *Hodou laYhwh* - Louange à *Yhwh*.

לֵב אָדָם - *Lév Adam* - Cœur humain.

מִגְדָּל - *Migdal* - Tour.

מַזָּל - *Mazal* - Signe du zodiaque - chance.

עֵז - *Êz* - Chèvre.

עֹז - *Ôz* - Force.

- 78 -

בַּהַיוֹנָה - *Bahayonah* - Dans la colombe.

גְּלִילָה - *Galilah* - Galilée.

גִּמְלָה - *Gimlah* - pension, prestation.

הַגִּידָה־נָּא - *Haguidah-na* - Raconte donc.

הֵיכָל אַהֲבָה - *Heikal ahavah* - Palais de l'amour.

חַכְמֵי - *Ḥakméi* - Sages.

חָלִיל - *Ḥalil* - Flûte.

חָמַל - *Ḥamal* - Avoir pitié de, s'apitoyer sur.

חַסְדּוֹ - *Ḥasdo* - Sa bonté.

יָבִינוּ - *Yavinou* - Ils comprendront.

יְהְיֶה וְהֹוֶה וְהָיָה - *Yhyéh vehovéh vehayah* - Sera, est, était.

יְהַוֶה יְהַוֶה יְהַוֶה - *Yhwh Yhwh Yhwh* – Yhwh + Yhwh + Yhwh.

יִחוּדִים - *Yihoudim* - Unifications.

לֶחֶם - *Léhém* - Pain.

מַבּוּל - *Maboul* - Déluge.

מְגִלָּה - *Meguilah* - Rouleau (livre) - Explorer, découvrir.

מָחַל - *Maḥal* - Maladie - pardonner.

מֶלַח - *Mélah* - Sel.

נָבוֹךְ - *Navok* - Perplexe, égaré.

- 79 -

אַךְ־נֹחַ – *Ak-Noah* – Seulement Noé.

אֲנִי חַי – *Ani haï* – Je suis vivant.

בֹּעַז - *Boâz* - Une colonne du Temple (en force).

גָּמוּל - *Gamoul* - Sevré, sevrage.

גַּן יְהַוֶה – *Gan Yhwh* – Jardin de Yhwh.

הַאֲזִינוּ - *Haazinou* – « Prêtez oreille » - *Parasha* #53 - Nbr. 32:1-32:52.

לֹטֶם - *Lotém* - Ciste.

לְכָה דוֹדִי – *Lek'ah dodi* – « *Va mon bien-aimé* ».

סָיַט - *Seyat* - 3ème nom du *Shém haMeforash*.

עֵדָה - *Êdah* - Groupe ethnique.

- 80 -

גִּלְגּוּל הַבָּא - *Guilgoul haba* - Prochaine rotation (Prochaine incarnation).

גָּלִילְאוֹ - *Galiléo* - Galilée.

הֵהַע - *Héhâ* - 12ème nom du *Shém haMeforash*.

יְסוֹד - *Yessod* - Fondement (*sefirah*) - Base, élément.

כְּהֻנָּה - *Kehounah* - Prêtrise, sacerdoce.

כֵּס - *Késs* - Trône, siège.

לֵילִי - *Léili* - Nocturne.

מוֹלָד - *Molad* - Nouvelle lune - Le moment précis de l'apparition de la nouvelle lune - Naissance.

מֶם - *Mém* - Mem (13ème lettre).

- 81 -

אֹהֶל אָדָם - *Ohél adom* - Tente rouge.

אֲיַע - *Ayaâ* - 67ème nom du *Shém haMeforash*.

אָנֹכִי - *Anoki* - Moi-même.

אִסְיִי - *Issyi* - Esséniens.

אַף - *Af* - Nez.

דֶּגֶל הַגְּאֻלָּה - *Diguél hagueoulah* - Bannière de la délivrance.

דִּכָּאוֹן - *Dikaon* - Dépression.

הַמּוֹל - *Himol* - Circoncire.

חִזָּיוֹן - *Hizayon* - Vision.

טֶבַע - *Tévâ* - Nature - former, façonner.

כַּוָּנָה - *Kavanah* - Intention.

כִּסֵּא - *Kissé* - Trône.

מִגְבּוֹל - *migbol* - Diapason.

מוֹהֵל - *Mohél* - Circonciseur.

- 82 -

אוֹהֵב חַיִּים - *Ohév hayim* - Hédoniste, bon vivant, amateur de plaisir.

אֲזוֹבִיוֹן - *Azovion* - Lavande.

בִּי"ע - *By'â* - Initiales de *Briah, Yetsirah* et *Âssiah*.

בִּינָה הוֹד - *Binah Hod* - Intelligence, Gloire (*sefiroth*).

חֲנִיטָה - *Hanitah* - Embaumement.

חָסִיד - *Hassid* - Pieux, dévot.

טְחִינָה - *Téhinah* - Broyage, hachage - Tehina (assaisonnement).

כְּבוּד אָב וָאֵם - *Kivod av vaém* - Respect du père et de la mère.

כְּבוֹד הָאָדָם - *Kevod haadam* - la dignité humaine.

כִּבֵּס - *Kibéss* - Laver des vêtements et les purifier.

כָּווּן - *Kavoun* - Orienté.

לָבָן - *Lavan* - Laban, blanc.

נִיחוֹחַ - *Nihouah* - Fragrance, senteur.

סֹבֶךְ - *Sovék* - Mollet.

- 83 -

אֲבִי"ע - *Aby'â* - Abréviation des quatre mondes : *Atsilouth, Briah, Yetsirah* et *Âssiah*.

אֶגְלֵי-טַל - *Egli-tal* - Gouttes de Rosée.

אֶלַח דָּם - *Élah-Dam* - Septicémie.

גִּימֵל - *Guimel* - *Guimel* : 3ème lettre.

גַּלִּים - *Galim* - Ondes, monceaux.

גַּף - *Gaf* - Aile.

חֲנֻכָּה - *Hanoukah* - Hanoukah (fête des lumières) - inauguration.

לְחָמָה - *Lahmah* - Art de combattre, tactique.

מַחֲלָה - *Mahalah* - Maladie.

- 84 -

אֲגַלִּים - *Agalim* - Choses arrondies, gouttes de pluie.

אֲגַף - *Agaf* - Aile.

אַחְלָמָה - *Ahalamah* - Améthyste.

גַּלְגַּל חַי – *Galgal ḥaï* – Roue vivante.

דָּמַם - *Damam* - Faire taire, apaiser - Bourdonnant.

חוֹלָם - *Ḥolam* - Voyelle «o».

חֲלוֹם - *Ḥalom* - Rêve.

חֲנוֹךְ - *Ḥanok* - Énoch.

טִלְטוּל - *Tiltoul* - Déplacer quelque chose d'un endroit à l'autre.

כְּבַד אֹזֶן – *Kevad ozén* - Malentendant, dur d'oreille.

מָחוֹל - *Maḥol* - Danse.

מָלוּחַ - *Malouaḥ* - Salé, salin – Pourprier de mer (*Atriplex halimus*).

מַטֶּה יְהוּדָה - *Matah-Yehoudah* - Sceptre de Judah.

מְלֻהָט - *Melouhat* - Incandescent.

מַלְטָה - *Maltah* - Malte.

נָדָל - *Nadal* - Scolopendre.

- 85 -

אָפַד - *Afad* - Ceindre, revêtir.

גְּבִיעַ - *Gviâ* - Calice.

זִוּוּג זו"ן - *Zivoug ZoN* - Conjonction mâle et femelle.

חֲלַגְלוֹגָה - *Ḥalaglougah* - Pourprier.

יָהֲלֹם - *Yahalom* - Calcédoine, diamant.

כִּימְיָה - *Kimyah* - Chimie.

כָּסָה - *Koussah* - Être caché, occulté.

מְאָדָּם - *Meadam* - Peint en rouge, rougi.

מִילָה - *Milah* - Circoncision - Mot, promesse.

מֵילָה - *Méilah* - Frêne.

פֶּה - *Péh* - La bouche.

- 86 -

אֹהֶל הָאָדֹם - *Ohél haadom* - Tente rouge.

אֹהָלִים - *Ohalim* - Tentes.

אֱלֹהִים - *Élohim* - Élohim.

אֲלֵיהֶם - *Éléihém* - Vers eux.

אָפָה - *Afah* - Cuire au four.

בַּחֲלוֹם - *Baḥalom* - En rêve.

הַטֶּבַע – *ha-tévâ* – La nature.

הִילוּלָה - *Hiloulah* - Réjouissance.

הַכִּסֵּא - *Ha-Kissé* - Le Trône.

הַלְלוּיָה - *Halelouyah* - Alléluia.

זִיו מִזִּיו - *Ziv miziv* - Éclat issu de l'éclat.

חוּט וּמַחַט - *Ḥout oummaḥat* - Fil et aiguille.

חַיֵּי-נֹחַ – *Ḥayéi-noaḥ* – Vie de Noé.

כָּמוֹךָ - *Kamok'a* - Comme toi.

כִּנּוּי - *Kinoui* - Appellation, surnom, dénomination.

לָנוּ - *Lanou* - Pour nous.

מוּם - *Moum* - 72ème nom du *Shém haMeforash* - Défaut, difformité, infirmité.

מֹחַ וְלֵב - *Moaḥ velév* - Cerveau et cœur.

מִטְבָּלָה - *Mitbalah* - Bassin, piscine - fonts baptismaux.

מִי אֵלֶה - *Mi éléh* - Qui cela ?.

מָלֵא יָה – *Malé Yah* – Plénitude divine.

- 87 -

אֲגַמְגַם - *Agamgam* - Petit lac.

אַלּוֹן - *Alon* - Chêne.

אֲנִי יְהֹוָה - *Ani Yhwh* - Je suis Yhwh.

בָּבֶל הַגְּדוֹלָה - *Bavél haguedolah* - Babylone la Grande.

בְּלִימָה - *Belimah* - Indicible, inexprimable.

הֲבָלִים - *Havelim* - Vanités.

חֶסֶד הוֹד - *Hesséd Hod* - Bienveillance, Gloire (sefiroth).

חֲסִידָה - *Hassidah* - Cigogne.

כָּל הַכָּבוֹד ! - *Kol hakavod* - Tout mon respect ! (Bien joué !).

לִבְנֶה - *Livnéh* - Storax.

לְבָנָה - *Levanah* - Lune, blanche.

מְאוּם - *Meoum* - Quelque chose, rien.

נְבֵלָה - *Nevélah* - Infamie, vilenie - Charogne.

עֲבוֹדָה - *Âvodah* - Service (divin) - Œuvre.

פָּז - *Paz* - Or fin.

- 88 -

חָכְמָה הוֹד - *Hokhmah Hod* - Sagesse, Gloire (sefiroth).

חָנִיךְ - *Hanikah* - Initiation.

יַיִן חַי - *Yayin haï* - Vin vivant.

לַהֲגָן - *Lahagan* - Bavard.

מְכוֹכָב - *Mekokav* - Constellé, semé d'étoiles.

נִגְלָה - *Niglah* - révélé, apparent, visible, non dissimulé.

נַחַל - *Nahal* - Torrent, ruisseau - hériter, posséder.

פַּח - *Pah* – Piège, collet.

- 89 -

אָדִיב וְנָדִיב - *Adiv venadiv* - Gentil et généreux.

אֲדַמְדַּם - *Adamdam* - Rougeâtre.

אָחַ"פ - *Ah"p* - Abréviation pour *Ozen*, *Hotém*, *Pé* : oreille, nez et bouche..

גּוֹאֵל הַדָּם – *Goél hadam* – Rachat du sang (vendetta).

גּוֹלָן - *Golan* - Golan (hauteurs).

גּוּף - *Gouf* - Corps.

דְּמָמָה - *Demamah* - Silence, calme, immobilité.

דָּנְהֵל - *Danhél* - Danhél (Nom d'ange intendant).

טַל הָאָדָם - *Tal haAdam* - Rosée de l'Adam.

טַף - *Taf* - Enfants, marmaille.

מְדֻמֶּה - *Medouméh* - Imaginaire.

נֶאֱלָח - *Néélah* - Souillé, corrompu, dégoûtant.

- 90 -

דּוֹמֵם - *Domém* - Minéral, silencieux.

דִּמּוּם - *Dimoum* - Hémorragie - silence imposé.

יָכִין - *Yakin* - Colonne droite du Temple (affirmation).

יְסוֹדִי - *Yessodi* - Minutieux, complet.

כָּלִיל - *Kalil* - Complètement, totalement, entièrement.

כְּלָלִי - *Klali* - En général.

כֻּלָּם - *Koulam* – Tous, tout le monde.

לִי לָךְ - *Lik lék* - Pour moi pour toi.

לֶמֶךְ - *Lémék* - Lamech (patriarche) - Fou, personne maladroite.

מַיִם - *Maïm* - Eau.

מֶלֶךְ - *Mélék* - Roi - régner.

מְמֻזַּג - *Memouzag* - Mélangé, mêlé.

מָן - *Man* - Manne – de qui ?, de quoi ?

סַל - *Sal* - Panier.

- 91 -

אֶבֶן חֹל - *Évén-Ħol* - Grès.

אִילָן - *Ilan* - Arbre.

אימם - *Imam* - Imam (docteur musulman).

אָמֵן - *Amén* - Amen, foi, confiance.

אֹמֵן - *Omén* - Tuteur.

אֻמָּן - *Ouman* - Artisan.

אֵפוֹד - *Éphod* - Vêtement du grand-prêtre.

אָץ - *Ats* - Se hâter.

בֶּגֶד לָבָן - *Béguéd lavan* - Vêtement blanc.

הָאֱלֹהִים - *HaÉlohim* - l'Élohim.

הֵיכַל יְהֹוָה - *Héikhal Yhwh* - Palais de *Yhwh*.

הַכּוֹס - *haKoss* - La coupe.

יְאַהְדֹוָנָהִי - *Yahdovanahi* – Yahdovanahi (imbrication des lettres de *Yhwh* et de *Adonai*).

יהוה אדני - *Yhwh Adonai* - *Yhwh Adonai*.

יַהֲלוֹם - *Yahalom* - Diamant.

כִּסְאֵהוּ - *Kisséhou* - Son trône.

מַאֲכָל - *Maakal* - Aliment.

מַלְאָךְ - *Malakh* - Ange.

סאל - *Soal* - 45ème nom du *Shém haMeforash*.

סוּכָּה - *Soukah* - Cabane.

- 92 -

אֲדָמָה אִמָּא - *Adamah imma* - Terre mère.

אוֹפֶה - *Oféh* - Boulanger.

אֵל אָדוֹן - *Él Adon* - Dieu maître.

אִמָּא וְיֶלֶד - *Imma veyéléd* - Mère et enfant.

בִּץ - *Bots* - Boue.

יְהֹוָה אֱלֹהֶיךָ - *Yhwh éloheik'a* - *Yhwh* ton Dieu.

יְהֹוָה הָיָה הֹוֶה יִהְיֶה - *Yhwh hayah hovéh yihyéh* - *Yhwh* était, est, sera.

יַיִן הַטוֹב – *Yayin hatov* - Bon vin.

לִיחְלוּחַ - *Lihlouah* - Humidité.

לַיְלָה טוֹב - *Lailah tov* - Bonne nuit.

נִוּוּל - *Niwoul* - Laideur, ignominie.

סֵבֶל - *Sévél* - Souffrance, douleur, épreuve.

סִיד חַי – *Sid haï* – Chaux vive.

פַּחַד - *Pahad* - Peur, anxiété.

צָב - *Tsav* - Chariot couvert - Tortue.

- 93 -

אָבָץ - *Avats* - Zinc.

אָדוֹן יָחִיד - *Adon yahid* - Seigneur unique.

בְּטוּחַ חַיִּים - *Bitouah hayim* - Assurance-vie.

גֵּץ - *Guéts* - Étincelle.

דָּם לֵידָה - *Dam léidah* - Sang de naissance.

חֲנֻכִּיָּה - *Hanoukiah* - Lampe de Hanoukah.

חֻפָּה - *Houppah* - Dais de mariage.

יָם גַּלִּי - *Yam gali* - Vagues de la mer (mer houleuse).

יְמֵי אֵבֶל - *Yeméi évél* - Jours de deuil.

לְבוֹנָה - *Levonah* – Encens - Oliban.

לְחִימָה - *Lahimah* - Combat, lutte.

לֶחֶם וּבֶגֶד - *Léhém ouvégued* - Pain et vêtement.

מְאֻבָּן - *Méouban* - Pétrifié, fossile.

מָגֵן - *Maguén* - Bouclier, protection.

נוֹזֵל - *Nozél* - Liquide, fluide.

סָגֹל - *Sagol* - Violet.

צָבָא - *Tsevâ* - Armée, multitude.

- 94 -

אֱלֹהִים הָאָב - *Élohim haAv* - Élohim (Dieu) le Père.

גּוּפָה - *Gofah* - Cadavre.

גְּלֵינָא - *Galéina* – Révélation, dévoilement (araméen).

דָּם טָמֵא - *Dam tamé* - Sang impur.

דִּמְדּוּם - *Dimdoum* - Confusion, désorientation, confusion - rougeoyant, scintillant, émission de lumière tamisée.

חִלּוּן - *Hiloun* - Conversion de saint à profane, profanation.

חַלּוֹן - *Halon* - Fenêtre.

טִפָּה - *Tipah* - Goutte.

יְלָדִים - *Yeladim* - Enfants.

מַזַּל גְּדִי - *Mazal Gdi* - Signe du Capricorne.

מַחֲבוֹא הַלֵּב - *Mahaboé-Halév* - Les secrets du cœur.

מְמַדִּי - *Memadi* - Dimensionnel.

מְנַד - *Menad* - 36ème nom du Shém haMeforash.

- 95 -

טוֹב וָחֶסֶד - *Tov vaHesséd* - Bon et bienveillant.

אֱלִילֵי זָהָב - *Éliléi zahav* - Idoles d'or.

דָּנִיֵּאל - *Daniel* - Daniel.

הוֹד יְסוֹד - *Hod Yessod* - Gloire, Fondement (sefiroth).

זְבֻלוּן - *Zevoulon* - Zabulon.

חֶלְבְּנָה - *Hélbenah* - Galbanum.

טַלָּא דְּבְדוֹלְחָא - *Tala divolha* - Rosée cristalline *(araméen)*.

יָפֶה - *Yaféh* - Beau, joli.

כָּבְדָה אָזְנוֹ – *Kavdah azno* - Devenir malentendant (biblique).

כִּסֵּא דָוִד - *Kissé David* - Trône de David.

מַאְדִּים - *Maedim* - Mars.

מַלְכָּה - *Malkah* - Reine.

- 96 -

אֵיפָה - *Eifa* - Éfa (mesure de capacité).

אֲפִיָּה - *Afiah* - Cuisson au four.

אַצָּה - *Atsah* - Algue.

וְיָכִין - *Yoyakin* - Yoyakin.

חַג הַמּוֹלָד - *Hag-Hamolad* - Noël.

יוֹבֵל הַגָּדוֹל - *Yovél hagadol* - Grand jubilée.

יָפוֹ - *Yafo* - Jaffa.

כְּלוּם - *Kloum* – Rien, ce n'est rien.

מְהוּמָה - *Mehoumah* - Tumulte, confusion.

מִיּוּם - *Miyoum* - Hydratation.

מִילוּי - *Milouï* - déploiement.

מִכְלָאָה - *Miklaah* - Corral, enclos - Camp de prisonniers temporaires.

מְלָאכָה - *Melakah* - Œuvre, labeur, travail, artisanat.

נַהֲמָא - *Nahama* - Pain - Excitation, cris, rugissements *(araméen)*.

סוֹד יְהֹוָה - *Sod Yhwh* - Secret de Yhwh.

עַכּוֹ - *Âko* - Âcre - Saint Jean d'Âcre.

פְּוִי - *Poui* - 56ème nom du *Shém haMeforash*.

צַו - *Tsav* – « *Prescris* » - *Parasha* #25 - Lév. 6:1-8:3.

- 97 -

אוֹנָם - *Onam* - Onam.

אֱמוּן - *Émoun* - Foi, confiance.

בֶּן־אָדָם - *Bén-Adam* - Fils d'homme.

גְּלִילֵי זָהָב – *Gueliléi zahav* – Phalanges d'or.

וְהָאֱלֹהִים - *VehaÉlohim* – « Et l'Élohim ».

זְמָן - *Zeman* - Temps - offrir, préparer, arranger.

טֶפַח - *Téfah* - Largeur de main, petite portion.

יַחַס הַזָּהָב - *Yahass hazahav* – Proportion dorée : Nombre d'or.

מֵאוּן - *Méoun* - Refus - centième, pourcentage.

מְהֵיטַבְאֵל - *Mehéitavél* – Mehétabel (Genèse 36:39).

נְאוּם - *Neoum* - Discours.

פְּדוּבָה - *Padovah* - Padoue.

צֹהַב - *Tsohav* - Jaune.

- 98 -

אַלְכּוֹהוֹל - *Alkohol* - Boisson alcoolisée ; alcool.

בּוּץ - *Bouts* - Lin fin.

גוּפָא דְּאַבָּא - *Goufa de-Abba* - Corps du Père (*araméen*).

חמן - *Haman* - Obélisque.

חֵץ - *Héts* - Flèche.

יְגִיעָה - *Yguiâh* - Effort, peine.

כּוֹכָבִים - *Kokavim* - Planètes, étoiles.

לְחַיִּים - *Léhayim* - À la vie ! À votre santé !

מַאֲזָן - *Meouzan* - Horizontal, équilibré.

מוּחַמַד - *Mouahmad* - Mahomet.

מֹחֵן - *Mohén* - Homme intelligent, esprit vif.

מִנְהָג - *Minehag* - Coutume.

נֹחַם - *Noham* – Consoler, réconforter.

סְגֻלָּה - *Segoulah* - Talisman, remède.

סְלַח - *Salah* - Pardonner.

פֶּה אֶחָד – *Péh éhad* – À l'unanimité.

פִּטְדָה - *Pitdah* - Topaze.

- 99 -

אַהֲבָה אֶחָד חָכְמָה - *Ahavah éhad hakhmah* – Amour, unité, sagesse.

אבוּץ - *Ibouts* - Galvanisé (fer).

אַל-חִכֵּם - *Al-hakém* - Agnosie.

אֲנִי הַגַּל – *Ani hagal* – Je suis la vague.

הָא הַמְגַמָה – *Hé hamgamah* - Article directionnel (inséré après les noms de lieux).

הַטָּפָה – *Hatafah* - Prédication, exhortation - Goutte, fuite.

חַג הַחֲנֻכָּה - *Hag haHanoukah* - Fête de Hanoukah.

חוֹל הַיָּם - *Hol hayam* - Sable de la mer.

חוּפָּה - *Houpah* - Dais nuptial.

טִיט הַיָּוֵן - *Tith Hayavén* - Bourbier fangeux, enfer (4e niveau).

יְדִיעָה - *Ydiâh* - Connaissance, science.

יְהוּדִי נוֹדֵד - *Yéhoudi-nodéd* - Arachide (plante).

מְגֻוָּן - *Megouvan* - Bariolé, gamme de couleurs variée.

סֶגוֹל - *Ségol* - Voyelle « é ».

פְּדָיָה - *Pediah* - Rédemption.

- 100 -

אַגְמוֹן - *Agmon* - Roseau, jonc - Petit lac.

אָכָטִיס - *Akatis* - Agate.

זִמְזוּם - *Zimzoum* - Bourdonnement, fredonnement.

חָצַב - *Hatsav* - Extraire, tailler, creuser, sculpter - Scille (plante).

יָד אֱלֹהִים - *Yad Élohim* - Main d'*Élohim*.

יוֹם הַגְּאֻלָּה - *Yom hagueoulah* - Jour de la rédemption.

יָמִים - *Yamim* - Jours, mers.

כֵּלִים - *Kélim* - Réceptacles.

כַּלְכֵּל - *Kalkal* - Économie, écologie.

כַּף - *Kaf* - Creux – 11ème lettre.

לָדִינוּ - *Ladino* - Ladino (dialecte judéo-espagnol).

לֶךְ-לְךָ - *Léķ Léķa* – « *Va vers toi-même* » - *Parasha* #3 - Gen. 12:1&17:27.

לֹעַ - *Loâ* - Gorge, gosier, pharynx.

מָדוֹן - *Madon* - Querelle, dispute.

מִין - *Min* - Sexe, espèce, genre.

מֵם יוֹד - *Mém-Yod* - Mém-Yod.

נְהָמָה - *Nehamah* - Grondement, rugissement.

נַלַךְ - *Nalak* - 21ème nom du *Shém haMeforash*.

סַחְלָב - *Sahlav* - Orchis (type d'orchidées).

סַם - *Sam* - Drogue, poison, élixir, remède.

- 101 -

אָ"ק - *A'q* - Abréviation pour Adam Qadmon.

אֶבֶן גְּדוֹלָה - *Évén Gdolah* - Grande pierre.

אָמִין - *Amin* - Authentique, véridique.

אָסָם - *Assam* - Grange, grenier.

זְבוּלוּן – *Zévoulon* – Zabulon (l'une des douze tribus d'Israël).

כּוֹכַב חַמָּה - *Kok'av Ħamah* - Mercure (étoile du soleil).

כִּלְאַיִם - *Kilaïm* - Hybridation.

מִגְדַּל דָּוִיד – *Migdal David* – Tour de David.

מוּמְיָה - *Moumiah* - Momie.

מִיכָאֵל - *Mikaël* - Mikaël - Michel.

מַלְאָכִי - *Malaki* – Angélique - Malachie (livre de la Bible).

מְלוּכָה - *Meloukah* - Royauté, monarchie.

נֵימָא - *Néima* - Corde (araméen).

נְנָא - *Nina* - 53ème nom du *Shém haMeforash*.

- 102 -

אֵין גְּבוּל - *Ein Gvoul* - Sans limite (frontière).

אֱמוּנָה - *Émounah* - Fidélité, foi, confiance.

בֶּן-הָאָדָם - *Bén-haAdam* - Fils de l'Homme.

בַּעַל - *Baâl* - Dominer, maître, mari - Baal.

גוּף אֶחָד – *Gouf éħad* – Corps unique.

וִילוֹן - *Vilon* - Voile (1er firmament).

זַנְגְּבִיל - *Zingvil* - Gingembre.

כֹּל בַּכֹּל - *Kol hakol* - Tout est dans tout.

כְּלָבִים - *Klavim* - Chiens.

מֵבִין - *Mévin* - Raisonnable, sensé.

מַבְלֵל - *Mavlél* - Malaxeur, mixeur.

מָן הוּא - *Man Hou* - Issu de Lui.

עֶבֶד-יְהֹוָה - *Évéd Yhwh* - Serviteur de *Yhwh*.

צְבִי - *Tsvi* - Gazelle.

- 103 -

אֲבִימֶלֶךְ - *Abimélekh* - Un roi des Philistins.

אָבְנַיִם - *Avnayim* - Tour du potier.

אָבָק - *Avaq* - Poudre, poussière.

גָּאוֹן גָּדוֹל - *Gaon gadol* - Grand génie (Chef d'un académie talmudique).

גַּנָּן - *Ganan* - Jardinier.

גֹּעַל - *Goâl* - Dégoût, répulsion.

זִיּוּף - *Ziouf* – Contrefaçon, faux.

חַיֵּי לַיְלָה - *Ħayéi laïlah* - Vie nocturne.

חֵיפָה - *Ħéifah* - Haïfa (ville de).

יְסוֹד הַחַי - *Yessod ha Ħaï* - Élément du vivant.

כּוֹכַב הַיָּם - *Kokav hayam* - Étoile de mer.

מַחֲנֶה - *Mahanéh* - Camp, campement.

מֵי מְגִדּוֹ – *Méi Meguiddo* – Eau de Meguiddo.

מִנְחָה - *Minħah* - (Service de prière de l'après-midi). Offrande de grains, cadeau, présent, hommage.

נֶחָמָה - *Néħamah* - Consolation.

עֵגֶל - *Êgél* - Veau.

עָגֹל - *Âgol* - Rond, circulaire, sphérique.

- 104 -

גַּג הַחֻפָּה - *Gag haħoupah* - Toit du dais (nuptial).

דַּק - *Daq* - Fin, mince.

חוּץ - *Ħouts* - Dehors, extérieur.

טֻמְטוּם - *Toumtoum* - Personne au sexe indéterminé (Talmud).

כּוֹכָבוֹן - *Koķavon* - Petite étoile.

מַחְוָן - *Moħon* - Cervelet - indicateur, jauge.

מָנוֹחַ - *Manoaħ* - Repos, tranquillité - défunt.

נַחוּם - *Naħoum* - Nahum - consolation.

נְטִילָה - *Netilah* - Prise, enlèvement.

סוֹלֵחַ - *Soléħa* - Qui pardonne.

- 105 -

חֶבְלֵי יוֹלֵדָה - *Ħaveléi-Yolédah* - Douleurs de l'enfantement.

טָמוּן - *Tamon* - Cachette.

כַּפָּה - *Kapah* - Paume de la main.

מְהֻלָּל - *Mehoulal* - Louange, éloge – Dément, débauche.

עָלָה - *Âlah* - Se lever, monter, augmenter, surpasser.

פִּיּוּט - *Piout* - Poème liturgique, poésie, ode.

צִיָּה - *Tsiah* - Terre désertique ou en friche.

- 106 -

בָּדַק - *Badaq* - Examiner, vérifier - fissure, brèche.

גְּדִי בַּחֲלֵב אִמּוֹ - *Gdi bahalav imo* - Chevreau dans lait de sa mère.

נוֹכֵל - *Nokél* - Escroc, charlatan.

נוֹמֵי - *Noméi* - Chancre.

נוּן - *Noun* - Noun (14ème lettre de l'alphabet).

סוּם - *Soum* - devenir aveugle.

פּוּךְ - *Pouk* - Émeraude.

קַו - *Qav* - Ligne.

- 107 -

אוֹנָן - *Onan* - Onan.

אֵין כַּיהוָה – *Éin kaYhwh* – Rien n'est comme Yhwh.

אָנֹכִי יְהוָה – *Anoki Yhwh* – Moi, Yhwh !

אַקּוֹ - *Aqo* - Chèvre sauvage.

בָּהַק - *Bahaq* - Luire, briller - lueur, éclat - vitiligo.

בֵּיצָה - *Béitsah* - Œuf.

בְּנֵי אָדָם – *Bnéi Adam* – Humains, fils d'Adam.

גַּל וְחַיִּים – *Gal vehayim* – Vague et vie.

גִּלְגֵּל הָלְאָה – *Guilguél halah* – Remettre, transmettre.

גַּלְעֵד - *Galêed* - Galaâd.

הַכֹּל בַּכֹּל – *Hakol bakol* – Le tout dans tout.

וַיֵּצֵא - *Vayétsé* - « Et il sortit » - *Parasha* #7 - Gen. 28:10-32:3.

זַק - *Zaq* - Étincelle.

יְהוּדָה הַמַּכַּבִּי - *Yéhoudah Hamakabi* - Judas Macchabée.

כֵּן וְלֹא – *Kén velo* – Oui et non.

מָגֵן דָּוִד - *Maguén-David* - Bouclier de David (étoile à six branches).

מְסַבָּה - *Messibah* - Fête, rassemblement, réception.

סוֹד הַבְּכִי – *Sod habék'i* – Secret des pleurs (au mois de tammouz).

קֵבָה - *Qévah* - Estomac.

- 108 -

אֲבָקָה - *Avaqah* - Poudre, aromate.

גֵּיהִנֹּם - *Guéihinom* - Géhenne - Enfer, Hadès.

חַמִּין - *Hamin* - Ragoût consommé le sabbat.

חָמַס - *Hamass* - Oppresser – Voler avec violence.

חָסִיל - *Hassil* - Criquet.

חֵצִי - *Hétsi* - Moitié.

חֹק - *Hoq* - Loi.

כּוֹכָב זָנָב - *Kokav-Zanav* - Comète.

מְחֻלָּל - *Mehoulal* - Profané.

נָבוֹן - *Navon* - Raisonnable, sensé.

נִדְנֵד - *Nidnéd* - Balancer, osciller.

עֶגְלָה - *Êglah* - Génisse.

עֲגָלָה - *Âgalah* - Chariot.

- 109 -

אָבוּק - *Ibouq* - Saupoudré.

בָּזָק - *Bazaq* - Éclair, étincelle.

גּוֹנֵן - *Gonén* – Protéger, défendre.

הַיְּהוּדִי הַנּוֹדֵד - *Hayéhoudi-Hanodéd* - Le juif errant.

חֲנוּכִיָּיה - *Ḥanoukyah* - Chandelier de Hanoukah.

יַד הַמֶּלֶךְ - *Yad hamélék'h* - Main du roi.

כְּלֵי הַדָּם - *Keli-Hadam* - Vaisseaux sanguins.

לָטִינִי - *Latini* - Latin.

מְדִינָה - *Medinah* - État, pays.

מֵי נִדָּה - *Méi-Nidah* - Eau lustrale.

מְנוּחָה - *Menouḥah* - Lieu de repos, tranquillité.

נִגּוּן - *Nigoun* - Mélodie, inflexion.

נוֹגֵן - *Noguén* - Musicien.

- 110 -

אָב הָאֱמוּנָה - *Av ha-émounah* - Père de la foi.

דִּמְיוֹן - *Dimion* - Imagination ; imaginaire - fantaisie, illusion.

הֵא הַיְּדִיעָה – *Hé hayediâh* – Article défini.

יָמִין - *Yamin* - Droite.

כֶּסֶל - *Késsel* - Bêtise, stupidité - Confiance, espoir (biblique).

כַּפִּי - *Kafi* – Creux de ma main.

מוֹסָד - *Mossad* - Institution, établissement.

מִינִי - *Mini* - Sexuel.

מֶמֶל - *Mémél* - Pressoir (olives).

נֵס - *Ness* - Miracle.

סְדוֹם - *Sdom* - Sodome.

עֱלִי - *Êli* - Pistil.

- 111 -

אֶבֶן־חֵן - *Évén ḥen* - Pierre de la grâce.

אַדְמוֹנִי - *Admoni* - Roux.

אֶחָד הוּא אֱלֹהִים - *Ehad hou Élohim* - Un est *Élohim*.

אָלֶף - *Aléf* - Alef (1ère lettre de l'alphabet hébreu).

אָפֵל - *Afél* - Ténèbres, obscurité.

בַּעַל אוֹב - *Baâl ov* - Sorcier, nécromancien.

גַּבְנוּן - *Gavnoun* - Cyphose.

ה' עֶלְאָה - *Hé îlaah* - Hé supérieur (du Tétragramme).

הִפּוּךְ - *Hipouk* - Inversion - Solstice.

חָכָם גָּדוֹל - *hakam gadol* - Grand sage.

כָּבֵד־פֶּה - *Kavad-Pé* - Bouche pesante.

מְאֻנָּךְ - *Mounak* - Vertical, perpendiculaire.

מִגְדַּל בָּבֵל - *Migdal bavél* - Tour de Babel.

מִי־אֲנִי - *Mi ani* - Qui suis-je.

מַסְוֶה - *Masvéh* - Masque, voile.

נֶזֶם זָהָב - *Nézém zahav* - Anneau d'or.

פֶּה יוד הָא - *Pé-yod-Hé* - Abréviation de *féah* : fée.

פֶּלֶא - *Pélé* – Merveilleux, miraculeux.

קִיא - *Qi* - Vomir.

- 112 -

אֲדֹנָי יְהֹוֶה אֶהְיֶה - *Adonaï Yhwh Éhyéh* - Adonaï Yhwh Je serai.

אַלְכִימַאי - *Alkimaï* - Alchimiste.

בֵּינַיִם - *Bénayim* - Intermédiaire, moyen.

בֵּיצִי - *Béitsi* - Ovoïde.

בְּנֵי הָאָדָם - *Bnéi haAdam* - Fils d'Adam, humains.

דְּבּוּק - *Dibouq* - Démon, revenant - Attachement.

הקב"ה - *Haqbah : HaQadosh baroukh Hou* - Le Saint béni soit-Il.

יַבֹּק - *Yabboq* - Yaboq.

יהוה אֱלֹהִים - *Yhwh Élohim* - *Yhwh Élohim*.

יֶקֶב - *Yéqév* - Cave.

כּוֹכָב נוֹדֵד - *Kokav nodéd* - Étoile errante.

סוֹד אֱלוֹהַ - *Sod Éloha* - Secret divin.

- 113 -

אַבִּיק - *Abiq* – Cornue, alambic – Drain, tube.

אֶבֶן בֹּחַן - *Évén boħan* - Pierre éprouvée.

אָדָם חָכָם – *Adam hakam* – Homme sage.

אל-כִּימִיאא – *Al-kimiaa* – Alchimie (arabe).

בְּנֵי אִמִּי – *Bnéi imi* – Fils de ma mère.

דָּמָא אוּכְמָא – *Dama ouk'ma* – Sang noir (araméen).

דַּנְדַּנָּה - *Dandanah* - Menthe.

חֶבְיוֹן הַלֵּב - *Ħévion-haléb* - Les secrets du cœur.

חַמְסָה - *Ħamssah* - Talisman porte-bonheur en forme de main (Arabe).

חֻקָּה - *Ħouqah* - Loi, constitution.

לוֹעֵז - *Loêz* - Barbare.

מִזְבֵּחַ לַיהוָה - *Mizbéaħ laYhwh* - Autel pour *Yhwh*.

נוֹגְדָן - *Nogdan* - Anticorps.

נְחֶמְיָה - *Nehémiah* - Néhémie.

סוֹד גָּדוֹל – *Sod gadol* – Grand secret.

סְלִיחָה - *Slihah* - Pardon.

עָגִיל - *Âguil* – Boucle d'oreille.

פֶּלֶג - *Pélég* - Ruisseau.

- 114 -

אֲבוּקָה - *Avouqah* - Flambeau, torche.

אַבּוּטִילוֹן - *Aboutilon* - Plante de la famille des mauves (nom inventé par Avicenne).

גֵּהִינוֹם - *Guehinom* - Vallée de Hinnom - purgatoire.

דָּמַע – *Damâ* – Pleur, larmoiement.

הַבָּזָק - *Habazaq* - L'éclair.

הוּא אֱלֹהֵינוּ - *Hou Élohéinou* - Il est notre Dieu.

הֶעָגוּל - *Haîgoul* - Le cercle.

חַנּוּן - *Hanoun* - Compatissant.

כַּף אַוָּז – *Kaf-aouaz* – Chénopode blanc – Pied-d'oie.

כַּף יָד – *Kaf yad* – Paume de la main.

מַדָּע - *Madâ* - Science.

מוּאַזִּין - *Mouazin* - Muezzin.

מוֹחִין - *Mohin* - Intellect (araméen).

מְסֻיָּד - *Messouyad* - Sclérosé - Blanchi à la chaux.

סוֹד הַגְּאֻלָּה - *Sod ha-gueoulah* - Secret de la rédemption.

סִמְטָה - *Simtah* - Furoncle.

- 115 -

אֶלְיָדָע - *Élyadâ* - Inconscient.

אֲנַחְנוּ - *Anahnou* - Nous.

בִּנְיַן אָב – *Binyan av* – Règle de base.

הַגְּאוֹנִים - *Haguéonim* - Les Guéonim (VIIe - XIe siècles).

הִנֵּנִי - *Hinéni* - Me voici.

חָזָק - *Hazaq* - fortement, avec force.

חֲצִיבָה - *Hatsivah* – Excavation, découpage.

יְדֵי אָמָן – *Yedéi aman* – Main d'artiste.

יְעֵלָה - *Yêlah* - Antilope, gazelle - Femme gracieuse.

כְּבַד גּוּף – *Kevad gouf* – Lourd, trapu.

כִּיפָּה - *Kippah* - Calotte.

כָּלְמִיָּה - *Kalmiyah* - Kalmiyah (Nom d'ange intendant).

סְנֶה - *Snéh* - Épineux, buisson.

עֲזָאזֵל - *Âzazél* - Azazel (ange déchu, démon velu) - Bouc émissaire.

עֲלִיָּה - *Âléyah* - Élévation, ascension.

פְּהִל - *Pehil* - 20ème nom du Shém haMeforash.

- 116 -

אַלְכִּימִיָּה - *Alkimiyah* - Alchimie.

אֲפֵלָה - *Afélah* - Ténèbres, noirceur, découragement.

חֵן נֹחַ- *Hén noah*- Grâce de Noé.

יְהֹוָה מֶלֶךְ – *Yhwh mélékh* – *Yhwh* Roi.

יְוָנִים - *Yevanim* - Grecs.

יִנּוֹן - *Yinon* - Un des noms du Messie (Sanhédrin 98b) - Perpétuer, émaner.

כַּמּוֹן - *Kamon* - Cumin.

כִּסְלֵו - *Kislév* - Kislev (3ème mois de l'année juive : novembre /décembre).

לוּנֵל - *Lounél* - Lunel (ville).

מָכוֹן - *Makon* - Base, fondation (Sixième des sept firmaments).

נְדִיבִים - *Nedivim* - Bienfaiteurs.

סִיּוּם - *Sioum* - Fin, finition, achèvement, conclusion.

פּוֹל - *Pol* - Fève.

- 117 -

עֵגֶל זָהָב - *Éguél-zahav* - Le veau d'or.

אֵל אֱלֹהִים - *Él Élohim* – Dieu Élohim.

אַלּוּף - *Alouf* - Chef de tribu.

אָנָּא אֲדֹנָי – *Ana Adonaï* – S'il te plaît Seigneur.

בְּלִיעָה - *Bliâh* - Déglutition.

חֶזְוָא דִי־לֵילְיָא - *Ħézva di-léilia* - Vision nocturne *(araméen)*.

יְהֹוָה הָאֱלֹהִים – *Yhwh haÉlohim* – Yhwh le Dieu.

יַחַד לֵב אֶל לֵב – *Yahad lév él lév* – Ensemble, cœur à cœur.

כִּי אֲנִי יְהֹוָה – *Ki ani Yhwh* – Car je suis *Yhwh*.

מַלְאַךְ יְהֹוָה – *Malak'h Yhwh* – Ange de Yhwh.

מָעֹז - *Mâoz* - Refuge.

עֵגֶל זָהָב – *Êguél zahav* – Veau d'or.

- 118 -

אֶבֶן כִּלְיָה - *Évén-Klayoth* - Calcul rénal.

בִּלְבּוּל מֹחַ - *Bilboul moah* - Confusion cérébrale.

בְּנוֹנִי - *Benonei* - Intermédiaire.

חָעָם - *Ħâam* - 38ème nom du *Shém haMeforash*.

יַבּוֹק - *Yaboq* - Yabboq (rivière).

יוֹקֵב - *Yoqév* - Vigneron.

כְּבוֹד אֱלֹהִים - *Kevod Élohim* - Gloire d'*Élohim*.

כֹּהֵן גָּדוֹל - *Kohén Gadol* - Grand prêtre.

כִּסֵּא הַכָּבוֹד - *Kissé hakavod* - Trône de gloire.

מַבּוּעַ - *Mabouâ* - Source, fontaine.

עַגְמָה - *Âgmah* - Souffrance, angoisse.

- 119 -

אֶבְיוֹנִים - *Évionim* - Pauvres, nécessiteux - Ébionites, secte judéo-chrétienne de l'Église de Jérusalem.

בַּעַל זְבוּב - *Baâl-Zvouv* - Belzébuth (démon - Dieu-mouche).

גִּלּוּלִים - *Guiloulim* - Idoles.

דָּוִיד הַמֶּלֶךְ – *David hamélékh* – Roi David.

דִּמְעָה – *Dimâh* – Larme.

חֲצִי אִי - *Hatsi i* - Péninsule.

טַעַם - *Taâm* - Goût, saveur.

טָפֵל - *Tafél* - Subordonné, d'importance secondaire.

נָגוּס - *Négous* - Négus (empereur d'Ethiopie) - Rongé, mordu.

- 120 -

בְּנֵי־נֹחַ - *Bnéi Noah* - Fils de Noé.

אַבָּא עִילָאָה - *Abba Îlaah* - Père supérieur.

אֵלִיָּהוּ הַנָּבִיא - *Éliyahou Hanavi* - Le prophète Elie.

בְּלֹא כַּוָּנָה - Belo Kavanah - Sans intention.

בַּעַל חַי - Bâal haï - Maître de la vie.

גּוּלְפָא - Gloufa - Cruche (araméen).

דּוּ-מִינִי - Do-Mini - Bisexué, hermaphrodite.

דִּימְיוֹן - Dimion - Imaginaire.

הֵטִיל בָּהּ זוּהֲמָא - Hitil bah zouhama - Projette la pollution en elle.

זֶה בְּצַד זֶה - Zéh betsad zéh - Côte à côte.

חוּמוּס - houmouss - Houmous.

יוֹם דִּין - Yom din - Jour du Jugement.

יְמִינִי - Ymini - Côté droit.

כִּנִּים - Kinim - Vermines (poux).

כְּסִיל - Kessil - Fou, idiot, imbécile – Orion.

לִיף - Lif - Fibre.

מִגְדָּל גָּדוֹל - Migdal gadol - Grande tour.

מוֹעֵד - Moëd - Temps fixé - rendez-vous.

מֵי גְבִינָה – Méi guevinah – Petit-lait.

מִכְלָל - Miklal - Système, assemblage - Perfection.

מֶלֶךְ יְהוּדָה - Mélék Yehoudah - Roi de Judah.

מָסָךְ - Massak - Écran, rideau.

מְעִי - Meî - Intestin.

סוֹד הַגְּאוּלָה - Sod hagueoulah - Secret de la rédemption.

עוֹמֵד - Ôméd - Debout, immobile, stable.

עַמּוּד - Âmoud - poteau, pilier, colonne.

פִּיל - Pil - Éléphant.

צֵל - Tsél - Ombre.

- 121 -

אֵל-מֶלֶךְ - Él mélék - Dieu roi.

אֱלִילִים - Élilim - Idole, frivolités.

אַלְמָן - Alman - Veuf.

אֵצֶל - Étsél - A côté de.

הֲלִיכוֹן - Halikon - Marcheur.

חָכְמָה גְדוֹלָה – Ħakhmah gdolah – Grande sagesse - Grosse affaire (familier).

כַּף חוֹבָה - Kaf hovah - Plateau du devoir.

מַזָּל דְּלִי - Mazal Deli - Signe du Verseau.

מַזָּל טָלֶה - Mazal taléh - Signe du Bélier.

נַהֲלוֹל - Néhalol - Ronce.

נִינְוֵה - Ninvéh - Ninive.

- 122 -

אֲנִי אֵין - Ani éin - Je ne suis rien.

בִּנְיָן - Binyan - Édifice.

בָּצָל - Batşal - Oignon.

זבח הימים - Zébah-Hayamim - Sacrifice annuel.

זִלְפָּה - Zilpah - Zilpah.

כָּל-דְּגֵי הַיָּם - Kal-deguéi hayam – Tous les poissons de la mer.

מוֹחִין דְּאַבָּא - Mohin deAbba - Intellect du Père (araméen).

מַלְבֵּן - Malbén - Rectangle.

עֵגֶל הַזָהָב – *Êguél haZahav* – Veau d'or.

עֵנָב - *Ênav* - Raisin (grain de).

- 123 -

בְּנֵי הַיּוֹם - *Bnéi hayom* - Fils du Jour.

חַיֵּי הַמֶּלֶךְ - *Ĥayé hamélékh* - Vie du roi.

חֲנִינָה - *Ĥanina* - Un des noms du Messie (Sanhédrin 98b) - Faveur, grâce.

כֹּהֵן הַגָּדוֹל - *Kohén haGadol* - Grand-Prêtre.

מִלְחָמָה - *Milĥamah* - Guerre.

מָעוֹז - *Maôz* - Refuge, abri, citadelle.

נֶגַע - *Négâ* - Fléau.

סִיגִים - *Siguim* - Scories.

עֹנֶג - *Ônég* - Délice, plaisir.

- 124 -

גְּלִיפָא - *Glifa* - Marque inscrite (araméen).

הֲבֵל הֲבָלִים - *Havel havélim* - Futilité des futilités.

חַיִּים וִיטַאל - *hayim Vital* - Ĥayim Vital.

טִנְטוּן - *Tintoun* - Acouphènes.

יַד יְמִין - *Yad yemin* - Main droite.

מֶלֶךְ בָּבֶל - *Mélék Babél* - Roi de Babél.

סָדִין - *Sadin* - Drap, linceul.

סִידָן - *Sidan* - Calcium.

עֲדָיָם - *Âdyam* - Parures.

עֵדֶן - *Êdén* - Éden.

עֲלִי זָהָב - *Âli zahav* - Pistil d'or.

פַּחַד לֵב - *Paĥad lév* - Peur du cœur, anxiété.

- 125 -

בִּינְיַן אָב - *Binyan av* - Établissement d'un principe (Un des sept principes d'interprétation).

חֶסֶד הַגְּדוּלָה - *Ĥesséd haGuedoulah* - Grande Bonté.

טִפּוּל - *Tipoul* - Traitement, soins.

יוֹם הַדִּין - *Yom hadin* - Jour du Jugement.

לִטּוּף - *Litouf* - Caresse.

מְכֻסֶּה - *Mekoussêh* - couvert, caché.

מַסֵּכָה - *Maskah* - Masque.

נְדוּנְיָה - *Nédouneyah* - Dot.

נְמָלָה - *Nemalah* - Fourni.

צִלָּה - *Tsilah* - Tsilla (mère de Tubal-Caïn et de Naamah) - Ombrageuse.

- 126 -

אֶבֶן חָכְמָה - *Évén-Ĥokhmah* - Pierre philosophale.

אָב הַחֲכָמִים - *Av hahak'amim* - Père des sages.

אַלְמָנָה - *Almanah* - Veuve.

דּוֹנַג הָאֹזֶן - *Donag Haozén* - Cérumen.

חוֹזֶה בַּכּוֹכָבִים - *Ĥozèh bakoķavim* - Visionnaire dans les étoiles (Astrologue).

חֵטְא הָעֵגֶל – *Hatéh haêguél* – Péché du veau.

כּוּק - *Kouq* - 35ème nom du *Shém haMeforash*.

כָּמוּס - *Kamouss* - Secret, caché, latent.

מְגַמְגֵּם - *Megamguém* - Bègue.

מִי אֶל מָה – *Mi él mah* – Qui vers quoi ?.

מָלוֹן - *Malon* - Gîte, étape, auberge.

נְבִיא אֲבַדּוֹן - *Nevi avadon* - Prophète de malheur.

נִזְמֵי הַזָּהָב - *Nizméi hazahav* - Piercings nasals d'or.

נָכוֹן – *Nak'on* - Correct, vrai.

סִיוָן - *Sivan* - Mois de Sivan.

סָמוּךְ - *Samouk* - Se reposer, s'établi sur.

עֹבֵד אֲדָמָה – *Ôvéd adamah* – Travailleur de la terre.

פְּלִיאָה - *Pliah* - Étonnement, émerveillement.

עָנוּ - *Ânou* - 63ème nom du *Shém haMeforash*.

- 127 -

אַלְמוֹן - *Almon* - Veuvage.

יָדָיו גְּלִילֵי זָהָב – *Yadaïv gliléi zahav* – « *Ses mains sont des sphères d'or* » (Cant. 5:14).

כִּיס הַלֵּב - *Kiss-Halév* - Péricarde.

לֵב מַלְכָּה – *Lév malkah* – Cœur de reine.

מְגַדֵּף - *Megadéf* - Blasphémateur.

מֶלֶךְ הַכָּבוֹד - *Mélék'h haKavod* - Roi de Gloire.

מְנֻזָּל - *Menouzal* - Enrhumé.

עֶבֶד וְאָדָם - *Âvad veAdam* - Esclave et homme.

עָגִיל זָהָב - *Âguil zahav* - Boucle d'oreille d'or.

נִבָּא לוֹ לִבּוֹ - *Niba Lo Libo* - Avoir un pressentiment.

- 128 -

אֲנִי לֹא לְבַד - *Ani lo lavad* - Je ne suis pas seul.

חַיֵּי מִין - *Hayé-Min* - Vie sexuelle.

חָסִין - *Hassin* – Immunisation, vaccin.

י"ב כִּסְלֵו – *12 kislév* - 12 du mois de *kislév*.

יְהוָה אֶל-יוֹנָה - *Yhwh él-Yonah* - *Yhwh* à Jonas.

יְהוָה אֱלֹהֵינוּ - *Yhwh élohinou* - *Yhwh* notre Dieu.

יַיִן הַחֵמָה – *Yayin hahémah* - Vin de la colère.

יַם הַחָכְמָה - *Yam ha-Hokhmah* - Mer de la Sagesse.

לֶחֶם טָמֵא – *Léhém tamé* - Pain impur.

לַחַץ - *Lahatş* - Stress.

מַגֵּפָה - *Maguéfah* - Épidémie, fléau, déroute.

נְגִיסָה - *Neguissah* - Coup de dent, morsure.

פֶּחָם - *Péham* - Charbon.

צָלַח - *Tsalah* - Réussite.

- 129 -

דָּם מִילָה – *Dam milah* – Sang de la circoncision.

הַטְעָמָה - *Hatâmah* - Ictus.

טפיל - *Tafil* - Parasite.

יוּדוֹפוֹבִיָה – *Yodofobiah* – Judéophobie.

מַיִם דְּלָה – *Mayim dalah* – Eau puisée.

נָגוּעַ - *Nigouâ* - Contamination - souffrant, atteint.

עֶדְנָה - *Êdnah* - Douceur, tendresse.

עֲמִידָה - *Âmidah* - Prière prononcée debout, constituée de dix-huit bénédictions.

- 130 -

אֵל אֲבִי הָאֵלִים - *Él abi haélim* - Él père des dieux.

הָא כֵּיצַד – *Ha kéistad* – Comment cela peut-il être ? Comment cela se fait-il ?

הַצָּלָה - *Hatsalah* - Sauvetage.

יַד יְמִינוֹ - *Yad-Yamin* - Main droite, droitier.

כָּפַל - *Kafal* – Doubler, plier.

לִיפִי - *Lifi* - Fibreux.

מְמֻיָּם - *Memouyam* - Reconstitué.

נְמִם - *Nemin* - 57ème nom du *Shém haMeforash*.

סְבִיבוֹן - *Sevivon* - Toupie.

סִינַי - *Sinaï* - Sinaï.

סֻלָּם - *Soulam* - Échelle, gradation.

עַיִן - *Âyin* - Œil.

עָנִי - *Âni* - Pauvre.

פֶּן - *Pén* - Peur, crainte.

- 131 -

אִיסִיִּים - *Issiyim* - Esséniens.

אָמַץ - *Amats* - Prendre courage - adopter (un enfant), prendre la responsabilité de.

אָצִיל - *Atsil* - Noble, aristocratique, raffiné, honorable, magnanime.

גִבְעוֹן - *Guivôn* - Lieu élevé (Gabaon).

הַאֲצָלָה - *Haétsélah* - Sublimation.

סַמָּאֵל - *Samael* - Samael.

עוֹנָה - *Ônah* - Saison, période.

עֲנָוָה - *Ânavah* - Humilité.

פְּלוּטוֹ - *Plouto* – Pluton (Dieu Grec).

קֵלָּא - *Qoulah* - Apesanteur, indulgence.

- 132 -

אַסְיָאנִי - *Assiani* - Asiatique.

אִסְלָאם - *Islam* - Islam.

בָּלָק - *Balaq* - « *Balaq* » - *Parasha* #40 - Nbr. 22:2-25:9.

בְּסִינַי - *BeSinaï* – Dans le Sinaï.

הָבֵן בְּחָכְמָה - *Havén beHokhmah* - Comprend avec Sagesse.

חֲסִידִים - *Hassidim* - Pieux, dévot.

מַאַבָּא וּמֵאִמָּא - *Mé-Abba oumé-Imma* - Issu du Père et Issu de la Mère.

מְעִי הַדָּג - *Mêi hadag* - Intestin du poisson (Livre de Jonas).

עֶבֶד אֱלָהָא חַיָּא – *Âvéd Élaha haya* – Serviteur du Dieu vivant (araméen).

עָווֹן - *Âvon* - Faute volontaire.

פְּזִילָה - *Pzilah* - Strabisme.

קַבֵּל - *Qibél* - Recevoir.

- 133 -

אֶבֶן יְסוֹד - *Évén Yessod* - Pierre de fondement.

אַהֲבָה חֶזְקָה - *Ahavah hézqah* - Puissance de l'amour.

גְּלִילִיִּים - *Gliliyim* - Galiléens.

גֶּפֶן - *Guéfén* - Vigne.

הֶחֱלִיף - *Héhélif* - Échanger, substituer, remplacer .

יַם הַמֶּלַח - *Yam Hamélah* - Mer morte.

יָמִים יַגִּידוּ - *Yamim Yaguidou* - Qui vivra verra.

מוּפָז - *Moufaz* - Doré, plaqué or - Étincelant, scintillant, brillant.

מֶלֶךְ גָּדוֹל – *Mélékh gadol* – Grand roi.

מֵי הַמַּבּוּל – *Méi hamaboul* – Eau du Déluge.

פֵּיגָם - *Péigam* - Rue.

צִלְחָה - *Tşilhah* - Migraine.

- 134 -

אַהֲבָה סְמוּיָה - *Ahavah smouyah* - Amour caché.

אֱלִילֵי אֶבֶן - *Éliléi évén* - Idoles de pierre.

בִּמְעִי הַדָּג - *Bimêi hadag* - Dans l'intestin du poisson.

גַּלְגַּל חַיִּים - *Guiguél hayim* - Roue des vies.

דֹּפֶן - *Dofén* - Paroi latérale.

חִילוּף - *Hilouf* - Substitution.

יָד חֲזָקָה - *Yad hazaqah* - Main forte.

לֵב מֵבִין - *Lév mévin* - Le cœur comprend.

לְבַנְבַּן - *Levanban* - Blanchâtre.

מַזָּל דָּגִים - *Mazal daguim* - Signe des Poissons.

מַעֲזִיבָה - *Maâzivah* - Toit, plafond.

פִּטְמָה - *Pitmah* - Mamelon, tétine, papille.

- 135 -

הַמַּלְאָךְ הַגֹּאֵל - *HaMalakh haGoél* - L'Ange de la délivrance.

יְהֹוָה הוּא אֱלוֹהַ הַיָּם – *Yhwh Hou Éloha hayam* – Yhwh est la divinité de la mer.

טַלְמוֹן - *Talmon* - Romarin.

יִחוּדָא עִלָּאֶה - *Yihouda îlaah* - Union suprême.

מִלֵּב אֶל לֵב – *Milév él lév* – de cœur à cœur.

מֶלֶךְ אָדָם – *Mélék'h adam* – Roi humain.

מַמְלָכָה - *Mamlakah* - Règne - Royaume.

מַצָּה - *Matsah* - Pain azyme - Querelle, dispute.

פָּמוֹט - *Pamot* - Bougeoir.

- 136 -

אֲנָפָה - *Anafah* - Héron, aigrette.

בְּיָד חֲזָקָה - *Bayad hazaqah* - Avec main forte.

גּוּפָא דְּאִמָּא - *Goufa de-Imma* - Corps de la Mère *(araméen)*.

חִזְקִיָּהוּ - *Hizqiyahou* - Ezéchias.

חֵן וָחֶסֶד - *Hén vaHesséd* - Grâce et Bonté.

חֶסֶד-דִּין - *Hésséd-Din* - Conjonction des *sefiroth Hesséd* et *Guevourah*.

יְהוָה הוּא אֱלֹהִים הוּא - *Yhwh hou Élohim hou* - Il est *Yhwh* Il est *Élohim* (Psaumes 100:3).

כִינוּיִם - *Kinouim* - Euphémismes ou dénominations.

כָּנוּס - *Kanouss* - Réuni, rassemblé.

כִּנּוּס - *Kinouss* - convention, conférence; assemblée.

כָּפוּל - *Kafoul* - Double.

מַאֲפִיָּה - *Maafiah* - Boulangerie.

מִי־אֵלֶּה לָךְ - *Mi éléh lék'h* - Qui est ceci pour toi ?.

מִי כָמוֹךָ - *Mi kamok'a* - Qui est comme toi ?.

מַלְאַךְ הַגּוֹאֵל - *Malak' haGoel* - Ange rédempteur.

מָמוֹן - *Mamon* - Richesse, capital, finance.

מִמּוּן - *Mimoun* - Finance.

נֶאֱפֶה - *Nééféh* - Être cuit.

נוֹף - *Nof* - Vue, paysage.

סוֹד בֶּן דּוֹד - *Sod ben David* - Secret du fils de David.

עִיּוּן - *Îyyoun* - Contemplation, scrutation.

צוֹם - *Tsoum* - jeûne.

צָמְאָה - *Tsémah* - soif.

קוֹל - *Qol* - Voix.

- 137 -

אוֹפַן - *Ofan* - Roue.

אֱלֹהֵי הָאֱלֹהִים - *Élohéi haÉlohim* - Dieu des Dieux.

חָכָם בְּבִינָה - *Hakham BeVinah* - Sagace avec Intelligence.

יוֹם וָלַיְלָה - *Yom veLaïlah* - Jour et nuit.

יוֹפִיאֵל - *Yofiél* - Ange prince de la Torah.

מְטֻפָּח - *Metoupah* - bien entretenu, préservé, soigné, méticuleusement habillé.

מַצֵּבָה - *Matsévah* - Pierre tombale, monument commémoratif.

מַצְבָה - *Matsvah* - Stèle, pierre tombale.

נָאוּף - *Niouf* - Adultère.

נְבִיעָה - *Neviâh* - Jaillissement, écoulement.

צֵל טוֹב - *Tsél tov* - Bonne ombre.

צְלִיבָה - *Tselivah* - Crucifixion.

קַבָּלָה - *Qabalah* - Kabbale.

- 138 -

אֶבֶן הַיְסוֹד – *Évén hayessod* – Pierre de fondement.

בֶּן אֱלֹהִים – *Bén Élohim* – Fils de Dieu.

גַּלְגּוּל גַּלְגַּל – *Guilgoul galgal* – Révolution de la roue.

גַּלְגַּל גַּלְגּוּל – *Galgal guilgoul* – Roue du guilgoul (transmigration).

וַיַּבְדֵּל אֱלֹהִים – *Vayavdél Élohim* – « Et Élohim sépara ».

חֵלֶק - *Héléq* - Partie, proportion - Division du temps.

חָמֵץ - *Hamats* - Pâte levée - vinaigre.

חֲנִיכַיִם - *Hanikayim* - Gencives.

יֶחֱסִין - *Youhassin* - Arbre généalogique, généalogie, pedigree.

לְבָנוֹן - *Levanon* - Liban, blanchi.

לֶקַח - *Léqah* - Leçon.

מָגֵן אָדָם – *Maguén adam* – Bouclier humain.

מַלְחִין – *Malhin* – Compositeur.

מְנַחֵם - *Menahém* - Un des noms du Messie (Sanhédrin 98b) - Consolateur.

מֵצַח - *Métsah* - Front.

צֶמַח - *Tsémah* – Plante, végétal.

- 139 -

בִּינָה חֶסֶד - *Binah Hesséd* - Intelligence, Bienveillance (*sefiroth*).

גּוּף הָאָדָם – *Gouf haAdam* – Corps humain.

דַּפְנָה - *Dafnah* - Laurier.

הוּא מֶלֶךְ הַכָּבוֹד - *Hou Mélék'h haKavod* - Il est Roi de Gloire.

מְצָדָה - *Metsadah* - Massada - forteresse.

נָטָף - *Nataf* - Benjoin (storax).

- 140 -

הִלְקָה - *Hilqah* - Fouetter, flageller.

חַטָּא עֵגֶל הַזָּהָב - *Haté êguél hazahav* - Péché du veau d'or.

חָכְמָה בִּינָה - *Hokhmah Binah* - Sagesse, Intelligence (*sefiroth*).

יֶלֶק - *Yéléq* - Sauterelle.

יִין וְיַאנְג – *Yin veyang* – Yin et Yang (philosophie chinoise).

מַחְצָב - *Mahtsiv* - Minéral inorganique, substance de carrière.

מְלָכִים - *Malakim* - Rois.

סַף - *Saf* - Seuil.

עֵינֵי - *Êinéi* - Yeux.

עָלָם - *Âlam* - 4ème nom du *Shém haMeforash*.

עָמָל - *Âmal* - Travail, labeur.

פְּנֵי - *Pnéi* - Face.

פַּס - *Pass* - Extrémité.

קָלִי - *Qalaï* - Rapide – Sel de potassium (selon Rambam).

- 141 -

אַמִּיץ - *Amits* - Brave, courageux.

אָסַף - *Assaf* - Ajouter, assembler.

אֶפֶס - *Éféss* - Zéro, néant.

כָּחֹל כִּי טְחוֹל - *Kahol ki tehol* - Bleu comme la rate – Pâle de teint.

מַאֲמִין - *Maamin* - Croyant.

מִצְוָה - *Mitsvah* - Ordre, commandement - précepte, devoir religieux.

נֶאֱמָן - *Nééman* - Fidèle, digne de foi.

נָאֵץ - *Nééts* - Narguer, insulter, blasphémer.

עָלְמָא - *Âlma* - Monde (araméen).

- 142 -

אֱמֶנָּה בָּאֵל אֶחָד - *Émounéh baÉl éhad* - Croyance en un Dieu.

בְּלִיַּעַל - *Beliyaâl* - Bélial (démon) - Méchanceté, bon à rien.

בְּנֵי הַלַּיְלָה - *Bnéi halaïlah* - Fils de la nuit.

דָּצַח"ם - *Datšham* - Abréviation pour : silencieux, végétal, animal, parlant,.

חִדָּקֶל - *Hidéqél* - Le Tigre (fleuve).

חֹטֶם פֶּה - *Hotém péh* - Nez bouche.

נִצָּב - *Nitsav* - Perpendicularité, acte de se positionner.

- 143 -

אֶל יְהֺוָה אֱלֹהִים – *Él Yhwh Élohim* - Vers *Yhwh Élohim*.

אלף הא יוד הא – *Alef-Hé-Yod-Hé* - Déploiement des lettres de *Éhyéh* [אהיה].

ב בִּי בִין בִּינָה – *B-Bi-Bin-Binah* – Expansion du nom *Binah*.

בֶּן הָאֱלֹהִים - *Bén haÉlohim* - Fils de Dieu.

בֶּן מַלְאָךְ - *Bén malak'h* - Fils d'ange.

חֲלִיצָה - *Halitsah* – Déchaussement dans le rituel du mariage du lévirat.

חִמְצָה - *Himtsah* - Pois chiche - acide.

מַאֲבָק - *Maavaq* - Lutte, combat - Anthère.

מֶחֱצָה - *Méhétsah* - Moitié.

מַנְגָּן - *Mangan* - Manganèse.

מַעְגָּל - *Maâgal* - Cercle, circonférence.

נְגִיף - *Neguif* - Virus.

נָזוּף - *Nazouf* – Réprimandé, censuré - contrit, châtié, fustigé.

נוֹזְלִים - *Nozlim* - Liquides, écoulements.

- 144 -

אָב נָאֱמָן - *Av namén* – Père fidèle.

בַּיּוֹם הַהוּא יִהְיֶה יְהֺוָה אֶחָד - *Bayom hahou Yhwh yehvah éhad* – « *En ce jour, Yhwh sera un* » (Zacharie 14:9).

דִּמְדּוּמִים - *Dimdoumim* – Crépuscule ; confusion, désorientation.

הַיָּד הַחֲזָקָה - *Hayad hahazaqah* - La main forte.

חִלּוּק - *Hilouq* - Division.

חָנֵּנִי יְהֹוָה - *Hanéni Yhwh !* – « *Aie pitié de moi, Yhwh !* ».

יָד קַל - *Yad qal* – Main légère, main subtile.

יְהֹוָה בְּעַמּוֹ - *Yhwh bâmo* - « *Yhwh est avec son peuple* ».

יוֹחֲסִין - *Youhassin* - Généalogie.

כִּסֵּא הַנֹּגַהּ - *Kissé ha-Nogah* - Trône de la Clarté (de Vénus).

לַנְטָנָה - *Lantanah* - Verveine.

נָדִיף - *Nadif* - Volatil.

מְלָאכָה גְדוֹלָה - *Melak'ah guedolah* - Grand-œuvre.

נְטִיעָה - *Netiâ* - Plantation.

סַנְדָּל - *Sandal* – Sandale (semelle avec liens).

צוֹמֵחַ - *Tsoméah* - Végétal.

קֶדֶם - *Qédém* - Avant.

- 145 -

הֶקֶם - *Heqam* - 16ème nom du *Shém haMeforash*.

חָכְמָה חֶסֵד - *Hokhmah Hesséd* - Sagesse, Bienveillance (*sefiroth*).

כְּנֵסִיָּה - *Knéssiah* - Église, assemblée.

כִּסֵּא דִּין - *Kissé din* - Trône du jugement.

מַטְמוֹן - *Matmon* - Trésor, cachette.

מַעְלָה - *Mâelah* - En haut - excellent, élite.

סְעוּדָה - *Sâoudah* – Repas, agape.

- 146 -

בָּבָא קַמָּא - *Bava qama* - (araméen) Première porte (Traité talmudique).

הַמַּלְאָכִים – *Hamalak'im* – Les anges.

הַמִּצְוָה – *Hamitsvah* – Le précepte.

חָכְמָה וּבִינָה – *Hokhmah ouVinah* – Sagesse et compréhension.

חַמָּה וּלְבָנָה – *Hamah oulevanah* – Soleil et lune.

מַלְאֲכֵי חַבָּלָה - *Malakéi habalah* - Anges de destruction.

מְגֻנָּן - *Menouvan* - Flétri, atrophié.

סוּף - *Souf* - Jonc.

עוֹלָם - *Ôlam* - Monde.

קוּם - *Qoum* - Debout.

- 147 -

אִיסְטוּמְכָא - *Istoumka* - Estomac (araméen).

אֶל־נָא אֲדֹנָי - *Él-na ! Adonai!* - De grâce *Adonai* !

בִּינָה יְסוֹד – *Binah Yessod* - Intelligence, Fondement (*sefiroth*).

בַּעַל־זְבוּל - *Baâl zvoul* - Maître de la résidence.

זָהָב מוּפַז - *Zahav moupaz* - Or étincelant.

זִיפָן - *Zifén* - Bourrache - Sonner faux.

טִבְעוֹנִי - *Tivôni* - Végan.

מוֹצִיא - *Motsia* - Bénédiction des pains.

נָאוּץ - *Néouts* - Maudire, jurer.

עֵין גֶּדִי – *Êin guédi* – En-Guédi.

עֵין חַדָּה – *Âyin hadah* – Œil vif.

קוֹבַּלְט - *Qobalt* - Cobalt.

- 148 -

אָדם וְצָהב - *Adoum vetsahov* - Rouge et jaune.

אֱלָהָא עִלָּיָא – *Élaha îlaya* – Dieu suprême (araméen).

אֱלֹהִים בֵּין - *Élohim béin* - *Élohim au milieu.*

אִמָּא עִלָּאָה – *Imma îléâh* – Mère d'en-haut (surnaturelle).

אִחוּד מִיסְטִי - *Ihoud misti* - Union mystique.

אֵם־הַבָּנִים - *Ém-habanim* - Mère d'enfants.

בְּנֵי אֱלֹהִים - *Bnéi Élohim* - Fils de Dieu.

גַּלְגַּל הַמַּזָּל - *Galgal mazal* – Roue de fortune.

וַיֵּדַע נֹח – *Vayédâ Noah* – « *Et Noé sait* ».

חִצִּים - *Hitsim* - Flèches.

יְסוֹד חַיִּים - *Yessod hayim* - Fondement vital – Vie basique.

כֹּחַ צֵל - *Koah tsal* - Force de l'ombre.

מאֹזְנַיִם - *Moznayim* - Balance.

מֶלֶךְ נֹחַ – *Mélékh Noah* – Roi Noé.

מֵצְחִי - *Métshi* - Frontal.

נֶצַח - *Netsah* - Victoire (*sefirah*).

סוֹד הַחֲכָמָה - *Sod haHokhmah* - Secret de la Sagesse.

פֶּסַח - *Pessah* - Pâque.

קֶמַח - *Qémah* - Farine.

- 149 -

עֵין־הַזָּהָב - *Êin-hazahav* - Cumin couché (œil d'or).

אַלְמָנָה חַיָּה - *Almanah hayah* - Femme abandonnée.

הֶסְפֵּד - *Hesspéd* - Oraison funèbre.

מַגְנִיוֹם - *Magniom* - Magnésium.

- 150 -

אָחֶס־בֶּטַע - *Ahess-Bétā* - Méthode de transposition de lettres.

אַל־טַעַם - *Al-taâm* - Agueusie.

בְּעַבּוּעַ - *Biêbouâ* - Bouillonnant, moussant, pétillant.

דָּגִים גְּדוֹלִים - *Daguim gadolim* - Grands poissons.

וּמַלְאָךְ בָּא אֶל־אִיּוֹב - *Oumalakh ba él-Yov* – « *Un messager (ange) vient vers Job* » (Job 1:14).

יְדְעֹנִי - *Ydôni* - Nécromancien.

יֹסֵף - *Yosséf* - Il ajoute.

כָּנָף - *Kanaf* - Aile - entourer, embrasser.

כָּפָן - *Kafan* - Affamé.

כַּעַס - *Kaâss* - Colère, irritation.

לַיְלָה לַיְלָה – *Laïlah laïlah* – Tous les soirs, nuit après nuit.

מָבוֹךְ לָבָן – *Mavouk lavan* - Labyrinthe blanc.

מְחֻבָּק - Meħoubaq - Embrassade, étreinte.

מַפָּל - Mapal - Cascade.

נַעַל - Naâl - Chaussure.

נֹפֶךְ - Nofék - Grenat, escarboucle.

סַיִף - Sayif - Iris.

סַמִּים - Samim - Drogues (narcotiques).

סִמָן - Siman - Signe, marque.

עֲמָם - Âmam - 52ème nom du Shém haMeforash.

צִיִּים - Tsiyim - Bêtes sauvages.

קַיָּם - Qayim - Durable, existant.

- 151 -

אֱלֹהִים אֲדֹנָי – Élohim Adonai - .

אֱלֹהִים הַיִּים - Élohim hayyim - Élohim vivant.

הֵיכַל אֱלֹהִים - Hékhal Élohim - Palais de d'Élohim.

הָעוֹלָם - Haôlam - Le monde.

וַיַּקְהֵל - Vayaqhél – « Et il rassembla » - Parasha #22 - Ex. 35:1-38:20.

כִּסּוּי וּגְלוּי - Kissouï ouguelouï - Occultation et divulgation.

מַאֲפָל - Maafal - Obscurité, ténèbres.

מֶלַח הַחַיִּים - Mélah haHayim - Sel de la vie.

מָעוֹז־חַיַּי - Maôz-ħayaï - Rempart de ma vie.

מֶפְלָא - Moufla - Merveilleux.

מִקְוֶה - Miqvéh - Bassin, réservoir - bain rituel - espoir.

נוֹצָה - Notsah - Plume, duvet.

סוֹד כִּסֵּא - Sod kissé - Secret du Trône.

סוּפָה - Soufah - Ouragan, tempête.

קוֹמָה - Qomah - Stature, hauteur.

קַנָּא - Qana - Jaloux.

- 152 -

אַדְנֵי־פָז – Adnéi-faz – Socles d'or fin.

אַלְכִּימָאִים - Alkimim - Alchimistes.

אֶל־נִינְוֵה - Él-Ninevéh - Vers Ninive.

אֲנִי הוּא וְהוּא אֲנִי – Ani Hou veHou ani – Je suis Lui et Il est moi.

אֲנִי הָאֱלֹהִים - Ani haÉlohim - Je suis l'Élohim.

חֶסֶד יְסוֹד – Hesséd Yessod - Bienveillance, Fondement (sefiroth).

פַּחַד גְּבָהִים – Paħad gvahim - Acrophobie.

- 153 -

אָדָם חֵצִי - Adam ħétsi – demi-homme.

אֶחָד בַּפֶּה וְאֶחָד בַּלֵב - Éhad bepéh veéhad beléb - Hypocritement, trompeusement.

בְּנֵי הָאֱלֹהִים - Bné ha-Élohim - Fils d'Élohim - Classe angélique.

בְּצַלְאֵל - Betsalél - Betsalel.

חָכְמָה יְסוֹד - *Hokhmah Yessod* - Sagesse, Fondement (*sefiroth*).

מְחִיצָה - *Mehitsah* - Séparation.

נֶאֱבַק - *Néêvaq* - Lutter avec, lutter contre, combattre.

נֵס גָּדוֹל – *Néss gadol* – Grand miracle.

פֶּגַע - *Pégâ* - Blessure, mésaventure, malheur, catastrophe.

- 154 -

אֱלֹהִים חַיִּים - *Élohim Hayim* - Dieu vivant.

בַּלַּיְלָה בַּלַּיְלָה – *Balaïlah balaïlah* - Dans l'obscurité de la nuit, tard dans la nuit.

יְהוָה אֱלֹהֵינוּ יְהוָה – *Yhwh élohéinou Yhwh* – « *Yhwh notre dieu, Yhwh* ».

לֶחֶם וָיַיִן - *Léhém vayayin* - Pain et vin.

מֶלֶךְ הַגּוֹיִם - *Mélékh hagoyim* - Roi des nations.

עוֹלָם הַבָּא - *Ôlam haba* - Monde à Venir.

- 155 -

אֱלֹהִים אָבִינוּ - *Élohim avinou* - *Élohim* notre père.

דָּוִד נֶאֱמָן - *David néêman* - David fidèle.

דַּק מְאֹד - *Daq méod* - Très fin.

לַעֲנָה - *Laânah* – Absinthe, armoise.

מוּקְדָּה - *Mouqdah* - Foyer, âtre.

מָטֵי וְלֹא מָטֵי - *Maté velo maté* - Parvient et ne parvient pas.

מְנֻסֶּה - *Menoussêh* - Éprouver - Expérience.

נֶהְפַּךְ - *Néhéfak* - Contraire, inverse - Se retourner.

נַעֲלֶה - *Naâléh* - éminent, sublime, élevé.

קָנֶה - *Qanéh* - Trachée-artère - Roseau.

צַח וְאָדוֹם - *Tsah veadom* – Clair et rouge.

- 156 -

אֲבַעְבּוּעָה - *Avâbouâh* - Vésicule, ampoule.

אָדוֹם וְסָגוֹל - *Adoum ve-ségol* - Rouge et violet.

אֹהֶל מוֹעֵד - *Ohél Moêd* - Tente du rendez-vous.

אֵלֶּה בְּנֵי-נֹחַ – *Éléh bnéi-Noah* – Ce sont les fils de Noé.

אֲנִי הַמֶּלֶךְ – *Ani hamélékh* – Je suis le roi.

אֲנִי מַלְכָּה – *Ani malkah* – Je suis une reine.

אֲפִיסָה - *Afissah* - Absence, non-existence, cessation.

אֶפְעֶה - *Éféh* - Vipère.

יוֹסֵף - *Yosséf* - Joseph.

יְחֶזְקֵאל - *Yhézqél* - Ézéchiel.

יְקוּם - *Yeqoum* - Univers.

כּוֹס יַיִן - *Kouss yayin* - Coupe de vin.

לֶחֶם מֶלַח – *Léhém mélah* – Pain sel.

מְכַנֵּץ - *Mikouvats* - Crampe, contraction.

מֶלֶךְ יָוָן - *Mélékh Yavan* - Roi de Grèce.

נָאקָה - *Naqah* - Chamelle - Gémir.

נֹפֶךְ – *Nofék* – Grenat (pierre).

עֲגָלָה גְּדוֹלָה - *Âgalah guedoulah* - Grande Ourse.

עוֹף - *Ôf* - Oiseau, volatile.

צִיּוֹן - *Tsion* - Sion.

קִנְאָה - *Qinah* - Jalousie.

- 157 -

דמדומי חַמָּה - *Dimdouméi ħamah* - Périodes de transition entre la nuit et le jour - Crépuscule et aube, demi-lumière

זַעַף - *Zaâf* - Tempête, orage.

זָקָן - *Zaqan* - Barbe - Vieillard.

חַס וְחָלִילָה – *Ħass vehalilah* – Dieu nous en préserve ! Que le ciel nous protège ! Pas question !

- 158 -

אִימָא עִלָּאָה - *Îmma îlaah* – Mère suprême (araméen).

חַם בֶּן נֹחַ - *Ħam bén Noaħ* - Cham fils de Noé.

יוֹנָה לְבָנָה - *Yonah levanah* - Colombe blanche.

מַיִם חַיִּים –*Mayim ħayim* – Eaux vives.

עֲדֵי עַד - *Âdéi âd* - Pour toujours et à jamais.

- 159 -

בּוּצִינָא - *Botsina* - Bougie, lampe à huile.

כּוֹכָב עוֹלֶה - *Kokav Ôléh* - Étoile montante.

מֵי מְנוּחָה - *Méï-Menouhah* - Eaux calmes, sérénité.

נוּקְבָא - *Nouqbah* - Femelle.

נְקֻדָּה - *Neqoudah* - Point (voyelle).

- 160 -

אָדָם חָזָק - *Adam hazaq* - Homme fort.

אָנֹכִי אֱלֹהֵי אָבִיךְ - *Anoki élohi avik'a* – « *Je suis le Dieu de ton père* » -Exode 3:6-.

כֶּסֶף - *Késséf* - Argent (métal).

מוֹחִין דְּאָמָא - *Mohin deImmah* - Cerveau de la Mère (araméen).

מִנְיָן - *Minyan* – Quorum de dix hommes.

נִסִּים - *Nessim* - Miracles.

נֹעַם - *Noâm* - Plaisant, agréable.

נָפַל - *Nafal* - Chuter, tomber en ruine, jeter bas - Cadavre.

סִימָן - *Siman* - Symbole, signe.

סֶלַע - *Sélâ* - Rocher.

עֵץ - *Êts* - Arbre.

צֶלֶם - *Tsélém* - Image.

קוֹל דּוֹדִי - *Qol dodi* - Voix de mon bien aimé.

קַיִן - *Qaïn* - Caïn - Lancer, harponner.

- 161 -

אֶדִיפּוּס - *Edipous* - Œdipe.

אֶקוֹלוֹגְיָה - *Éqologuiah* - Écologie.

וֶנֶצְיָה - *Vénétsiah* - Venise.

מְנוּסָה - *Manoussah* - Fuite, déroute.

מִפִּי אֵל – *Mipi Él* – De la bouche de Dieu.

נַחַל הַחַיִּים - *Nahal hahayim* - Fleuve de la vie.

נִפְלָא - *Nifla* - Merveilleux, excellent, formidable.

פּוּעָה - *Pouâh* - Pleurnicheuse.

- 162 -

בִּנְיָמִין - *Benyamin* - Benjamin.

דְּבָקוֹן - *Davqon* - Gui.

זִקְנָה - *Ziqnah* - Vieillesse.

מַיִם חֶסֶד - *Mayim Hesséd* - Eaux de bienveillance.

מֶלֶךְ חֶסֶד - *Mélékh Hesséd* - Roi bienveillant.

מִצְלָב - *Moutslav* - Carrefour, croisement de routes.

עָצָב - *Âstav* - Nerf.

עֶצֶב - *Êtsév* - Tristesse.

צֶבַע - *Tsevâ* - Couleur.

קוֹל יְהֹוָה - *Qol Yhwh* - Voix de Yhwh.

קַל לֵב - *Qal lév* - Cœur léger.

- 163 -

אַב הֲמוֹן גּוֹיִם – *Av hamon goyim* – Père d'une multitude de nations.

אָזְנֵי הָמָן - *Oznéi Haman* - Oreilles d'Haman.

אֵין אֱמוּנָה - *Éin émounah* – Sans foi.

אֶצְבַּע - *Étsbâ* - Doigt.

גַּלְגַּל זְמַן – *Galgal zman* – Roue du temps.

הוּא אֱלֹהִים אֲדֹנָי - *Hou Élohim Adonai* - Il est *Élohim Adonaï*.

חַיִּים יָפֶה – *Hayim yaféh* – Belle vie.

חִיצֹנָה - *Hitšonah* - Extériorité.

כִּסֵּא לָבָן - *Kissé lavan* - Trône blanc.

מְחִיקָה - *Mehiqah* - Effacement.

נֶצַח הוֹד - *Nétsah Hod* - Éternité, Gloire (*sefiroth*).

עוֹלָם הַזֶּה - *Ôlam hazéh* - Monde-ci (actuel).

עוֹלָם טוֹב - *Ôlam tov* – Bon monde.

פְּלָגִים - *Plaguim* - Ruisseaux, divisions.

צְנִיחָה - *Tşenihah* - Déclin rapide, forte baisse de valeur - Prolapsus.

- 164 -

גּוּף הַיַּיִן - *Goufhayayin* - Corps du vin.

חַי עוֹלָם - *Haï Ôlam* - Vie éternelle.

כּוֹכַב הַקֹּטֶב - *Kokav haqotév* - Étoile polaire.

מְעֻדָּן - *Maedén* - Raffiné, sophistiqué, élégant, distingué, délicat.

קַחְוָן - *Qaḥvan* - Camomille.

- 165 -

בָּעוֹלָם הַזֶּה – *Baôlam hazéh* – Dans ce monde-ci.

דִּיקְנָא - *Diqna* - Barbe.

יִפְעָה - *Yifâh* - Splendeur, brillance.

לֶחֶם עֲבוֹדָה – *Léḥém âvodah* – Pain du travail.

מְעַנֶּה - *Meôunah* - Torturer.

מְצִלָּה - *Metsilah* - Clochette, cymbale.

נַעֲמָה - *Naâmah* - Naâmah (séduisante - Démone aux côtés de Lilith).

עֵצָה - *Êtsah* - Conseil.

קְלָלָה - *Qlalah* - Malédiction, juron.

- 166 -

יוֹנֵק - *Yonéq* - Mammifère - Nouveau-né, nourrisson.

לוֹכְסָן - *Louḵsan* - Oblique.

מָעוֹן - *Maôn* - Demeure, résidence.

עֶלְיוֹן - *Êlion* - Suprême.

פְּנֵי יְהֹוָה - *Fnéi Yhwh* - Devant Yhwh.

- 167 -

אָלְכסוֹן - *Aleksson* - Diagonale.

אֲסִימוֹן – *Assimon* – Flan vierge (jeton de métal ni frappé, ni gravé).

דּוֹדִי לִי וַאֲנִי לוֹ - *Dodi li vaani lo* – « *Mon bien-aimé est à moi et je suis à lui* ».

חַג הָאָסִיף – *Ḥag haassif* - Fête des moissons, Souccot.

חַיֵּי יוֹנָה הַנָּבִיא – *Ḥayyé Yonah hanavi* – La vie du prophète Jonas.

חֶסֶד הַמֶּלֶךְ – *Ḥesséd hamélék'h* – Bienveillance du roi.

יְהֹוָה אֱלֹהֵינוּ יְהֹוָה אֶחָד - *Yhwh Élohéinou Yhwh éḥad* – « *Yhwh notre Dieu, Yhwh est Un* ».

יַנּוּקָא - *Yanouqa* - Bébé, enfant, jeune (araméen).

מִי אֲנִי לַיהֹוָה – *Mi ani laYhwh ?* – Qui suis-je pour *Yhwh* ?

מִגְדַּל מַיִם – *Migdal maïm* – Château d'eau.

מִי כָמוֹךָ אֵל – *Mi kamok'a Él ?* – Qui est comme Dieu ? (origine du nom Mikael).

סוֹד יְהֹוָה סוֹד – *Sod Yhwh sod* – Secret de *Yhwh* secret

סְעוּדָה טוֹבָה – *Seoûdah tovah* – Bon repas.

עוֹד אָבִינוּ חַי – *Ôd avinou haï* – « *Notre père vit encore* ».

עִיגוּל הַגָּדוֹל - *Îgoul hagadol* - Grand cercle.

- 168 -

אֲדֹנָי הוּא הָאֱלֹהִים - *Adonai Hou haÉlohim* - *Adonai* est le Dieu.

אֹזֶן יְמִין - *Ozén yemin* - Oreille droite.

אָח קָטָן - *Ah qatan* - Petit frère.

לִצְמֹחַ - *Litsmoah* - Croître, pousser.

מַבּוּל מַיִם - *Maboul mayim* - Inondation.

סַם חַיִּים - *Sam hahayim* - Élixir de vie.

קוֹל לֵב - *Qol lév* - Voix du cœur, battement de cœur.

- 169 -

אַבְנֵי-פוּךְ - *Avenim-pouk* - Pierres d'antimoine.

אַטְלַנְטִיס - *Atlantis* - Atlantide.

טְעָמִים - *Teâmim* - Saveurs - Signes de cantillation.

מוּם אֵין בָּךְ – *Moum éin bak'h* – Aucun défaut en toi.

עִיגוּלִים - *Îgoulim* - Cercles.

- 170 -

אֶצְעָדָה - *Étsâdah* - Bracelet.

בַּעַל חַיִּים - *Baâl hayim* - Chose vivante, animal.

הַטּוֹב בָּעוֹלָם – *Hatov baôlam* – Le meilleur du monde.

הִנָּךְ יָפָה – *Hinak'h yafah* – « *Que tu es belle !* » (Cant. 4:1).

יַסְמִין - *Yassmin* - Jasmin.

כְּלֵי-מִינִי - *Kléi mini* - Système reproducteur.

לִפְנֵי - *Lifnéi* - Devant, en présence de.

מוֹעֲדִים - *Moâdim* - Saisons.

מֶלֶךְ הַיְּהוּדִים - *Mélékh haYhoudim* - Roi des juifs.

מֶסְטִינָא - *Mestina* - Malte (île de).

מַעְיָן - *Mayan* - Source, fontaine.

מְעֻיָּן - *Meoûyan* - Losange.

מַקֵּל - *Maqal* - Bâton.

נִיסָן - *Nissan* - Mois de Nissan.

נָעִים – *Naïm* – Agréable, plaisant.

עָנָן - *Ânan* - Nuée.

פֶּסֶל - *Péssél* – Sculpture, statue, idole.

- 171 -

אֱלֹהֵי מַסֵּכָה - *Élohi maskah* - Masque divin.

חָכָם הַכּוֹכָבִים - *Ħakam haKokavim* - Sage des astres (Astrologue).

כְּלֵי-הָעִכּוּל - *Kléi ha-îkoul* - Le système digestif.

לִבּוֹ טוֹב עָלָיו - *Libo tov âlaïv* - Être de bonne humeur, être heureux.

מוֹחָא עִילָאָה - *Moħa îlaah* - Cerveau supérieur *(araméen)*.

מָלֵא יָמִים - *Malé yamim* – Étendue des jours.

מִמְצָא - *Mimtsa* - Constatation, découverte.

מְצוּלָה - *Metsoulah* - Abîme.

נֶאֱצָל - *Néétsal* - Noble, sublime.

פְּנִיאֵל - *Peniel* - Peniél.

- 172 -

אֱלֹהִים אֵלֶם יָה - *Élohim elam Yah* - *Élohim : Yah* Muet.

בַּעַל סוֹד – *Baâl sod* – Maître secret.

בֶּקַע – *Béqâ* - Fissure, scission ; hernie.

זִיקְנָה – *Ziqnah* - Vieillesse.

כִּסֵּא הָאֱלֹהִים – *Kissé haÉlohim* - Trône d'*Élohim*.

לַחַץ דָּם – *Lahats-Dam* - Pression artérielle.

מְקוּבָּל – *Meqoubal* - Kabbaliste - Accepté, populaire, coutumier.

עָקֵב – *Âqév* - Calcanéum.

עֵקֶב – *Êqév* – « *En conséquence* » - *Parasha* #46 Nbr. 7:12-11:25.

עָקַב – *Âqav* - Talon.

- 173 -

אָבוּד בֵּין כּוֹכָבִים – *Avoud béin kokavim* - Perdu parmi les étoiles.

אָבִיב נִצְחִי – *Aviv nitshi* - Printemps éternel.

אֱלֹהִים וְטֶבַע – *Élohim vetévâ* - *Élohim* et la nature.

אֲנִי יְהוָה אֱלֹהִים – *Ani Yhwh-Élohim* - Je suis *Yhwh Élohim*.

אָנֹכִי יְהוָה אֱלֹהֶיךָ – *Anoki Yhwh éloheik'a* - « Je suis *Yhwh* ton Dieu « (Exode 20:2).

גָּלִילֵאוֹ גָּלִילֵיי – *Galiléo Galiléï* - Galilé.

מִזְבַּח הָעֹלָה – *Mizbéah haôlah* - Autel des holocaustes.

סַם הַחַיִּים – *Sam hahayim* - Élixir de vie - Piment de la vie.

צְבָא הַיְּהוּדִים – *Teva haYehoudim* - Armée des juifs.

- 174 -

אִבְּן סִינָא – *Ibn Sina* - Avicenne.

חוֹפֵף – *Hofén* - Identique, correspondant.

חַי וְקַיָּם – *Hay Veqayam* - Sain et sauf - Éternel.

חַיֵּי עוֹלָם – *Hayé Ôlam* - Vie éternelle.

לַפִּידִים – *Lapidim* - Troches.

עָקַד – *Âqad* - Lien.

פּוּלְחָן – *Poulhan* - Culte.

- 175 -

בְּנֵי נְבִיאִים – *Navi-Néviyim* - Enfants de prophètes.

דֻּבָּה קְטַנָּה – *Doubah qetanah* - Petite Ourse.

הַדּוֹמֵם יְסוֹד – *Yessod haDomém* - Élément du silencieux.

הִנְעִים – *Hineîm* - Rendre agréable.

יָכִין וּבֹעַז – *Yakin ouvoâz* - Yakin et Boâz.

יְנִיקָה – *Yniqah* - Allaitement - Succion, tétée.

כִּלְיָה יְמִין – *Koulia yemin* - Rein droit.

לְמַעְלָה – *Lemaêlah* - Vers le haut - Là-haut.

מַכְפֵּלָה – *Makpélah* - Lieu de la grotte d'Abraham - Produit (mathématiques).

מְלִיצָה - *Melitsah* - Sentence, maxime.

מִלְקֶה - *Milqéh* - Écliptique.

נְפִילָה - *Nefilah* - Chute.

- 176 -

אֶבֶן הַחֲכָמִים - *Évén hahakhamim* - Pierre des philosophes (sages), pierre philosophale.

אַפְּלָטוֹן - *Aplaton* - Platon.

חַיֵּי נֶצַח - *Hayéi Nétsah* - Vie éternelle.

יוֹעֵץ - *Yoêts* - Conseiller.

לְעוֹלָם - *Leôlam* - Éternellement.

מְלַוֶּה מַלְכָּה - *Melavéh-Malkah* - Repas du samedi soir avec chants pour accompagner le départ de la reine du Shabbath.

סוּס יָם - *Souss yam* - Cheval de mer, morse.

צֶבַע זָהָב - *Tsévâ zahav* - Couleur or.

צוּף - *Tsouf* - Nectar.

- 177 -

אֲדוֹן הָאֲדוֹנִים - *Adon haAdonim* - Seigneur des seigneurs.

אֵל עוֹלָם - *Él ôlam* - Dieu d'éternité.

אֱלֹהִים יהוה אֲדֹנָי - *Élohim Yhwh Adonai* - Élohim Yhwh Adonai.

גַּן עֵדֶן - *Gan Êdén* - Jardin d'Éden.

יְהוָה קַנָּא - *Yhwh qana* - Yhwh jaloux.

יוֹמָם וָלַיְלָה - *Yomam valaïlah* - Jour et nuit.

מַלְאַךְ אֱלֹהִים - *Malakh Élohim* - Ange de Dieu.

סִימָן טוֹב - *Siman tov* - Bon signe.

- 178 -

אֶהְיֶה זָקֵן - *Éhyéh Zakén* - Je serai Vieux.

אֹפַן הַגְּדֹלָה - *Ofan ha-gadol* - Grande roue.

זָהָב מְעֻדָּן - *Zahav meôudan* - Or raffiné.

חֲלָצַיִם - *Halatsaïm* - Hanches.

חֵפֶץ - *Haféts* - Désir.

כֶּסֶף־חַי - *Kesséf-haï* - Vif-argent.

מִטַּלְטְלִין - *Mitaltlin* - Biens, effets personnels.

נֶצַח יְהוּדָה - *Nétsah Yehoudah* - Éternité de Judah.

- 179 -

הַחֹכְמָה מֵאַיִן - *Hokhmah méaïn* - Sagesse (issue) du rien.

חוֹנֵק הַזְּאֵב - *Honéq hazév* - Aconit (litt. : Étranglement du loup).

לוּחַ הַכֶּפֶל - *Louah hakéfél* - Multiplication table.

לֵיל מְנוּחָה - *Lil menouhah* - Bonne nuit ! (Litt. : nuit de repos).

עוֹלָם הַיִּחוּד - *Ôlam hayihoud* - Monde de l'unification.

עֵין הַבְּדֹלַח - *Âyin habdolah* - Œil de cristal.

עֲקֵדָה - *Âqédah* - Ligotage (sacrifice).

קוֹל גָּדוֹל - *Qol gadol* - Grande voix.

- 180 -

אֶבֶן מִלּוּאִים - *Ébén-Milouïm* - Pierre (précieuse) enchâssée.

זָהָב וָכֶסֶף - *Zahav vekésséf* - Or et argent.

מוֹעֲדֵי יָם - *Moâdéi-Yam* - Marées.

מַסְעֵי - *Massêi* – « Étapes » - *Parasha* #43 - Nbr. 33:1-36:13.

מַקְהֵלָה - *Maqhélah* - Chorale.

עוֹבֵד כּוֹכָבִים - *Ovéd-Kokavim* - Idolâtre.

עֵינַיִם - *Êinayin* - Yeux.

עֵץ וְזָהָב – *Êts vezahav* – Bois et or.

פָּנִים - *Panim* - Face.

- 181 -

אִי מֶסְטִינָא - *I Mestina* - Île de Malte.

אֲנִי אָנָה אֲנִי־בָא – *Ani anah, ani ba* – Où suis-je, où vais-je ?

בַּעַל דֵּעָה – *Baâl déâh* – Personne influente, qui a son mot à dire - sage, intelligent.

בַּעֲלֵי הַדִּין - *Baâléi haDin* - Maîtres du jugement.

מְעִי הָאָטוּם - *Méï Atoum* - Caecum.

נַאֲפָן - *Naafan* - Débauché, adultère.

עַל כִּסֵּא - *Âl kissé* - Sur le Trône.

צוֹפֶה - *Tsofah* - Visionnaire - Spectateur.

- 182 -

אֵל קַנָּא - *Él qana* - Dieu jaloux.

אָמֵן אָמֵן – *Amén amén* – Amen ! Amen !

אֶקְסְטָזָה – *Éqstazah* – Extase.

וַאֲנִי הִנְנִי – *Vaani hineni* – « Et moi, me voici ».

גַּן הָעֵדֶן – *Gan haêden* – Jardin d'Éden.

יַעֲקֹב - *Yaâqov* - Jacob.

כִּי הַמִּשְׁפָּט לֵאלֹהִים הוּא – *Ki hamishpat léÉlohim Hou* – « Car la sentence est d'Élohim » (Deutéronome 1:17).

לַבְקָן - *Lavqan* - Albinos.

מַלְאַךְ הָאֱלֹהִים - *Malak'h ha-Élohim* - Ange d'Élohim.

מַלְאָךְ מַלְאָךְ - *Malak'h Malak'h* - Ange ange.

מַלְכָּה לְבָנָה - *Malkah levanah* - Reine blanche.

מַקְבִּיל - *Maqbil* - Parallèle, comparable;, correspondant.

- 183 -

חֲקַל דְּמָא - *Héqal dema* - Champ du sang (araméen).

כְּלֵי מִלְחָמָה - *Kléi milhamah* - Soldats courageux, soldats audacieux.

לֵב הָעוֹלָם - *Lév haôlam* - Cœur du monde.

נֵץ גָּדוֹל - *Néts gadol* - Grand faucon.

- 184 -

אַלְאָמְבִּיק - *Alambiq* - Alambic.

דֹּפֶק - *Doféq* - Pouls, pulsation.

לְעוֹלָם הַבָּא – *Laôlam haBa* – Vers le Monde à Venir.

צְבָא הָאֱלֹהִים – *Tseva haÉlohim* – Armée de Dieu.

- 185 -

אֲנִי לְדוֹדִי וְדוֹדִי לִי - *Ani Ledodi Vedodi Li* - « *Je suis à mon bien-aimé et mon bien-aimé est à moi* » (Cantique des cantiques 6:3).

לֶחֶם אוֹנִים - *Léħém onim* - Pain de la tristesse, ou repas de deuil.

סָבִיב לַכִּסֵּא - *Saviv laKissé* - Autour du Trône.

עֵין הַיָּם - *Êin hayam* - Source de la mer.

פְּנֵי אָדָם - *Pnéi Adam* - Face d'Adam.

צְפִיָּה - *tšefyah* - Contemplation.

- 186 -

אֶבֶן נֶגֶף - *Évén néguéf* - Pierre d'achoppement.

אָמֵן סֶלָה – *Amén sélah* – Amen de conclusion.

מוּסָף – *Moussaf* - Supplémentaire, en plus.

מָקוֹם - *Maqom* - Lieu.

נוֹסֵעַ - *Nosséâ* - Voyageur, passager.

עַמִּי-נָדִיב – *Âmid-nadiv* – Mon noble peuple.

עֵץ יהוה - *Éts Yhwh* - Arbre de Yhwh.

קוֹף - *Qof* - Singe.

- 187 -

אָדָם בְּלִיַּעַל – *Adam beliyaâl* – Vaurien, scélérat.

אוֹפַנִּים - *Ofanim* - Roues (anges).

בְּקִיעָה - *Beqiâh* - Émergence, éruption.

חַיֵּי הָעוֹלָם הַבָּא - *Ħayé ha-Ôlam ha-Ba* - Vie du monde à venir.

כִּסֵּא הַמְּלוּכָה - *Kissé-Kamaloukah* - Trône royal.

מַלְאֲכֵי אֱלֹהִים - *Malakhéi Élohim* - Anges d'*Élohim*.

סֶגוֹל וְלָבֵן - *Ségol velavén* - Violet et blanc.

- 188 -

אֶבֶן פִּנָּה - *Évén-Pinah* - Pierre angulaire.

אָמֵן וְאָמֵן – *Amén veamén* – Qu'il en soit ainsi.

בֶּן מָמוֹן - *Bén-Maïmon* - Maïmonide.

בַּעַל מוּם - *Baâl moum* - Quelqu'un avec une déformation ou un dysfonctionnement, handicapé – Maître défaillant.

חֲלָקִים - *Ħalaqim* - Parties, proportions - Divisions du temps.

חַמְצָן - *Ħamtsan* - Oxygène.

לַחַץ דָּם גָּבוֹהַּ - *Lahats-Dam gavoha* - Hypertension, pression artérielle haute.

מְנַצֵּחַ - *Ménatsah* - Vainqueur, champion.

- 189 -

אֶקְסְטָטִי - *Éqstati* - Extatique.

גַּל נָעוּל - *Gal nâoul* - Onde occulte.

הוּא סִימָן טוֹב – *Hou siman tov* – C'est un bon signe.

הַכֹּל אוֹ לֹא כְּלוּם – *Hakol o lo kloum* – Tout ou rien.

חֲזוֹן הַנְּבִיאִים – *Hazon haneviïm*- Vision des prophètes.

חָכְמָה עִילָאָה - *Hokhmah Îlaah* - Sagesse Supérieure.

חֹק טֶבַע - *Hoq Tevâ* - Loi de la nature.

מַחֲנֵה אֱלֹהִים - *Mahanéh Élohim* - Camp d'*Élohim*.

מִצְוָה גְּדוֹלָה – *Mitsvah guedoulah* – Grand commandement.

סָבָא דְסָבִין - *Sava deSavin* - Ancien des anciens (araméen).

עוֹלָם גָּדוֹל – *Ôlam gadol* – Macrocosme – Grand monde.

עֲטַלֵּף – *Âtaléf* – Chauve-souris.

צַח כְּיוֹנָה – *Tsah keyonah* – Pur comme la colombe.

פְּקֻדָּה - *Peqoudah* - Ordre, directive, commande.

קְטָף - *Qtaf* - Baume de Galaad.

- 190 -

סִיסִין - *Sissin* - Camomille.

יהוה הַקָטֹן - *Yhwh haQatan* - Yhwh, le petit (Métatron).

יְסוֹד מוּסָד - *Yessod Moussad* - Principe fondamental.

כְּנַעַן - *Kenaân* - Canaan.

מְכֻנָּף - *Méḵounaf* - Ailé - Queue de pie.

מְנַק - *Menaq* - 66ème nom du *Shém haMeforash*.

מַצְלָל - *Matslal* - Diapason.

נִיקָל - *Niqél* - Nikel.

נֶמֶק - *Néméq* - Gangrène.

נֶעֱלָם – *Néêlam* – Occulté, caché, mystérieux.

נִצָּן - *Nitsan* - Bourgeon.

נָקָם - *Naqam* - Vengeance.

עֵינַיִן - *Êinayin* - Yeux.

עַל־מַיִם - *Âl-mayim* - Sur les eaux.

צִיץ - *Tsits* - Mitre, diadème - Plaque d'or portée par le grand prêtre.

צֵלָע - *Tsélâ* - Côte.

- 191 -

אַהֲבָה לְנֶצַח - *Ahavah le-nétsah* – Amour éternel.

אֵין מִילִים – *Éin milim* – Sans mots.

בְּגָדִים לְבָנִים - *Begadim levanim* - Vêtements blancs.

גֵּט טְקְסִי – *Guét tiqssi* – Cérémonie du divorce.

הוֹקִיעַ - *Hoquiâ* - Crucifier, clouer au pilori.

נוֹגֵעַ לַלֵב – *Noguéâ lalév* - touchant, déchirant, émouvant.

עַל-טִבְעִי – *Âl-tivî* – Surnaturel.

פִּהוּק - *Pihouq* - Bâillement.

קוֹל הָאֲדָמָה – *Qol haAdamah* – Son de la terre.

קוֹל כַּלָה – *Qol kalah* – Voix de la fiancée (mariée).

קוֹנְכְיָה – *Qonk'iah* – Conque.

- 192 -

דָם פֶּסַח – *Dam pessah* – Sang de Pâque.

חַגְוֵי הַסֶּלַע – *Hagvéi hasélâ*- Fissures de la roche.

טַעַם הַחַיִים – *Taâm hahayim* – Goût de la vie.

יוֹדְעִים חֵן - *Yodeîm hén* - Connaisseurs de la Grâce (kabbalistes).

מַלְאָךְ מִיכָאֵל - *Malak'h Mik'aél* - Ange Mikael.

מָסָךְ עָב – *Massak âv* – Écran épais.

נִצָבִים - *Nitsavim* – « *Debout* » - *Parasha* #51 - Deut. 29:9-30:20.

סַם פַּחַד – *Sam pahad* – Poison de la peur.

- 193 -

אֱלֹהִים הַכֹּל בַּכֹּל – *Élohim hakol bakol* – Élohim est le tout dans tout.

חִילְפֵי דִימָא - *Hilféi deyama* - Romarin (*araméen*).

מִפְגָע - *Mifgâ* - Hazard, danger.

סַגְפָן - *Sagfan* - Ascète.

סְעוּדָה גְדוֹלָה - *Seoûdah gdolah* - Grande agape.

פַּחַד אֵימִים – *Pahad éimim* - Terreur, horreur.

- 194 -

חִמְצוּן - *Himtsoun* - Oxydation.

יָחוּד עֶלְיוֹן - *Yahoud êliyon* - Union suprême.

עוֹלָם הַגָדוֹל – *Ôlam hagadol* – Grand monde, macrocosme.

צֶדֶק - *Tsédéq* - Jupiter.

קֵיסָא דִיחָא - *Qéissa diha* - Arbre de Vie (araméen).

- 195 -

זְמַן כּוֹכָבִים – *Zman kokavim* – Temps sidéral.

מִקְנֶה - *Miqnéh* - Bétail.

נְקָמָה - *Neqamah* - Vengeance.

סוֹף הַגוֹלָה - *Sof hagolah* - Fin de l'exil.

עַל-כֵּס יָה - *Âl-késs Yah* - Sur le trône de Dieu.

פִּילְטוֹס - *Pilatouss* - Pilate (Pons).

פְּנִינָה - *Pninah* - Perle.

- 196 -

זְמַן דְמִימָה – *Zman dmimah* – Temps d'arrêt.

יַם־סוּף - *Yam-souf* - Mer du jonc - Mer rouge.

מוֹפָע - *Mofâ* - Apparition, phénomène.

מָעוֹף - *Maôf* - Imagination, vision, ingéniosité - Vol planant.

נִמּוּק - *Nimouq* - Raison, excuse, explication.

סוֹד כָּמוּס - *Sod Kamous* - Secret caché, top secret.

סֶלֶנְיוּם - *Sélénioum* - Sélénium.

עוֹלָמִים - *Ôlamim* - Mondes.

קוּם לְךָ - *Qoum Lékh* - Debout ! Lève-toi.

קוֹץ - *Qouts* - Épine.

- 197 -

אֵל עֶלְיוֹן - *Él êlion* - Dieu suprême.

לֹא עָלֵינוּ - *Lo Âléïnou* - Que Dieu nous en garde - Que la même chose ne nous arrive pas.

עִמָּנוּ אֵל - *Îmanou Él* - Emmanuel (Dieux avec nous).

- 198 -

בְּיַם־סוּף - *Beyam-souf* - Dans la mer rouge.

נֵץ הַחַמָּה - *Nets hahamah* - Lever du soleil.

נְצָחִים - *Netşahim* - Victoires.

קֻבּוּץ - *Qoubouts* - Voyelle «ou».

קֶצַח - *Qétşah* - Nielle.

- 199 -

הָעוֹלָם הַגָּדוֹל - *Haôlam hagadol* - Macrocosme, grand monde.

יוֹדִיד הַכֶּסֶף - *Yodid hakésséf* - Iodure d'argent.

לִקּוּי חַמָּה - *Liqoui-Hamah* - Éclipse de soleil.

נֹאד נָפוּחַ - *Nod Nafouah* - Tête creuse, nullité.

צְדָקָה - *Tsedaqah* - Charité.

- 200 -

א אֵל אֵלָה אֱלֹהִי אֱלֹהִים - *E, EL, Eléh, Elohi, Élohim* - É, Él, Éléh, Élohei, Élohim.

אֲבוּלְעָפִיא - *Aboulâfia* - Aboulâfia.

חֵן בְּעֵינַי - *Hén beêinaï* - Grâce dans les yeux.

כְּנָפַיִם - *Knafaïm* - Ailes.

כִּסֵּא הַמֶּלֶךְ דָּוִיד - *Kissé haMélék David* - Trône du Roi David.

מַיִם יַיִן חָלָב - *Mayim Yayin halav* - Eau, vin, lait.

עוֹף חוֹל - *Ôf hol* - Phénix.

עָנָף - *Anaf* - Branche, fronde, brin.

עֶצֶם - *Êtsém* - Os, chose, essence.

פְּקוּדֵי - *Peqoudéi* - « *Inventaires* » - *Parasha* #23 Ex. 38:21-40:38.

סָנִיף - *Sanif* - Clé de voûte.

קַדְמוֹן - *Qadmon* - Ancien.

קֶלַע - *Qélâ* - Fronde.

קֶסֶם - *Qéssém* - Magie, enchantement, sortilège - Sorcellerie

- 201 -

אֲבַק כּוֹכָבִים - *Abéq kokavim* - Poussière d'étoiles - Célébrité.

אֶמְצַע - *Émtsâ* - Milieu, centre.

הַמֶּלֶךְ יוֹיָכִין - *HaMélékh Yoyakin* - Le Roi Yoyakin.

כִּסֵּא אֵלִיָּהוּ הַנָּבִיא - *Kissé Élihaou hanavi* - Trône d'Élie le prophète.

לֶחֶם מִלְחָמָה - *Léħém milhamah* - Pain de guerre.

פֶּה אֶל־פֶּה - *Pé-él-péh* - Bouche à bouche.

- 202 -

אִילָן הָפוּךְ – *Ilan hapouk* – Arbre inversé.

אֵין פּוֹדֶה כַּיהוה – *Éin podéh kaYhwh* – Nul n'est rédempteur comme *Yhwh*.

בַּר - *Bar* - Fils - pur, limpide - extérieur.

זְקִיפָה - *Zaqifah* - Station debout.

לְטוֹב וּבֵין לַמוּטָב - *Letov Ouvéin Lemoutav* - Pour le meilleur et pour le pire.

מְבַצֵּעַ - *Mevatséâ* - Prestataire, auteur, opérateur, interprète.

עֶבֶד עֲבָדִים – *Évéd âvadim* – Serviteur d'esclaves.

קוּם וָלֵךְ - *Qoum velék'h* - Lève-toi et marche !.

קִצְבֵי - *Qitsvéi* - Extrémités.

רַב - *Rav* - Maître, rabbin.

- 203 -

אָב קַדְמוֹן - *Av qadmon* - Ancêtre, prédécesseur.

אֲבִי כְנַעַן – *Abi kenaân* – Père de Canaan.

אֵבֶר - *Avér* - Membre, organe, aile.

אוּלְקוּס - *Oulqouss* - Ulcère.

בְּאֵר - *Bér* - Puits - expliquer, commenter.

בַּעַל הָמוֹן – *Baâl Hamon* – Baal Hamon (divinité carthaginoise).

בָּרָא - *Bara* - Créer.

גֵּר - *Guér* - Converti.

זִיו פָּנִים - *Ziv-Panim* - Éclat du visage.

זַעַם אֱלֹהִים - *Zaâm Élohim* - Courroux d'*Élohim*.

כִּי אָנֹכִי יְהוָה אֱלֹהֶיךָ – *Ki anoki Yhwh élohéik'a* – « *Car je suis Yhwh ton Dieu* ».

לֹא בַּיּוֹם וְלֹא בַּלַּיְלָה – *Lo bayom velo balaïlah* – Ni durant le jour, ni durant la nuit.

עוֹבֵד אֱלִילִים – *Âvod élilim* – Serviteur d'idoles, idolâtre.

עַיִן חָכְמָה - *Âyin Ħokhmah* - Œil de sagesse.

קַיִן וְהֶבֶל - *Qaïn veHavél* - Caïn et Abel.

- 204 -

אָגַר - *Agar* - Accumuler, entasser.

דָּר - *Dar* - Nacre - Habitant.

יְמֵי קֶדֶם - *Yeméi qédém* - Jours d'antan.

מָצָא חָכְמָה - *Matsa Ḥokhmah* - Trouver la sagesse.

צַדִּיק - *Tsadiq* - Juste.

- 205 -

אַגְרָא - *Agra* - Toit (araméen).

אֲדָר - *Adar* - 6e mois de l'année juive - splendeur, majesté.

אָרָד - *Arad* - Bronze.

גֶּבֶר - *Guévér* - Homme fort.

גָּרָב - *Garav* - Cruche, eczéma.

דָּם נָקִיא - *Dam naqi* - Sang innocent (propre).

הָקְסַם - *Houqsam* - Envoûté, charmé.

הַר - *Har* - Mont, montagne.

יוֹנָה בִּמְעֵי הַדָּג - *Yonah bimeî ha dag* - Jonas dans l'intestin du poisson.

סְפִינָה - *Sfinah* - Navire.

עוֹף הַחוֹל – *Ôf hahol* – Phénix.

עֶצֶב גָּדוֹל – *Êtsév gadol* – Grande tristesse.

צָדֵי חִלָּזוֹן – *Tsadéi hilazon* – Chasseurs de conchifère (d'où est extrait le bleu azur).

צָלִיעָה - *Tṣliâh* - Boitement.

קָסְמָה - *Qismah* – Charisme, fascination, séduction.

רֶגֶב - *Réguév* - Motte de terre.

- 206 -

אַבְגַּר - *Avgar* - Aigremoine.

אִדְרָא - *Idra* - Chambre, loge, assemblée initiatique (araméen).

בִּימֵי קֶדֶם - *Biméi qédém* - Jadis.

בָּרָד - *Barad* - Grêle.

דֶּבֶר - *Dévér* - Epidémie.

דָּבָר - *Davar* - Parole - Chose.

הַגָּאוֹן מִוִילְנָה - *Hagaon Mivilnah* - Le Gaon de Vilna (R. Elie).

יְמֵי עוֹלָם - *Yeméi ôlam* - Jours du Monde.

עָצוּם - *âtsoum* - Intensité, renforcement.

קוֹסֵם - *Qossém* - Magicien.

רְאֵה - *Réh* - «Vois» - *Parasha* #47 - Deut. 11:26-16:17.

רָאֵה - *Raéh* - 69ème nom du *Shém haMeforash*.

רֵאָה - *Réah* - Poumon.

- 207 -

אוֹכֵל לֶחֶם חֶסֶד - *Okhél Léhém-Hésséd* - Vivre de la charité.

אוֹר - *Or* - Lumière.

אֵין סוֹף - *Ein-sof* - Infini.

אֶפֶסוֹס – *Éféssos* - Éphèse.

בְּהַר - *Behar* – « *Dans le mont* » - *Parasha* #32 - Lév. 25:1-26:2.

בִּסְפִינָה - *Besfinah* - Dans le navire.

זְקַק - *Ziqaq* - Distiller, raffiner.

זָר - *Zar* - Étranger – Non prêtre.

פִּדְיוֹן הַבֵּן - *Pidion habén* - Rachat du premier-né.

רָז - *Raz* - Secret.

- 208 -

אָזַר - *Azar* - Ceindre.

אַרְבֶּה - *Arbéh* - Sauterelles, barque, canot.

אֶרֶז - *Éréz* - Cèdre.

בּוֹר - *Bor* - Fosse, citerne, ornière.

גֵּרָה - *Guérah* - Convertie.

הָגָר - *Hagar* - Hagar.

וָאֵרָא - *Vaéra* – « *Je Suis apparu* » - *Parasha* #14 Ex. 6:2-9:35.

חָקַק - *Haqaq* - Graver, inscrire.

יִצְחָק - *Yitshaq* - Isaac / Il rira.

סוּס לָבָן - *Souss lavan* - Cheval blanc.

סַמְבּוּק - *Sambouq* - Sureau.

פִּינְחָס - *Pinhas* – « *Pinhas* » - *Parasha* #41 - Nbr. 25:10-30:1.

- 209 -

אָדָם קָטָן – *Adam qatan* – Microcosme (petit Adam).

אַחֵר - *Ahér* - Autre, après.

בֵּאוּר - *Béor* - Explication, commentaire.

בּוֹרֵא - *Boré* - Créateur.

בַּזַּר - *Bazar* - Éparpiller, disperser, bazarder.

בֶּן זָקֵן – *Bén zaqén* – Viel homme.

גַּן נָעוּל - *Gan nâoul* - Jardin occulte.

הָדָר - *Hadar* - Beauté, éclat.

זְקַן אֵלִיָּהוּ - *Zeqan Éliyahou* - Armoise (Vieil Élie).

פִּי הַגֵּיהִנֹּם – *Pi haguéhinom* – Bouche de l'enfer.

רְבָבָה - *Revavah* - Myriade, grand nombre, dix mille.

- 210 -

אָטָר - *Atar* - Ronce, aubépine.

גָּדוֹל וּמַפְלִיא - *Gadol oumaflie* - Grand et merveilleux.

גֶּזֶר - *Guézér* - Carotte.

דּוֹר - *Dor* - Génération.

הַקְסָמָה - *Haqsamah* – Enchanteur, charmant.

וֶרֶד - *Véréd* - Rose.

חֶרֶב - *Hérév* - Épée, glaive.

מָסִיק - *Massiq* - Cueillette des olives.

מְעֻנָּן - *Meôunan* - Nuageux, couvert, sombre.

נְפִלִים - *Nefilim* – Géants, déchus, disgraciés.

עֹמֶק - *Ôméq* - Profondeur basse.

קְלָף - *Qlaf* - Parchemin.

קָמֵעַ - *Qaméâ* - Talisman.

רָחָב - *Rahav* - Large.

- 211 -

אִיָּר - *Iyar* - Iyyar (8ème mois) illustrer.

אֶמְצָעִי - *Émtsaî* - Milieu, central.

אֲרִי - *Ari* - Lion.

בּוֹגֵר - *Bogar* - Adulte, mature.

בַּר-גּוֹ - *Bar-Go* - Mouvement d'inspiration et d'expiration.

גִּבּוֹר - *Guibor* - Héros, homme courageux.

יְאֹר - *Yor* - Luminescent.

עֲלוּקָה - *Âlouqah* - Sangsue (*qlipah*).

רְאִי - *Ri* - Miroir.

- 212 -

אָדוֹן הָעוֹלָם - *Adon-Haôlam* - Maître du monde.

אוֹרָה - *Orah* - Lumière - giroflée.

אֵין מֶפְלָא - *Éin-moufla* - Sans merveille - Impossible.

דִּבּוּר - *Dibbour* - Parole, discussion.

דָּבֵק - *Davéq* – Attaché, collé, adhérant.

זֹהַר - *Zohar* - Éclat, splendeur.

חַדַ"ר - *Hadar* - Abréviation pour *Hesséd, Din, Rahamin*.

לָמַד לֶקַח – *Lamad léqah* – Apprendre une leçon.

מְגַלְגֵּל כֹּח הַחָכְמָה - *Megalguél koah haHokhmah* – Métamorphose de la force de la Sagesse.

מְעֻקָּב - *Meôuqav* - Cubique.

עֲנָנֵי כָּבוֹד - *Ânenéi kavod* - Nuées de la Gloire.

צְבָעִים - *Tsevaïm* - Couleurs.

רַבִּי - *Rabbi* - Rabbin, maître.

- 213 -

אַבִּיר - *Abir* - Fort, puissant, taureau, patron.

אִצְטַגְנִין - *Itštagenine* - Astrologue.

בּוּקִיצָה - *Boqitsah* - Orme.

בָּרִיא - *Bari* - Sain, bien portant.

הוֹבֵר - *Hovér* - Astrologue.

הָעוֹלָם כּוּלּוֹ - *Haôlam koulo* - Le monde entier.

הרח - *Harah* - 59ème nom du *Shém haMeforash*.

זִקּוּק - *Ziqouq* - Distillation.

חָרָה - *Harah* - Être en colère.

כּוּזוּ בְּמוּכְסָז כּוּזוּ –*Kouzou bemoukssaz kouzou* – Transposition de Yhwh élohéinou Yhwh.

עוֹבְדֵי אֱלִילִים - *Ôvdéi alilim* - Idolâtre - Esclaves de dieux.

עָנָן גָּדוֹל - *Ânan gadol* - Grande nuée.

- 214 -

חֹר - *Hor* - Peuplier blanc.

אֵזוֹר - *Ézor* - Ceinture.

חִיצוֹנִים - *Hitšonim* - Externes.

חָלָל פָּנוּי - *Halal panouï* - Espace vacant.

טָהַר - *Tahar* - purifier.

יָרַד - *Yarad* - Descendre, diminuer.

כּוֹכָב נוֹפֵל - *Kokav nofél* - Étoile filante, météore.

מִיכָאֵל וּמַלְאָכָיו - *Mikaél oumalakaïv* - Mikaël et ses anges.

עוֹלָם הָאָזְנָה - *Ôlam haezénah* - Monde de l'audition.

רַהַט - *Rahat* - Abreuvoirs.

רוּחַ - *Rouah* - Vent, esprit, souffle.

- 215 -

אָבִינוּ מַלְכֵּנוּ - *Avinou malkéinou* - Notre Père, Notre Roi.

אַדִּיר - *Adir* - Puissant, éminent, majestueux.

אוֹרֵחַ - *Oréha* - Route - Visiteur, invité.

אָחוֹר - *Ahor* - Arrière, dos.

בִּינָה נֶצַח - *Binah Nétsah* - Intelligence, Éternité (*sefiroth*).

בַּרְוָז - *Baroz* - Canard.

הְרִי - *Heri* - 24ème nom du *Shém haMeforash*.

חֹרֵבָה - *Horévah* - Horév.

חָרָבָה - *Haravah* - Terre ferme.

טוּר - *Tour* - Ligne, rangée.

עַז מֵצַח - *Ôz métsah* - Impertinent, insolent, sans vergogne.

קְלִפָּה - *Qlipah* - Coquille.

- 216 -

אָדָם הָעֶלְיוֹן - *Adam haêliyon* - Adam suprême.

אַרְיֵה - *Ariéh* - Lion.

בָּבָא מְצִיעָא - *Bava metsia* - (araméen) Porte intermédiaire (Traité talmudique).

בְּרוּחַ - *BeRouah* - En esprit.

גְּבוּרָה - *Gvourah* - Bravoure (5e *sefirah*).

גִּלְגּוּל קֶדֶם – *Guilgoul qédém* – Révolution primordiale.

הָא לַחְמָא עַנְיָא - *Havél havalim hakol havél* - « C'est le pain de l'affliction » (passage récité au Sédér de Pâque) (Araméen).

הוֹלֵךְ עַל הַיָּם - *Holé'k âl hayam* - Marcher sur les eaux.

חִבּוּר - *Hibour* - Jonction, liaison, connexion.

חֲבַקּוּק - *Havaqouq* - Habacuc.

חָרוּב - *Harouv* - Caroubier.

יְדַבֵּר - *Yedabér* - Il parla.

יִימְנְצִיאָה - *Yimentsiah* - Géomancie.

יר"ו - *Yerou* - Yéru (début de Jérusalem).

יֵרָאֶה - *Yéréah* - Sera vu.

יִרְאָה - *Yrah* - Peur, crainte.

סוֹד עוֹלָם - *Sod ôlam* - Secret du monde.

סְקִילִיאָה - *Siqiliah* - Sicile.

עוֹמֶק - *Ôméq* - Profondeur.

קוּמְטִינָא - *Qomtina* - Comino (île de).

רְאִיָּה - *Riyah* - Vue, vision, évidence.

רוֹטָא - *Rota* - Rota (roue, terme carré magique araméen).

רְחוֹב - *Rehov* - Rue, canal.

- 217 -

וַיֵּרָא - *Vayéra* – « Et il apparut » - *Parasha* #4 - Gen. 18:1–22:24.

אֲוִיר - *Avir* - Air (ou éther).

בָּהִיר - *Bahir* - Clair - clarté.

בִּירָה - *Birah* - capitale (ville).

דְּבוֹרָה - *Dvorah* - Déborah - abeille.

הַגְדָּרָה - *Hagdarah* - Définition.

חֲרָדָה - *Haradah* - Anxiété.

חֶרֶט - *Hérét* - Poinçon.

טַבּוּר - *Tabour* - Nombril.

יְאוֹר - *Yéor* - Canal, cours d'eau - Nil.

- 218 -

בְּרִיאָה - *Briah* - Création.

זוֹהֵר - *Zohér* - Brillant.

חָדוּר - *Hadour*- Imprégner, infiltrer.

יָרֵחַ - *Yaréah* - Lune - mois.

כֹּהֲנִים גְּדוֹלִים - *Kohanim guedolim* - Grands Prêtres.

לַמְנַצֵּחַ - *Lamnatséah* - Au chef des chantres.

עִצָּבוֹן - *Îtsavon* - Chagrin, douleur.

קַנְבּוֹס - *Qanbouss* - Cannabis.

רֵיחַ - *Réiha* – Odeur, fragrance.

- 219 -

הַקָּבָּ"ה הוּא הַמֶּלֶךְ - *Haqbah hou hamélékh* - *Haqba'h* est le Roi.

חַי הָעוֹלָמִים - *Hay-Haolamim* - Vie éternelle.

סוֹף הַחַיִּים - *Sof hahayim* - Fin de vie.

רְוָחָה - *Revahah* – Bien-être, confort.

- 220 -

אַהֲבָה רַבָּה - *Ahavah rabbah* - Grand amour.

בְּגִירָה - *Baguirah* - Maturation, puberté.

בָּחִיר - *Bahir* - Élu, choisi, préféré.

בְּרִיחַ - *Briah* - Clavicule.

גְּבִירָה - *Gvirah* - Dame, maîtresse, femme riche.

וָרִיד - *Varid* - Veine.

חֶסֶד נֶצַח - *Hesséd Nétsah* - Bienveillance, Éternité (*sefiroth*).

טָהוֹר - *Tahour* - Pureté.

יוֹחָנָן הַמַּטְבִּיל - *Yohanan Hamatbil* - Jean le Baptiste.

יוֹרֵד - *Yoréd* - Émigrant.

יָרוֹד - *Yarod* - Cataracte - Bas, médiocre, piètre.

כַּר - *Kar* - Oreiller.

מִגְדַּל הַלְּבָנוֹן – *Migdal halevanon* – Tour du Liban.

מִכְלָל יְפִי - *Miklal-Yefé* - Beauté parfaite.

נְפִילִים - *Nefilim* - Géants.

עַד־עוֹלָם – *Âd-ôlam* – Pour toujours.

עֲנָנִים - *Ânanim* - Nuées.

עֲנָק - *Ânaq* - Géant.

פִּלְפֵּל - *Pilpél* - Poivre.

קָמֵיעַ - *Qameiâ* - Amulette, talisman.

רְיַי - *Reyaï* - 29ème nom du *Shém haMeforash*.

רַךְ - *Rak* - tendre, doux, délicat.

- 221 -

אַהֲבָה וַגַעְגוּעִים - *Ahavah va-gâgouâîm* – Amour et regrets.

אֲנִי קַיָּם - *Ani qiyém* - J'existe !

אֹרֶךְ - *Orék* - Longueur, durée.

אָרֹךְ - *Arok* - Long, étendu.

גִּבּוֹר - *Guibor* - Courageux.

הַרְטָבָה - *Hartavah* - Énurésie.

חָכְמָה נֶצַח - *Hokhmah Nétsah* - Sagesse, Éternité (*sefiroth*).

עִגּוּל וְקַו - *Îgoul veqav* - Cercle et ligne.

עַד אֱמוּנִים – *Êd émounim* - Cercle et ligne.

קוֹמִינוֹטוֹ - *Qominoto* - Cominotto (île de).

- 222 -

אֲוִירָה - *Avirah* - Atmosphère, humeur, ambiance, aura.

בְּיָד חֲזָקָה וּנְטוּיָה - *Beyad hazaqah venoetouyah* - Avec une main forte et inflexible.

בִּכֵּר - *Bikér* - Préféré.

בֶּרֶךְ - *Bérékh* - Genou.

גִּלְגּוּל קוֹדֵם - *Guilgoul qodém* - Réincarnation précédente.

הַר טוֹב - *Har tov* - Mont du bien.

זָהִיר - *Zahir* - Prudent, circonspect.

חֲרָטָה - *Haratah* - Regret.

יָחִיד נֶעֱלָם - *Yahid néêlam* – Unique caché.

כְּבָר - *Kvar* - Tamis (nom d'un fleuve).

מְקֻבָּלִים - *Meqoubalim* - Kabbalistes.

קוֹל אֱלֹהִים - *Qol Élohim* - Voix d'*Élohim*.

רֶכֶב - *Rékév* - Char.

- 223 -

אַבִּירִי - *Abiri* - Chevaleresque.

אַבְרֵךְ - *Abrék* - À genoux.

בֶּן אָדָם וּמְלַמְּדוֹ - *Ben Adam vemilmado* - L'homme et son instructeur.

הַיָּרֵחַ - *haYrah* - La lune.

חֲקִיקָה - *Haqiqah* - Législation, gravure.

- 224 -

אָנֹכִי מָגֵן לָךְ - *Anokhi maguén lak'h* - Je suis ton bouclier.

גַּלֵּה סוֹד בֶּטֶן הָאֲדָמָה – *Galéh sod bétén haAdamah* – Découvrir le secret du ventre de la Terre.

דֶּרֶךְ - *Dérék* - Chemin, voie.

זֶה הָאוֹר - *Zéh haor* - C'est la lumière.

יַעֲקֹב וְלֵאָה – *Yaâqov veLéah* – Jacob et Léa.

כַּף סַיָּדִים - *Kaf sayadim* – Truelle.

מַבּוּל מַלְאֲכֵי חַבָּלָה – *Miboul malak'éi habalah* – Déluge d'anges destructeurs.

מְעִי דַּק – *Méï daq* – Intestin frêle.

עֲקֻדִים - *Âqoudim* - Liens.

רְדוּ בַּדָּגָה – *Redou badagah* – Il descend dans le poisson.

- 225 -

אֲדֹנָי־כֶּסֶף - Adonéi Késséf - Bases d'argent.

אוֹר חַי – Or haï – Lumière vive.

בְּחִירָה - Behira - Choix, lucidité d'esprit.

חֶדְוָה וְעוֹלֶץ – Hédvah veôléts – Joie et ravissement - Extase.

חֲזִיר - Hazir - Porc, cochon.

מַזַּל מֹאזְנַיִם - Mazal moznaïm - Signe de la Balance.

נִצְפָּה - Nitspah - Câprier.

קְלִיפָּה - Qlipah – Coquille, écorce.

רוּחַ וְאֵד - Rouah veéd - Souffle et vapeur.

- 226 -

בַּד טָהוֹר - Bad tahor - Lin pur.

בַּעֲלֵי מַדָּע - Baâléi madâ – Maîtres du savoir, scientifiques.

הַפַּחַד בֶּן הַחֶסֶד - Hapahad bén hahesséd - La peur est fille (fils en hébreu) de la bonté.

טְבֶרְיָה - Tivériah - Tibériade.

יַבְרוּחַ - Yavrouah - Mandragore.

יְסוֹד עוֹלָם - Yessod Ôlam - Fondement du monde.

מִזְבַּח הַחִיצוֹן - Mizbéah hahitson - Autel extérieur.

נָפוּץ - Nafouts - Dispersé.

צָפוֹן - Tsafon - Nord.

- 227 -

אִי קוֹמְטִינָא - I Qomtina - Île de Comino.

בְּכֹרָה - Bakorah - Aînesse.

בְּרָכָה - Berakah - Bénédiction.

הַלֵּב דּוֹפֵק - Halév Doféq - Le cœur bat.

הָרֶכֶב - Harakav - Le char.

הַר הַטּוֹב – Har haTov – Mont du Bien.

זְהִירָה - Zehirah - Resplendir.

זָכַר - Zakar - Se souvenir, se rappeler - mâle.

פַּחַד קָהָל – Pahad qahal – Trac - Glossophobie.

- 228 -

אָהֳלֵי יַעֲקֹב - Aholéi Yaâcov - Tentes de Jacob.

בְּכוֹר - Bakour - Premier-né, aîné - Favori.

בָּרוּךְ - Barouk - Béni.

הַחֵטְא הַקַּדְמוֹן - Hahét Haqdmon - Le péché originel.

חָכְמָה קָדוּמָה - Hokhmah Qadoumah - Sagesse primordiale (ancienne).

כְּרוּב - Keroub - Kerouv (animal hieratique) - Chérubin.

נֶצַח יְסוֹד - Nétsah Yessod - Éternité, Fondement (sefiroth).

סִימָן חַיִּים – Siman hayim – Signe de vie.

עֵגֶל מַסֵּכָה - Eguél maskah - Masque rond.

עֵץ חַיִּים - *Êts Ḥayim* - Arbre de Vie.

קַיִן אֶל־הֶבֶל - *Qaïn el-Hévél* - Caïn pour Abél.

- 229 -

אִדְרָא זוּטָא - *Idra Zouta* - Petite Assemblée (section du Zohar).

בְּאֵר יהוה - *Beér Yhwh* - Puits de Yhwh.

יְסוֹד הַצּוֹמֵחַ - *Yessod haTsoméaḥ* - Élément du végétal.

יְרִידָה - *Yeridah* - descente, diminution.

מַיִם לַדּוּד הַמֶּלֶךְ - *Maïm leDavid haMélékh* - Eau du Roi David.

מְעִי הַדַּק - *Méï-Hadaq* - Intestin grêle.

- 230 -

אוֹר זִיו - *or ziv* - Lumière éclatante.

גָּדֵר חַיָּה - *Gadér ḥayah* - Haie, bocage.

הוֹד וְהָדָר - *Hod vehadar* - Majesté et Magnificence.

זְרִיחָה - *Zriḥah* – Lever du soleil.

יָרֵךְ - *Yérék* - Cuisse.

כַּדּוּר - *Kadour* - Sphère, globe.

כּוֹכָב יַעֲקֹב - *Kokav Yaâqov* - Étoile de Jacob.

מְצֻלָּע - *Metsoulâ* - Polygone.

מָקִיף - *Maqif* - Environnant, encerclement.

מִקֵּץ - *Miqéts* – « *Au terme de* » - *Parasha* #10 - Gen. 41:1-44:17.

נְצִיב מֶלַח - *Nitsiv mélaḥ* - Statue de sel.

קֹמֶץ - *Qométs* - Poignée.

קָמָץ - *Qamats* - Qamats (voyelle) - serrer la main.

רַב כֹּחַ - *Rav koah* - Grande force.

- 231 -

גְּבוּרָה הוֹד - *Gvourah Hod* - Rigueur, Gloire (*sefiroth*).

גַּן עֵדֶן מַטָּה - *Gan Êdén matéh* - Jardin d'Édén d'en bas.

הֵיכָל עֶלְיוֹן - *Héikal êlion* - Palais supérieur.

הַר יהוה – *Har Yhwh* – Mont de Yhwh.

יָפֶה נוֹף - *Yaféh nof* - Beau paysage.

מַלְאָךְ פָּנַי - *Malakh panaï* - Face d'ange.

עוּף לַיְלָה - *Ôf-Laïlah* - Oiseau nocturne.

קוֹל הַמַּיִם - *Qol hamayim* - Son de l'eau.

רוּחַ טוֹב - *Rouah tov* - Bon esprit.

- 232 -

אִי קוֹמִינוֹטוֹ - *I Qominoto* - Île de Cominotto.

אֶרְאֵל - *Érél* - Archange.

אֲרוּכָה - *Arokah* - Gale, croûte.

דְּבַר יהוה - *Davar Yhwh* - Parole de Yhwh.

הַבְּרָכָה - *Habarakah* - La bénédiction.

הַרְכָּבָה - *Harkavah* – Assemblage - Greffe.

יְהִי אוֹר - *Yehi or* - Sera lumière.

כַּבִּיר - *Kabir* - Grand, grandiose, puissant.

מֶלֶךְ בְּלִיַעַל - *Mélékh Beliyaâl* - Roi Bélial.

מִקְצָב - *Miqtsav* - Rythme.

ע"ב ס"ג מ"ה ב"ן - *ĀB SAG MAH BEN* - Les quatre expansions du Tétragramme יהוה.

עַד עֲדֵי עַד - *Âd âdéi âd* - Jusqu'à l'éternité des éternités.

- 233 -

בְּכוֹרָה - *Beḳorah* - Droit d'aînesse.

זָכוֹר - *zaḳor* - Population mâle - resté en mémoire.

יְחֶזְקֵאל בֶּן־בּוּזִי - *Yhézqél ben Bouzi* - Ézéchiel fils de Bouzi.

כֹּחַ דָּן הָעוֹלָם - *Koah dan haôlam* - La puissance juge le monde.

לֵאָה דִּינָה וזִלְפָּה - *Léah Dinah veZilpah* - Léa, Dina et Zilpa.

לִקּוּי לְבָנָה - *Liqoui-Levanah* - Éclipse de lune.

עוֹמֶק טוֹב - *Ômeq tov* - Insondable bien.

עֵץ הַחַיִּים - *étš ha-hayim* - Arbre de Vie.

רֶגֶל - *Réguél* - Pied, pèlerinage.

- 234 -

בֶּן יַעֲקֹב - *Bén Yaâqov* - Fils de Jacob.

גּוֹאֵל צֶדֶק - *Goél tsédéq* - Messie (Sauveur de la justice).

זָהָב טָהוֹר - *Zahav tahor* - Or pur.

יְרִיחוֹ - *Yériho* - Jéricho.

מִי־כָמֹכָה בָּאֵלִם יְהֹוָה - *Mi Kamoḳah Baélim Yhwh* – « Qui est comme Toi parmi les dieux, Yhwh » Exode (15 :11).

עֵץ הַהֲדַס - *Êts hahadass* - Arbre de myrte.

פֹּה נִטְמַן - *Poh nitman* - Ici se trouve (inscription sur une pierre tombale).

- 235 -

אַהֲבָה וְיִרְאָה - *Ahavah veYirah* - Amour et Crainte.

אִילָן יוֹחֲסִין - *Ilan yoḥéssin* - Arbre généalogique.

בָּזֶה אַחַר זֶה - *Bazéh ahath zéh* - L'un après l'autre, successivement.

לִקּוּי לְמִידָה - *Liqouï lemidah* - Trouble d'apprentissage.

מֶלֶךְ הַמְּלָכִים - *Mélékh hamelakim* – Roi des rois.

מָקוֹם לֵידָה - *Maqom lidah* - Lieu de naissance

נְקִיעָה - *Neqiâh* - Entorse.

סוֹף הַחֲלוֹם - *Sof hahalom* - Fin du rêve.

עִסְקָה - *Îssqah* - Transaction .

קוֹל דּוֹדִי הִנֵּה־זֶה בָּא - *Qol dodi hinéh-zéh ba* – « La voix de mon aimé ! Le voici, il vient ! » - Cant. 2:8.

- 236 -

בָּרוּךְ הַבָּא – *Barouķ Haba* - Bienvenu.

הַרְאֵל – *Harél* - L'autel (du Temple de Jérusalem).

כִּיּוֹר – *Kior* - Vasque, cuve.

לַיְלָה נִפְלָא – *Laïlah nifla* - Nuit merveilleuse.

מֶלֶךְ הַמַּלְאָכִים – *Mélęk hamalakim* - Roi des anges.

מָצוּק – *matšouq* - Oppression, détresse.

נוֹצֵץ – *Notşétş* – Étincelant, brillant.

סִמְפוֹן – *Simfone* - Bronche.

עָאלִין בְּגִלְגּוּלָא – *Âelin beguigoula* - Épreuves du *guilgoul* (de la transmigration).

עִלָּפוֹן – *Îlafon* - Syncope.

צִמּוּק – *Tsimouq* - Raisin sec.

קִיסוֹס – *Qissous* - Lierre.

קֻלְמוּס – *Qoulmouss* - Plume d'oie, tige de roseau (outil d'écriture).

רוּחַ טוֹבָה – *Rouah tovah* - Bon esprit.

- 237 -

בַּר יוֹחַאי – *Bar Yohaï* – Bar Yohaï.

בְּרֵיכָה – *Breikah* - Bassin.

גָּמָל קְטַנָּה – *Gamal qetanah* – Petit chameau.

גִּימֶל מֶם לָמֶד – *Guimel Mém Laméd* – Initiales de *Gamal* [גָּמָל] : chameau.

הַזְכָּרָה – *Hazkarah* - Mention, évocation (du nom divin).

הָלַךְ לְעוֹלְמוֹ – *Halak leôlamo* - Trépasser.

יִהְיֶה אוֹר – *Yihyéh or* – Sera lumière.

עֶצֶם הַלֵּב – *Êtsém halév* – Os du cœur.

קוֹל מִיכָאֵל – *Qol Mik'aél* – Voix de Mikaël.

- 238 -

אַהֲבָה טְהוֹרָה – *Ahavah téhourah* – Amour pur.

הֶרְגֵּל – *Hérguél* – Accoutumance.

וַיְבָרֶךְ – *Vayebaré'k* – « Et il a béni... ».

וַיְהִי אוֹר – *Vayehi or* – « Et la lumière fut... ».

טְרַכְט – *Trékht* - Trécht (démon tentateur des femmes).

עֵמֶק הַבָּכָא – *Êméq habakah* – Vallée des larmes.

רָחֵל – *Rahél* - Rachel.

- 239 -

בַּעַל קַבָּלָה – *Baâl kabbalah* - Maître de la Kabbale.

בַּרְזֶל – *Barzél* - Fer.

גּוֹרָל – *Goral* - Sort, hasard.

וַיִּבֶן נֹחַ מִזְבֵּחַ לַיהֹוָה – *Goral* – « *Noé bâtit un autel pour Yhwh* » - Gen. 8:20.

חָכְמָה נִפְלָאָה – *Hakhmah niflaah* – Sagesse merveilleuse.

- 240 -

אֵל אַחֵר - *Él aḥér* - Dieu autre.

כַּדּוּרִי - *Kadouri* - Sphérique.

כְּלִי זָהָב וָכָסֶף - *Kéili zahav vakasséf* - Ustensiles (réceptacles) or et argent.

כֵּלִים מְכֵּלִים - *Kelim mekelim* - Réceptacles de réceptacles.

לוֹדָר - *Lodar* - Gladiateur.

לִפְנֵי כֵן - *Lifnéi kén* - Avant, d'abord.

מְמֻצָּע - *Memoutsâ* - Moyen.

מֵצִיק - *Métsiq* - Oppresseur, tyran.

מַר - *Mar* - Amer.

מֹר - *Mor* - Myrrhe.

נַעֲנַע - *Nânâ* - Menthe.

נִצָּנִים - *Nitsanim* - Bourgeons.

סָפֵק - *Saféq* - Doute.

עַיִן יְמִין - *Âïn yemin* - Œil droit.

עַל־פְּנֵי – *Âl-pnéi* – Sur les faces, à la surface.

עֲמָלֵק - *Âmaléq* - Symbole de l'ennemi d'Israël.

פְּסָק - *Pessaq* - Sentence, décision.

צְלְצֵל - *Tsiltsél* - Cymbale.

רוּחַ יְהֹוָה - *Rouaḥ Yhwh* - Esprit de *Yhwh*.

רָם - *Ram* - Élevé, estimé, important.

- 241 -

אֱלִילֵי כֶסֶף - *Éliléi késséf* - Idoles d'argent.

אֱלִילֵי עֵץ - *Éliléi êts* - Idoles de bois.

אָמַר - *Amar* - Dire, parole, langage.

אֱמֹר - *Émor* - «Dis» - *Parasha* #31 : Lév. 21:1-24:23.

זְרֻבָּבֶל - *Zeroubavél* - Zorobabél.

מֶלֶךְ הָעוֹלָם - *Mélêḳ haôlam* - Roi du monde.

מָרָא - *Mara* - Maître.

- 242 -

אֲרִיאֵל - *Ariel* - Lion de Dieu.

זְכַרְיָה - *Zeḳaryah* - Zacharie - myosotis.

חַרְדָּל - *Ḥardal* - Moutarde.

כָּבוֹד עַצְמִי - *Kavod Atsmi* - Amour-propre, respect de soi, dignité.

עֵץ לָבָן – *Êts lavan* – Bois blanc.

רוּחַ הַחַיָּה - *Rouaḥ hahayah* - Souffle vital.

- 243 -

אִבּוּד הַכָּרָה - *Ivoud hakarah* - Perte de conscience.

אַבְרָם - *Avram* - Avram.

אֲגַרְטָל - *Agartal* - Coupe, vase.

בְּכוֹר-אָבִיב – *Bekor-aviv* – Primevère.

גְּלִילֵי כֶסֶף - *Gliléi kesséf* - Anneaux d'argent.

חֹם הַפְּנִימִי – *Ḥom hapnimi* – Chaleur interne.

יָפֶה בְּעֵינָיו - *Yaféh bêinaïv* - Beau à ses yeux, à son goût.

כּוּזָרִי - *Kouzari* - Khazar (peuplade tartare).

מַאֲרָב - *Maarav* - Embuscade.

מִגַּר - *Miguér* - Renverser, vaincre, détruire, éradiquer.

נֶצַח הוֹד יְסוֹד - *Nétsah Hod Yessod* - Éternité, Gloire, Fondement (*sefiroth*).

רָגִיל - *Raguil* - Régulier, usuel, normal.

- 244 -

גְּמָרָא - *Guemara* - Talmud, tradition.

חָרוּל - *Haroul* - Ronce, épine.

מַאֲגַר - *Magar* - Bassin collecteur.

מֶרֶד - *Méréd* - Révolte.

- 245 -

אָדָם קַדְמוֹן - *Adam qadmon* - Adam primordial.

כִּי־טוֹבִים דֹּדֶיךָ מִיָּיִן – *Ki-tovim dodék'a miyayon* – « Car bonnes sont tes caresses issues du vin » (Cant. 1:2).

מְבֻגָּר - *Mevougar* - Adulte.

מַעֲצָמָה - *Maâtsamah* - Puissance.

מָרָה - *Marah* - Amer, bile, mélancolie.

רַב־מָג - *Rav-Mag* - Chef des mages.

- 246 -

אַהֲבָה וּבְרָכָה - *Ahavah ouvrak'ah* - Amour et bénédiction.

אִמְרָה - *Imrah* - Parole, mot.

גַּבְרִיאֵל - *Gavriel* - Gabriel.

חִזּוּק חָזָק - *Hizouq hazaq* - Force robuste.

חַיִּים לָנֶצַח - *Hayim le-Netsah* - Vie éternelle.

טַל אוֹר - *Tal or* - Rosée lumière.

מְאֵרָה - *Meérah* - Malédiction.

מִדְבָּר - *Midbar* - Désert.

מְדַבֵּר - *Médabér* - Parlant.

מִקְוֵה הַמַּיִם - *Miqvéh ha-mayim* - Bassin des Eaux.

מַרְאֵה - *Maréh* - Vision, apparence. Miroir.

מַרְבָד - *Marbad* - Tapis.

קִנָּמוֹן - *Qinamon* – Cinnamone - Cannelle.

- 247 -

בַּרְדִיאֵל - *Bardiel* - Ange du troisième firmament.

הָרוּחַ הַחַיָּה - *Harouah hahayah* - Force motrice.

מָאוֹר - *Maor* - Luminaire.

מוֹרָא - *Mora* - Crainte, frayeur.

מְזֻקָּק - *Mezouqaq* - Distillé, raffiné.

רַב הַחֹבֵל – *Rav hahovél* – Capitaine (maître des liens).

רוֹמָא - *Roma* - Rome (ville).

רֶמֶז - *Remez* - Allusion.

- 248 -

אֵבֶר אָדָם - *Évér Adam* - Membre humain.

אַבְרָהָם - *Avraham* - Abraham.

אוּרִיאֵל - *Ouriél* - Oriel (ange).

אָמוֹרָא - *Amora* - Amora (docteur du *Talmud*).

בַּמִּדְבָּר – *Bamidbar* – « Dans le désert » - Parasha #34 - Nbr. 1:1-4:20.

בַּמַּרְאָה - *Bamaréh* - En vision ou dans le miroir.

הִבָּרְאָם - *Hibaram* - … de leur création.

הַר גָּדוֹל - *Har gadol* - Grande montagne.

וַיְדַבֵּר יְהוָה - *Vayedabér Yhwh* - Dieu parle.

זִמְרָא - *Zimra* - Chanson, musique.

חֹמֶר - *Homér* - Matière, substance, matière première.

חֵרֶם - *Hérém* - Destruction, excommunication.

כֹּחַ הַקְּלִפָּה - *Koah haqlipah* - Force de la qlipah.

לֹבֶן עֶלְיוֹן - *Lovén êlion* - Blancheur suprême.

מֵחַ עֶצֶם - *Méah êstém* - Moelle osseuse.

מָחָר - *Mahar* - Demain.

מַעְיָן הַחָכְמָה - *Mâyan ha Hokhmah* - Fontaine de la Sagesse.

מְרֻדָּד - *Meroudad* - Aplati, déployé.

רְזִיאֵל - *Raziel* - Raziel (ange).

רֶחֶם - *Réhém* - Matrice - utérus. Miséricorde.

רֹמַח - *Romah* - Lance.

קוּף הַמַּחַט - *Qouf hamahat* - Chas de l'aiguille.

- 249 -

אַחַר-כָּךְ - *Ahad-kaf* - Plus tard.

אֶצְבַּע אֱלֹהִים – *Étsbâ Élohim* – Doigt de Dieu.

בְּסוֹד גַּן עֵדֶן – *Bessod gan êdén* – Dans le secret du Jardin d'Eden.

בְּעַב הֶעָנָן – *Beâv héânan* – « Dans l'épaisseur de la nuée » (Ex. 19:9).

גָּמוּר - *Gamour* - Complet, achevé, fini.

חָכְמָה הָעֶלְיוֹנָה - *Hokhmah haêliyon* - Sagesse supérieure.

טֶרֶם - *Térém* - Pas encore.

מָגוֹר - *Magor* - Peur, terreur, respect.

מְהֻדָּר - *Mehoudar* – « La Belle » (nom de l'une des portes du Temple).

מָטָר – *Matar* - Pluie, douche, torrent.

- 250 -

בְּהִבָּרְאָם - *Behibaram* - « Dans leur création ».

דָּרוֹם - *Darom* - Sud.

חָקְקֵי לֵב - *Haqaqéi-Lév* - Méditations, introspections.

אִיזֶבֶל - *Yizévél* - Jézabel.

יְהוָה אֲדֹנָי יְהוָה אֱלֹהִים יְהוָה אֶהְיֶה – *Yhwh Adonaï Yhwh Élohim Yhwh Éhyéh* - Yhwh Adonaï Yhwh Élohim Yhwh Éhyéh.

מְחַבֵּר - *Mahehér* - Connecter, joint.

מַלְכָּה קְדוּמָה – *Malkah qedoumah* – Reine antique.

נִכְנַס יַיִן – *Nikanéss yayin* – « Le vin entre ».

נֵר - *Nér* - Bougie, chandelle ou lampe à huile.

צְדוֹקִים - *Tsedoqim* - Sadducéens.

צָעִיף – *Tsaïf* – Voile – Linceul (au sens figuré).

רְדָה אֵלַי – *Redah élaï* – « Descends vers moi ».

רִים - *Rim* - Jujubier de Palestine.

- 251 -

אוֹר בְּלִבִּי - *Or belivi* - Lumière dans mon cœur.

אוֹר לַדּוֹד - *Or ladod* - Lumière du bien-aimé.

אֲרַמִי - *Arami* - Araméen.

אֹרֶן - *Orén* - Pin.

חֶלְקֵי־אֲבָנִים - *Halouqéh-avenim* - Morceaux de pierres.

חָם אֲבִי כְנַעַן – *Ham avi kenaân* – Cham père de Canaan.

יַעֲקֹב אָבִינוּ - *Yaâcov abinou* - Notre père Jacob.

מַרְוָה - *Marvah* - Sauge.

סָבִיב גַּן עֵדֶן – *Seviv Gan êden* – Autour du jardin d'Éden.

עֶצֶם־הָאַלְיָה - *Étsém ha-aliah* - Coccyx.

קוּם עֲלֵה – *Qoum âléh* – Lève-toi !.

- 252 –

בּוֹרְדָם - *Bordam* - Dysenterie.

גָּלִיף גְּלוּפֵי - *Galif guelouféi* - Ondoiement (retrait des vagues).

זִמְרָה - *Zimerah* - Chant, musique.

חַי צוֹמֵחַ דּוֹמֵם – *Ĥaï tsoméah domém* - Animal-végétal-minéral .

לֵב טָהוֹר - *Lév tahor* - Cœur pur, innocence.

לוּחַ אֶרֶז – *Louah aréz* – Planche de cèdre.

מִזְבֵּחַ הַפְּנִימִי - *Mizbéah hapnimi* - Autel intérieur.

עַל־אַדְנֵי־פָז - *Âl adnéi paz* - Sur des bases d'or pur.

צִדֵּי צְדָדִים – *Tsidéi tsedadim* - Sous n'importe quel aspect.

- 253 -

אֲוִירָא דַכְיָא - *Avira dakia* - Éther, air subtil.

בֵּין הַמָּקוֹם - *Béin hamaqom* - Entre le lieu (au milieu).

בַּעֲלֵי הָעִיּוּן – *Baâléi haîyyoun* – Maîtres de la contemplation, contemplatifs.

גַּרְדּוֹם - *Gardom* - Potence.

זַיִ"ן מֵ"ם נוּ"ן - *Zayin Mém Noun* - Zayin Mém Noun.

זָמוּר - *Zimour* - Élagage, taille, coupe.

חָכְמָה סָנֵעַ – *Ĥokhmah Sanāa* - Sagesse cachée.

חֻמְרָה - *Ĥoumrah* - Gravité.

לֵב הָאַרְיֵה – *Lév haAriéh* – Cœur du Lion : Régulus (étoile).

מֵבִין הָעוֹלָם - *Mévin haôlam* - comprendre le monde.

מֵבִין קוֹמָה - *Mévin qomah* - Comprendre la stature.

מָזוֹר - *Mazor* - Pansement, remède, guérison - planche de blanchisseur.

נִסִּים גְּדוֹלִים - *Nissim gdolim* - Grands miracles.

רַחֲמָה - *Rahamah* - Vautour blanc.

- 254 -

בַּעֲלֵי הַקַּבָּלָה - *Baâléi haQabalah* - Maîtres de la Kabbale.

חֲמוֹר - *Hamor* - Âne - grave, sérieux.

טַבּוּר הַלֵּב - *Tabour halév* - Centre du cœur.

יָצָא לַמִּלְחָמָה - *Yatsa Lamilhamah* - Partir en guerre.

לְעוֹלָם חַסְדּוֹ - *Leôlam hassdo* - Éternelle est sa bonté.

מְחֻוָּר - *Mehouvar* - Clair, intelligible.

מַטָּרָה - *Matarah* - But, objectif, cible.

נֶדֶר - *Nédér* - Vœu.

נֵרְדְּ - *Nérde* - Nard.

פְלוֹגִיסְטוֹן - *Flogistón*- Phlogiston (élément-flamme).

רחום - *Rahoum* - Miséricordieux.

- 255 -

אִזְמַרְגָּד - *Izmargad* - Émeraude.

גִּבּוֹרִים - *Guiborim* - Puissants.

מִזְרָח - *Mizrah* - Est, orient.

נֶאְדָּר - *Nédar* - Magnifique, splendide.

נָהָר - *Nahar* - Fleuve, rivière - luire, briller, couler, affluer.

סוֹד הַפָּנִים – *Sod hapanim* – Secret de la Face (du visage).

רִנָּה - *Rinah* - Joie, gaieté.

- 256 -

אַהֲרֹן - *Āharon* - Frère aîné de Moïse.

אַל-הַכֵּר - *Al-hakér* - Agnosie.

אֲמִירָה - *Amirah* - Parole, discours.

אֲנִי אֶצְדַּק - *Ani étsdaq* - Je suis juste, j'ai raison.

דְּבָרִים - *Devarim* – « Paroles » - *Parasha* #44 - Deut. 1:1-3:22.

יוֹעֵץ סוֹדִי - *Yoêts Sodi* - Éminence grise.

יוֹרָם - *Yoram* - Joram - Conformiste, personne droite.

יְצוּקִים - *Ytsouqim* - Créatures, mortels.

לִפְנֵי הַכִּסֵּא - *Lifnéi haKissé* - Devant le Trône.

נוּר - *Nour* - Flamme, feu (araméen).

פִּיסּוּק - *Pissouq* - Ponctuation.

- 257 -

אֱמוֹרִי - *Amori* - Amorrhéen (peuple de l'ancien Orient).

אָרוֹן - *Aron* - Arche, armoire.

זָמִיר - *Zamir* - Chant - taille de vigne - rossignol.

חַרְטֹם - *Ḥartom* - Mage, devin.

מַקֵל לִבְנֶה - *Maqal livnéh* - Canne de bouleau.

נָאוֹר - *Naor* - Éclairé, développé, cultivé, intelligent, éduqué.

נוֹרָא - *Nora* - Redoutable.

עַז פָּנִים - *Ôz Panim* - Impertinent, insolent, sans vergogne.

עִילָה וְעָלוּל - *Îlah veâloul* - Cause et effet (araméen).

- 258 -

זְמוֹרָה - *Zemourah* - Sarment de vigne.

חִירָם - *Ḥiram* - Hiram.

חָרָן - *Ḥaran* - Haran.

טַל טָרִי - *Tal tari* - Rosée fraîche.

מֵי בּוֹר – *Méi bor* - Acide borique.

נֵס גָּדוֹל הָיָה פֹה – *Ness gadol hayah poh* – Un grand miracle s'est produit ici.

עֵץ הַלְּבוֹנָה - *Êts halevonah* - Arbre à encens.

רֵחַיִם - *Réḥaïm* – Meule, moulin.

- 259 -

אֲחֵרִים - *Aḥérim* - Autres.

גָּרוֹן - *Garon* - Gorge, gosier, larynx.

הָאוֹר כִּי־טוֹב - *Haor kitov* - Que la lumière est bonne.

הוּא צַדִּיק גָּדוֹל - *Hou tsadiq gadol* - C'est un grand Juste.

טָמִיר - *Tamir* - Secret, caché, mystérieux.

כְּטִפָּה מִן הַיָּם - *Kétéfah Min-Hayam* - Comme une goutte à la mer.

לוֹבֶן הָעֶלְיוֹן - *Lovén haêliyon* - Blancheur suprême.

רְאוּבֵן - *Reouvén* - Rubén.

- 260 -

טְמִירָא - *Temira (aram,)* - Occulte, caché.

בַּעֲלֵי חִצִּים - *Baâléi ḥistim* - Maîtres des flèches, archers.

גִּלּוּי הָאָרָה - *Guilouï héarah* - Révélation illuminante.

גַּן אוֹר - *Gan or* - Jardin lumineux.

דִּמְיוֹן מִדִּמְיוֹן - *Dimion midimion* - Imagination de l'imagination.

דַּרְכֵי יְהוָה - *Darkéi Yhwh* - Voies de *Yhwh*.

הֲמִירָה - *Hémirah* - Substitution.

כֶּרֶם - *Karém* - Vigne.

מַצְפֵּן - *Matspén* - Boussole.

נִבְחָר - *Nivḥar* - Élu, choisi.

נִיצוֹץ זָהָב - *Nitsots zahav* - Étincelle or.

נָקִיק - *Naqiq* - Crevasse.

צִמְצֵם - *Tsimtsém* - réduire, diminuer, minimiser, rétrécir, abréger.

- 261 -

אָסַר - *Assar* - Interdit, prohibé.

זָהָב מְזֻקָּק - *zahav mezouqaq* – Or raffiné.

מַחֲזוֹר - *Mahzor* - Cycle, cours, révolution (d'astres).

נָהוּר - *Nehor* - Brillance, illumination.

- 262 -

אַבְרָהָם דָּוִד - *Abraham David* - Abraham David.

אֵל מֶלֶךְ נֶאֱמָן - *El Mélékh nééman* - Dieu roi fidèle.

בֶּרֶס - *Béréss* - Datura.

הַלְלוּיָהּ לְעוֹלָם - *Halélouyah léolam* - Hallelujah éternellement.

חֶבֶל הַטַּבּוּר - *Havél hatabour* - Cordon ombilical.

יְהֹוָה מֶלֶךְ עוֹלָם - *Yhwh mélék ôlam* - Yhwh roi éternel.

יֶרַח דָּם - *Yrah dam* - Lune de sang.

מֶרְכָּב - *Merkav* - Char.

נְהוֹרָא - *Nehora* - Lumière (araméen).

נוּן סוֹפִי - *Noun sofi* - Noun final.

נָח צַדִּיק - *Noah tsadiq* - Noé Juste.

סֻלָּם מֻצָּב - *Soulam moutsav* - Échelle dressée.

עַיִן בְּעַיִן - *Âyin beâyin* - Vraiment, clairement,

précisément - Les yeux dans les yeux.

רוּחַ־גְּדוֹלָה - *Rouah gdolah* - Grand vent.

- 263 -

אָדָם בְּצַלְמֵנוּ - *Adam betsalmenou* - Adam dans notre image.

אֲדוֹנָי אֱלוֹהֵינוּ אֲדוֹנָי אֶחָד - *Adonaï élohénou Adonaï éhad* - Adonaï, notre Dieu, Adonaï est Un.

אוֹר יוֹם - *Or yom* - Lumière du jour.

אֵיבָרִים - *Érivarim* - Membres.

הַר נְבוֹ - *Har Névo* - Mont Nébo.

חוֹלֵה רוּחַ – *Holéh rouah* - Malade mental – Esprit malade.

כַּדּוּר גַּל – *Kadour gal* – Sphère vibratoire (mouvante).

לֶחֶם הַפָּנִים - *Léhém hapanim* - Pain de proposition (pain des Faces).

נַחֲרָה - *Naharah* - Ronflement.

סֶגֶר – *Séguér* – Couvre-feu, fermeture, confinement.

סוּס וְסוּסָה – *souss ve-soussah* - Cheval et jument.

עַם הַנֶּצַח - *Âm haNétsah* - Nation éternelle.

עֲמוּדִים גְּדוֹלִים – *Âmoudim gdolim* – Grandes colonnes.

עֵץ הַכּוֹכָבִים - *Êts hakokavim* - Arbre des étoiles.

- 264 -

גְּבוּרָה גְּדוֹלָה – *Gvourah gdolah* – Grande bravoure.

חִוּר-דָּם - *Hivour-dam* - Leucémie.

חָרוֹן - *Haron* - Irritation.

יַרְדֵּן - *Yardén* - Jourdain.

מִלְחָמָה מִצְוָה - *Milhamah mitsvah* – Guerre du devoir, guerre sainte.

נָדִיר - *Nadir* - Nadir - rare.

סֵדֶר - *Séder* - Ordre.

פָּנִים לְמַטָּה - *Panim lematah* - Face inférieure.

רְהָטִים - *Rahatim* - Abreuvoirs.

- 265 -

אַדְרִיכָל - *Adrikal* - Architecte.

אָדְרִין - *Idrin* - Chambres *(araméen)*.

אוֹר הַחַמָּה - *Or hahamah* - Lumière solaire.

אוֹר נֹגַהּ - *Or Nogah* - Lumière luisante.

אֲנִי צַדִּיק - *Ani tsadiq* - Je suis un Juste.

זַרְחָן - *Zarhan* - Phosphore.

מִכְרֶה – *Mik'réh* - Mine (charbon, diamant, or).

מַעֲנָקָה - *Maânaqah* - Collier.

נָהִיר - *Nahir* - Lumineux, clair, limpide - Éveillé, illuminé.

סַהַר - *Sahar* - Croissant de Lune - Prison, geôle.

עֲקַלְטוֹן – *Âqlaton* – Nom du serpent primordial.

צְעָקָה - *Tsâqah* - Clameur, cri.

- 266 -

אֲדוֹן הַצְּלָלִים – *Adon hatselalim* – Seigneur des ombres.

חֶבְרוֹן - *Hévron* - Hébron.

חֲלוֹם יַעֲקֹב - *Halom Yaâqov* - Rêve de Jacob.

חֶרָבוֹן - *Héravon* - Sécheresse, aridité.

חָרוּבִים - *harouvim* - Caroubes.

כּוֹרֵם - *Korém* - Vigneron, viticulteur.

כְּרוֹם - *Krom* - Chrome.

מַטֶּה כְּלַפֵּי חֶסֶד - *Matéhkalpéi Hesséd* - Enclin à la bonté (bâton de la clémence).

מַצְפּוּן - *Matspon* - Trésor - Conscience.

נְהוֹרָה - *Nehorah* - Illumination.

סָבָא רַבָּא - *Saba raba* - Grand-père.

צִמְצוּם - *Tsimtsoum* - Réduction, abrégé.

רוּחַ אֵלִיָּהוּ - *Rouah Éliyahou* – Esprit d'Élie.

- 267 -

אָסוּר - *Assour* - Lié, attaché, défendu, interdit.

חֶרָגוֹן - *Héragon* - Transe.

מֶרְכָּבָה - *Merkavah* - Char, carrosse - char de combat - Char divin.

נַהֲמָא דְכִסּוּפָא - *Nahama dekissoufa* - Pain de la honte *(araméen)*.

נָזִיר - *Nézir* - Ascète, moine, ermite.

סוֹמֵךְ נְאֶמָן - *Somék'h naman* - Soutien fidèle.

עוֹלָם הַגַּלְגַּלִּים - *Ôlam haGalgalim* - Monde des sphères.

- 268 -

יַיִן לְפֻלְחָן - *Yayin lefoulhan* - Vin de culte, vin liturgique, vin de messe.

מֶרְכַּבוֹ - *Merkavo* – Sa merkavah.

נָחִיר - *Nehir* - Narine.

רֵיחָן - *Réihan* - Basilic.

- 269 -

אָב בֵּן רוּחַ - *Av, bén, rouah* - Père, fils, esprit.

אוֹר לְלֵב - *Or lelév* – Lumière pour le cœur.

בְּנֵי אוֹר - *Bnéi or* - Fils de Lumière - Personnes instruites et éclairées.

טֵרָדוֹן - *Téradon* - Obsession.

כֹּהֵן צֶדֶק - *Kohén tsédéq* – Prêtre de justice.

מַסָּע בַּזְמַן – *Massâ bazman* – Voyage dans le temps.

סוֹגֵר - *Soguér* - Sphincter.

סִינֵסִיטִיס - *Sinousitis* - Sinusite.

- 270 -

אוֹר מִזִּיו - *Or miziv* - Lumière issue de l'éclat.

אַרְיֵה וּלְבִיאָה - *Ariéh ouleviah* - Lion et lionne.

דּוּרְמִיטָא - *Dormita* - Sommeil - État mystique de somnolence pour s'élever.

דַּרְכֵי הָאֵל - *Darkéi haÉl* - Voies de Dieu.

זִיו מָאוֹר - *Ziv méor* - Éclat issu de la lumière.

חַדְרֵי גְדוֹלָה - *Hadréi gdolah* - Chambres de grandeur.

כּוֹכָב מִיַּעֲקֹב - *Kokav miYaâqov* - Étoile de Jacob.

נְהִירָה - *Nehirah* - Illumination.

עִנְבֵי הַגֶּפֶן - *Învéi haguéfén* - Raisins de la vigne.

עֲנָקִים - *Ânaqim* - Géants.

עֵר - *Êr* - Éveillé, en alerte, vigilant, conscient de.

פֶּה עַל פֶּה - *Pé âl Pé* - Bouche à bouche.

רַע - *Raâ* - Mauvais, malveillant.

רֵעַ - *Réâ* - Ami, camarade, copain, collègue - voisin.

- 271 -

אֶלֶף כָּסֶף - *Éléf kasséf* – Mille [pièces] argent.

הוּא יְזַכֶּה לְחַיֵּי הָעוֹלָם הַבָּא - *Hou yezakéh lahayé hapOlam haBa* - Il obtiendra la vie du Monde à Venir.

יֶלֶד זָכָר - *Yéléd zakar* - Enfant mâle.

יִרְמְיָהוּ - *Yirmyahou* - Jérémie.

מִגְדַּל צֶדֶק - *Migdal tsédéq* - Tour de Justice.

רוּחַ הַבְּהֵמָה - Rouah habahamah - Souffle animal.

- 272 -

אַרְעָא - Arâ - Terre, sol.

בָּסִילִיסְק - Basilisq – Basilic (animal légendaire).

הִנֵּה הָאוֹר – Hinéh haor – Voici la lumière.

כְּרֻבִים - Kerouvim - Chérubins.

נְזִירָה - Nezirah - Nonne, religieuse - abstinence - déviation, écart.

עֲגָלָה קְטַנָּה - Âgalah qetanah - Petite Ourse.

עָבַר - Ârav - Traverser.

עֻבָּר - Ôuvar – Fœtus, embryon.

עֹרֵב - Ôrév – Corbeau, mélanger.

צַדִּיק חַיִּים – Tsadiq hayim – Vie de juste.

רָעָב - Raâv – Famine.

- 273 -

אֶבֶן מָאֲסוּ הַבּוֹנִים - Évén maassou habonim - Pierre rejetée par les bâtisseurs (Psaumes 118:22).

אָדָם בָּרוּךְ – Adam barouk – Homme béni.

אוֹר אֳנִיָּה - Or oniah - Bateau de lumière.

אוֹר גָּנוּז - Or ganouz - Lumière occulte.

אוֹר וּכְלִי - Or oukeli - Lumière et réceptacle.

אַרְבַּע - Arbâ - Quatre.

גִּימַטְרִיָּא - Guimatria - Guimatria.

טְחוֹרִים - Tehorim - Hémorroïdes.

מַעְיָן גַּנִּים – Maâyan ganim – Source des jardins.

רֶגַע - Régâ - Moment, instant.

רֹגַע - Rogâ - Calme, paix, sérénité.

- 274 -

בְּנֵי הָאוֹר - Bnéi haOr - Fils de la lumière.

גִּירְסָא - Guirssa – Lecture superficielle – Apprendre par cœur (Araméen).

דְּרָכִים - Derakim - Chemins.

מָרְדְּכַי - Mordékaï - Mardochée.

רַב-חֶסֶד - Rav Hesséd - Grande bienveillance.

- 275 -

הָבֵן בְּחָכְמָה וַחֲכַם בְּבִינָה - Havén beHokhmah vahakham beVinah - Comprend avec *Hokhmah* déduit avec *Binah*.

זִהוּם אֲוִיר – Zihoum avir – Pollution de l'air.

זִיו מִזֹּהַר - Ziv mizohar - Éclat issu de la splendeur.

חֲזִירִים - Hazirim - Porcs.

יְפֵה עֵינַיִם - Yaféh êinaïm - Beaux yeux.

סִירָה - Sirah - Chaloupe, petite barque.

קְצִיעָה - Qtsiâh - Casse.

קְצָפָה - *Qatsfah* - Colère, malédiction.

רְהַע - *Rihâ* - 39ème nom du Shém haMeforash.

- 276 -

יָם טְבֶרְיָה - *Yam tevériah* - Mer de Tibériade.

הַר יוֹנָה - *Har Yonah* - Mont Jonas.

וְיַד־יְהוָה עָלַי חָזָקָה - *Veyad Yhwh âlaï hazaqah* – « Et la main de Yhwh force sur moi » (Ézéchiel 3:14).

חַיִּים נִצְחִיִּים – *Hayim nitsihim* - Vie éternelle.

כִּנּוֹר - *Kinnor* - Luth, harpe.

מִיצֵי עִכּוּל - *Mits-Îkoul* - Sucs digestif.

מַלְאַךְ הַפָּנִים – *Malak'h hapanim* – Ange de la Face.

נֵר יְהוָה - *Nér Yhwh* - Lampe de Yhwh.

סִיהֲרָא - *Sihara* - Clair de lune (araméen).

עוֹר - *Ôr* - Peau.

עֵינַיִךְ יוֹנִים – *Êinaik yonim* – « Tes yeux sont des colombes » (Cant.).

עֵין סוֹף - *Êin sof* - Fin de la source.

צֶמַח חָמֵץ - *Tsémah haméts* - Plante haméts (fermentée).

קִיקָיוֹן - *Qiqayon* - Ricin - Arbre de Jonas.

קִפּוּץ - *Qipouts* - Sautiller.

- 277 -

אִירוֹס - *Iros* - Flûte - Iris.

אֹרַח חַיִּים - *Orah hayim* - Style de vie, mode de vie.

גִּימָטְרְיָה - *Guimatriah* - Guimatria : usage numérique des lettres.

הֶעָרֹב - *Heârov* - Moustique.

זֶרַע - *Zérâ* - Semence, sperme.

כְּלִי הַדִּבּוּר - *Keli-Hadibour* - Organe de la parole.

עָזַר - *Âzar* - Aider, assister.

עֲרָבָה - *Âravah* - Saule.

- 278 -

אוֹר הַגָּנוּז – *Or haganouz* – Lumière occulte.

אַרְבָּעָה - *Arbâh* - Quatre.

בּוֹר סוּד – *Bor sod* - Quelqu'un qui a une mémoire rétentive – Litt. : Fosse secrète.

כְּרוּבִים – *Kerouvim* - Chérubins - Classe angélique.

מַרְאָה זַכָּה – *Maréah zakah* – Miroir poli.

עִבּוּר - *Îbbour* - Conception, gestation.

עֶזְרָא - *Êzra* - Esdras.

עֵרוּב - *Êrouv* - Mélange.

רָבוּעַ - *Ravouâ* - Carré.

- 279 -

דְּבַר הַחַיִּים - *Devar hahayim* - Parole de vie.

זֹהַר בִּינָה - *Zahar Binah* - Splendeur de *Binah*.

חָמֵץ וּמַצָּה - *Ḥaméts oumatsah* - Fermenté et sans levain.

כּוֹכַב הַצָּפוֹן - *Kokav hatsafon* - Étoile polaire.

לֵב מוּאָר - *Lév moar* - Cœur éclairé.

מִכְרֵה זָהָב - *Mikréh zahav* - Mine d'or.

- 280 -

אוֹר הַחַיִּים - *Or haḥayim* - Lumière de la vie.

אוֹר חָכְמָה - *Or Ḥokhmah* - Lumière de Sagesse.

בֶּן בְּכוֹר - *Bén bakour* - Fils premier-né.

דְּמוּי עַצְמִי – *Dimouï âtsmi* – Image de soi.

חַי מֵהָאֲוִיר – *Ḥaï méhaavir* – « Vivre de l'air frais » (pas de moyens de soutien visibles).

יָקוּד מִיָּקוּד - *Yaqoud miyaqoud* - Flamme issue de la flamme.

כמנפץ – *K,M,N,P,Ts* – Les cinq lettres finales.

כַּרְכֹּם - *Karkom* – Safran (crocus).

כֶּרֶס - *Karéss* - Ventre, abdomen proéminent.

לֵב אַבְרָהָם – *Lév Avraham* – Cœur d'Abraham.

סָנְדַלְפוֹן - *Sandalfon* - Nom d'un prince céleste (un aspect de Métatron).

עִיר - *Îr* – Ville, cité.

עֲרִי - *Âri* - 46ème nom du *Shém haMeforash*.

פַּר - *Par* - Bovin, taureau.

רָחֵל וְלֵאָה – *Raḥél veLéah* – Rachel et Léa.

- 281 -

אֵפֶר - *Éfér* - Cendre, gris.

הוֹרְדוֹס - *Hordoss* - Hérode.

זוֹהַר מִזִּיו - *Zohar miziv* - Splendeur issu de l'éclat.

חֲסַר דְּאָגָה – *Ḥassar daag* - calme, Imperturbable, sans souci.

מַאֲמָר – *Maamar* - Maxime, sentence, parole.

סוּרִיָה - *Souriah* - Syrie.

סָרְכָא - *Sirka* - Cohésion (araméen).

עַד אֵין-סוֹף - *Âd éin-sof* - Jusqu'à l'infini.

פְּאָר - *Pér* - Magnificence, splendeur.

רוֹעֶה - *Roêh* - Pasteur, berger.

- 282 -

אֶרְאֶלִים - *Érélim* - Héros - Une des dix classes angéliques.

בְּהֵמָה הַטְּהוֹרָה – *Behémah hatehorah* – Bête pure.

בָּעִיר - *Baïr* - Combustion, inflammable.

כֻּסְבָּר - *Kousbar* - Coriandre (araméen).

ל"ג בָּאוֹמֶר - *Lag baomér* - Trente-troisième jour de l'Omér.

מָאַלְמִים אֱלֻמִּים - *Mealmim aloumim* - Gerber des gerbes.

עִבְרִי - *Ivri* - Hébreu.

רמב״ם – *Rambam* – Rabbi Moshé ben Maïmon (Maimonide).

רוּחַ חַיִּים - *Rouah hayim* - Souffle de vie.

- 283 -

אֲרוֹן יְהֹוָה – *Aron Yhwh* – Arche de Yhwh.

בִּינָה גְּבוּרָה - *Binah Gvourah* - Intelligence, Rigueur (*sefiroth*).

גֹּפֶר - *Gopher* – Résineux (cyprès).

זָהָב סָגוּר - *Zahav sagour* - Or hermétique.

זִכָּרוֹן - *Zikaron* - Mémoire, souvenir.

זְרוֹעַ - *Zeroâ* - Bras.

פֶּרֶג - *Pérég* - Coquelicot (pavot).

רוּחַ הַנְּבוּאָה - *Rouah hanevouah* - Esprit de prophétie.

- 284 -

מֶלֶךְ צֶדֶק - *Mélékh tsédéq* - Roi de justice.

אֶזְרוֹעַ - *Ézroâ* - Bras.

חֲבַקּוּק הַנָּבִיא - *Havaqouq hanavi* - Habacuc le prophète.

כִּי לְעוֹלָם חַסְדּוֹ -: *Ki leôlam hassdo* - Car éternelle est Sa Bonté.

עֲטָרָה - *Âtarah* - Diadème, couronne.

עֲרוּגָה - *Ârougah* - Parterre de fleurs, carré.

פֶּרֶד - *Péréd* - Mule.

רָדַף - *Radaf* - Quêter.

- 285 -

אָזַר עֹז - *Azar ôz* - Prendre courage.

הָעִיר - *Haîr* - La cité.

יוֹנָה יָרַד - *Yonah yarad* - Jonas descendit.

פָּרָה - *Parah* - Fructifier.

צֵל הָעֵץ - *Tsél haêts* - Ombre de l'arbre.

רוּחַ נְדִיבָה - *Rouah nedivah* - Esprit généreux.

רַעְיָה - *Râeyah* - Compagne.

- 286 -

אָרִיסְטוֹ - *Aristeto* - Aristote.

מַבּוּעֵי מַיִם חַיִּים – *Mabouéi mayim hayim* – Sources d'eau vive.

מוּמָר - *Moumar* - Apostat, renégat, converti.

מָרוֹם - *Marom* - Hauteur, sommet.

פּוּר - *Pour* - Destin, chance.

קִיקָיוֹנִי - *Qiqayoni* - Éphémère, transitoire, temporaire.

- 287 -

אָבְדַן הַכָּרָה - *Avdan hakarah* - Perte de conscience.

אֶמְצַע הַכִּסֵּא - *Émtsâ haKissé* - Au milieu du Trône.

טוב רַע - *Tov raâ* - Bien Mal.

מְזֻמָּר - *Mezoumar* - Chanté, chantonné, scandé.

מַמְזֵר - *Mamzér* - Bâtard.

עֵץ אוֹ פָּלִי – *Êts o pali* - Pile ou face.

פִּילוֹסוֹפִיָה - *Filossofiah* - Philosophie.

רוּחַ חָכְמָה - *Rouah Hokhmah* - Esprits de Sagesse.

רוֹפֵא - *Rofé* – Docteur, médecin.

- 288 -

חֶסֶד גְבוּרָה - *Hesséd Gvourah* - Bienveillance, Rigueur (*sefiroth*).

לַחַץ דָּם נָמוּךְ - *Lahats-Dam namouk* - Hypotension, pression artérielle basse.

לֵיל יָרֵחַ – *Léil yaréah* - Nuit au clair de lune.

עֵינַיִם אָזְנַיִם - *Âinyim oznaïm* - Yeux oreilles.

פֶּרַח - *Pérah* - Fleur.

- 289 -

אֲדָמָה חֲרוּכָה - *Adamah Haroukah* - Terre brûlée.

בָּרָא אֱלֹהִים - *Bara Élohim* - *Élohim* crée.

דַּבְּרֵי חָכְמָה - *Devari Hokhmah* - Paroles de Sagesse.

וַיֵּצֵא יַעֲקֹב - *Vayétsé Yaâqov* - Et Jacob sortit.

זְמַן וּמָקוֹם - *Zman oumaqom* - Temps et espace (lieu).

חַי בְּסֶרֶט – *Haï betérét* - Vivre dans un monde de rêve, déconnecté de la réalité.

חָכְמָה גְבוּרָה - *Hokhmah Gvourah* - Sagesse, Rigueur (*sefiroth*).

טָרֵף - *Taréf* - Dévoré - non casher.

יְסוֹד הַצַּדִּיק - *Yessod hatsadiq* - Fondement du Juste.

יָרֵחַ מָלֵא - *Yaréah malé* - Pleine lune.

מִי־בָרָא אֵלֶּה – *Mi bara éléh* – Qui a créé cela ?

מְמַטָר - *Mimtar* - Averse, ondée.

מְמֹרָט - *Mamrét* - Poli, bruni, brillant.

פְּרָט - *Prat* - Détail.

- 290 -

אֶגְרוֹף - *Égrof* - Poing.

אוֹר חֲנֻכָּה - *Or hanoukah* - Lumière de Hanoukah.

כַּרְמֶל – *Karmél* – Zone agricole fertile - grain non mûr.

מִרְיָם - *Miriam* - Miryam.

עַפְצָן - *Âftsan* - Tanin.

פְּסֵיפָס - *Pséipass* - Mosaïque.

פֵּרוּד - *Péroud* - Division, schisme.

פְּרִי - *Pri* - Fruit.

צֹר - *Tsor* - Silex.

רֶכֶב חָלָל – *Rékév halal* - Vaisseau spatial.

רָץ - *Rats* - Courir, pulser.

- 291 -

אֶלְסָר - Ilssar - Coudrier, noisetier.

אֲפִיקֵי־מָיִם - Apiqéi-mayim - Cours d'eau.

אֶרֶץ - Éréts - Terre.

חוֹלֵם בְּהָקִיץ - Holam behaqits - Rêverie.

כְּבוֹד הַצַּדִּיקִים - Kevod hatsadiqim - Honneur des justes.

עֹז רוּחַ - Ôz rouah - Force mentale, courage, bravoure.

- 292 -

אֲוִיר הַסּוֹבֵב - Avir ha-sovév - Éther environnant.

דְּבַר אֱלֹהִים - Dvar Élohim - Parole d'Élohim.

מַסַּע צָלָב - Massa-tsélév - Croisade.

עוֹלַם הַמַּלְאָכִים - Ôlam haMalakhim - Monde des anges.

עֲזַרְיָה - Âzariah - Un nom de Raphaël.

עַכְבָּר - Âkbar - Souris.

קֵץ הַזְּמַן - Qéts hazeman – Fin du temps.

- 293 -

אַבִּירֵי הַהֵיכָל - Abiréi-Hahéikal - Templiers.

חָכְמָה חֶסֶד נֶצַח - Hokhmah Hesséd Nétsah - Sagesse, Bienveillance, Éternité (sefiroth).

מַזָּל אַרְיֵה - Mazal Ariéh - Signe du Lion.

מִזְמוֹר - Mizmor - Chant, cantique.

פְּנֵי נֶקְבָא - Pnéi nouqva - Face féminine.

פַּרְגּוֹד - Pargod - Rideau.

- 294 -

אוֹר בְּלִימָה - Or belimah - Lumière indiscible (retenue par les sefiroth).

אֵין-סוֹף מֻחְלָט - Ein Sof mouhlat - Infini absolu.

אַרְגָּמָן - Argaman - Pourpre - Initiales des cinq noms d'anges : א Ouriel, ר Raphaël, ג Gabriel, מ Mikaël, נ Nouriel.

חַיִּים אוֹר וְאַהֲבָה - Hayim or veahavah – Vie, lumière et amour.

חֵרוּף - Hérouf - Blasphème, insulte.

מַלְכִּי-צֶדֶק - Malki-Tsédéq - Melchitsédéq.

מַמְגּוּרָה - Mamgourah - Grenier, silo.

סוֹד הַטָּהֳרָה – Sod hataharah – Secret de la pureté.

- 295 -

אֶפְרֹחַ - Afroha - Poussin.

גִּימֶל יוֹד הא נוּן מֶם - Guimel-yod-hé-noun-mém - Initiales de Guéhinom (purgatoire).

טָרוּף - Tarouf - Confus, mélangé, mixé.

יְרִיעָה - Yeriâh - Tenture.

מָחָר יְהְיֶה טוֹב - *Mahar yéhi tov* - Demain sera bon.

מְנָרָה - *Manarah* - Minaret.

עַל־פְּנֵי הָאֲדָמָה – *Âl-pnéi haAdamah* – Sur les faces de la terre.

עַמּוּד הֶעָנָן - *Âmoud héânan* - Colonne de nuée.

קֵץ הַיָּמִים – *Qéts hayamim* – La fin des jours.

צֹהַר - *Tsohar* - Petite fenêtre, ouverture, puits de lumière, portillon - opportunité.

רוּחַ אַלִים - *Rouah alim* - Vent violent.

- 296 -

בְּעִיר דָּוִד - *Beîr David* - Dans la Cité dҏ David.

גְּבוּרָה יְסוֹד - *Gvourah Yessod* - Rigueur, Fondement (*sefiroth*).

הָאָרֶץ - *Haéréts* - La terre.

הַר הָאֱלֹהִים - *Har haÉlohim* - Mont de Dieu.

מַרְוָן - *Marvan* - Abreuvoir, fontaine.

נֵר הַבְדָּלָה - *Nér havdalah* - Bougie de la *havdalah*.

עִי"ן ו"ו למ"ד מ"ם – *Ayin, Vav, Laméd, Mém* – Lettres développées du mot *ôlam*, monde.

צוּר - *Tsour* - Roc.

רִמּוֹן - *Rimon* - Grenade.

- 297 -

אוֹצָר - *Otsar* - Trésor.

אֵמוּרִים - *Amorim* - Portions de sacrifices brûlés sur l'autel.

אַרְמוֹן - *Armon* - Palais, château.

דְּבַר הָאֱלֹהִים - *Devar haÉlohim* - Parole d'*Élohim*.

הָיָה עַמִּי וְאֶהְיֶה עַמָּךְ – *Hayah âmi veéhyéh âmék'a* - Sois avec moi et je serai avec toi.

מְזָרִים - *Mezarim* - Vent du nord, aquilon.

מִנְזַר - *Minzar* - Monastère, abbaye, couvent.

נוּן כְּפוּפָה - *Noun kefoufah* - Noun courbé (forme usuelle).

נוּרִיאֵל - *Nouriel* - Nouriel.

- 298 -

אֶבֶן מָרָה - *Évén-Marah* - Calcul biliaire.

אֲמוֹרָאִים - *Amoraïm* - Amoraïm (Docteurs du Talmud).

בִּינָה גְּבוּרָה הוֹד - *Binah Gvourah Hod* - Intelligence, Rigueur, Gloire (*sefiroth*).

חַיָּה רָעָה - *Hayah raâh* - Prédateur – personne sauvage, agressive, rude.

חָצֵר - *Hatsér* - Cour.

רַחֲמִים - *Rahamim* - Chérissement, matrices.

רָחַץ - *Rahats* - Laver, nettoyer.

- 299 -

אוֹר הַלְּבָנָה - *Or halevanah* - Lumière lunaire.

הַפְטָרָה - *Haftarah* - Absolution - Lecture après la *Parasha* lors du chabbat ou des jours de fêtes,.

חֲדַר עֲבוֹדָה – *Hadar âvodah* – Salle d'étude.

מַגְנוּר - *Magnour* - Abat-jour.

מִלְמַעְלָה לַמַּטָּה - *Milmaêlah lamatéh* - De haut en bas.

עֲבוֹדָה זָרָה - *Âvodah zarah* – Idolâtrie, paganisme.

- 300 -

כְּלִיל-הָהָר - *Klil-hahar* - Romarin.

אוֹר הַנַּחַל - *Or hanahal* - Lumière du fleuve.

אֲנִי לֹא מֵהָעוֹלָם הַזֶּה - *Ani lo méhaôlam hazéh* - Je ne suis pas de ce monde.

בֶּן אַבְרָהָם - *Ben Avraham* - Fils d'Abraham.

בֶּן אַבְרָהָם - *Ben Avraham* - Fils d'Abraham.

כּוֹס רוּחַ - *Kos rouah* - Calice du souffle (ventouse).

כְּלִי-כֶסֶף וּכְלֵי זָהָב - *Keli kesséf vekeli zahav* - Vase d'argent et vase d'or.

כֹּפֶר - *Kofér* - Goudron, poix - Henné.

כְּפָר - *Kfar* - Village.

מִדְרוֹן - *Midron* - Pente, talus, versant.

מְלֹאוּ הַיָּרֵחַ - *Milou-Hayaréah* - Pleine lune.

מִנְהָרָה - *Minharah* - Tunnel, passage souterrain.

מַעֲמַקִּים - *Maâmaqim* - Profondeurs.

מָצְפַּ"ץ - *Matšpatš* - Transposition du Nom *Yhwh* par la méthode *Ath-Bash*.

סוֹף הָעוֹלָם בָּא - *Sof ha-ôlam ba* - Fin du monde à venir.

פִּי-חָרֶב - *Pi-harév* - Fil de l'épée (litt. bouche d'épée).

פַּחַד יִצְחָק - *Pahad Ysthaq* - Crainte d'Isaac.

פֶּנִיקְס - *Phéniqs* - Phénix.

צִיר - *Tsir* - Crampe.

רוּחַ אֱלֹהִים - *Rouah Élohim* - Souffle d'*Élohim*.

רֵיחַ-נִיחוֹחַ - *Réiah-nihovah* - Odeur apaisante.

- 301 -

אֵשׁ - *Ésh* - Feu.

גַּלְגַּל הַמַּקִּיף - *Galgal hamaqif* – Sphère environnante – Sphère universelle.

דְּבַר-הַמֶּלֶךְ - *Devar haMélékh* - Parole du roi.

דָּרַךְ עֹז - *Darak ôz* - Être courageux.

מַאֲסָר - *Maassar* - Emprisonnement.

מֹחַ לֵב עַיִן פֶּה - *Moah, lév, âyin, pé* - Cerveau, cœur, yeux, bouche.

מְנוֹרָה - *Menorah* - Lampe, chandelier.

צוּרָה - *Tsourah* - Forme.

קָרָא - *Qara* - Crier, appeler.

רוֹצֶה - *Rostéh* - Désireux.

– 302 –

אוֹר יָפֶה – *Or yaféh* – Belle lumière.

אֵירוֹפָּה – *Éiropah* – Europe.

אֲנִי מֶלֶךְ הָעוֹלָם – *Ani mélékh haôlam* – Je suis le roi du monde.

בַּעַל כְּנָפַיִם – *Baâl haknafaïm* – Maître ailé.

בָּצִיר - *Batsir* - Vendange.

בָּקָר - *Baqar* - *Boqér* - Gros bétail, bovin.

בֹּקֶר - *Boquér* - Matin.

בָּרָק - *Baraq* - Éclair, foudre, briller.

מֵעִלּוּי לְעִלּוּי - *Mîloui lîloui* - Au-delà de l'au-delà (de prodiges en prodiges).

קֶבֶר - *Qévér* – Tombe, sépulcre.

קִמְחָא דְפִסְחָא - *Qimha dePisseha* – Aumône donnée aux pauvres pour la Pâque (lit. : farine pour la Pâque) - *araméen*.

רַע לֵב - *Râa lév* - Cœur brisé.

– 303 –

בְּרָכָה לְבַטָּלָה – *Barakah lebatalah* – Bénédiction inutile - Effort gaspillé.

חֲזָרָה חֲלִילָה – *Hazarah halilah* – Ainsi de suite – Méthode de compte dans laquelle *aléf* vaut 1 et 1000.

חֲפִירָה - *Hafirah* - Excavation, creusement.

חֲרִיפָה - *Harifah* - Hivernage.

מוֹלַד הַיָּרֵחַ – *Molad hayaréah* – Nouvel an lunaire.

מַסְגֵּר - *Massguér* - Fermé, scellé, introspecter.

שְׁבָא - *Sheva* - Voyelle « e ».

– 304 –

חָרוּץ - *Harouts* - Sillonné, ridé, tranchant, pointu.

חֶרְמוֹן - *Hérmon* - Hermon.

מַחֲזוֹר גָּדוֹל - *Mahzor Gadol* - Cycle solaire (28 ans).

פִּטְרִיָּה - *Pitriyah* - Champignon.

– 305 –

אָדַשׁ - *Adash* - Rester indifférent.

אוֹר צַח - *Or Tsah* - Lumière immaculée.

דֶּשֶׁא - *Déshé* - Herbe.

הֶרְמֵס - *Hermès* - Hermès.

חֲלוֹם חוֹזֵר - *holam hozér* - Rêve récurrent, répétitif.

יִצְהָר - *Ytshar* - Huile pure.

כַּף הַקֶּלַע - *Kaf haqélâ* - Poche de fronde – Tribulation, détresse extrême.

כַּפָּרָה - *Kaparah* - Pénitence; expiation, pardon, absolution.

כְּרִיעָה - *Keriâh* - Se pencher, s'incliner, flexion du genou.

מֶרְסָה - *Mourssah* - Abcès.

סָדְרִיאֵל - *Sédriel* - Ange du premier firmament.

עוֹלָם קָטָן - *Ôlam qatan* – Microcosme - Petit monde.

עָרְלָה - *Ârlah* - Prépuce, insensible.

קַפָּדוֹקִיָה - *Qapadoqiah* - Cappadoce.

קֵץ הַיָּמִין - *Qéts haYamin* - Extrémités des jours, fin des jours.

קָרָה - *Qérah* - Toiture - Couvrir.

קָרָה - *Qarah* - Crier.

- 306 -

אָב הָרַחְמָן - *Av harahman* - Père miséricordieux.

אִיקָלִיפְטוֹס - *Éiqaliptouss* - Eucalyptus.

אַרְקָה - *Arqa* - Terre, sol.

אִשָּׁה - *Isha* - Femme.

דְּבַשׁ - *Dvash* - Miel.

יוֹצֵר - *Yotsér* - Potier - créateur (formateur).

כּוֹפֵר - *Kofér* - Hérétique, infidèle ; athée.

כִּפּוּר - *Kippour* - Expiation, propitiation.

מוּסָר - *Moussar* - Éthique, morale, principe - entrave.

מַיִם נוֹפְלִים - *Mayim nefalim* - Chutes d'eau.

צִפְעוֹנִי - *Tsifôni* - Serpent venimeux.

קוּר - *Qour* - Toile d'araignée.

רָעוּל - *Râoul* - Voilé, masqué.

שָׁאָה - *Shah* - 28ème nom du *Shém haMeforash*.

- 307 -

אֱמוּנָה וּצְדָקָה - *Émounah outtsdaqah* – Foi et charité.

בַּעַל הַכְּנָפַיִם - *Baâl haknafaïm* – Maître des ailes.

דִּבּוּר הַכְּלָלִי - *Dibbour haklali* – Discours universel.

דָּגֵשׁ - *Daguésh* - Daguésh (signe orthographique).

דָוִד מִזְמוֹר - *David mizmor* - Chant de David.

רִבְקָה - *Rivqah* - Rébecca.

רוּחַ אֶחָד לַכֹּל - *Rouah éhad lakol* - Souffle unique pour tout.

רְעוּאֵל - *Reôuél* - Reouel.

- 308 -

בּוֹשׁ - *Bosh* - Honte.

הַר מְגִדּוֹן - *Har-Meguidon* - Mont Meguidon : Armageddon.

זַרְקָא - *Zarqa* - (araméen) Zarka (symbole de cantillation biblique).

חָצִיר - *Haṣir* - Poireau.

חֹק וְצֶדֶק - *hoq vetsédéq* - Loi et justice.

חֵקֶר - *Ħéqér* - Examen, enquête, étude.

נַחְרָן - *Naharan* - Ronfleur.

עֲזַראֵל - *Âzarél* - Azarel (ange de la mort).

קָרוֹב - *Qarov* - Proche.

קֶרַח - *Qarah* - Glace.

קֹרַח - *Qorah* – « *Qoré* » - *Parasha* #38 Nbr. 16:1-18:32.

רוּחַ אֱלֹהִים בּוֹ - *Rouah Élohim bo* - L'esprit d'*Élohim* est en lui.

שְׁבוֹ - *Shevo* - Agate.

שׁוּב - *Shouv* - Revenir.

- 309 -

בָּאוּשׁ - *Baoush* - Malodorant, gâté.

בּוֹאֵשׁ - *Boésh* - Putois, mouffette.

סְעוּדָה קְטַנָּה - *Seoûdah qatanah* - Petite agape.

קְטָר - *Qatar* - Écran de fumée, voile, illusion.

שְׁאָגָה - *Shagah* - Rugissement.

- 310 -

גָּד גְּדוּד יְגוּדֶנּוּ וְהוּא יָגֻד עָקֵב - *Gad gdod ygoudénou vehou yaguéd âqav* – « Gad, la troupe s'attroupera contre lui; lui, il s'attroupera à leur talon » (Genèse 49:19).

חֹשֵׁב - *hoshév* - Penser, évaluer, considérer.

יְצִיר - *Yitsir* - Créature, produit.

יְקָר - *Yeqar* - Gloire, respect.

יָרֹק - *Yaroq* - Vert.

יֵשׁ - *Yésh* - Ce qui existe, réalité - il y a.

כְּפִיר - *Kfir* - Lionceau.

מַחְזוֹר הַדָּם - *Mahzor -Hadam* - Circulation sanguine.

מַטֵּה אַהֲרֹן - *Matéh aharon* - Bâton d'Aaron.

מַטְרוֹנָה - *Matronah* - Matrone, dame.

עֹמֶר - *Ômer* - Ômer, gerbe, botte.

פְּסִיכוֹיוּחָסִים - *Psykoyouhassim* - Psychogénéalogie.

צֵירִי - *Tséréi* - Voyelle « é ».

רֵיק - *Réiq* - Vide, vacant, inoccupé.

רַעַם - *Raâm* - Tonnerre.

שֶׁבַח - *Shévah* - Louange, prière.

- 311 -

אֶבֶן רֵחַיִם – *Évén réhaïm* – Pierre de moulins – Pierre de meule.

אִישׁ - *Ish* - Homme.

אַרְסָן - *Arssan* - Arsenic.

זָהָב אוֹפִיר - *Zahav ofir* - Or gris (cendré).

יוֹמָם יְצַוֶּה יְהוָה חַסְדּוֹ - *Yomim Ytsavéh Yhwh hassdo* - Le jour *Yhwh* ordonne sa clémence.

כְּמַרְאֵה אָדָם - *Kemaréh-Adam* - Telle une apparence humaine.

מַיִם הָעֶלְיוֹנִים - *Mayim haelyonim* - Eaux d'en haut.

מְסוֹרָה - *Massorah* - Massore (texte biblique reçu).

עוֹלָם קָטוֹן - *Ôlam qaton* - Microcosme.

רְפָאֵל - *Rafaël* - Raphaël.

שְׁבַט - *Shevath* - Mois de Janvier/février.

- 312 -

בְּרוּחַ פִּיו – *Berouah piou* – Dans le souffle de sa bouche.

דּוּקְרָב - *Douqrav* - Duel.

הַר גִּלְעָד – *Har Guilâd* – Mont Galaâd.

הַרְקָבָה - *Harqavah* - Décomposition.

זִקְנֵי הַקְהִלָּה - *Ziqnéi haqahilah* - Collège des anciens, anciens de la communauté.

חָדָשׁ - *Hadash* - Nouveau, neuf.

חֹסֶר דָּם - *Hossér dam* - Anémie.

מַעֲבָר - *Mâavar* - Passage, gué.

מַעֲרָב - *Maârav* - Ouest, occident - mélangé, mêlé.

מְרֻבָּע - *Meroubâ* - Carré.

סוֹד הָהַזְכָּרָה - *Sod hahazkarah* - Secret de l'évocation.

קָטְרֵג - *Qitrèg* - Accuser, blâmer, témoigner contre.

שׁוֹאָה - *Shoah* – Shoah, holocauste, désastre.

שֹׁחַד - *Shohad* - Pot-de-vin, se faire soudoyer.

- 313 -

אֲדֹנָי מֶלֶךְ נִצְחִי - *Adonai Mélékh Netsahi* - Adonai Roi Éternel (initiale *Amén*).

אֶרֶץ טוֹבָה - *Éréts Tovah* - Bonne Terre.

בּוּשָׁה - *Boushah* – Honte, embarras.

בַּרְקַאי - *Barqaï* - L'étoile du matin (Vénus).

הֶחָשׁ - *Hahash* – 51ème nom du *Shém haMeforash*.

מִפְּנֵי מֵי הַמַּבּוּל – *Mifnéi méi hamaboul* – Face à l'eau du déluge.

מֶרְחַב מִחְיָה - *Mérhav-Mihéyah* - Espace vital.

עֲצֵי הַלְּבָנוֹן - *Êtséi haLevanon* – Arbres du Liban.

קַטְרֵגָא - *Qatréga* - Accusateur, éprouveur.

רְחִיצָה - *Rehitsa* - Ablution.

שׁוּבָה - *Shouvah* - Revenir vers soi.

- 314 -

אֶבֶן נָהוּר - *Évén nehour* - Pierre de l'éveil (illumination).

אֱמוּנָה זָרָה - *Émounah zarah* - Foi étrangère.

אֵשׁ אַהֲבָה - *Ésh ahavah* - Feu amour.

בַּאקְרַאי - *Baqraï* - Au hasard.

דַּיִשׁ - *Dayish* - Battage.

דַּרְכֵּנוּ כֹּחוֹ - *Darkénou koho* - Notre chemin est sa force.

חוּשׁ - *Housh* - Sens, sensation, instinct.

חָקַק וְחָצַב - *Haqaq vehatsav* - Gravé et creusé (sculpté).

כּוֹכָבִים נוֹפְלִים - *Kokavim noflim* - Étoiles filantes, météores.

כֹּחֵנוּ דַּרְכּוֹ - *Kohénou darko* - Notre force est son chemin.

כָּל נִדְרֵי - *Kol-Nidréi* - Kol-nidré (office de la veille de Kippour).

מֶטַטְרוֹן - *Métatron* - Métatron.

מַלְאָךְ הַיָּרֵחַ - *Malak haYirah* - Ange de la lune.

מָרְדְּכַי הַיְּהוּדִי - *Mordékhaï hayéhoudi* - Mardochée le juif.

מַרְדֵּעַ - *Mardéâ* - Aiguillon, éperon, ergot.

פֶּנְטְקוֹסְט – *Péntéqost* – Pentecôte [Πεντηκοστή].

רוֹקֵחַ - *Roqéah* - Parfumeur, pharmacien.

רָחוֹק - *Rahoq* - Distanciation, éloignement.

שָׁבִיב - *Shviv* - Éclat, fragment.

שַׁדַּי - *Shaddaï* - Shaddaï.

שׂוּחַ - *Shouha* – Méditer, contempler, communier.

שִׁטָּה - *Shitah* - Acacia.

- 315 -

אַשּׁוּחַ - *Ashouha* - Sapin.

גָּבִישׁ - *Gavish* - Cristal.

וֶשֶׁט - *Véshét* - Œsophage.

יְצִירָה - *Yetsirah* - Création, production, œuvre.

מְעָרָה - *Mâarah* - Caverne.

מַרְאָה הַנְּבוּאָה – *Marah hanevouah* – Vision prophétique.

עֲמֹרָה - *Âmorah* - Gomorrhe.

- 316 -

אוֹצַר הַזָּהָב - *Otsar hazahav* - Trésor d'or.

אוֹר עָגוֹל - *Or âgol* - Lumière circulaire.

אֵשׁ יָהּ – *Ésh Yah* – Feu de *Yah*.

אֲנִי מֶלַךְ בָּעוֹלָם הָזֶה - *Ani malakh' baôlam hazéh* - Je suis roi dans ce Monde-ci.

בְּנֵי־חֲמוֹר - *Bné-Hamor* - Fils de la matière.

הִפּוּךְ הַקַּיִץ - *Hipouk haqaïts* - Solstice d'été.

יֵשׁוּ - *Yeshou* - Jésus.

עֵץ יוֹסֵף - *Êts Yossef* - Arbre de Joseph.

צַדִּיק בִּסְדוֹם – *Tsadiq biSdom* – Juste dans Sodome.

- 317 -

אַבְרָהָם אָבִינוּ - *Abraham abinou* - Abraham notre père.

אָסִימוֹר - *Assimor* - Assimor (Nom d'ange intendant : Meilleure myrrhe).

דַּי בִּשְׁאַ - *Daï beshaal* - Arrête avec la question.

הַר הַגִּלְעָד - *Har ha-Guilâad* - Mont Galaâd.

וַיִּקְרָא - *Vayiqra* – « Et il appela » - *Parasha* #24 - Lév. 1:1-5:26.

זָהָב שְׁבָא - *Zahav sheva* - Or de Sabba.

יֵאוּשׁ - *Yéhoush* - Désespoir.

יַבָּשָׁה - *Yabashah* - Sèche.

מַלְאָךְ בַּדֶּרֶךְ - *Malak'h bedérék* - Ange sur le chemin.

מַעְרָבָה - *Maârbah* - Couchant, Ouest,.

נֵר בִּינָה - *Nér Binah* - Luminaire de l'intellect - Nom hébreu de la ville de Narbonne au Moyen-âge.

- 318 -

אֱלִיעֶזֶר - *Éliézér* - Dieu m'a secouru.

בּוּץ טָהוֹר - *Bouts tahor* - Lin pur.

הַרְחָקָה - *Harhaqah* - Distanciation, renvoi, expulsion.

וַיֵּשֶׁב - *Vayéshév* – « Et il s'installa » - *Parasha* #9 - Gen. 37:1-40:23.

חִדּוּשׁ - *Hidoush* - Nouveauté.

חָשַׁי - *Hashai* - Thym.

יִבּוּשׁ - *Yiboush* - Dessèchement.

יִזְרְעֶאל - *Yizrêel* - Jezréel (vallée de Galilée).

יָשׁוּב - *Yashouv* - Assis.

כִּיּוֹר וְכַנּוֹ - *Kiour vekano* - Cuve et son socle.

נרנח״י - *Naranhaï* – Abréviation pour : *néfésh, rouah, neshamah, hayah* et *yehidah*.

רוּחַ דַּק - *Rouah daq* - Esprit fin.

שִׂיחַ - *Siha* - Méditation.

- 319 -

וַיִּגַּשׁ - *Vaygash* – « Et il s'approcha » - *Parasha* #11 - Gen. 44:18-47:27.

חֲשַׁאי - *Hashaï* - Secret, occulte.

סַנְטֵר - *Santér* - Menton.

סַרְטָן - *Sartan* - Cancer.

עוֹבֵר-בָּטֵל - *Ôvér-batél* - Sénilité.

עֵט כַּדּוּרִי - *Êt kadouri* - Stylo à bille.

- 320 -

אַרְטֶמִיס - *Artémiss* - Artémis.

וְרִיד כְּלִילִי - *Verid Klili* - Veine coronaire.

מְנַחֵם בֶּן-חִזְקִיָּה - *Menahém bén Hizqiah* - Un des noms du messie (Sanhédrin 98b).

נַעַר - *Naâr* - Adolescent.

סוֹבֵב כָּל עָלְמִין - *Sovév kal âlmin* - Enveloppeur des mondes.

עֵירֹם - *Êirom* – Nu, nudité.

רָעִים - *Râïm* – Méchants.

שֵׁךְ - *Sék* - Picotement - Sheikh (vieux).

- 321 -

אִישׁ זְאֵב – *Ish zév* – Lycanthrope, loup-garou.

הוֹלֵךְ רָכִיל – *Holék rak'il* – Calomniateur, bavard, colporteur de ragots.

אֹרֶךְ יָמִים – *Orék yamim* - Longévité.

אֶשֶׁךְ - *Éshék* - Testicule.

דִּבְרֵי־הַיָּמִים - *divréi ha-yamim* - Chroniques.

הַשְׁגָּחָה - *Hashgaḥah* - Providence.

חֹמֶר גֶּלֶם - *homér guélém* - Matière primaire.

מִזְמָן לְעוֹלָם הַבָּא - *Mezouman Leôlam Haba* - Appelé dans un monde meilleur.

מֶלֶךְ הַצָּפוֹן – *Mélékh hatsafon* – Roi du nord.

מַרְפֵּא - *Marpé* – Cure, thérapie.

סַהֲרוֹן - *Saharon* - Ménisque.

רוּחָא עִלָּאָה – *Rouha îlaah* – Esprit suprême (araméen).

שִׁבְטֵי - *Shivtéi* - Tribus.

שָׁבִיט - *Shabit* - Comète.

- 322 -

בָּרוּךְ הַטּוֹב וְהַמֵּטִיב: - *Barouk hatov vehamétiv* – « *Béni soit Celui qui est bon et qui accorde le bien* » - Mishnah Berakoth 9:2-.

יֵצֶר הַטּוֹב - *Yétsér hatov* - Bon penchant.

יָרָבְעָם - *Yaravâm* - Jéroboam.

יֵשׁ הוּא - *Yésh Hou* - Il y a « Lui ».

מַעֲרִיב - *Maârib* - Prière du soir.

נִבְעָר - *Nivâr* - Analphabète, rustre, sans éducation.

קַו הָאֶמְצָעִי - *Qav haémtsaî* - Ligne médiane, voie du milieu.

שְׁבַטְבַּט - *Shvatbat* - Prêle.

שָׁכַב - *Shakav* - Se coucher, se reposer, s'allonger.

- 323 -

אָדָם צַדִּיק וְחָכָם - *Adam tsadiq vehakam* - Homme juste et sage.

חֲרִיקָה - *Ḥariqah* - Crissement, grincement.

סוֹד הַגַּן הַנֶּעֱלָם - *Sod haGan haNeâlam* - Jardin secret.

סוֹד הָרֶחֶם - *Sod haraḥam* - Secret de l'utérus.

עִיר לוּז - *Îr louz* - Cité de Louz.

פְלוּאוֹר - *Flouor* - Fluor.

שְׂדֵה דָוִד - *Sdéh david* - Champ de David.

שׁוֹחֵט - *Shoḥét* - Sacrificateur rituel.

- 324 -

אִישׁ אֶחָד - *Ish éhad* - Un homme.

וַיְבָרֶךְ אֱלֹהִים – *Vayebarék'h Élohim* – « *Et Élohim le bénit* ».

חוּשִׁי – *Ḥoushi* – Sensoriel, sensuel.

טוֹב וְלֹא רַע – *Tov velo râ* – Bien et pas mal.

יוֹסֵף וּבִנְיָמִין – *Yosséf ou Vinyamin* – Joseph et Benjamin.

כֵּלִים חִיצוֹנִיִּים - *Kélim hitsenoniyim* - Réceptacles extérieurs.

נֶעֱדַר - *Néédar* - Manquant, exclu, absent.

רוּח הַעֹלָה – *Rouah haôlah* – Esprit d'élévation, offrande spirituelle.

רוּח מַיִּין – *Rouah miyayin* – Esprit de vin (alcool à 70 °).

- 325 -

אוֹר בָּאֲפֵלָה - *Or beafliah* - Lumière dans les ténèbres.

הַיָּם הָאַחֲרוֹן - *Hayam Aharon* - Mer méditerranée.

יְרִיקָה - *Iriqah* - Expectoration, crachat.

כּוֹכַב הָעֶרֶב – *Kok'av haêrév* - Étoile du soir, Vénus.

נְסִירָה - *Nessirah* - Séparation.

קִיטוֹר - *Qitor* - Brouillard.

- 326 -

הוּא שַׁדַּי - *Hou Shaddaï* - Il est Shaddaï.

יַבְחוּשׁ - *Yavhoush* - Moucheron.

כּוּשׁ - *Koush* - Éthiopie.

רוּחַ בְּנֵי הָאָדָם - *Rouah bnéi haAdam* – Souffle des fils d'Adam – Esprit des humains.

- 327 -

אֵרוּסִין - *Éroussin* - Fiançailles.

דּוֹדִי יָרַד לְגַנּוֹ – *Dodi yarad legano* – « *Mon bien-aimé est descendu à son jardin* » - Cant. 6:2.

יְשִׁיבָה - *Yeshivah* – École talmudique - Posture assise.

כִּבְשָׂה - *Kivshah* – Brebis, mouton.

שִׁכְבָה – *Shik'vah* – Couche, strate, niveau, échelon.

- 328 -

אִישׁ־טוֹב - *Ish tov* - Homme de bien.

אִשָּׁה טוֹבָה - *Ishah tovah* - Femme de bien.

אַשְׁכָּבָה - *Ashkavah* - Obsèques, funérailles.

בַּיוֹם הָאַחֲרוֹן - *Bayom haharon* - Au dernier jour.

גִּלְגּוּל דְּבָרִים - *Guilgoul devarim* - Séquence d'événements, déroulement des événements.

חִירִיק - *Hiriq* - Voyelle i.

חֹשֶׁךְ - *Hoshék* - Obscurité.

ט"ו בִּשְׁבָט - *Tou-bishvat* - 15 du mois de Shevat.

כִּבּוּשׁ - *Kibboush* - Conquête, occupation.

כּוֹבֵשׁ - *Kovésh* - Conquérant - Enchanteur, captivant, merveilleux.

מַיִין נוּקְבִין - *Mayin nouqvin* - Eaux féminines *(araméen)*.

עִבּוּר הָאָדָם – *Îbour haAdam* - Fécondation de l'homme.

שָׁכַח - *Shakah* - Oubli.

- 329 -

אוֹר חֲסָדִים - *Or hassidim* - Lumière des pieux.

אִישׁ חַי – *Ish haï* – Homme vivant.

בְּסוֹד עִילָה וְעָלוּל – *Be-sod îlah veâloul* – Dans le secret du cause à effet.

דִּין אַחֲרוֹן – Din aharon – Jugement dernier.

וַיִּזְכֹּר אֱלֹהִים – Yayizkor Élohim – « Et Élohim se souvient ».

זִיהָרָא עִלָּאָה – Zihara îlaah – Splendeur suprême.

טַל פְּרִי – Tal pri – Rosée fructueuse.

יָרֵחַ עוֹלָה – Yaréah ôlah – Lune Gibbeuse croissante.

צַדִּיק אֶחָד בִּסְדוֹם – Tsadiq éhad biSdom – Un juste dans Sodome.

קַטֵיגוֹרָא – Qatéigora – Accusateur, éprouveur.

- 330 -

חָבֵר דִּמְיוֹנִי – Havér dimioni - Ami imaginaire.

יְהֹוָה הוּא הָרוֹפֵא – Yhwh hou harofé - Yhwh est le guérisseur.

כְּבוֹדוֹ בִּמְקוֹמוֹ מֻנָּח – Kevodo bimqomo munah – Avec tout le respect qui lui est dû (litt. : son honneur reste à sa place).

מִסְגַּד אָל-אָקְצָא – Misgad Al-Aqtsa – Mosquée Al-Aska.

מְצָר – Metsar - 60ème nom du Shém haMeforash.

מֵצַר – Métsar - Détresse.

סָנִיגוֹרָא – Snigoura - Défenseur.

סַעַר – Saâr - Tempête.

סָרִיס – Sariss - Eunuque.

צֶמֶר – Tsémér - Laine.

- 331 -

יְסוֹד הַמְדַבֵּר – Yessod haMédabér - Élément du parlant.

אֶפְרַיִם – Éfraïm - Éphraïm - Fructifiant.

אֵשֶׁל – Éshél - Tamaris.

חָסִיד גָּמוּר – Hassid gamour – Dévot accompli – Adepte expérimenté.

עַמּוּד אֶמְצָעִי – Âmoud émtsâï - Pilier central.

רְפָאִים – Refaïm - Fantôme, esprit.

- 332 -

אָצְטְרֻבָּל – Itsroubal - Pomme de pin.

בָּשֵׁל – Bashél - Mûr.

זִבְחוּ זִבְחֵי-צֶדֶק וּבִטְחוּ אֶל-יְהוָה: – Zivhou zibhéi-tsédéq ouvithou él-Yhwh – « Sacrifiez des sacrifices de justice, assurez-vous en Yhwh. » - Psaumes 4:6.

חִבּוּט הַקֶּבֶר – Hibouth haqévér - Incertitude de la tombe.

טַל עַל הַצְּמָחִים – Tal âl hatsemahim – Rosée sur les plantes.

יֵצֶר לֵב – Yétsér lév – Penchant du cœur.

מִבְצָר – Mivtsar - Forteresse, citadelle.

עִנָּרוֹן – Îvaron - Cécité.

עָרֵל לֵב – Ârél lév – Insensible (non circoncis du cœur).

שְׁחִיטָה – Shehitah - Abattage rituel.

- 333 -

הַחֹשֶׁךְ - Hahoshék - L'obscurité.

אֵיק־בָּכַר - Aiq-Békar - Méthode de transposition de lettres.

וַיִּצְעַק אֶל יְהֹוָה - Vayitsâq él Yhwh - Il clame vers Yhwh.

זֵרְעוֹן - Zérôn – Graine, céréale.

חֲשֵׁכָה - Hashkah - Obscurité, noirceur, manque de lumière, tourment - Transe.

יִרְמְיָה הַנָּבִיא - Yrémiah hanavi - Jérémie le prophète.

שִׁכְחָה - Shikhah - Oubli, distraction.

שֶׁלֶג - Shélég - Neige.

- 334 -

גִּבּוֹר מִלְחָמָה - Guibor milhamah - Héros de guerre.

דְּבַר־יְהֹוָה אֶל־יוֹנָה - Devar-Yhwh él-Yonah – « Parole de Yhwh pour Jonas » (Jonas 1:1).

חַי עַל חַרְבּוֹ – Haï âl harbbo - Vivre par l'épée.

חָשׁוּךְ - Hashouk - Obscur, sombre.

יִידִישׁ - Yiddish - Yiddish.

כַּשְׂדִּי - Kassdi - Chaldéen.

לְשַׁד - Lishéd - Moelle - Suc, sève - revigorer.

סַגִּי נְהוֹר - Sagui-Nehor – Aveugle (litt. Plein de lumière) - Sagui Néhor (surnom du kabbaliste Isaac ben David).

פְּרֵדִים - Pérédim - Grains d'une grenade.

- 335 -

קוֹל דְּמָמָה דַקָּה - Qol demamah daqah - La voix subtile du silence.

קָלָא רַבָּא – Qala rabba – Grande voix (araméen).

שִׁדֵּל - Shidél - Exhorter, encourager, persuader.

שֶׁלֶד - Shéléd - Squelette.

- 335 -

אָרִיסְטוֹטֶלִי - Aristotéli - Aristotélicien.

בְּשֶׁלֶג - Beshélég - dans la neige.

הַר סִינַי - Har Sinaï - Mont Sinaï.

חֹדֶשׁ זִיו - Hodésh-Ziv - Le mois d'Iyar (avril/mai).

כַּשְׂדָּיָא - Kassdaï - Astrologue (Chaldéen).

מֶלֶךְ מַלְכֵי הַמְּלָכִים - Mélék'h malak'éi hamalak'im - Roi des rois des rois.

מַעֲרָכָה - Maârkav - Guerre, bataille - Système - Plan en bois sur l'autel.

מִצְהָר - Mitshar - Méridien - Déclaration, annonce.

סְעָרָה - Saârah - Tempête.

עַל־פְּנֵי הַמַּיִם – Âl-pnéi hamayim - Sur la face des eaux.

פָּרָה אֲדֻמָּה - Parah adoumah - Génisse rousse.

- 336 -

בְּרוּכִים הַבָּאִים - Béroukhim habayim - Soyez les bienvenus !

בַּרְזֶל מְנֻגֵּד - *Barzal Menougéd* - Fer forgé.

הֶאֱרִיךְ יָמִים - *Héèrik Yamim* - Longue vie.

טְהִירוּ עִלָּאָה - *Tehirou îlamah* - Lueur supérieure *(araméen)*.

מָצוֹר - *Matsor* - Égypte, blocage.

נוּפַר - *Noufar* - Nénuphar.

נִחְיֶה וְנִרְאֶה – *Nihyéh venaréh* – Nous vivrons et nous verrons.

נֵר אֱלֹהִים - *Nér Élohim* - Lampe divine.

פּוּרִים - *Pourim* - Pourim.

רֶגֶל עָגֹל - *Réguel êguél* - Pied arrondi.

שְׁאֵלָה - *Shélah* - Question.

- 337 -

אוֹר קַל - *Or qol* - Lumière légère.

אֵשׁ הָאֵל - *Ésh haÉl* - Feu de Dieu.

בְּהַר סִינַי – *Behar Sinaï* – Dans le Mont Sinaï.

זָהָב שָׁחוּט - *Zahav Shahout* - Or battu.

מַלְאָךְ גַּבְרִיאֵל - *Malak'h Gavriel* - Ange Gabriel.

שְׁאוֹל - *Shéol* - Enfer.

שָׁאוּל - *Shaoul* - Saül : Paul.

- 338 -

אֵלוֹן מוֹרֶה - *Élon Moré* - Chêne de Moréh.

חֲצִי כַּדּוּר - *Hatsi-Kadour* - Hémisphère.

כַּף הָרֶגֶל – *Kaf haréguél* – Plante du pied.

לְבוּשׁ - *Levoush* - Vêtement.

לָבָן הָאֲרַמִּי - *Lavan ha-arami* - Lavan l'araméen.

מַיִם בַּמִּדְבָּר – *Mayim bamidbar* – Eau dans le désert.

לְבוּשׁ - *Levoush* - Vêtement.

מֶרְחָץ - *Mérhats* - Bain public.

נֵר הַחֲנֻכָּה - *Nér haHanoukah* - Bougie de Hanoukah.

קַבָּלָה פֶּה אֶל פֶּה - *Kabbalah péh âl péh* - Tradition orale.

שִׁלּוּב - *Shilouv* - Entrelacement.

שָׁלַח – *Shalah* - Envoyer.

- 339 -

מוֹחַ רָפֶה - *Moah raféh* - Esprit faible (cerveau mou).

מוּצָק נוֹזֵל גַּז – *Moutsaq nozél gaz* – Solide, liquide, gazeux.

נִפְטַר - *Niftar* - Décédé, trépassé.

סוֹד הַגַּן הַקָּסוּם - *Sod hagan haqassoum* - Secret du jardin magique.

סַרְדִּינְיָה - *Sardinyah* - Sardaigne.

- 340 -

בְּשַׁלַּח – *Beshalah* – « Il laissa partir » - *Parasha #16* - Ex. 13:17-17:16.

כִּיס־הַמָּרָה - *Kiss ha-marah* - Vésicule biliaire.

לַיִשׁ - *Layish* - Lion.

לָשׁוּד - *Lashoud* - Succulent, plein de sève.

מַכְרִיעַ - *Makriâ* - Crucial, décisif - Arbitre.

מִצְרִי - *Mitsri* - Égyptien - délimiteur.

נָצַר - *Natsar* - Garder, sauver - Verrouiller, maintenir.

סֵפֶר - *Séfér* - Livre.

צֹרֶן - *Tşoran* - Silicium.

רֹקֵם - *Roqém* - Broder façonner.

שֵׁם - *Shém* - Nom - Fils de Noé.

- 341 -

אֶמֶשׁ - *Émésh* - Obscurité, ténèbres.

הַשְׁאָלָה - *Hashalah* - Métaphore.

מֵלִיץ הָעֶלְיוֹן - *Melitş haÉliyon* - Avocat (intercesseur) suprême.

מִקְרָא - *Miqra* - Verset biblique.

פַּרְסָא - *Parsa* - Frontière, limite (araméen).

שָׁמָא - *Sama* - Empoisonneur.

- 342 -

אֶרֶץ אֱדוֹם - *Éréts édom* - Terre d'Édom.

בַּשֵׂם - *Bassam* - Être agréable, sentir bon - Vapeur embaumée.

ז' מְלָכִים קַדְמָאִים - *7 Melakim qadmaïm* - 7 Rois primitifs.

מַיִם רַבִּים - *Mayim rabim* - Grandes eaux – Multitude des eaux

מַרְבֵּק - *Marbéq* - Étable, mangeoire - gras.

צֶבַע עֵינַיִם - *Tsévâ êinaïm* - Couleur des yeux.

שְׁבִיל - *Shevil* - Chemin, sentier.

- 343 -

אֲרוֹן אֱלֹהִים - *Aron Élohim* - Arche de Dieu.

בַּר מִצְוָה - *Bar mitsvah* - Majorité religieuse (garçon).

בָּרְקִיאֵל - *Baraqiel* - Ange du deuxième firmament.

גַּם זֶה יַעֲבוֹר - *Gam zéh yaâvor* – cela aussi passera.

גַּן עֵדֶן עֶלְיוֹן - *Gan Êdén êlion* - Jardin d'Éden supérieur.

גֶּשֶׁם - *Guéshém* - Pluie.

וַיֹּאמֶר אֱלֹהִים - *Vayomér Élohim* - Et *Élohim* dit …

חֻלְשָׁה - *Ħoulshah* - Asthénie.

כֹּחַ יְצִירָה - *Koah Yetsirah* - Puissance formatrice.

פֶּלֶא וְאוֹר וְאַהֲבָה – *Pélé veor veahavah* – Merveille, lumière et amour.

רֶגֶל יָמִין - *Réguél yemin* - Pied droit.

שַׁחֲלָה - *Shahalah* - Ovaire.

- 344 -

אוֹר מֻגְבָּל בַּכֵּלִי - *Or mougbal bakeli* - Lumière limitée par les réceptacles.

אוֹר קַבָּלָה - *Or qabalah* - Lumière reçue.

אוּרִיאֵל הַמַּלְאָך - *Oriel hamalak'h* - Ange Oriel.

יוֹם הַזִּכָּרוֹן - *Yom-Haziķron* - Jour du Souvenir (nouvel an).

יַעֲקֹב וְיוֹסֵף - *Yaâqov veYossef* - Jacob et Joseph.

מַיִם מֵרוּחַ - *Mayim merouah* - Eaux issues de l'air.

סְרְפַּד - *Sirpad* - Ortie.

פַּרְדֵּס - *Pardès* - Verger.

רָזִיאֵל הַמַּלְאָך - *Raziel hamalak'h* - Ange Raziel.

- 345 -

אַכְסַדְרִין - *Akssadrin* - Corridors (araméen).

אֵל שַׁדַּי - *Él Shaddaï* - Tout puissant.

אֱלֹהִים אֲחֵרִים - *Élohim aĥérim* - Dieux autres.

אִלְחוּשׁ - *Ilhoush* - Anesthésie.

אֵשׁ לֹהֵט - *Ésh lohét* - Feu ardent.

חֲרוֹן אַף – *Ĥaron af* - Colère, courroux, indignation (se réfère à Dieu).

מְהַשׁ - *Mehash* - 5ème nom du *Shém haMeforash*.

מוֹר וּלְבוֹנָה – *Mor oulvonah* – Myrrhe et oliban.

מַיִם מִן הַסֶּלַע – *Mayim min hassélâh* – Eau du rocher.

מַפְרֵכָה - *Mafréķah* - Pressoir (d'olives).

מִקְרֵה - *Miqréh* - Incident, événement.

מֹשֶׁה - *Moshé* - Moïse.

נִצְרָה - *Nitsarah* – Sécurité - Occultation.

סוֹד הַדּוּרְמִיטָא - *Sod hadormita* - Secret de la Transe (araméen).

עֲרִיסָה - *Ârissah* - Berceau, lit de bébé.

פְּרִי הָאֲדָמָה – *Pri haadamah* – Fruit de la terre, produit.

פֶּרֶג הַדָּגָן - *Pérég hadagan* - Coquelicot.

פַּרְסָה - *Parsah* - Sabot, ongle fendu, division.

צָהֳרַיִם - *Tsaharayim* - midi, début d'après-midi, le déjeuner.

שֹׁהַם - *Shoham* - Onyx.

שִׁילֹה - *Shiloh* - Un des noms du Messie (Sanhédrin 98b).

שָׁמָּה - *Shamah* - Là-bas.

- 346 -

אַכְסַדְרָאִין - *Aksadrayin* - Chambres extérieures.

אֶלְגָּבִישׁ - *Élgavish* - Cristal, cristallisation.

אַשְׁלָיָה - *Ashlayah* - Illusion, désillusion.

אַשְׁמָה - *Ashmah* - Blâme, culpabilité.

מְדֻבַּשׁ - *Medoubash* - Mielleux - bossu.

מָקוֹר - *Maqor* - Source, origine - bec.

נוֹצֵר - *Notsér* - Gardien.

סוֹפֵר - *Sofér* - Scribe, calligraphe.

צִנּוֹר - Tsinour - Conduit, canal.

רָצוֹן - Ratson - Volonté, désir.

שׁוּם - Shoum - Ail.

- 347 -

אַהֲבָה וְחֹשֶׁךְ - Ahavah vehoshekh - Amour et obscurité.

אַפִּרְיוֹן - Apriyon - Palanquin, chaise à porteur.

בְּאֵל שַׁדַּי - BeÉl Shaddaï - En El Shaddaï.

בְּיַד שָׁאַל - Beyad shaal - La question en main (maîtriser le sujet).

זָמֵשׁ - Zamésh - Daim.

מַאֲרַג מָזוֹן - Maarég mazon - Chaîne alimentaire.

- 348 -

אֲרוֹן הָאֱלֹהִים - Aron haÉlohim - Arche d'Élohim.

גַּלְגַּלֵּי הַמֶּרְכָּבָה - Galgaléi haMerkavah - Roues de la Merkavah.

חֹמֶשׁ - Homésh - Abdomen.

חֻמָשׁ - Houmash - Cinq livres du Pentateuque.

מוֹשָׁב - Moshav - Séjour, domicile, village.

מֶרְקָח - Mérqah - Mixture d'aromates - décoction d'aromates.

צְנוֹבָר - Tsenouvar - Pigne de pin (pignon).

קוֹל הֲבָרָה - Qol habarah - Écho.

שִׁלְגִּיָּה - Shilgiah - Blanche Neige.

שָׁלִיחַ - Shalah - Envoyé, émissaire, porteur de message.

- 349 -

אוֹר הַקַּבָּלָה - Or haQabbalah - Lumière de la Kabbale.

הַטָּפָה הַמָּרָה - Hatafah hamarah - Boisson alcoolisée - (litt.) Prédication amère.

חָכְמָה מַדְהִימָה וְנִפְלָאָה - Hokhmah madehimah veniflaah - Sagesse étonnante et merveilleuse.

מָגוֹשׁ - Magosh - Magicien, sorcier.

צִירֵי לֵדָה - Tsiréi léidah - Contractions (avant l'accouchement).

- 350 -

אֲגַם הָאֵשׁ - Agam ha ésh - Étang de feu.

אָהֳלֵי קֵדָר - Aholéi Qédar - Tentes de Qédar (Cant. 1:5).

וַיַּרְא אֱלֹהִים כִּי־טוֹב - Vayare Élohim ki tov – « Et Élohim vit que cela était bon » (Gen. 1:12).

זָהָב פַּרְוָיִם - Zahav parvaïm - Or fécond.

חֶסֶד לְאַבְרָהָם - Hessèd leAvraham - La bienveillance d'Abraham.

חֲסַר הַבָּעָה - Hassar habaâh - Sans expression.

חִקְרֵי־לֵב - Hiqréi-Lév - Les pensées du cœur.

מַחְשֵׁב - *Mahshév* - Pensée - ordinateur.

מֵיְשׁ - *Mish* - Micocoulier.

מֶשִׁי - *Méshi* - Soie.

סַפִּיר - *Sappir* - Saphir.

עַמְרָם - *Âmram* - Amram - Peuple élevé.

עַפְעַפַּיִם - *Âfâfayim* - Paupières.

עֹפֶר - *Ôfér* - Faon.

עָפָר - *Âfar* - Poussière, terre.

עֹרֶף - *Ôréf* - Nuque.

פֶּרַע - *Pérâ* - Millepertuis.

קוֹל דּוֹדִי דוֹפֵק - *Qol Dodi doféq* - La voix de mon aimé retentit (Cant. 5:2).

קֶרֶן - *Qérén* - Corne.

קָרַן - *Qaran* - Rayonner.

רֵיקָם - *Réqam* - Vide, vain.

שֵׂכֶל - *Sékél* - Intellect, conscience.

שֶׁלְּךָ - *Shéla'k* - A toi.

שֵׁן - *Shén* - Dent.

- 351 -

אֱלֹהִים אֲחוֹרִים - *Élohim Aĥorim* - Dieux autres.

אֶרֶץ נַוְד - *Éréts Navad* - Terre d'exil.

דָּוִד שָׁאוּל – *David Shaoul* – david, Saül.

יֵלֵךְ מַלְאָכִי לְפָנֶיךָ – *Yélék' malak'i lefanéik'a* – « Mon ange marchera devant toi » (Exode 23:23).

מֵי אֵשׁ - *Maï-Ésh* - Esprit de sel.

נָשֹׂא - *Nasso* – « Relève » - *Parasha* #35 - Nbr. 4:21-7:89.

פְּרִי בֶטֶן - *Pri-Bétén* - Fruit des entrailles, progéniture.

פָּרָנוֹיָה - *Paranoyah* - Paranoïa.

- 352 -

אֶרֶךְ אַפַּיִם - *Éréķh Apayim* - Lent à la colère (long nez).

בַּרְקָן - *Barqan* - Charbon.

וַיֹּאמֶר יְהוָה אֶל-לִבּוֹ – *Vayomér Yhwh él-libo* – « Et Yhwh dit en son cœur ».

חָלָב וּדְבָשׁ - *Ĥalav oudvash* - Lait et miel.

מְקַטְרֵג - *Meqatrèg* – Accusateur, procureur.

קְרָבִים - *Qerévim* - Entrailles.

קָרְבָּן - *Qarban* - Sacrifice.

רָאָה עוֹלָם - *Raah ôlam* - découvrir le monde.

- 353 -

אֲבָשִׁים - *Avashim* - Raisins sauvages.

אוֹר עוֹלָם - *Or ôlam* - Lumière du monde.

אִשָּׁה וְאֵם - *Ishah veïm* - Femme et mère.

בִּלְעָם הַקּוֹסֵם - *Bilaâm haqossém* - Balaâm le magicien.

גַּן הָעֵדֶן הָעֶלְיוֹן - *Gan haêdén haêliyon* - Jardin d'Éden suprême.

גֹּשֶׁן - *Goshén* - Goshén.

זָהָב לְבוֹנָה מוֹר - *Zahav levonah mor* - Or, encens, myrrhe.

חֲמִשָּׁה - *Ĥamishah* - Cinq.

חֲצִיר גּוֹנֵל - Hatsir goval - Verveine.

כּוֹכַב הַצִיר - Kokav hatsir - Étoile polaire.

לְחִישָׁה - Lehishah - Chuchotement, murmure.

מִיכָאֵל וְגַבְרִיאֵל - Mikaël veGavriel - Mikael et Gabriel.

מִשְׁחָה - Mishhah - Onction.

נָגַשׂ - Nagass - Opprimer, faire pression - Exiger un paiement de dette.

סוֹד הָעִבּוּר - Sod ha-Îbbour - Secret de la gestation.

שֵׁם אֶחָד - Shém éhad - Nom unique.

שִׂמְחָה - Simhah - Joie.

- 354 -

אֶבֶן אֵשׁ - Évén ésh - Pyrite (pierre feu).

אֶרֶץ הַחַיִּם - Éréts haHayim - Terre des vivants.

גָּרוֹן הַמֶּלֶךְ - Garon hamélék'h - Gorge du roi (association de hokhmah, Binah et Daâth).

דַּם זְכַרְיָה הַנָּבִיא - Dam Zekaryah hanavi - Sang de Zacharie le prophète - Millepertuis (fleur).

הַבְלֵי־שָׁוְא - Heveléi-shav - Vaines futilités.

וַיִּשְׁלַח - Vayishlah - « Et il envoya » - Parasha #8 Gen. 32:4-36:43.

טִפָּה מֵהַקְלִפָּה - Tipah méhaqlipah - Goutte de l'écorce (qlipah).

מָחוּשׁ - Méhoush - Indisposition, douleur.

קוֹל וְדִבּוּר - Qol vedibbour - Voix et parole.

קֹר וָחֹם - Qor vahom - Froid et chaud.

שֵׁדִים - Shédim - Démons.

שְׁמִטָּה - Shemitah - Cycle.

- 355 -

אָדָם עִם כְּנָפַיִם - Adam îm knafaïm - Homme avec des ailes.

בּוֹרֵא עוֹלָם - Boré Olam - Créateur du monde (Dieu).

בְּשֵׁם אַהֲבָה - Beshém ahavah - Au nom de l'amour.

הַשֵּׂכֶל - Hasékhél - L'intellect.

וַיִּטַּע כָּרֶם - Vaytâ karém - « Et il plante un vigne » (Gen. 9:20).

יוֹסֵף הַצַּדִּק - Yosséf hatsadiq - Joseph le Juste.

יָפֶה כֶּרֶם - Yéfah kérém - Belle vigne.

מַחֲשָׁבָה - Mahashav - Pensée.

מִנְסָרָה - Minssarah - Prisme.

נֶאֱמַן־רוּחַ - Néèman-rouah - Esprit fidèle.

סְפִירָה - Sefirah - Sefirah, numération.

פָּנִים לְמַעְלָה - Panim lemaâlah - Face suprême.

פַּרְעֹה - Parôh - Pharaon.

שָׁנָה - Shanah - Année - Répéter.

שֵׁנָה - Shénah - Sommeil - changer, commuter.

- 356 -

אַרְזֵי לְבָנוֹן - *Arzéi levanon* - Cèdres du Liban.

אַשְׁמְדַאי - *Ashemedaï* - Asmodée (roi des démons).

מֵי דְבַשׁ - *Méi dvash* - Eau de miel : hydromel.

מָקוֹם הָעֵצָה - *Maqom haÉtşah* - Lieu du conseil.

נוֹצְרִי - *Notséri* - Chrétien.

עִקְצוּץ - *Îqtşoutş* - Prurit.

פְּנֵי אַרְיֵה - *Pnéi ariéh* - Face de Lion.

קָרוֹן - *Qaron* - Charrette.

רֵיחַ לְבָנוֹן – *Réiah levanon* – Odeur du Liban.

שִׂנְאָה - *Shineah* – Horreur, dégoût.

- 357 -

אֲדוֹן הָאָרֶץ - *Adon haaréts* - Seigneur de la Terre.

אִישׁ אֱלֹהֵי – *Ish élohéi* – Homme divin.

אֱנוֹשׁ - *Énosh* - Humain, mortel.

אֵשׁ אֲדוּמָה - *Ésh Adoumah* - Feu Rougeâtre.

אֶשְׁכּוֹל - *Éshkol* - Grappe.

- 358 -

אוֹר הָעוֹלָם - *Or haôlam* - Lumière du monde.

אוֹר מֻפְלָא - *Or moufla* - Lumière merveilleuse.

בְּנֵי מֵרוֹן – *Bnéi Méron* – Fils de Méron, expression pour un troupeau de mouton ou une troupe de soldat. À *Rosh hashanah*, c'est l'ensemble de l'humanité.

הַשֵּׁם אֶחָד - *HaShém éhad* - Le Nom unique.

חֹשֶׁן - *Hoshén* - Pectoral.

יָבֹא שִׁילֹה - *Yavo Shilo* - Shilo viendra.

מָלֵא רוּחַ חָכְמָה - *Malé rouah Hokhmah* - Rempli de l'esprit de Sagesse.

מָשִׁיחַ - *Mashiah* - Messie - oint.

נְהַר אֲבָנִים – *Nehar avanim* – Rivière de pierres.

נָחָשׁ - *Nahash* - Serpent - divination, présage - devin.

עֶבֶד עִבְרִי - *Êvéd Îvri* - Esclave hébreu.

עוֹר לָבָן - *Ôr lavan* - Peau blanche.

עָלֶיךָ בָּרוּךְ – *Âlék'a baroukh* – Béni soit-tu.

פְּרִי חַיִּים – *Pri hayim* – Fruit de vie.

קִיקָיוֹן לָבָן - *Qiqayon laban* - Ricin blanc.

רוּחוֹ טוֹבָה עָלָיו - *Rouho tovah âlaïv* - Joyeux, heureux, plein d'entrain.

- 359 -

אוֹרוּ עֵינָיו - *Orou êinaïv* - Se réjouir, être heureux (Ses yeux s'illuminent).

אוֹרוּ פָּנָיו - *Orou panaïv* - Être heureux, montrer le bonheur (Avoir le visage illuminé).

גּוּף רַע - *Gouf raâ* - Mauvais corps.

דִּיאָבְלוֹש - *Gouf raâ* - Mauvais corps.

זֶרַע לָבָן - *Zérâ lavan* - Semence (sperme) blanche.

חֲסַר אֹפִי – *Hassar ofi* - Sans caractère, faible, sans épines.

כְּבִיר עִזִּים - *Kevir îzim* - Couverture ou couche en poils de chèvre tissés.

סְפִּירְט - *Sefirét* - Alcool éthylique, éthanol.

שָׂטָן - *Shatan* - Satan.

- 360 -

אוֹר נְקְבָא - *Or nouqva* - Lumière féminine.

דָּם זְכַרְיָהוּ הַנָּבִיא - *Dam Zekaryahou hanavi* - Millepertuis (Sang de Zacharie le prophète).

דְּרָקוֹן - *Draqon* – Dragon (araméen issu du grec).

חִשְׁבֵּן - *Hishbén* - Calculer, compter.

יָד וָשֵׁם - *Yad-Vashém* - Monument commémoratif.

יָשָׁן - *Yashan* - Vieux (dormeur).

כַּרְפַּס - *Karpass* - Persil ou céleri.

מַיִם טְהוֹרִים - *Mayim mehorim* - Eaux pures.

מַרְאֵה הַבָּזָק - *Maréh habazaq* - Vision de la foudre.

מֶשֶׁךְ - *Méshék* - Effluence.

עוֹרֵב לָבָן - *Ôrév lavan* - Corbeau blanc.

עַל־הֶהָרִים – *Âl-héharim* – Sur les montagnes.

פַּסְכֵּר - *Paskér* - Paskér (Nom d'ange intendant au sixième trône).

פְּרִי הַדּוּדָאִים - *Pri hadoudaïm* - Fruits des mandragores.

צֶדֶק עֶלְיוֹן - *Tşédéq Êlyon* - Justice d'en haut.

צַעַר - *Tsaâr* - Tristesse, regret, remords.

קַטְרָאן - *Qatran* - Huile d'extrait de pignons de pin.

ש"ס - *Shass* - Six sections de la Mishnah.

שְׁכֶם - *Shek'ém* - Sichem - Haut du dos.

- 361 -

אַרְזֵי הַלְבָנוֹן – *Arzéi haLevanon* – Cèdres du Liban.

אַדְשׁוֹן - *Idashon* - Apathie.

אִישִׁים - *Ishim* - Individus.

בְּאֵר מַיִם חַיִּים - *Beér mayim hayim* - Puits d'Eaux Vives.

הַר צִיּוֹן - *Har Tsion* - Mont Sion.

חֶרֶב הָעוֹלָם – *Hérév haôlam* – Épée du monde.

עוֹלָם הַנְּקוּדִים - *Ôlam haniqoudim* - Monde des points.

פֶּרַח הַחַיִּים – *Parah hahayim* – Fleur de vie.

- 362 -

חַד־קֶרֶן – *Had-qérén* – Licorne.

יוֹם כִּפּוּר - *Yom Kippour* - Jour du Pardon.

מִשְׁכָּב - *Mishkav* - canapé, lit - rapports sexuels.

נְשׂוּאָה - *Nashouah* - Mariée.

עוֹלָם רְאִיָּה - *Ôlam riah* - Monde de la vision.

פָּנִים בְּפָנִים - *Panim bepanim* - Face à face.

- 363 -

אֵשׁ אוֹכְלָה - *Ésh ok'lah* - Feu dévorant.

בֶּן־אִישׁ – *Bén ish* – Fils d'homme.

גָּמָל נָמֵר – *Gamal namér* – Girafe.

גַּן־בְּעֵדֶן מִקֶּדֶם - *gan baédén miqédém* - Un jardin à l'est d'Éden.

הַמָּשִׁיחַ - *ha-mashiah* - Le messie.

הַנָּחָשׁ - *ha-nahash* - Le serpent.

הָעֶבֶד הָעִבְרִי - *haêvéd Ivri* – L'esclave hébreu.

מִרְיָם הַנְּבִיאָה - *Miriam ha-Neviah* - Miriam la Prophétesse.

מְשִׁיחָה - *Meshihah* - Onction, sacre.

עוֹלָם בְּרִיָּה - *Ôlam briah* - Monde de la Création.

רָצוֹן טוֹב – *Ratson tov* – Bonne volonté.

- 364 -

אוֹר נְקֵבָה - *Or neqévah* - Lumière féminine.

אֶרֶץ הַחַיִּים - *Éréts haHayim* - Terre des vivants.

גְּבוּרָה נֶצַח - *Gvourah Nétsah* - Rigueur, Éternité (*sefiroth*).

חֶשְׁוָן - *Héshévan* - Mois de Octobre/Novembre.

חֶשְׁוָן - *Héshvan* - Mois de Héshvan.

לִקּוּי יָרֵחַ - *Liqoui-Yaréah* - Éclipse de lune.

נָחוּשׁ - *Nahoush* - D'airain, de bronze - divination, conjecture.

שׁוֹדֵד יָם - *Shodéd yam* - Pirate (voleur des mers).

שִׂטְנָה - *Shitnah* - Accusation, inculpation, calomnie, dénonciation.

- 365 -

אִיּוֹב שְׁמוֹ - *Iyov shemo* - Job est son nom.

הַמַּלְכָּה לִפְנֵי הַמֶּלֶךְ - *Hamalakh lifnéi hamélékh* - La Reine devant le Roi.

זָהָב וּלְבוֹנָה וָמוֹר - *Zahav oulevonah vamor* - Or, encens et myrrhe.

יוֹסֵף הַצַּדִּיק - *Yosséf haTsadiq* - Joseph le Juste.

מֹשֶׁה וְדָוִד - *Moshé veDavid* - Moïse et David.

נְשִׁיָּה - *Neshiah* - Terre de l'oubli.

סוֹד קֵץ הַיָּמִים - *Sod qéts hayamim* - Secret de la fin des jours.

פְּרִיעָה - *Priâh* - rachat, paiement.

רוּחַ הָעוֹלָם - *Rouah haôlam* - Esprit du Monde.

שֵׁבֶט דָּן - *Shévét Dan* - Tribu de Dan.

שֵׁינָה - *Shéinah* - Sommeil.

- 366 -

אֲבָנִים מֵהַיָּרֵחַ - *Avanim méhayaréha* - Pierres de lune.

אָדֹם כָּאֵשׁ - *Adom kaésh* - Rouge comme le feu.

אִישׁ הָאֲדָמָה - *Ish haAdamah* – Homme de la terre.

חָזוֹן קֵץ הַיָּמִים – *Hazon qéts hayamim* – Vision de la fin des jours.

חֶשְׁבּוֹן - *Héshbon* - Calcul, arithmétique.

כְּלִי יוֹצֵר - *Keli yotsér* – Outil de création.

מֶטַטְרוֹן יָהוֹאֵל - *Métatron Yahoél* - Métatron Yahoel.

מִי־הָאִישׁ – *Mi-ha-ish* – Qui est l'homme ?.

עָצוּר - *Âtsour* - Rétréci, retenu - Occulté.

עַרְמוֹן - *Ârmon* - Châtaignier.

צוֹעֵר - *Tsoêr* - Jeune homme, assistant.

שֵׁם יְהֹוָה – *Shém Yhwh* – Le nom Yhwh.

- 367 -

אוֹצַר יַיִן - *Otsér yayin* - Sommelier.

אִישׁוֹן - *Ishon* - Pupille (de l'œil), homoncule, petit homme.

פְּנֵי זָכָר - *Pnéi zakar* - Face masculine.

שֵׂכֶל טוֹב - *Sekhél Tov* - Bonne Conscience.

- 368 -

אֶבֶן יְקָרָה - *Ébén Yqarah* - Pierre précieuse.

אַדְנֵי הֶחָצֵר - *Adonéi héhatşér* - Soubassements du parvis.

אַרְטֶמִיס גְּדוֹלָה - *Artémiss guedolah* - Grande Artémis.

בְּשֵׁם יְהֹוָה - *Be-Shém Yhwh* - Au Nom de *Yhwh*.

דְּבַק דְּבוֹרִים - *Dvaq dvorim* - Colle des abeilles - Propolis.

מַחְשָׁךְ - *Mahshak* - Obscurité profonde.

עוֹלָם דִּיבּוּר - *Ôlam dibbour* - Monde du Verbe.

רוּחַ אֱלֹהִים חַיִּים - *Rouah Élohim hayim* – Esprit d'*Élohim* vivant.

רוּחַ קָדִים - *Rouah qadém* - Souffle du levant.

שַׁבְּלוּל - *Shabloul* - Escargot.

שְׁחִין - *Shehin* - Ulcère.

- 369 -

אֵין חֵקֶר - *Éin héqér* - Sans fond.

אֶרֶץ הַגָּלִיל – *Éréts hagalil* – Pays de la Galilée.

יהנה אֱלֹהֵינוּ מֶלֶךְ הָעוֹלָם – *Yhwh élohéinou Mélé'k haôlam* – Yhwh notre Dieu, Roi du Monde.

נְחוּשָׁה - *Nehoushah* - Cuivre, bronze.

סַסְמָגוֹר – *Sasmagor* – Un ver qui s'attaque au cèdre (Talmud Yoma 9b).

עוֹלָם הַבְּרִיאָה - *Ôlam haBriah* - Monde de la Création.

עַל־הָאָרֶץ – *Âl-haaréts* – Sur la terre.

עֵץ הָדָר - *Êts hadar* - Arbre de la splendeur - Arbre d'agrumes

שִׂיחָה בְּטֵלָה – *Shihah betélah* - Palabrer.

- 370 -

אֶשָׁא אוּכְמָא – *Ésha ouk'ma* – Feu noir (araméen).

הַמְשָׁכָה - *Hamshakah* - Extension, prolongation.

כְּלֵי־מַחְזוֹר הַדָּם - *Kléi ha-mahzor ha-dam* - Appareil circulatoire.

לֶשֶׁם - *Léshém* - Hyacinthe, opale.

עֶצֶם־הֶעָצֶה - *Étsém hé-âtséh* - Sacrum.

עִקָּר - *Îqar* - Essence, partie principale.

עַרְבֵי־נָחַל - *Ârvéi-nahal* - Saules de rivière.

עָשׁ - *Âss* – Grande Ourse.

קֶרַע - *Qérâ* - Déchirure.

שָׁלֵם - *Shalém* - Entier, complet - En accord avec.

שְׁמֵיחָזַה - *Shméihazah* - Prince des anges déchus - Lucifer (Livre d'Hénoch).

- 371 -

אֲדִישׁוֹן - *Adishon* - Apathie.

אֶשֶׁכִים - *Éshékim* - Testicules.

בְּרָכָה וְהַצְלָחָה - *Berakah vehatselahah* - Bénédiction et succès.

מֶלֶךְ הוֹרְדוֹס - *Mélékh Hordoss* - Roi Hérode.

מְשׂוּכָה - *Meshoukah* - Haie, obstacle.

מָשִׁיח יָבֹא - *Mashiah yabo* - Le messie viendra.

- 372 -

אֵלֹנֵי מַמְרֵא - *Élonéi mamré* - Chênes de Mamré.

בְּנֵי־הַיִּצְהָר – *Bnéi-hayitsehar* – Fils-oint (appellation des deux Messies fils de David et fils de Jospeh).

כְּבָשִׂים - *Kevashim* - Moutons.

כִּבְשָׁן - *Kivshan* - Fournaise.

עַקְרָב - *Aqrav* - Scorpion.

עֵשֶׂב - *Êssév* - Herbe.

שֶׁבַע - *Shébâ* - Sept - satiété.

שֵׂכֶל הַטּוֹב – *Sék'él hatov* – Bon intellect.

- 373 -

אוֹר עֶלְיוֹן - *Or êliyon* - Lumière supérieure.

אַנְפֵּי זוּטְרֵי - Anpéi zoutréi - Petites faces.

בְּרָכָה נֶאֱמָנָה – Brak'ah néémanah – Bénédiction sincère.

חֲמִישִׁיָּה - Ḥamishiyath - Nèfle.

סַעַר-גָּדוֹל - Saâr gadol - Grande tempête.

קֹרֵא לֶאֱלוֹהַּ - Qoré lé-Éloha – « J'invoque Éloha ! » (Job 12:4).

- 374 -

חַיִּים דְּבַשׁ - Ḥayim davah - Vie de miel.

מֶלַח הָאָרֶץ - Mélah-Haaréts - Le sel de la terre.

עוֹלָם מָלֵא אַהֲבָה וְהַצְלָחָה - Ôlam malé ahavah vehatselahah - Un monde plein d'amour et de succès.

רַחוּם וְחַנּוּן - Rahoum vehanoun - Chérissant et clément.

- 375 -

אוֹצַר הַחָכְמָה - Otsér haḤokhmah - Trésor de la Sagesse.

אֲנִי רוֹצֶה אַהֲבָה - Ani rotsah ahavah - Je désire l'amour.

אַסְטְרוֹלוֹגִין - Istrologuin - Astrologue.

הוּא הַמָּשִׁיחַ - Hou haMashiah - Il est le Messie.

הָלוֹךְ וָשׁוֹב - Halok veshouv - Aller et venir.

זֶה הַמָּשִׁיחַ - Zéh ha Mashiah - C'est le Messie.

זֶה הַנָּחָשׁ - Zéh ha Nahash - C'est le serpent.

חֲסַר אוֹנִים – Ḥassar onim – Sans espoir, impuissance.

כְּיוֹצֵא בֹא מִמָּקוֹם אֶחָד - Kioutša bo mimqom éhad - Un des sept principes d'interprétation d'un texte.

כְּיוֹצֵא בוֹא מִמָּקוֹם אֶחָד - Kiotsa bo mimaqom ehad - Comme il peut en être déduit d'autre part - Conclusion tirée par la confortation de deux textes.

כְּלָל וּפְרָט - Klal oufrat - Généralement et spécifiquement. Un des sept principes d'interprétation d'un texte.

מִי בָּרָא אֵלֶּה אֱלֹהִים - Mi bara éléh ? Élohim - Qui a créé cela ? : Élohim.

מְשִׁיכָה - Meshikah - Attraction, tendance, inclination.

עוֹלָם הָעֲקֻדִים - Ôlam haâqoudim - Monde des liens.

עֲקָרָה - Âqarah - Femme sans enfant, femme stérile.

עָשָׂה - Âssah - Faire, fabriquer,.

צְעִירָה - Tsîirah - Jeune femme, jeune fille.

צִפֹּרָה - Tsiporah - Sephora.

שְׁלֹמֹה - Shlomoh - Salomon.

שִׂמְחָה טוֹבָה - Simhah tovah - Bonne joie.

שְׂמִיכָה - Semikah - Couverture.

שִׂמְלָה - Similah - Robe, tunique.

שִׂנְאָה ואהבה - Sineah veahavah - Haine et amour.

שָׁעָה - Shaâh - Heure.

- 376 -

אֶל־מֹשֶׁה - *Él-Moshé* - Vers Moïse.

דִּמְדּוּמֵי עֶרֶב – *Dimdouméi êrév* - Crépuscule.

הוֹרְדוֹס הַמֶּלֶךְ - *Hordoss hamélékh* - Roi Hérode.

הִנֵּה הָאִישׁ - *Hinéh haIsh!* - Voici l'homme !

יַיִן דְּבַשׁ – *Yayin dvash* – Hydromel.

עוֹרֵק - *Oréq* - Artère.

עֵשָׂו - *Essav* - Ésaü.

צִפּוֹר - *Tsipor* - Oiseau.

שְׁמִי יְהֹוָה – *Shmi Yhwh* – Mon nom est *Yhwh*.

שָׁלוֹם - *Shalom* - Paix.

- 377 -

גִּיד הַנָּשֶׁה - *Guid hanashéh* - Nerf sciatique (de l'oubli).

מַחְשָׁבָה טוֹבָה – *Maḥshavah tovah* – Bonne pensée.

סַנְהֶדְרִי גְדוֹלָה - *Sanhédri gdolah* - Grand Sanhédrin.

שָׁנָה טוֹבָה - *Shanah tovah* - Bonne année.

- 378 -

אוֹר הָעֶלְיוֹן – *Or haêliyon* – Lumière supérieure.

אוֹרְפְּנִיאֵל - *Orpeniel* - Lumière de la face divine (un des sept anges autour du Trône de Gloire).

בְּמִדְבַּר סִינַי - *Bemidbar Sinaï* - Dans le désert du Sinaï.

חַשְׁמַל - *Ḥashmal* - Ḥashmal (électricité).

טֶלֶף הַחֲמוֹר - *Téléf haḥamor* - Tussilage.

יַד הַשָּׂטָן - *Yad haShatan* - Main de Satan.

כִּבְשׁוֹן - *Kivshon* - Secret, mystère - four, fournaise.

מַלְבּוּשׁ - *Malboush* - Vêtement.

נִיקוֹלָא פְּלָאמֶל – *Niqola Flamél* - Nicolas Flamel (alchimiste 1340-1418).

נְחִיר יָמִין - *Nehir yemin* - Narine droite.

נֶחְמָד לְמַרְאֶה - *Néḥmad lemaréh* - Agréable à voir.

שָׁבוּעַ - *Shavouâ* - Semaine.

- 379 -

אַבְשָׁלוֹם - *Absalom* - Absalom.

אִישׁ חָכָם - *Ish ḥakam* – Homme sage.

אֶל הַגֶּשֶׁם - *Él ha-guéshém* - Vers la pluie ou Dieu de la pluie.

אַרְבָּעִים יוֹם – *Arbaîm yom* – Quarante jour.

זוֹקֵן רְאִיָּה - *Zoqén riyah* - Presbytie.

כִּסֵּא רַחֲמִים - *Kissé raḥamim* - Trône de miséricorde.

מָאלְחַשׁ - *Malḥésh* - Anesthésique.

עֲדָשָׁה - *Âdashah* - Lentille.

עֵץ הָדָרִי - *Éts hadari* - Bergamote.

- 380 -

אֲלֶכְּסַנְדְּרִיָּה - Aléksandriyah - Alexandrie.

בָּרָק הַחָכְמָה - Baraq haHakhmah - Éclair de la Sagesse.

יֵשַׁע - Yéshâ - Salut.

כְּזֹהַר מֵהָאָבָק - Kezohar mehaavaq - Comme la splendeur de la poussière.

כִּמְזֹרָה הָאָבָק - Kemezorah haavaq - Comme la propagation de la poussière.

מַמָּשׁ - Mamash - Réalité, consistance.

מִסְפָּר - Mispar - Nombre, numéroter, valeur.

מִצְרַיִם - Mitsraïm - Égypte.

מִקְמַר - Miqmar - Voûte.

מִשְׁלֵי - Mishléi - Proverbes.

סָרִיסִים - Sarissim - Eunuques.

עֲרָפֶל - Ârafél - Brouillard, brume.

פְּנִימִי נֶעֱלָם - Pnimi néêlam - Dissimulé à l'intérieur.

פָּרַק - Paraq - Briser, chapitre.

רָקִיע - Raqiâ - Firmament.

שָׁם יַד־יְהֹוָה - Sham yad Yhwh - Là est la main de Dieu.

- 381 -

אַשָּׁף - Ashaf - Sorcier, enchanteur.

הוֹשַׁע - Hoshâ - Sauver, libérer.

הוֹשֵׁע - Hoshéâ - Osée.

צְרוּפָה - Tseroufah - Raffinage, purification.

- 382 -

בְּלִי שֵׁם - Beli shém - Sans nom.

בְּמִצְרַיִם - BeMistraïm - En Égypte.

בְּמִצְרַיִם - BeMistraïm - En Égypte.

כִּי יְהֹוָה הוּא הָאֱלֹהִים אֵין עוֹד מִלְבַדּוֹ - Ki Yhwh hou haÉlohim éin ôd mibado - « Car, Yhwh est Lui, l'Élohim, aucun autre que Lui » (Deutéronome 4:35).

עַמּוּדָא דְנוּרָא - âmouda denourah – Colonne de feu (araméen).

קוֹל גַּבְרִיאֵל - Qol Gavriel - Voix de Gabriel.

שִׂמְחוּ בַיהֹוָה – Simhou baYhwh – Réjouissez-vous en Yhwh.

- 383 -

אוֹר לְעוֹלָם – Or léôlam - Lumière du monde.

אִישׁ חָסֵד - Ish hassad - Homme bienveillant.

גַּל סַפִּיר – Gal safir – Onde saphir.

זִכְרוֹן יָמִים – Ziqron yamim – Mémoire des jours.

יַיִן הָרֶקַח – Yayin haréqah – Vin aromatisé (préparé).

רוּחַ גְּדוֹלָה וְחָזָק - Rouah gdolah vehazaq - Vent fort et puissant.

שְׁבוּעָה - Shevouah - Serment, semaine.

- 384 -

אַשְׁלְגָן - Ashlegan - Potassium.

דֶּרֶךְ קַיִן - *Dérékh Qaïn* - Voie de Caïn.

זָכָר נְקֵבָה – *Zakar néqvah* – Mâle femelle.

לֵיל כָּל נִדְרֵי – *Léil kal nidréi* –Nuit de *Kol Nidré*, (la veille de Yom Kippour).

מָשִׁיחַ יהוה - *Mashiah Yhwh* - Oint du Seigneur.

קַל וָחֹמֶר – *Qal vahomér* – Léger et lourd – Raisonnement à fortiori.

שִׁכָּחוֹן - *Shikahon* - Amnésie.

שָׁלִיחַ הָאֵל – *Shliha haÉl* – Envoyé de Dieu.

- 385 -

אֶנֶרְגִּיָה אֲפֵלָה - *énerguiah aflah* - Énergie noire.

יַד שְׂמֹאל - *Yad smol* - Main gauche.

כְּלִי הָרֹעִים - *Keli haroïm* - Réceptacle des bergers.

מִצְרַיְמָה - *Mistraïmah* - Égypte.

עֲשִׂיָּה - *Âssiah* - Action, œuvre.

פּוֹטִיפַר - *Potifar* - Potiphar.

סוֹף הָעוֹלָם הִגִּיעַ - *Sof ha-ôlam higuiâ* - La fin du monde est arrivée.

קֵיסָרְיָה - *Qéissariah* - Césarée.

רַעַד בַּמְנוּחָה - *Raâd ba-menouhah* - Maladie de Parkinson.

שְׁכִינָה - *Shekhinah* - Présence divine.

שֵׁם אָדָם – *Shém Adam* – Nom Adam.

שְׁמָמָה - *Shemamah* - Désert, région sauvage.

- 386 -

אִישׁ כֹּהֵן - *Ish kohén* - Homme-prêtre.

אֶל־פַּרְעֹה - *Él-Parôh* - Vers Pharaon.

גִּילְגָּמֵשׁ - *Guilgamésh* - Gilgamésh.

וַיִּטַּע יְהוָה אֱלֹהִים גַּן־בְּעֵדֶן – *Vayita Yhwh Élohim gan-êden* – « *Et Yhwh Élohim planta un jardin en Éden* » - Genèse 2:8.

יְסוֹד הָאֵשׁ – *Yessod haésh* – Élément feu.

יֵשׁוּעַ - *Yéshouâ* - Jésus.

לָשׁוֹן - *Lashon* - Langue, langage.

מֶלֶךְ הָאָרֶץ – *Mélékh haéréts* – Roi de la terre.

מֶלֶךְ־צֹר – *Mélékh tsor* - Roi de Tyr.

פַּר וָאַיִל בַּמִּזְבֵּחַ – *Par vaaïl bamizbéah* – « *Un taureau et un bélier sur l'autel* » - Nombres 23:2.

פֵּרוּק – *Pérouq* - Désassemblage.

עֲנֵנִי יְהוָה עֲנֵנִי – *Âneni Yhwh âneni* – « *Réponds-moi, Yhwh, réponds-moi !* » - 1 Rois 18:37.

צִיפּוֹר- *Tsipor* - Oiseau.

צֵירוּף - *Tséirouf* - Combinaison.

צֵרוּפִי - *Tséroufi* - Combinatoire.

שִׁמְךָ יְהוָה – *Shimk'a Yhwh* – « *Ton Nom est Yhwh* ».

- 387 -

אוֹר פָּנִים - Or panim - Face lumineuse - Bonne volonté, bienveillance.

אַפִּיפְיוֹר - Apifior - Pape.

אֵשׁ הַטֶּבַע – Ésh hatévâ – Feu naturel.

מַגְלֶה טְמִירִים - Megaléh Temirim - Révélateur de secrets.

מַלְאַךְ הָאָרֶץ – Malak'h haaréts – Ange de la terre.

מְרוֹמֵי הָאֱלֹהִים – Meroméi haÉlohim – Des hauteurs d'Élohim.

פְּרִי מְגָדִים – Pri megadim – Fruits exquis.

שְׁבִיל הֶחָלָב – Shevil héhalav – Voie lactée.

שִׂמְחָה בְלֵב – Simhah velév – Joie dans le cœur.

- 388 -

אֲנִי יְהֹוָה רֹפְאֶךָ - Ani Yhwh rofék'a – « Je suis Yhwh ton guérisseur » (Exode 15:26).

אַשְׁכְּנַזִּי - Asknazi - Ashkenazi.

אֵשׁ לְבָנָה – Ésh levanah – Feu blanc.

חוּט הַשָּׁנִי – Hout hashani – Fil écarlate.

חַלָּמִישׁ - Halamish - Silex.

מְחֻמָּשׁ - Mehoumash - Pentagone.

מִמְשָׁח - Mimshah - Laver.

סִפְרֵי חֹל – Sifréi hol – Livres profanes.

שְׁלַח־לְךָ - Shelah-lék'h – « Envoie ! » - Parasha #37 - Nbr. 13:1-15:41.

שֻׁלְחָן - Shoulhan - Table.

- 389 -

אַרְבַּע גַּלְגַּלִים - Arbaâ galgalim - Quatre roues.

בֹּא אֶל־פַּרְעֹה - Bo él-Parôh - Va vers Pharaon.

הַמֶּלֶךְ מַלְכִּי־צֶדֶק - Hamélék Melkitsédéq - Le Roi Melchitsédéq.

סָלָמַנְדְּרָה - Salamandrah - Salamandre.

פְּשָׁט - Pshat - Simple (sens littéral).

- 390 -

אַנְדְּרוֹגִינוּס - Androguinouss - Androgyne (Talmud).

הַשְּׁכִינָה – Ha-Shek'inah – La Shekhinah – La Présence divine.

זָהָב צָרוּף - Zahav tsarouf – Or raffiné.

זָכָר וּנְקֵבָה - Zakar ouneqévah – Mâle et la femelle.

חֹמֶר הַגַּלְגַּל כֹּחַ גָּדוֹל - Homér hagalgal koah gadol - La roue matérielle a une grande puissance.

כֹּחַ הַגַּלְגַּל אֶרֶץ - Koah hagalgal éréts - Puissance de la sphère terrestre.

מִגַּלְגַּל הַדְּיוֹ בְּרוּחַ גָּדוֹל - Migalgal hadio berouah gadol - L'encre s'enroule dans un grand souffle.

מַמָּשִׁי - *Mamashi* - Réel, concret.

מֻשְׂכָּל - *Mouskal* - Concept, logique rationnelle.

פַּרְנָס - *Parnass* - Chef de communauté.

קַרְסֹל - *Qarssol* - Cheville.

רוּחַ אָדָם מְגַלְגֵּל הַיּוֹד - *Rouaḥ Adam megalguél haYod* - L'esprit humain enroule le Yod.

שָׁמַיִם - *Shamayim* - Cieux.

שֶׁמֶן - *Shémén* - Huile.

- 391 -

אֵשׁ-מַיִם - *Ésh-mayim* - Feu-Eau.

גְּבִיעַ הָאֵשׁ – *Gviyâ haésh* – Coupe de feu.

טוֹב עַיִן הוּא יְבָרֵךְ - *Tov âyin Hou ybarék* - Bon œil sera béni.

יְהוֹשֻׁעַ - *Yehoshouâ* - Josué.

יְשׁוּעָה - *Yeshouâh* - Salut, délivrance.

לֶחֶם בּוּשָׁה - *Léḥém boshah* - Pain de la honte.

פָּנִים אֶל-פָּנִים - *Panim él-panim* - Face à face.

- 392 -

אוֹר הפנים - *Or hapanim* - Lumière de la Face.

אֲנִי-הוּא הַמֶּטַטְרוֹן - *Ani-Hou ha-Métatron* - Je suis Lui, le Métatron.

אַרְמוֹן הַמֶּלֶךְ - *Armon hamélék* - Palais du Roi.

בְּשָׂמִים - *Bessamim* - Parfums, aromates.

מַלְאַךְ אֵשׁ – *Malak'h ésh* – Ange de feu.

כֶּסֶף וְזָהָב הַרְבֵּה - *Kesséf vezahav harabah* - Beaucoup d'or et d'argent.

סוֹף פָּסוּק - *Sof passouq* - Verset final.

צַדִּיקִים וְחֲסִידִים - *Tsadiqim ve-hassidim* – Justes et dévots.

שָׁבָץ - *Shavatş* - Accident vasculaire cérébral.

- 393 -

הַשֵּׁם הַגָּדוֹל – *Hashém hagadol* – Le grand Nom.

חִזָּיוֹן בקיר - *Ḥizion baqir* - Support de visualisation.

חפשה - *Ḥoufsah* - Liberté.

לְבֶשׁ הַבַּדִּים - *levoush ha-badim* - Vêtu de lins (de tissus).

מֹשֶׁה הַגָּדוֹל - *Moshé haGadol* - Moïse le Grand.

סְנֶה בּוֹעֵר - *Snéi boêr* - Buisson ardent.

- 394 -

נַחְשׁוֹל - *Naḥshol* - Vague, houle, tempête, lame.

סָחַר עֲבָדִים - *Saḥar âvdim* - La traite des esclaves.

שָׂנֵא גָּדוֹל - *Sané gadol* - Grande détestation.

- 395 -

אֲבִיר יַעֲקֹב - *Abir Yaâcov* - Puissant Jacob.

אֶרֶץ־מִדְיָן - *Éréts Midyan* - Pays de Madian.

בְּנֵי הַחֹשֶׁךְ - *Bnéi hahoshék* - Fils de l'obscurité.

יָשְׁפֵה - *Yashpéh* - Jaspe.

מְנַשֶּׁה - *Menasséh* - Manassé - Oublié.

מִשְׁנָה - *Mishnah* - Mishna, doctrine, théorie.

נְשָׁמָה - *Neshamah* - Âme.

פָּשׁוּט - *Pashout* - Simple.

- 396 -

חֲלוֹם סֶלָּם יַעֲקֹב - *Ḥalom soulam Yaâcov* - Rêve de l'échelle de Jacob.

יִצְחָק וְיַעֲקֹב - *Ytshaq veYaâcov* - Isaac et Jacob.

יֵשׁ אֱלֹהִים - *Yésh Élohim* - Il y a Élohim.

מוּשְׂכָּל - *Mouskal* - rationnel, logique, intelligent – concept philosophique.

מַזָּל סַרְטָן - *Mazal sartan* - Signe du Cancer.

מִכְשׁוֹל - *Mik'shol* - Obstacle, pierre d'achoppement, entrave.

מַלְכֵי הָאָרֶץ - *Malkéi haaréts* - Rois de la terre.

עַל־הָאָרֶץ - *Âl-haaréts* - Sur la terre.

פַּרְדֵּיסָא דְּאֱלָהָא - *Pardéissa deÉlaha* - Paradis de Dieu (araméen).

רוּחַ יַעֲקֹב - *Rouah Yaâcov* - Esprit de Jacob.

- 397 -

אוֹר פְּנִימִי - *Or pnimi* - Lumière intérieure.

אִישׁ־אֱלֹהִים - *Ishe-Élohim* - Homme-dieu.

דָּבָר גָּדוֹל בָּעוֹלָם - *Davar gadol baôlam* - Grande chose (parole) dans le monde.

כֵּלִים יוֹצְאִים מִכֵּלִים - *Kélim yotséïm mikélim* - Réceptacles sortis des réceptacles.

פִּי הַקֶּבֶר - *Pi haqévér* - Entrée du sépulcre.

שִׁוְיוֹן אֲבִיבִי - *Shivion avivi* - Équinoxe de printemps.

שֵׁיזָף - *Shéizaf* - Jujubier.

- 398 -

אַרְבָּעִים וְאֶחָד יוֹם - *Arbaîm veéhad yom* - Quarante et un jours.

אַרְבָּעִים לַיְלָה - *Arbaîm laïlah* - Quarante nuits.

בְּרָכָה וּקְלָלָה - *Berak'ah ouqlalah* - Bénédiction et malédiction.

בְּשַׁכְמַלָּו - *Beshakmalav* - Abréviation d'une prière.

חָפְשִׁי - *Ḥafshi* - Libre, sans restriction, sans entraves.

חָשִׂיף - *Ḥashif* - Petit troupeau.

חַשְׁמָן - *Ḥashman* - Prince.

יוֹם יְהֹוָה, הַגָּדוֹל וְהַנּוֹרָא - *Yom Yhwh hagadol vehanorah* - le jour de *Yhwh*, grand et redoutable (Joel 3:4).

מֵאֲפֵלָה לְאוֹרָה - *Meafélah leorah* - Des ténèbres vers la lumière.

מְנַחֵשׁ - *Menahash* - Devin, augure.

מְטַטְרוֹן חֲנוֹךְ - *Métatron hanokh* - Métatron-Hénoch.

נָחָה עָלָיו הָרוּחַ - *Nahath âlaïv harouah* - Être inspiré.

פַּחַד גָּדוֹל וְנוֹרָא - *Pahad gadol venorah* - Grande et redoutable peur.

צַעַד קָטָן לָאָדָם - *Tsaâd qatan laAdam* - Un petit pas pour l'homme.

שָׁלוֹם בְּךָ - *Shalom bekh'a* - Que la paix soit avec toi.

- 399 -

הַפְשָׁטָה - *Hafshatah* - Abstraction, dépouillement.

כֵּלִים גְּמוּרִים - *Kélim gmourim* - Réceptacles achevés.

מְנַהֵל רוּחָנִי - *Menahél rouhani* - Guide spirituel.

פֶּרֶק־הַיָּד - *Péreq ha-Yad* - Poignet.

- 400 -

אֵל מָלֵא רַחֲמִים - *Él malé rahamim* - Dieu plein de miséricorde.

מַיִן דְּכוּרִין - *Mayin dekourin* - Eaux masculines *(araméen)*.

מַסְרֵק - *Massréq* - Peigne.

מְצֹרָע - *Metsorâ* - « *Lépreux* » - *Parasha #28* - Lév. 14:1-15:33.

מַשְׂכִּיל - *Maskil* - Conscient, érudit, adepte.

נָשִׁים - *Nashim* - Femmes.

עַיִן רַע - *Âyin râ* - Mauvais œil.

עֹלֶשׁ - *Ôlésh* - Chicorée.

עָשַׂל - *Êshal* - 47ème nom du *Shém haMeforash*.

שִׂמְחָה אַהֲבָה בַּלֵב - *Simhah ahavah balév* - Joie, amour dans le cœur.

שְׂכָלִים - *Sekilim* - Consciences.

שִׂמְחָה אַהֲבָה וְכֹחַ - *Simhah ahavah vekoah* - Joie, amour et pouvoir.

שָׁנַיִם - *Shnaïm* - deux (au masculin) - Années.

שַׂק - *Saq* - Sac.

- 401 -

אֵין שֵׁם - *Éin shém* - Sans nom.

אֵין-סְפֹר - *Éin-sfor* - Innombrable, infiniment nombreux.

אֶת - *Éth* - Terme utilisé pour indiquer un objet direct.

הֱבִיאַנִי הַמֶּלֶךְ חֲדָרָיו - *Héviani hamélékh hadaraïv* - Le roi m'a amenée dans ses chambres.

הֶרְקוּלֵס - *Herqouléss* - Hercule.

יוֹם הַשֵּׁם - *Yom haShém* - Le jour de Dieu, jour du jugement.

יְשַׁעְיָהוּ - *Yeshayahou* - Isaïe.

מַלְאָךְ עִם כְּנָפַיִם - *Malak îm knafaïm* - Ange avec des ailes.

מָקוֹם חָרְבָּה - *Maqom hourbah* - Lieu en ruine.

נָחָשׁ גָּדוֹל - *Nahash gadol* - Grand serpent.

פָּנִים וְאָחוֹר - *Panim veahor* - Face et dos.

שֵׂכֶל הָאֱלֹהֵי - *Sékhél haÉlohéi* - Conscience divine.

שִׂמְחָה גְדוֹלָה - *Simhah gdoulah* - Grande joie.

- 402 -

אִישׁ הָאֱלֹהִים - *Ish haÉlohim* - Homme de Dieu.

בַּת - *Bath* - Fille.

הֹדוּ לַיהוָה כִּי־טוֹב כִּי לְעוֹלָם חַסְדּוֹ: - *Hodou leYhwh Ki-tov ki leôlam hasdo* - Célébrez *Yhwh* ! qui est bon, car éternelle est sa bonté.

יְהוָה אֶל־מֹשֶׁה - *Yhwh él-Moshé* - *Yhwh* vers Moïse.

יוֹם רוֹדֵף יוֹם - *Yom rodéf yom* - Le temps passe vite.

מַלְאָךְ רְפָאֵל - *Malakh Rafael* - Ange Raphaël.

עַכָּבִישׁ - *Âkavish* - Araignée.

- 403 -

אֶבֶן סַפִּיר - *Évén Sappir* - Saphir.

גַּת - *Gath* - Pressoir - Sinus.

הַחֲמִשִּׁים - *haHamishim* - La cinquantième.

חַיֵּי שָׁעָה - *Hayé-Shâah* - Vivre l'instant, vie matérielle.

יָרָה אֶבֶן פִּנָּה - *Yarah Évén-Pinah* - Poser les bases.

לְזָכֶר עוֹלָם - *Lezékér-Olam* - En souvenir éternel.

סֵפֶר הַחַיִּם - *Séfer haHayim* - Livre des vivants.

תָּג - *Tag* – Marque, signe, ornement, étiquette.

- 404 -

אִישׁ מָגֵן - *Ish-Maguén* - Protecteur - défenseur.

בִּרְבֵּר - *Birbér* - Babiller, bavarder.

דָּת - *Dath* - Religion.

הִפּוּךְ הַחֹרֶף - *Hipouk hahoréf* - Solstice d'hiver.

כְּפַר נַחוּם - *Kfar Nahoum* - Capharnaüm (ville de Galilée).

שָׁקֵד - *Shaqéd* - Amande.

- 405 -

אֵשׁ דַּק – *Ésh daq* – Feu subtil.

זֹחֲלֵי עָפָר - *Zohaléi âfar* - Reptiles.

יֵצֶר הַמִּין - *Yétsér Hamin* - Libido.

נְשִׁימָה - *Neshimah* - Respiration.

עַיִן הָרָע – *Âyin harâ* – Mauvais œil.

עֵץ הַמֹּר - *Êts hamor* - Arbre à myrrhe.

קָשָׁה - *Qashah* - Endurcissement, obstination, entêtement.

תֵּה - *Téh* - Thé.

- 406 -

אֲנִי אֵל שַׁדַּי - *Ani Él Shaddaï* - Je suis *Él Shaddaï*.

אַתָּה - *Atha* - Tu, toi.

גַּבְתָא - *Gabtha* - Dallage (araméen).

גִּנְזֵי מְרוֹמִים - *Guinzéï-Maromim* - Régions célestes, paradis.

דִּמְדוּמֵי בֹקֶר – *Dimdouméi boqér* – Aube.

כְּשׁוּף - *Kishouf* - Sorcellerie, magie.

מָקוֹם פָּנוּי וְחָלָל - *Maqom panouï vehalal* - Lieu vacant et profane.

עֵדֶר הָעִזִּים – *Êdér haîzim* – Troupeau de chèvres.

עַל־הָאֵשׁ – *Âl-haésh* – Sur le feu.

רַעַד מִפַּחַד - *Raâd Mipahad* - Trembler de peur.

שׁוּעָל - *Shouâl* - Renard.

- 407 -

אֲדוֹן כָּל־הָאָרֶץ – *Adon kal-haaréts* – Maître de toute la terre.

אוֹת - *Oth* - Signe, lettre.

אָרוּר - *Arour* - Maudit.

בּוֹא יוֹם יְהֹנָה, הַגָּדוֹל וְהַנּוֹרָא - *Bo yom Yhwh hagadol venora* – « Vient le jour de Yhwh, le grand et redoutable » (Joel 3:4).

בֶּן פַּרְעֹה - *Ben paraôl* - Fils de Pharaôn.

בְּנֵי מֹשֶׁה - *Bnéi Moshé* - Fils de Moïse.

בַּקָּשָׁה - *Baqashah* - demande, requête.

הָאֵשׁ וְהַמַּיִם - *Haésh vehamayim* - Le feu et l'eau.

וְאֵת - *Veéth* - Et….

פַּחַד הָרִיק – *Pahad hariq* – Peur du vide.

קִבְרָה הַמַּלְכָּה - *Qébrah haMalkah* - Tombeau de la Reine.

קִשּׁוּא - *Qishou* - Concombre (Courgette).

רְפָאֵל הַמַּלְאָךְ - *Refaël hamalakh* - Ange Raphaël.

שֵׁם הַמְיֻחָד - *Shém Hameyouhad* - Nom ineffable (de Dieu).

תֵּבָה - *Tévah* - Boîte, coffre, arche.

- 408 -

אֶבֶן הַסַּפִּיר - *Évén hasappir* - Pierre de Saphir.

בָּרוּר - *Barour* - Clair, évident.

הוֹדוּ לַיהֹנָה כִּי־טוֹב כִּי לְעוֹלָם חַסְדּוֹ: - *Hodou laYhwh ki-tov ki leôlam hassdo* – « Célébrez Yhwh ! Car il est bon, car éternelle est sa bonté » -Psaumes 136:1-.

זוֹטוֹ שֶׁל יָם - *Zoto shél yam* - Surface du rivage révélée après la marée contenant des objets que la mer a rejetés (Talmud).

זֹאת - *Zoth* – celle-ci.

חֵשֶׁק - *Héshéq* - désir, envie.

חַת - *Héth* - Avoir peur, être terrifié.

לְמֵד סָנֵגּוֹרְיָה – *Liméd sangoryah* - Plaider en faveur de quelqu'un, défendre.

מִי מָשִׁיחַ – *Mi mashiah ?* - Qui est le Messie ?

מִסְפַּר הַחַיָּה – *Mispar hahayah* - Chiffre de la bête.

מֹשֶׁה נָבִיא – *Moshé navi* - Moïse est prophète.

סֵפֶר חַיִּים – *Séfér hayim* – Livre de Vie.

- 409 -

אָבוֹת – *Avoth* - Pères, ancêtres.

אַגָּדְתָּא – *Agadta* - Récit légendaire.

אִדְרָא רַבָּא – *Idra Raba* - Grande Assemblée (livre du Zohar).

זִיב הַשְּׁכִינָה – *Ziv haShekhinah* - Rayonnement de la Shekhinah.

לֵב הָעַקְרָב – *Lév haÂqrav* – Cœur du Scorpion : Antarès (étoile).

לָבַשׁ עֹז – *Lavash ôz* - Prendre courage, devenir audacieux.

סִיּוּם רַגְלִין – *Siyoum raglin* - Fin des pieds (de la Création).

קְדֻשָּׁה – *Qedoushah* - Sainteté.

- 410 -

אֲרָרָט – *Ararat* - Ararat (mont).

בֶּן מָשִׁיחַ – *Ben mashiah* - Fils messie.

בַּרְבּוּר – *Barbour* - Cygne.

דְּרוֹר – *Dror* - Liberté - Moineau.

זָאֵבֶת – *Zaévéth* - Lupus.

מְעָקֵּר – *Meâqér* - Antiseptique - stérilisé.

מְצָרֵף – *Mitsaréf* - agréger, regrouper, rassembler.

מִשְׁכָּן – *Mishkan* - Demeure, réceptacle - tabernacle.

נִמְשָׁךְ – *Nimshak* - Extension, attirance.

קָדוֹשׁ – *Qadosh* - Sainteté.

קִדּוּשׁ – *Qidoush* - Sanctification.

שְׁמִינִי – *Shmini* – « *Huitième* » - Parasha #26 - Lév. 9:1-11:47.

שְׁמַע – *Shémâ* - Écoute !

- 411 -

אֵין שֵׂכָל – *Éin sék'él* – Sans conscience, aucun sens.

אִישׁ חֲכַם־לֵב – *Ish hakham-lév* - Homme sage de cœur.

אֲנִי שְׁמִי – *Ani shmi* – Je suis mon nom.

אֱלִישָׁע – *Élishâ* - Élisée.

גַּבּוֹת – *Gaboth* - Sourcils.

הֵיכַל רָצוֹן – *Héikal ratšon* - Palais de la Volonté.

הַמַּלְאָךְ מֵאטַטְרוֹן – *Hamalakh Métatron* – L'Ange Métatron.

חַג"ת – *Hagath* - Abréviation pour *Hesséd, Guevourah, Tiféréth.*

טֵבֵת – *Tévéth* - Tévéth (4e mois de l'année juive : décembre/janvier).

יוֹם הַכִּפּוּרִים – *Yom hakippourim* – Yom kippour.

יוֹם סְפִירָה – *Yom sefirah* – Jour du compte.

יֵשׁ מֵאַיִן - *Yésh-méaïn* - Ex-nihilo, il y a rien.

כּוֹכַב הַמָּשִׁיחַ - *Kokav haMashiah* - Etoile du Messie.

לְיְלָה סוֹעֵר – *Laïlah soêr* – Nuit orageuse.

מוֹסְדֵי אָרֶץ - *Mosdéi aréts* - Fondements de la terre.

נַעַר מַלְאָךְ – *Naâr malak'h* – Agent adolescent.

סֵדֶר זְמַנִּים - *Sédér zmanim* - Ordre du temps.

קֶבֶר דָּוִד הַמֶּלֶךְ – *Qvar David haMélékh* – Tombe du Roi David.

שׁוֹקָה - *Shoqah* - Tibia.

שֵׁם מָלֵא - *Shém malé* – Nom complet.

תֹהוּ - *Tohou* - Tohu (chaos).

- 412 -

אֵין נָבִיא בְּעִירוֹ - *Ein Navi Beîro* - Nul n'est prophète en son pays.

בַּיִת - *Bayith - Beith* - Maison - 2ème lettre.

דִּבּוּר קַדְמוֹן – *Dibbour qadmon* – Verbe primordial.

הָאוֹת - *Haoth* - Le signe.

הַשֵּׁם הַמְיֻחָד – *HaShém hameyouhad* – Le Nom spécial (Tétragramme).

הַתֵּבָה - *Hatévah* – L'arche, la boîte, le mot.

יוֹם כִּפּוּרִים - *Yom kippourim* - Yom kippour.

וּלְשׁוֹנְךָ – *Ouleshonek'a* – Et ta langue.

יֶרֶךְ-יַעֲקֹב - *Yérék-Yaâcov* - Cuisse de Jacob.

כָּבַד לָשׁוֹן - *Kavad-Lashon* - Langue pesante, bègue.

סֵדֶר פֶּסַח – *Sédér Péssah* – Séder de Pâque.

עַמִּים רַבִּים – *Âmim rabim* – Nombreux peuples.

צַדִּיק חַי עֹלָמִים – *Tsadiq haï ôlamim* – Juste des mondes.

צֶמֶר לָבָן - *Tsémér lavan* - Laine blanche.

- 413 -

גַּבַּחַת - *Gabahath* - Cavité frontale.

נְהַר מַיִם חַיִּים - *Nehar mayim hayim* - Fleuve d'eau de vie.

אָאֵירוֹמֶנְצִיַה - *Aéromentsiah* - Aéromancie.

אַרְבַּע יְסוֹדִין - *Arbaâ Yessodin* - Quatre éléments.

בדאות - *Badéoth* - Confabulations - Représentations mentales.

חֲרָרָה - *Horéréh* - Éruption cutanée - impétigo.

מִגְעַשׁ - *Migâsh* - Éruption de volcan.

נְהוֹרָא מַעֲלְיָא - *Nehora Mâalya* - Lumière éclatante.

סֵפֶר הַחַיִּים - *Séfér hahayim* - Livre de la Vie.

- 414 -

אֲבָהוּת - *Abahouth* - Paternité.

אֵין סוֹף אוֹר - *Éin sof or* - Infinie lumière.

דּוֹדָתוֹ - *Dodativ* - Sa tante.

מְקוֹר חַיִּים – *Meqor hayim* – Source de vie.

נַחְשׁוֹן - *Nahshon* - Pionnier, personne audacieuse et courageuse.

קַדִּישׁ - *Qaddish* - Kaddish, prière de sanctification, prière du deuil.

מֵרְצוֹנוֹ הַטוֹב – *Mértsono hatov* – de son plein gré.

- 415 -

אֲבַעְבִּית - *Avavith* - Éruption, exanthème.

אָחוֹת - *Ahoth* – Sœur.

אֲנִי חַמָּה אֵשׁ - *Ani hamah ésh* - Je suis un feu ardent.

בֵּית אָב – *Béith av* – Maison patriarcale - Clan.

הֹר הָהָר - *Hor hahar* - Mont du mont.

מַעֲשֶׂה - *Maâssé* – Œuvre.

סֵפֶר הַסּוֹד - *Séfér hasod* - Livre du secret.

תּוֹדָה - *Todah* - Merci.

- 416 -

אוֹר הַצַּדִּיק – *Or hatsadiq* – Lumière du Juste.

אֲרִירָה - *Arirah* - Malédiction, anathème.

בֵּית אַבָּא – *Béith abba* – Maison patriarcale - Maison familiale.

בְּעוּר חָמֵץ - *Bioûr haméts* - Élimination du haméts.

דִּמְיוֹן יוֹצֵר – *Dimion yotsér* – Imagination créatrice.

חַרְחֵר - *Hahour* - Râle.

יוֹקֵשׁ - *Yoqésh* - Oiseleur, trappeur - pris au piège.

יְשִׁימוֹן - *Yeshimon* - Désert, désolation.

לוּצִיפֶר - *Loutsifér* - Lucifer.

מַשְׁכּוֹן - *Mashkon* - Gage, garantie.

שִׁנּוּיִים - *Shinouyim* - Changements.

- 417 -

אֲוִיר קַדְמוֹן - *Avir qadmon* - Éther primordial.

אוֹר קַדְמוֹנִי – *Or qadmoni* – Lumière primordiale.

אִידְרוֹמֶנְצִיאַה - *Idromentsia* - Hydromancie.

בְּקְדוֹשָׁה - *Beqdoushah* – En sainteté.

גַּזֶּזֶת - *Gazézéth* - Teigne.

זַיִת - *Zayith* - Olivier.

חֶרֶב אוֹר – *Hérév or* – Épée de lumière.

יוֹם הַכִּפּוּרִים – *Yom hakippourim* – Yom kippour.

כַּרְמֵי עֵין גֶּדִי – *Karméi êin guédi* – Vignobles de En-Guédi.

נִשּׂוּאִין - *Nissouïn* - Mariage.

נְשָׁמָה טוֹבָה – *Neshamah tovah* – Bonne âme.

שֶׁמֶן זַךְ – *Shémén zak* – Huile pure.

שֵׁן בִּינָה – *Shén binah* – Dent de sagesse.

תֵּיבָה – *Téivah* – Boîte, arche, mot écrit.

- 418 -

בְּנֵי אֶרֶץ אִיטַלְיָה - *Bnéi éréts Italiah* - Fils de la Terre d'Italie (Italiens dans le Nouveau testament).

בַּת-זוּג – *Bath-zoug* - Conjointe, partenaire, compagne.

זֵהוּת – *Zéhouth* - Identité.

זַהֲרוּר – *Zaharour* – Rayon de lumière.

חֵית – *Ḥeith* - Ḥéith (8ème lettre).

יְהוָה עֻזִּי וּמָעֻזִּי וּמְנוּסִי - *Yhwh ôuzi oumaôuzi oumnoussi* - *Yhwh*, ma force, et ma forteresse, et mon refuge.

כִּי אֲנִי יְהוָה רֹפְאֶךָ - *Ki ani Yhwh rofék'a* - Car je suis *Yhwh* ton guérisseur.

מֶרְכַּז הָעוֹלָם - *Merkaz haôlam* - Centre du Monde.

שַׂר הַנְּגָנִים – *Sar hanoguenim* – Prince des musiciens (Métatron).

- 419 -

אַחְדוּת – *Aḥdouth* - Unité, unification.

טֵית - *Téith* - Teith (9ème lettre).

יוֹם הַמָּשִׁיחַ – *Yom hamashiah* – Jour du Messie.

כַּד הַשֶּׁמֶן – *Kad hashémén* – Cruche d'huile.

סְדֹם עֲמֹרָה – *Sdom / Âmorah* - Sodome / Gomorrhe.

פֶּלַח הָרִמוֹן – *Pélah harimon* – Tranche (segment) de grenade.

צַדִּיק הַדּוֹר – *Tsadiq hador* – Juste de la génération.

שְׁקֵדִיָּה - *Sheqédiah* - Amandier.

- 420 -

אַב הַבַּיִת - *Av habayith* - Surintendant, père de famille.

גַּלְגַּל שֵׁדִים – *Galgal shédim* – Roue des démons.

זְאֵבִית - *Zévith* - Lupus.

יֵצֶר דִּמְיוֹנִי – *Yétsér dimioni* – Penchant imaginaire.

כַּת - *Kath* - Groupe, parti, faction.

מַחְזוֹר קָטָן - *Maḥzor qatan* - Cycle Lunaire (19 Ans).

מַעֲשֶׂה - *Maâssei* – Œuvre, acte, événement.

מִקְרֵה לַיְלָה – *Miqréh laïlah* – Incident nocturne.

מָרָה כַלַּעֲנָה – *Marah kalaânah* – Amère comme l'absinthe.

מַרְפֵּק – *Marpéq* - Articulation - coude – nœud - joint.

סוֹד שְׁמִי – *Sod shmi* – Secret de mon nom.

עָשָׁן - *Âshan* - Fumée.

קְרָעִים - Qraïm - Déchirures.

שַׁדַּי מְגַלְגֵּל – Shaddaï megalguél – Shaddaï (issu) de la roue.

שְׁלָמִים - Shalmaïm - Sacrifices.

- 421 -

אִתָּךְ – Itak - Avec toi.

הַר חוֹרֵב - Har Ḥorév - Mont Horéb.

וְנֹחַ מָצָא חֵן בְּעֵינֵי יְהֹוָה - VeNoah matsa ḥén beÊyin Yhwh – « Noah trouve grâce aux yeux de Yhwh » - Genèse 6:8.

זוּהֲמָא דְּנָחָשׁ - Zouhamah denahash - Pollution du serpent.

חָרֶב גִּבּוֹר - horév guibor - Puissante épée.

טוֹב רַע וּבֵינוֹנִי - Tov râ ouvéinouni - Bon, mauvais et médiocre (moyen).

מַלְאֲכֵי רָעִים - Malak'éi raâïm - Anges mauvais.

נִכְנַס יַיִן יָצָא סוֹד - Nik'nass yayin yatsa sod - Le vin rentre le secret sort (Talmud, Érouvim 65a et Sanhédrin 38a).

סִפּוּר הַסּוֹד - Sippour hasod - Histoire secrète.

עַמּוּד אֵשׁ - Âmoud ésh - Colonne de feu.

- 422 -

אָדָם חַוָּה נָחָשׁ - Adam havah nahash - Adam, Eve, serpent.

אַהֲבַת דָּוִד – Ahavath David – Amour de David.

אֲרִיךְ אַנְפִּין - Arik Anpin - Visage spacieux.

בּוּץ טָהוֹר וְצַח - Bouts tahor vetsah - Lin pur et éclatant.

בְּצַלְאֵל בֶּן־אוּרִי - Betsalél ben Ouri - Betsalél fils d'Ouri.

זוּגוֹת - Zougoth - Couples.

טָבִיתָא - Tabitha - C'est bon, bonne nouvelle (araméen).

צַדִּיק חַי עָלְמִין – Tsadiq ḥaï âlamin – Juste, vivant des mondes (araméen).

קַו יָרוֹק – Qav yaroq – Ligne verte.

רוֹעֶה נֶאֱמָן – Roêh nééman – Pasteur fidèle.

שִׁבְעִים - Shivîm - Soixante-dix, septante.

- 423 -

הֵיכָל מָשִׁיחַ - Heikal Mashiah - Palais du Messie.

מִסְפָּר גָּדוֹל - Mispar gadol - Grande valeur.

נְבוּכַדְנָאצַר - Nevoukadnétsar - Nabuchodonosor.

שֵׂכֶל וּבִינָה - Shékhel ouVinah - Conscience et Intelligence.

- 424 -

אוֹר בָּהִיר - Or Bahir - Lumière claire.

גְּאֻלָּה שְׁלֵימָה - Gueoulah shélayamah - Rédemption complète.

זַרְזִיר - Zarzir - Lévrier ou Étourneau sansonnet.

חַיּוּת - *Hayoth* - Vivacité, vitalité.

מָשִׁיחַ בֶּן דָּוִד – *Mashiah ben David* – Messie fils de David.

נֹחַ אִישׁ הָאֲדָמָה – *Noah ish haAdamah* – Noé, homme de la terre.

עֲדָשִׁים - *Âdassim* - Lentilles.

- 425 -

אוֹר בְּרִיאָה - *Or Briah* - Lumière de Création.

גַּלְגַּל הַשֵּׁדִים – *Galgal hashédim* – Roue des démons.

חוּץ-לָאָרֶץ - *Houts-haaréts* - Hors du pays.

חֹק חֲדָשָׁה - *Hoq hadashah* - Nouvelle loi.

יַהֲדוּת - *Yahodouth* - Judaïsme, communauté juive.

יְסוֹד הַשֵּׁם – *Yessod haShém* – Fondement du Nom.

קְהָת - *Kehath* - 8ème nom du *Shém haMeforash*.

כֹּחַ שֵׂכֶל בָּאָדָם – *Koah sékhél baadam* – Puissance intellectuelle humaine.

מִשְּׁכִינָה - *MiShekhinah* – De la Shekhinah.

מִסְפַּר אָדָם - *Mispar Adam* - Chiffre d'homme.

מִצְרַיִם אָדֹם - *Mitsraïm adom* - Égypte rouge.

עֶצֶם הַבְּרִיחַ - *Étsém Briah* - Clavicule.

שֵׂכֶל בְּחָכְמָה – *Sékhél béhakhmah* – Intellect de sagesse.

שְׁמִיעָה - *Shemiâh* - Audition, écoute.

שִׂמְלָה אֲדֻמָּה - *Shimlah adoumah* - Robe rouge.

- 426 -

בְּדִידוּת - *Bdidouth* - Solitude, isolement.

יַעֲקֹב וְרָחֵל - *Yaaqov veRahél* - Jacob et Rachel.

מוֹשִׁיעַ - *Moshiâ* - Sauveur.

עַמּוּד הָאֵשׁ - *Âmoud haésh* - Colonne de feu.

שָׁעוֹן - *Shaôn* - Montre, horloge - Penché, soutenu.

תָּא חֲזִי - *Ta hazi* - Viens, vois (araméen).

- 427 -

אֱגוֹזִית - *Égozith* - Noisette.

אֲחוֹרִים דְבוּקִים - *Ahoraïm dvouqim* - Adhésions postérieures.

זְבוּבִית - *Zvouvith* - Orchidée abeille.

מִגְדַּל שֵׁן - *Migdal-Hashén* - Tour d'ivoire.

רוֹעֶה הַצֹּאן - *Roêh hatson* - Pasteur de brebis.

רַעֲיָא מְהֵימְנָא – *Raâya mehéimna* - Pasteur fidèle (araméen).

- 428 -

אוֹר חוֹזֵר - *Or hozér* - Retour de lumière.

אַרְבָּעָה מִינִים - *Arbaâh Minim* - Quatre espèces, variétés (utilisées à *Souccot*).

בַּעֲלֵי הַמָּסוֹרָה - *Baâli-Hamassorah* - Massorètes, maîtres de la *Massorah*.

זַהֲרוּרִי - *Zaharouri* - Brillant, radieux, éclatant.

חַשְׁמַלִים - *Hashmalim* - Les murmurants, l'une des dix classes angéliques..

- 429 -

אֹזֶן שְׂמֹאל - *Ozén smol* - Oreille gauche.

אֲחִידוּת - *Ahidouth* - Homogénéité, uniformité.

חִילוּל הַשֵּׁם - *hiloul ha-shém* - Blasphème.

חֶרֶב הָרוּחַ - *Hérév harouah* - Glaive de l'esprit.

מֻפְשָׁט - *Moufshat* - Abstrait, intangible, irréaliste.

מִשְׁפָּט - *Mishpat* - Jugement, procès - équité.

נְדוּדֵי שֵׁנָה - *Nedoudéi shénah* - Insomnie.

- 430 -

אַבְרָהָם יַעֲקֹב - *Avraham Yaâqov* - Abraham Jacob.

אוֹר הַבְּרִיאָה - *Or haBriah* - Lumière de la Création.

אוֹר הַיָּרֵחַ - *Or haYrah* - Lumière lunaire (clair de lune).

אָח וְאָחוֹת - *Ah veahoth* - Frère et sœur.

בָּרוּךְ יְהֹוָה לְעוֹלָם – *Barouk'h Yhwh leôlam* – Béni soit Yhwh pour toujours.

גִּשְׁמֵי עֹז - *Guishméi ôz* - Pluie très forte, pluie battante.

דֶּרֶךְ הָאֶמְצַע - *Dérék haémtsâ* - Voie du milieu.

הַמַּיִם מֵעַל פְּנֵי הָאֲדָמָה – *Hamayim méâl pnéi haAdamah* – Les eaux sur les faces de la terre.

וְלִבִּי חָלָל בְּקִרְבִּי - *Velivi halal beqirbi* – « Et mon cœur est blessé en mon tréfond » (Psaumes 109:22).

חַיִּים חֲדָשִׁים - *Hayim hadashim* - Nouvelles vies.

חֲסַר צֶבַע – *Hassar tsévâ* - Incolore, transparent.

טַל יְשׁוּעָה - *Tal yeshouâh* - Rosée salvatrice.

כָּל־מִצְרַיִם - *Kol Mitsraïm* - Toute l'Égypte.

מֶלֶךְ פָּרַס - *Mélék parass* - Roi de Perse.

מְנֻמָּשׁ - *Menoumash* - Couvert de taches de rousseur.

נֶפֶשׁ - *Néfésh* - Âme.

צַדִּיק יְסוֹד עוֹלָם - *Tsadiq Yessod ôlam* - Juste fondement du Monde.

קַרְנַף - *Qarnaf* - Rhinocéros.

רִבּוּי הָאוֹר - *Riboï haor* - Croissance de la lumière.

רוּחַ גְּבוּרָה - *Rouah Guevourah* - Esprit héroïque.

רַעְמְסֵס - *Raâmssés* - Ramsès.

שֶׁנֶף - *Shénéf* - Vanille.

שֶׁקֶל - *Shéqél* - Monnaie, mesure monétaire.

שֶׁקֶל - Shaqal - Peser, estimer (monnaie).

תֹהוּ וָבֹהוּ - Tohou Vavohou - Tohu et Bohu.

תֵּל - Tél - Monticule, colline artificielle.

- 431 -

אֲחֹתִי הִוא - Ahoti hi - C'est ma sœur.

אֵשׁ מֵמַּיִם - Ésh méMayim - Feu issu des eaux.

חַגֵּי קָדוֹשׁ - Hagaï qadosh - Fêtes saintes.

לְאֵין-סְפֹר - Léin-sfor - Innombrable, infiniment nombreux.

נוֹטַרִיקוּן - Notareiqoun - Science des abréviations et des acronymes.

סְדוֹם וַעֲמֹרָה - Sdom vaÂmorah - Sodome et Gomorrhe.

עַבְדֵי הַשֵּׁם - Âdvdéi HaShém - Serviteurs de Dieu.

עַמּוּדֵי אֵשׁ - Âmoudéi ésh - Colonnes de feu.

פֹּה וָשָׁם – Poh vasham - Ici et là, de temps en temps.

- 432 -

אֵיגוֹ סוּם לוּקֶס מוּנְדִי – Ego sum lux mundi (latin) – Je suis la lumière du monde.

כְּבֵדוּת - Kevédouth - Poids, lourdeur - lenteur, encombrement.

נְהַר סַמְבַּטְיוֹן - Nehar Sambation - Fleuve Sambation.

אַבְרָא כְּאַדְבְרָא - Avra kadavra - Abracadabra (Je crée comme je parle - araméen).

אָחוֹר בְּאָחוֹר - Ahor beAhor - Dos à dos.

הוֹשַׁע-נָא - Hoshâ-Na - Hosanna ! (Sauve, de grâce !) - Clameur avec une branche de saule le septième jour de la fête des Souccoth.

זֶבַח תּוֹדָה - Zébah-Todah - Sacrifice d'action de grâces.

זוּגִיוּת – Zouguioth – Union sexuelle.

זוּג מוּשְׁלָם – Zoug moushlam – Couple parfait.

חֲזָזִית - Hazazith - Acné.

כֶּרֶם עֲנָבִים – Kérém ânavim - Vignoble.

מִגְדַּל הַשֵּׁן – Migdal ha-shén – Tour d'ivoire.

מַעֲשֵׂה טוֹב - Maâsséh Tov - Œuvre du Bien.

מָשִׁיחַ בַּחֶסֶד – Mashiah behesséd – Messie bienveillant (dans hesséd).

עוֹלָם הַחַיִּים הַנִּצְחִיִּים – Ôlam hahayim hanitshiyim – Monde de la vie éternelle.

פְּרִי הַקַּבָּלָה – Pri haqabbalah – Fruit de la Kabbale.

צַדִּיק עֵץ חַיִּים – Tsadiq êts hayim – Juste, Arbre de vie.

צִלְלֵי-עָרֶב - Tsilléi-ârév - Ombres du soir.

רְצוֹן אֱלֹהִים - Retson Élohim - Volonté d'*Élohim*.

תֵּבֶל - *Tévél* - Univers, épice.

תּוֹהָא וּבוֹהָא - *Tohé ouvohé* – Tohu et Bohu (en araméen).

- 433 -

הַוָיוֹת - *Havayoth* - Existences.

זְכוּת - *Zekouth* - Mérite (4ème Palais).

מִשְׁפָּחָה - *Mishpahah* - Famille.

- 434 -

אוֹר הַזָּהִיר - *Or hazhir* - Lumière circonspect.

אוֹר זָכָר - *Or zakar* - Lumière masculine.

אִישׁ מִלְחָמָה - *Ish-Milhamah* - Homme de guerre.

גִּלּוּי שְׁכִינָה - *Guilouï Shekhinah* – Révélation divine, dévoilement de la Présence divine.

דָּלֶת - *Daléth* - Daléth (4ème lettre) - porte.

טַל הַשָּׁמַיִם - *Tal ha-shalayim* - Rosée céleste.

כֹּחוֹת - *Kohoth* - Puissances, forces.

מַחְשׂוֹף - *Mahshouf* - découvert, décolleté.

עִיר אֱלֹהִים חַיִּים - *Îr Élohim hayim* - Cité d'*Élohim* vivant.

צֵרוּף כָּבוּל - *Tsérouf kavoul* - Composé, forme liée, combiné.

שַׁדַּי עַמִּי – *Shaddaï âmi* – Shaddaï est avec moi.

תָּו הַחַיָּה - *Tav hahayah* - Marque de la bête.

- 435 -

הַבְּלֶת - *Havéléth* - Aérophagie.

יְהוּדִית - *Yéhoudith* - Judith.

כַּהֶלֶת - *Kahéléth* - Alcoolisme.

לָבָן כַּשֶּׁלֶג - *Lavan kashélég* - Blanc comme la neige.

לְשׁוֹן-הַטָּלֶה - *Lashon hataléh* - Grand plantain (langue de bélier).

מְלָכִים מִמִּזְרָח - *Malakhim mimizrah* - Rois d'Orient.

פִּירֶנְצֶה - *Firéntséh* - Florence (ville).

קוֹל רוּחַ פֶּה – *Qol rouah péh* – Voix, souffle, bouche.

- 436 -

כּוֹכָב מְחֻמָּשׁ - *Kokav-Mehoumash* - Étoile à cinq branches, pentagramme, pentacle.

כּוּתִי - *Kouti* - Samaritain.

כִּלְיָה שְׂמֹאל - *Kouliah smol* - Rein gauche.

צִיפּוֹרֶן - *Tsiporén* – Clou de girofle.

שַׁעַטְנֵז - *Shâatnéz* - Mélange et hybridation - Méli-mélo.

שָׁקוּל - *Shaqol* - Pesée, équivalence.

- 437 -

אוֹר מָקִיף - *Or maqif* - Lumière englobante.

אוֹר עֲקוּדִים - *Or âqoudim* - Lumière des liens.

אֵיכוּת - *Éikhouth* - Qualité, caractéristique.

אֲפַרְסְמוֹן - *Afressmon* - Baume.

וַיִּשְׁכּוּ הַמָּיִם: – *Vayashokou hamayim* – Et les eaux se calment.

אֶרֶץ קוּם – *Éréts qoum* – Terre à venir, terre à l'horizon.

הַבָּלֶת – *Havéléth* – Aérophagie.

הַר הַבְּרָכָה – *Har habrak'ah* – Mont de la bénédiction.

כְּתִיבָה - *Ketivah* - Écriture.

נָהַר הַסַמְבַּטְיוֹן – *Nahar haSambation* – Fleuve du Sambation.

סְדוֹם וַעֲמוֹרָה – *Sdom vaÂmorah* – Sodome et Gomorrhe.

עֵמֶק בְּרָכָה – *Êméq barak'ah* – Vallée de bénédiction.

- 438 -

בֵּית־יְהוָה - *Béith Yhwh* - Maison de Yhwh.

אֶבֶן שְׁלֵימָה - *Évén shélayamah* - Pierre accomplie (qui pacifie).

בִּלְהָה זִלְפָּה רָחֵל לֵאָה - *Bilhah Zilpah Rahel Léah* - Bilhah Zilpah Rachel Léah.

חָכְמָה יָסַד אָרֶץ – *Hakhmah yassad aréts* – La Sagesse a fondé la terre.

יְחִידוּת - *Yéhidouth* - Solitude, intimité, unicité, unité.

יָרֵחַ וְרוּחַ - *Yaréah veRouah* - Lune et Vent.

יָרֵחַ יוֹרֵד - *Yaréah yoréd* - Lune gibbeuse décroissante.

כֹּהֵן הַמָּשִׁיחַ - *Kohen Hamashiah* - Prêtre oint, prêtre messie.

פַּרְנָס הַגָּדוֹל - *Parnass hagadol* - Grand sustentateur.

- 439 -

אֲבֵלוּת - *Avlouth* - Deuil.

אֶהֱבוּ זֶה אֶת זֶה - *Éhévou zéh éth zéh* - Aimez-vous les uns les autres.

גָּלוּת - *Galouth* - Exil, émigration.

הַמָּשִׁיחַ בֶּן דָּוִיד - *HaMashiah ben David* - Le Messie fils de David.

חֹמֶר וָדָם – *Homér vadam* - Matière et sang.

כִּי־תָבוֹא - *Ki-tavo* - « *Quand tu viendras* » - *Parasha* #50 - Deut. 26:1-29:8.

מַצַּב צְבִירָה – *Matsav tvirah* – État de la matière.

שַׁחְקָאֵל - *Shahqiel* - Ange du quatrième firmament.

שֹׁפְטִים - *Shoftim* – « *Juges* » - *Parasha* #48 - Deut. 16:18-21:9.

- 440 -

גָּלוּתָא - *Galouta* - Exil, diaspora (araméen).

דַּלוּת - *Dalouth* - Pauvreté, misère.

חַזְחָזִית - Ḥazhazith - Vision foudroyante.

לֵית - Leith - Il n'y a pas (araméen).

מְכַשֵּׁף - MaķShéf - Sorcier, magicien.

מֵת - Méth - Mort.

עֵץ יַעַר - Êts yaâr - Arbre de la forêt.

קַרְסֻלִים - Qarsolim - Chevilles.

שֵׂכֶל כְּלָלִי - Sékél klali - Conscience globale.

שִׁכְנֵעַ – Shik'néâ - Persuader, convaincre.

תְּהִלָּה - Tehilah - Louange.

תְּלִי - Teli – Serpent cosmique - Suspendu.

- 441 -

אֵין מִסְפָּר – Éin mispar – Innombrable.

אֱמֶת - Éméth - Vérité.

אַתֶּם - Atém - Vous.

גַּחֶלֶת - Gahéléth - Braise.

שֵׂכֶל הַנִּבְדָּל - Sékhél hanivdal - Intellect séparé (à part).

- 442 -

אֲהָלוֹת - Ohaloth – Aloès - Tentes.

אִישׁוֹן לַיְלָה - Ishon laïlah - Au milieu de la nuit.

אֱלֹהוּת - Élohoth - Divinités.

אֲכַלְקַרְצָא – Ak'alqourtsa – Un aspect de Satan (araméen).

אַפְסֵי־אָרֶץ - Afsséi-éréts - Confins de la terre.

אֵשׁ הַקּוֹל - Esh haqol - Feu sonore.

בַּעַל שֵׁם – Baâl shém - Célèbre, bien connu, renommé – Guérisseur, faiseur de miracles.

יַבֶּלֶת - Yabéléth - Verrue.

יַיִן מְבֻשָּׁל - Yayin mevoushal - Vin pasteurisé ou cuit (cashrout).

עוֹבֵד הַשֵּׁם בְּאַהֲבָה - Ôvéd haShém beahavah - Dieu œuvre dans l'amour.

עוֹמֶק צָפוֹן - Ôméq tsafon - Insondable nord.

שֵׁם אֱלֹהֵינוּ – Shém élohéinou – Le Nom de notre Dieu.

שִׁמְךָ יְהֹוָה לְבַדֶּךָ – Shimk'a Yhwh levadék'a – « Ton Nom Yhwh est à toi seul » (Psaumes 83:19).

- 443 -

אוֹר מְצֻחְצָח - Or metsouhtsah - Lumière éclatante.

אֵין לַדָּבָר סוֹף - Éin ladavad sof - Il n'y a pas de fin à la question, quelque chose d'insoluble.

אֶל־הַתֵּבָה – Él-hatévah – Vers l'arche.

ב בֵּית אֲחִיזָה - Beith-ahizah – Maison de base - Point de départ.

בֵּית־אֵל - Beith-Él - Maison-Dieu.

בְּתוּלָה - Betoulah - Vierge.

גַּדְלוּת - Gadlouth - Grandeur, arrogance.

לַהֲבוֹת - *Lahavoth* - Langues de feu.

סְפֹר הֹכּוֹכָבִים - *Sfour hakokabim* - Nombre des étoiles.

עָפַר לְבוֹנָה - *Âfar levonah* - Poudre d'encens.

- 444 -

דָּלִית - *Dalith* - Vigne palissée, treille.

דַּמֶּשֶׁק - *Daméshéq* - Damas.

דְּמֻת - *Diméth* - A l'image de.

וַיַּעַשׂ נֹחַ – *Vayaâss Noah* – « Et Noé fait ».

וֶרֶד יְרִיחוֹ – *Véréd yeriho* – Rose de Jéricho.

חַלּוֹת - *Haloth* - Pains de Shabbath.

חֹשֶׁךְ־אֲפֵלָה - *Hoshék-afélah* – Obscurité-ténèbres.

חָתוּל - *Hatoul* - Chat.

לַחוּת - *Lahouth* - Humidité.

מְעִיל אַרְגָּמָן – *Meîl argaman* – Manteau pourpre.

מִקְדָּשׁ - *Miqdash* - Sanctuaire.

מָשִׁיחַ אֱלֹהִים – *Mashiah Élohim* – Messie de Dieu.

עִיר־גְּדוֹלָה לַאלֹהִים - *Ir guedoulah leÉlohim* - Grande ville pour Élohim.

צְפַרְדֵּעַ - *Tsfardéâ* - Grenouille.

תְּמַד - *Temad* - Se perpétuer, continuer.

- 445 -

רוֹאֶה וְאָבִיו בָּרָאֶה - *Roéh veavio bareah* - Voit, mais ne peut être vu.

אַדֶּמֶת - *Adéméth* - Rubéole.

הוזחטילנסעצק - *Hvehtylnsâtsq* - 12 lettres simples.

כִּסֵּא הַשָּׂטָן – *Kissé haSatan* – Trône de Satan.

מוֹרֶה צֶדֶק - *Moréh-Tsédéq* - Guide spirituel.

מַחֲלָה אֱנוּשָׁה – *Mahalah anoushah* – Maladie humaine.

מְכַשֵּׁפָה - *Makshéfah* - Sorcière.

מַעֲשֵׂה יָדָיו – *Maâsséi yadaïv* – Œuvre de ses mains.

נְשִׁיפָה - *neshifah* – Exhalation, expiration.

שַׂר הַפָּנִים - *Sér haPinim* - Prince de la Face.

עֵגֶל מַרְבֵּק - *Éguél marbéq* - Veau gras.

פּוֹעֵל בְּכָל וְאָבִיו בַּפֹּעַל - *Poêl bekal veavio bapoêl* - Agissant en tout sans agir.

צֹפֶנָה וּפֵענוּחַ - *Tsofénah oufiênouh* - Cryptage et décryptage.

שׁוֹפְטִים - *Shoftim* - Juges.

שִׁבְעָה חֲטָאִים – *Sevéâh hataïm* – Sept péchés.

תֵּל אָבִיב - *Tel-Aviv* - Tel-Aviv, Mont du printemps.

תְּלִיָּה - *Tliyah* - Pendaison.

- 446 -

אַדְמָתָא - *Admata* - Terre (araméen).

הָאֱמֶת - *Haéméth* - La vérité.

חֶסֶד שֶׁבַּחֶסֶד – *Ḥesséd shébaḥesséd* – Bonté qui est dans la bonté.

יַנְשׁוּף - *Yanshouf* – Hibou, chouette.

מוֹקֵשׁ - *Mavéth* – Entrave, piège.

מָוֶת - *Mavéth* - Mort.

מֵם שִׁין הֵא - *Mém Shin Hé* - *Lettres développées de Moshé.

מָרוֹר - *Maror* - Herbes amères.

מֹשֶׁה דִי לֵאוֹן - *Moshé di Léon* - Moïse de Léon.

עֹפֶר הָאַיָּלִים – *Ôfér haayalim* – Faon des biches.

פִּישׁוֹן - *Pishon* - Pois.

שִׁיפוֹן - *Shifon* - Avoine.

שִׁיקּוּל - *Shiqoul* – Pesage, considération.

שִׁקּוּי הַדּוּדָאֵי – *Shiqouï hadoudaï* – Potion de mandragore.

- 447 -

אִמּוֹת - *Imoth* - Mères.

אֵשׁ עוֹלָם - *Ésh Ôlam* - Feu éternel.

בְּלִי עַיִן רָעָה - *Beli âyin raâh* - Sans mauvais œil - Que le mauvais œil ne l'affecte pas

חָלַף עִם הָרוּחַ - *Ḥalaf Im-Harouaḥ* - Autant en emporte le vent.

מִתְאַבֵּד - *Mitabéd* - Suicidé.

נְשִׂיא אֱלֹהִים – *Nessi Élohim* – Prince d'Élohim.

- 448 -

אוֹר יוֹצֵא לַחוּץ - *Or yotsé lahouts* - Lumière qui s'extériorise.

בָּמוֹת - *Bamoth* - Hauts-lieux.

בַּת־לֵוִי - *Bath lévi* - Fille de Lévi.

גָּמָל שְׁלֹמֹה – *Gamal Shlomoh* – Mante religieuse.

- 449 -

אִישׁ חָלָק - *Ish ḥalaq* - Imberbe, chauve.

אֵל נָא רְפָא נָא לָהּ - *Él na refa na lah* – « *Dieu ! de grâce, guéris-là, de grâce !* » (Nbr. 12:13).

אֲנִי יְהֹוָה הוּא שְׁמִי - *Ani Yhwh Hou shmi* - Je suis *Yhwh*, Hou est mon Nom.

בֵּית־אֱלָהָא – *Béith-Élaha* – Maison-Dieu (araméen).

גַּלִּיּוּת – *Galiouth* - Ondulation.

הָא וְתוּ לֹא – *Ha veto lo* – Ça et pas plus, et c'est tout (Araméen).

הַר הַבַּרְזֶל – *Har habarzél* - Montagne de fer.

טַלִּית - *Talith* - Châle, surplis.

מַזָּל עַקְרָב - *Mazal âqrav* - Signe du Scorpion.

מָשִׁיחַ הָאֱלֹהִים – *Mashiaḥ haÉlohim* – Messie de Dieu.

שַׁטַנֵץ – *Mashiaḥ haÉlohim* – Modèle, moule.

- 450 -

דּוֹר לְדוֹר - *Dor ledor* - Génération en génération.

דַּלִּיּוֹת - *Dalioth* - Varices.

דְּמוּת - *Demouth* - Ressemblance.

חַיִּים וְשָׁלוֹם - *Ħayim veShalom* - Vie et Paix.

חַס וְשָׁלוֹם - *Ħass veShalom* - (littéraire) Dieu nous en préserve ! En aucune façon !

טַלְיְתָא - *Talita* - Jeune fille.

כֹּתֶל - *Kotél* - Mur, paroi.

לוּחוֹת - *Louhoth* - Tables, tablettes.

מֵהַכְּלָל אֶל הַפְּרָט - *Mehaklal él haprat* - Déduction du général au particulier.

מַשְׂכִּילִים - *Maskilim* - Éclairés, adeptes mystiques.

מַתִּי - *Mati* - Matthieu – Quand ?

סַם פֶּרַע - *Sam pérâ* – Élixir de millepertuis.

עֵץ פְּרִי - *Êts pri* - Arbre fruitier.

עֶצֶם מֵעֲצָמִי - *Êtsém méâtsami* - Os de mon os.

פְּרִי־עֵץ - *Préi-éts* - Fruit de l'arbre.

פֶּשַׁע - *Péshâ* - Faute par rébellion.

שֵׁם בֶּן נֹחַ - *Shém bén Noah* - Sem fils de Noé.

שֶׁפַע - *Shéfâ* - Abondance, profusion.

שַׂקִּים - *Saqim* - Sacs.

- 451 -

אֵד מָוֶת - *Éd mavéth* - Vapeur mortelle.

אֲדָמוֹת - *Adamoth* - Terres.

אֲמִתִּי - *Amitaï* - Ma vérité.

גַּלְגַּל הָרָקִיעַ - *Galgal haraqiâ* - Sphère céleste.

הַזֹּוהַר מְקֻובָּלִים - *HaZohar meqoubalim* - Le Zohar des kabbalistes.

זוּג מֵהַשָּׁמַיִם - *Zoug mehashamaïm* - Couple issu des cieux.

חָלוּקָא דְרַבָּנָן – *Ħalouqa derabanan* – Robe (chemise) de rabbins. (aram.)

יֶרֶק קַלְיָא - *Yéréq qalia* - Salicorne.

יִשְׁמָעֵאל - *Ishmaêl* - Ismaël.

כְּבַד שְׁמִיעָה – *Kevad shmiyâh* – Malentendant, partiellement sourd.

לֶךְ־לְךָ מֵאַרְצְךָ - *Lek' lek'a méarétsk'a* - Va-t'en de ton pays.

מָהוּת - *Mahouth* - Essence, nature, caractère.

עוֹלָם הַפִּירוּד – *Ôlam hapiroud* – Monde de la séparation.

אִילָן סְרָק – *Ilan sraq* – Arbre stérile.

צִפּוֹר לַיְלָה - *Tsipor Laïlah* - Oiseau de nuit, faucon de nuit.

שִׁנְאָנִים - *Shinâïm* - Myriades.

תְּהוֹם - *Tehom* - Abîme.

- 452 -

אִמָּהוּת - *Imahouth* - Maternité.

בָּתִּים - *Batim* - Maisons.

גֶּזַע הָאֱנוֹשִׁי - *Guézâ-Haénoshi* - Genre humain.

קֻרְקְבָן - *Qourqevan* - Gésier.

מִלּוֹן גִּימַטְרִיּוֹת

- 453 -

אַהֲבָה נַפְשִׁי – *Ahavah nafshi* – Amour de mon âme.

אָדוֹן בַּשָּׁמַיִם - *Adon bashamayim* - Maître dans les cieux.

אַהֲבַת אָדָם - *Ahavath Adam* - Philanthropie.

אָמְרַי הַאֲזִינָה יְהוָה בִּינָה הֲגִיגִי: - *Amréi haazinah Yhwh Binah haguigui* - Yhwh ! Prête l'oreille à mes paroles, entends ma *Binah*.

בְּהֵמוֹת - *Behémoth* - Bestialité - hippopotame - Béhémoth.

בֶּן שְׁמוֹנֶה – *Bén shemonéh* – Huitième-né, fœtus non viable.

יוֹם הַשְּׁבִיעִי - *Yom hashiviî* – Jour 7.

מַחְתָּה - *Maḥtah* - Outil de foyer (cendrier, tisonnier, râteau à charbon).

מֶלֶךְ הַמָּשִׁיחַ - *Mélék haMashiah* - Roi Messie.

נֶפֶשׁ חַיָּה - *Néfésh hayah* - Âme vitale.

סוֹד הַחַשְׁמַל - *Sod haḥashmal* - Secret du *Ḥashmal*.

עֲצֵי־גֹפֶר – *Êtsi-gofér* – Bois soufré (résineux).

צַדִּיק גָּמוּר - *Tsadiq gamour* - Juste accompli.

תַּמּוּז - *Tamouz* - Mois de Tamouz.

- 454 -

אוֹר מֵאוֹר - *Or méor* - Lumière issue de la lumière.

אוֹר מְזֻקָּק - *Or mezouqaq* - Lumière distillée.

בֶּן בַּת - *Bén bath* - Fils-fille.

דֹּתָן - *Dotan* - Religion.

חֶסֶד וְשָׁלוֹם - *Ḥesséd veShalom* - Grâce et paix.

חָתוּם - *Hatoum* – Signé, scellé.

פַּחַד וְשִׂנְאָה – *Pahad veshénaéh* – Peur et haine.

קְדֹשִׁים – *Qedoshim* – « Saints » - *Parasha* #30 Lév. 19:1-20:27.

תָּחוּם - *Tahoum* - Défini, limité, délimité, endémique.

תָּמִיד - *Tamid* - Toujours, constamment, à chaque fois.

- 455 -

אוֹת גְּדוֹלָה – *Oth gdoulah* – Grande lettre - Majuscule.

הָא בְּהָא תַּלְיָא – *Ha bha talia* – Interdépendants, l'un dépend de l'autre (Araméen).

חוּג הַמִּשְׁפָּחָה - *Houg hamishpahah* - Cercle de famille.

טָמִיר וְנֶעֱלָם - *Tamir Venéêlam* - Le Mystère ineffable (Dieu).

יִצְחָק לוּרְיָא - *Ytsh'aq Louria* - Isaac Louria.

כַּהֶלֶת - *Kahéléth* - Alcoolisme.

מַטּוֹת - *Matoth* – « Tribus » - *Parasha* #42 - Nbr. 30:2-32:42.

מִיתָה - *Mitah* - Mort, décès, trépas.

נֶתַה - *Netah* – 25ème nom du *Shém haMeforash*.

פּוֹטִי פֶרַע - *Poti pérâ* - Potipérâ.

146

פְּרִי הָעֵץ – *Pri haêts* – Fruit de l'arbre.

עֲצֵי הַיַּעַר – *Âtséi hayaâr* – Arbres de la forêt.

שֶׁלֹּא נֵדַע - *Shélo-Nédâ* - Que la même chose n'arrive pas.

- 456 -

אַבְרָהָם יִצְחָק – *Abraham Yisthaq* – Abraham Isaac.

אֵימָתָה - *Éimatah* - Effroi.

דְּבַק בּוֹ בַּשֵּׁם - *Devaq bo baShém* - Adhère en lui avec le Nom.

דִּבְקִי שֵׁם - *Dveqi shém* - Adhésion au Nom.

הַר הַמּוֹר – *Har hamor* – Mont de la myrrhe.

יַעֲקֹב רָחֵל לֵאָה - *Yaâqov Rahél Léah* – Jacob Rachel Léa.

יֵשׁ סוֹף – *Yésh sof* – Il y a une fin.

יָתוֹם - *Yatom* - Orphelin.

נָפַשׁ יְהֹוָה – *Nafash Yhwh* – Âme de Yhwh.

עֵץ רִמּוֹן - *Êts rimon* - Grenadier.

פַּרְצוּף - *Partsouf* - Personnification.

תְּאֵנָה - *Ténah* - Figuier.

- 457 -

אוֹר מֻבְחָר - *Or mouvhar* - Lumière choisie.

אָתוֹן - *Aton* - Ânesse.

בֵּית זְבוּל - *Béith zevoul* - Temple.

נָאוֹת - *Naoth* - Convenable.

- 458 -

אֻשְׁפִּיזִין - *Oushpizin* - Invités.

אַתּוּנָא - *Athouna* - Fournaise (araméen).

בָּנוֹת - *Banouth* - Filles.

חֻמָּתִי - *Houmti* - Millepertuis.

חָתָן - *Hatan* - Époux, marié.

יָדִיד נֶפֶשׁ - *Yadid néfésh* - Âme sœur.

מִי־זֹאת – *Mi-zoth* – Qui est celle-là ?

מֹאזְנֵי שֵׂכֶל – *Maaznéi sékhél* – Balances de l'intellect, échelles de l'intellect.

מֶשֶׁק חַי - *Méshéq Haï* - Cheptel.

נֶפֶשׁ הַחַיָּה – *Néfésh hahayah* – Âme vitale.

נֶחְשַׁק - *Néhoshéq* - Désirer, convoiter.

עוֹלָם חָדָשׁ – *Ôlam hadash* – Nouveau monde.

קֶבֶר יוֹסֵף - *Qévér Yossef* - Tombe de Joseph.

שְׁחָקִים - *Shehaqim* - Ciel, meules.

תֶּנַח – *Ténah* - Cadence.

- 459 -

אֶהְיֶה בַּיִת יְהֹוָה – *Éhyéh bayith Yhwh* – Je serai la maison de Yhwh.

אוֹר מִזֹּהַר - *Or mizohar* - Lumière issue du *Zohar*.

בַּעַל שֵׁם טוֹב - *Bâal Shém Tov* - Israël ben Eliezer, fondateur du Ḥassidisme. De bonne renommée.

יָד הַתְּהִלָּה – Yad hateḥilah – Main de gloire.

עִיר מִקְלָט - Îr miqlat - Cité refuge.

- 460 -

אָדוֹן וְשִׁפְחָה - Adon veshifḥéh - Maître et esclave.

בֵּן וּבַת - Bén ouvath - Fils et fille.

חַיֵּי זוּגִיּוּת - Ḥayyé zouguioth - Vie de couple.

חֹמֶר זֹהַר - Ḥomér zohar – Substance lumineuse.

יְהוָה אִישׁ מִלְחָמָה - Yhwh ish milhamah - «Yhwh est un homme de guerre» (Exode 15:3).

כַּבֵּד אֶת־אָבִיךָ - Kabéd éth-avika'h - Honore ton père.

כֹּחוֹת יְהַוֶה - Koḥoth Yhwh - Puissances de Yhwh.

כֶּתֶם - Kétém - Or pur.

כָּתֹם - Katom - Orange (couleur).

מֶלֶךְ שָׁלֵם - Mélék' Shalém - Roi de Salém.

מֹשֶׁה סְנֶה - Moshé snéh - Moïse, buisson.

מֻתָּךְ - Moutaq – Fondu (métal).

נִיַת - Niyath - 54ème nom du Shém haMeforash.

קְדוֹשִׁים - Qdoshim - Saints.

- 461 -

אֵיתָן - Éithan - Fort, stable.

דּוֹר הַמִּדְבָּר - Dor-Hamidbar - Génération sacrifiée (du désert).

הַר הָאֱמֹרִי - Har Hémori - Mont Hamori.

חַיֵּי מִשְׁפָּחָה - Ḥayé mishpahah - Vie de famille.

חָכְמָה בַּלָּשׁוֹן - Ḥokhmah balashon - Sagesse dans la langue.

עוֹלָם יְצִירָה - Ôlam Yetsirah - Monde de la Formation.

עֵץ הָרִמּוֹן - Êts haRimon - Grenadier.

צֹרֶךְ הָעוֹלָם - Tsorék haôlam - Besoin du monde.

קָדוֹשׁ מְאֹד - Qadosh méod - Très saint.

רְצוֹן הָעָם - Ratson haâm – Volonté du peuple.

רְצוֹן חָזָק - Ratson hazaq – Volonté forte, détermination.

שִׂמְחָה וֶאֱמוּנָה – Simhah véémounah – Joie et foi.

- 462 -

אַבְרָהָם וְיִצְחָק - Abraham veYtsḥaq - Abraham et Isaac.

אֶרֶץ עֶלְיוֹנָה - Éréts êlionah - Terre supérieure.

אַתּוּנָה - Athouna - Athènes.

בְּעַל הַמַּחְשָׁבָה - Bâal hamaḥshavah - Maître de la pensée.

כֹּחַ כֹּחוֹת - Koah kohoth - Puissance des puissances.

מְקוֹם הַהֵרָיוֹן - Maqom hahérayon - Lieu de grossesse.

נֶגֶד עַיִן הָרַע - *Négued âyin haraâ* - Contre le mauvais œil.

נָתִיב - *Nativ* - Chemin, voie.

פְּנֵי הַשֶּׁטַח - *Pnéi hashétah* - Surface.

עוֹמֶק רוֹם - *Ôméq rom* - Insondable haut.

- 463 -

אוֹר נִרְאֶה - *Or niréh* - Lumière visible.

בֵּית אֹכֶל - *Béith ok'él* - Restaurant - Établissement de restauration.

חַיֵּי הַנֶּפֶשׁ - *Hayé ha-Néfèsh* - Vie de l'âme.

חַיַּת אָדָם - *Hayath adam* - Personne bestiale, personne brutale ou répugnante.

חֲתֻנָּה - *Hatounah* - Mariage.

יַיִן הַמְשַׂמֵּחַ - *Yayin hamssaméah* - Vin enivrant (qui met en joie).

כֹּחַ הַנֶּפֶשׁ - *Koah hanéfésh* - Puissance de l'âme.

מַגִּידוּת - *Maguidouth* - Prédication, homélitique.

תְּבוּנָה - *Tevounah* - Compréhension.

תְּנוּבָה - *Tnouvah* - Produit de la terre.

- 464 -

דִּינֵי שָׁמַיִם - *Dinéï-Shamayim* - Justice divine.

חֵטְא מָוֶת - *Héta-Mavéth* - Péché mortel.

יֵשׁ עוֹלָם הַבָּא - *Yésh Ôlam haBa* - Il y a un Monde à Venir.

- 465 -

זִכָּרוֹן יַעֲקֹב - *Zikaron Yaâqov* - Mémoire de Jacob.

נִבְזוּת - *Nivzouth* - Ignominie, vilenie.

נְשִׁיקָה - *Neshiqah* - Baisé.

- 466 -

אֵין נְשִׁימָה - *Ein neshimah* - Sans respiration.

אֶלֶף שָׁנָה - *Eléf shanah* - Mille ans.

בְּתוּלָה וּגְדִי - *Betoulah ougdi* - Vierge et Capricorne.

גֻּלְגֹּלֶת - *Goulguéléth* - Crâne.

יְהֹוָה בְּחָכְמָה יָסַד־אָרֶץ - *Yhwh beHokhmah yassad-éréts* – « *Yhwh a fondé la terre avec la Sagesse* » (Proverbes 3:19).

יוּד וו דָּלֶת - *Y-V-D* - Développement de la lettre Yod.

כְּלָיוֹת - *Klayoth* - Reins.

כְּלִיּוּת - *Koulioth* - Totalité, intégralité - Reins.

מְזוּזוֹת - *Mezouzoth* - Montants.

מֶלֶךְ שָׁלוֹם - *Mélék'h shalom* - Roi de la Paix.

מִסְפַּר אֱלֹהִים - *Mispar Élohim* - Nombre d'*Élohim*.

מְתַוֵּךְ - *Metavék* - Médiateur.

עוֹלָם הַיְצִירָה - *Ôlam haYetsirah* - Monde de la Formation.

עוֹמֶק דָּרוֹם - *Ôméq darom* - Insondable sud.

קוֹל יְהֹוָה יָחִיל מִדְבָּר - *Qol Yhwh yahil midbar* – « La voix de Yhwh a fait trembler le désert » (Psaumes 29:8).

שִׁמְעוֹן - *Shiméôn* - Simon.

שֶׁפַע בַּזָּהָב - *Shéfâ bazahav* - Abondant en or.

- 467 -

אַהֲבַת אַחִים - *Ahavath ahim* - Amour fraternel.

גִּלְגּוּל נְשָׁמָה – *Guilgoul neshamah* - Réincarnation.

גֻּלְגָּלְתָּא - *Goulgalta* - Golgotha, le calvaire.

יְהֹוָה אֱמֶת – *Yhwh éméth* – Dieu est vérité.

נְתִיבָה - *Netivah* - Route, chemin.

שֶׁפַע טוֹב - *Shéfâ tov* - Bonne abondance.

- 468 -

בַּת־נָדִיב – *Bath nadiv* – Noble fille.

יְהֹוָה עַל־מַיִם רַבִּים - *Yhwh âl-mayim rabim* - Yhwh est sur les grandes eaux (Psaumes 29:3).

אֲנָשִׁים טוֹבִים - *Anashim tovim* - Bonnes personnes.

בֵּית טְבִילָה - *Beith-Tvilah* - Baptistère.

זָהָב כֶּסֶף אַרְגָּמָן – *Zahav késséf argaman* – Or, argent, pourpre.

חַטָּאת הָאָדָם - *Hatoth haAdam* - Péché d'Adam.

חֲכָמִים מִן הַמִּזְרָח - *Hakhamim min hamizrah* - Sages venus d'Orient.

חֹמֶר וְרוּחַ – *Homér verouah* - Matière et esprit.

יִדֹּר נֶדֶר - *Yidor nédér* - Vouer un vœu.

מֵי חַטָּאת - *Méi hatath* - Eau lustrale.

רָאָה עַיִן בְּעַיִן - *Raah âyin beâyin* - Voir dans les yeux, être d'accord avec.

רוּחַ מֵרוּחַ - *Rouah mérouah* - Souffle du souffle - Vent venteux.

תְּבַלּוּל - *Tevaloul* - Cataracte (vue confuse).

- 469 -

אֲשְׁפִּיזִין - *Oushpizin* – Invités (chacun des sept invités mythiques qui visitent la *souccah*).

גּוֹנִית - *Gonith* – Nuance, teinture.

דָּבָר הַלָּמֵד מֵחִינְיִינוּ - *Davar halaméd mahinyinou* - Un des sept principes d'interprétation d'un texte.

זוֹנוֹת - *Zonoth* - Prostituées.

נְבִיּוּתָא - *Neviouta* – Prophétie (araméen).

צֶמְחֵי מַרְפֵּא - *Tsimhéï Marpé* - Plantes médicinales.

תָּא חַיִּים – *Ta hayim* – Cellule de vie.

תְּנוּחָה – *Tenouhah* – Posture, position du corps.

- 470 -

אַחַר הַדְּבָרִים - *Ahér hadevarim* - Après ces choses.

בְּנֵי חַת - *Béni-Ħéth* - Hittites.

גִּנְזַיָּת - *Guinzayath* - Psoas.

גִּנַּת אֱגוֹז - *Guinat égoz* - Jardin de la noix.

הַמֶּלֶךְ שְׁלֹמֹה – *Hamélék'h Shlomoh* – Le roi Salomon.

זוֹהַר מִזֹּהַר - *Zohar miZohar* - Splendeur issue de la splendeur.

יְהִי אוֹר וַיְהִי־אוֹר - *Yehi or veyehi or* - *Que la lumière soit* ! (litt. Sera lumière et lumière sera).

כְּלֵי־הַנְשִׁימָה - *Kléi ha-neshimah* - L'appareil respiratoire.

כִּמְרִיר - *Kimrir* - Noirceur, morosité, obscurité - Éclipse.

לִילִת - *Lilith* - Lilith.

מֶרְכָּבָה רַבָּא - *Merkavah rabba* - Grand Char *(araméen)*.

מִשְׁקָל - *Mishqal* - Poids; balance de pesée; importance, valeur.

נְבִיבוּת - *Nevivouth* - État creux, évidé - inanité, vide, vanité.

עֵין הַסְּעָרָה – *Êin hasaârah* – Œil de la tempête - Centre d'attention.

עָמָר נָקִי - *Âmor naqi* - Laine pure.

קַרְקַע - *Qarqâ* - Terre, sol.

שֵׂכֶל דִּמְיוֹנִי - *Sékél dimioni* - Conscience imaginaire.

שְׁעוֹן חוֹל – *Sheôn hol* – Sablier.

תַּנַ"ךְ - *Tanak* - Bible.

- 471 -

מֶלֶךְ הַשָּׁלוֹם - *Mélékh haShalom* - Roi de la Paix.

אֲדוֹנִית - *Adonith* - Dame.

דּוֹדִי צַח וְאָדוֹם דָּגוּל מֵרְבָבָה - *Dodi li tsah veAdom dagoul mervévéh* – « *Mon bien-aimé est clair et rouge, un porte-bannière entre dix mille* ». (Cantique des Cantiques 5:10).

הֵיכָלוֹת - *Héikaloth* - Les palais.

הַר הַמּוֹרִיָה - *Har-haMoriah* - Mont de la Moria.

הַר חֶבְרוֹן - *Har Ħébron* - Mont Hébron.

לְאֵין מִסְפָּר - *Léin Mispar* - Innombrable.

מִלְתָא - *Milta* – Parole (araméen).

עוֹמֶק מִזְרַח - *Ôméq mizrah* - Insondable Est.

- 472 -

אוֹר אַחֲרוֹן – *Or aharon* - Crépuscule, dernière lumière.

חֲזוֹן יְשַׁעְיָהוּ - *Ħazon-Yshâhou* - Vision d'Isaïe.

מִין הָאֱנוֹשִׁי - *Min-Haénoshi* - Genre humain.

פְּרוֹפּוֹלִיס - *Propolis* - Propolis.

- 473 -

אֵלֶּה אֶת אֵלֶּה – *Éléh éth éléh* - L'un l'autre, ensemble.

גּוֹלְגַלְתָּא - *Goulgalta* - Golgotha.

גָּלוּת בָּבֶל - Galouth-Bavél - Exil de Babylone.

זִיקִין נִצוֹצִין - Ziqin nitsotsin - Gerbes d'étincelles (araméen).

טוֹחֶנֶת - Tohénéth - Molaire, meunière.

כְּכוֹכְבֵי הַשָּׁמַיִם - Kokavéi haShamayim - Étoiles des cieux, innombrables.

נְגִידוּת - Neguidoth - Noblesse, aristocratie.

סִדּוּר רַבָּא - Siddour rabba - Grand rite (araméen).

- 474 -

אַבְנֵי תֹהוּ - Avnéi tohou - Pierres du Tohu.

אֲוִיר מֵאֲוִיר - Avir méavir - Éther issu de l'éther.

אֲחֹתִי כַלָּה - Aḥoti kalah - Ma sœur fiancée.

אֵל בֵּית־אֵל - El baith-El - Dieu Maison-Dieu.

דַּעַת - Daâth - Connaissance.

זֶה־לְּךָ הָאוֹת - Zéh-lék'h haOth - Ceci est un signe pour toi.

נִכְלֵי הַשָּׂטָן - Nikhléi haSatan - Artifices de Satan.

סִטְרִין דְּעָלְמָא - Sitrin dâlma - Points cardinaux du monde.

- 475 -

אוֹת חַיִּים - Oth ḥayim - Signe de vie.

אֶבְיוֹנוּת - Évionouth - Indigence, pauvreté, misère.

דּוֹר אַחֲרוֹן - Dor aharon - Dernière génération, fin de l'humanité.

דֶּרֶךְ הַמִּדְבָּר - Dérék hamidbar - Route du désert. דֶּרֶךְ הַמִּדְבָּר - Dérék hamidbar - Route du désert.

כֹּהֶנֶת - Kohénéth - Prêtresse, femme ou fille d'un prêtre.

כְּלֵי הַמִּשְׁכָּן - Keléi hamishkan - Ustensile du Tabernacle.

מוֹרֵה דֶּרֶךְ - Moréh-déréķ - Guide, mentor; instructeur.

מֹשֶׁה סִינַי - Moshé Sinaï - Moïse Sinaï.

נֶפֶשׁ אָדָם - Néfésh Adam - Âme humaine.

עַגֶּבֶת - Âguévéth - Syphilis.

שִׁבְעָה כּוֹכָבִים - Shivâh kok'avim - Sept planètes.

- 476 -

אַהֲבַת חַיִּים – Ahavath hayim – Amour de la vie.

אוֹת הַנְּבוּאָה – Oth hanevouah – Signe de la prophétie.

בֵּית דִּין - Béith-Din - Maison du Jugement - Tribunal.

יְוָנִית - Yonith - Grec (langue).

יוֹנָתִי - Yonathi – Ma colombe.

לִי מַה־שְּׁמוֹ מָה - Li mah-shmo mah - S'ils me demandent quel est son nom ? (litt. À moi, quoi son nom quoi ?).

לֵילוֹת - Léiloth - Nuits.

סוֹדוֹת - Sodoth – Secrets.

סְתָוִי - Stavi - Automnal.

עָשָׂה הַמְּלָאכָה – *Âssah hamelak'ah* – Faiseur de l'œuvre (alchimiste).

שׁוּעַ טָוּוּי וְנוּז – *Shoâ-Touvi-veNoz* – Mixé-Tissé-Entrelacé.

שֵׂכֶל נַעֲבֹד – *Sékél naâvod* – Conscience œuvrante.

שִׂמְחָה בְּלֵב וְאַהֲבָה בַּחַיִּים – *Shémaḥah beléb veahavah baḥayim* – Joie dans le cœur et amour dans la vie.

- 477 -

אַלְמָוֶת – *Almavéth* – Immortalité - Hélichryse.

אֶתְמוֹל – *Étmol* – Hier.

בַּת־כֹּהֵן – *Bath-Kohén* – Fille-prêtre.

הוֹשַׁע עַבְדֶּךָ – *Hoshâ âvdek'a* – Sauve ton serviteur !

כְּבוֹד הַמֵּת – *Kevod haméth* – Dignité accordée aux morts.

לָאוֹנָרדוֹ דִי וִינְצִי – *Léonardo di Vintsi* – Léonard de Vinci.

מְלָאוֹת – *Meléouth* – Plénitude.

עֻזְרָר – *Ôuzrar* – Aubépine.

פֶּה וְלָשׁוֹן – *Péh velashon* – Bouche et langue.

שִׁבְעָה יָמִים – *Shivâh yamim* – Sept jours.

שֵׂכֶל מוּטְבָּע – *Sékél moutbâ* – Conscience immergée.

- 478 -

גַּת הַיַּיִן – *Gath hayayin* – Pressoir à vin.

חַיִּים קָדוֹשׁ – *Ḥayim qadosh* – Vie sainte.

חֲנֶכֶת – *Ḥanékéth* – Gingivite.

כְּתוּבִים – *Ketouvim* – Hagiographies, troisième section la Bible.

קוֹל מַיִם רַבִּים – *Qol mayim rabim* – Voix des grandes eaux.

רָז דְּרָזִין – *Raz derazin* – Secret des secrets.

- 479 –

אַחְיָנִית – *Aḥyanith* – Nièce.

אֱלִישָׁע הַנָּבִיא – *Élishâ hanavi* – Élisée le prophète.

גּוּלְגּוּלְתָּא – *Goulgoulta* – Crâne.

הַדַּעַת – *HaDaâth* – La Connaissance.

חוֹלֶה נֶפֶשׁ – *Ḥoléh néfésh* – Malade mental.

טוֹחֲנוֹת – *Toḥanoth* – Molaires, meunières.

טַסִּית – *Tassith* – Martinet - Voltigeur.

כְּתָבוֹנָא – *Ketavona* – Petit parchemin, livret (araméen).

מָשִׁיחַ בֶּן דָּוִיד הַגּוֹאֵל – *Mashiah bén David hagoél* – Messie fils de David est le rédempteur.

מִשְׁפָּטִים – *Mishpatim* – « Jugements » - *Parasha* #18 - Ex. 21:1-24:18.

מִשְׁפְּטָן – *Mishpatan* – Juriste, avocat.

עֵמֶק הַיַּרְדֵּן – *Êméq haYardén* – Vallée du Jourdain.

- 480 -

אֲנִי מָשִׁיחַ הָאֶחָד וְהַיָחִיד - Ani mashiah haéhad vehayahid - Je suis le seul et unique messie.

בֵּית זוֹנָה - Beith zonah - Maison de prostituée.

זָכָר וּנְקֵבָה כְּאָדָם וְחַוָּה - Zakar veneqouvah keAdam veHavah - Mâle et femelle comme Adam et Ève.

לִילִית - Lilith - Lilith (reine des démons) - hulotte.

נֶפֶשׁ הָאָדָם - Néfésh haAdam - Âme humaine.

סִטְרָא־אָחֳרָא - Sitra Ahara - Autre côté (du mal).

סִינַי סַפִּיר - Sinaï sappir - Sinaï saphir.

עֵדוּת - Âdouth - Témoignage, preuve.

עַיִן שֵׂכֶל - Êin sék'él - Œil de l'intellect.

תַּלְמוּד - Talmoud - Talmud.

- 481 -

אֱלֹהִים הַשָּׁמַיִם - Élohim, Hashamaïm - Élohim, les cieux.

אֶרֶץ כְּנַעַן - Éréts kanân - Terre de Canaân.

גְּבָעוֹת - Guivaôth - Collines.

טַבַּעַת - Tabaâth - Anneau.

מָשִׁיחַ מִלְחָמָה - Mashiah milhamah - Messie guerrier.

סוּס פַּרְעֹה - Souss paraôh - Cheval de Pharaôn.

סִיּוּם הַשַּׁ״ס - Sioum haShass - Achèvement des six sections de la Mishnah.

עֹשֵׂי הַמְּלָאכָה - Ôsséi hamelak'ah - Faiseurs de l'œuvre (alchimistes).

צָפוֹן מִזְרָח - Tsafon-Mizrah - Nord-est.

שִׁבְעִים גּוֹיִם - Shiviîm goyim - Soixante-dix nations.

- 482 -

אֲבִי אֲבוֹת הַטֻּמְאָה - Avi avoth hatoumah - Source ancestrale d'impureté.

אוֹר הַטִּפָּה הָעֶלְיוֹנָה - Or hatipah haêlionah - Lumière de la Goutte supérieure.

אַסְפָּקָלַרְיָא - Aspaqalaria - Miroir.

סֵפֶר הַקַּבָּלָה - Séfér haQabbalah - Livre de la Kabbale.

צְלָב קֶרֶס - Tsélav qéréss - Swastika, croix gammée.

- 483 -

אוֹר עוֹר - Or ôr - Lumière, peau.

בְּאֶרֶץ־כְּנַעַן - Beéréts kenaân - En terre de Canaan.

זִיוָנִית - Zivanith - Muguet de mai.

מַזָּלוֹת - Mazaloth - Signes du Zodiaque.

מַחֲנֵה מִצְרַיִם - Mahanah Mistraïm - Camp des égyptiens.

מַרְפֵּא עֶצֶב - Marpé êtsév - Guérison de la tristesse.

נוֹשֵׂא עָוֹן - *Nossé âvon* - Qui ôte le péché.

- 484 -

גּוּף נְשָׁמָה – *Gouf neshamah* – Corps-âme.

דָּוִד מָשִׁיחַ יְהוָה אֱלֹהִים – *David Mashiah Yhwh Élohim* – David Messie *Yhwh Élohim*.

מִחְזוֹר הַיָּרֵחַ - *Mahzor hyaréah* - Lunaison.

מְיַלֶּדֶת - *Meyalédéth* - Sage-femme.

מָשִׁיחַ וְאֵלִיָהוּ הַנָּבִיא – *Mashiah véÉliyahou hanavi* – Le Messie et Élie le prophète.

נְעוּרֵי נֶצַח – *Neôuraï nétsah* – Jeunesse éternelle.

שְׁנֵי עֵדִים – *Shnéi êdim* – Deux témoins.

תְּהִלָּה לְדָוִד – *Tehilah laDavid* – Gloire à David.

- 485 -

בֵּית הַחַיִּים - *Beith-haHayim* - Cimetière.

בֶּן מִשְׁפָּחָה - *Bén mishpahah* - Parent, membre de la famille.

מִסְפַּר הַיָּמִים – *Mispar hamayim* - Nombre de jours.

נְהִירוּ דָּקִיק – *Nehirou daqiq* - Lumière infime *(araméen)*.

נֶפֶשׁ הַכֹּל – *Néfésh hakol* – Âme du tout.

שֶׁמֶן סִיכָה – *Shémén sikah* – Huile lubrifiante.

תְּהִלִּים– *Tehilim* – Psaumes.

- 486 -

אַסְפַּקְלַרְיָה - *Aspaqlariah* - Miroir.

הַשָּׁמַיִם כִּסְאִי - *Hashamaïm kissi* - Les cieux sont mon trône.

חֲדָרִים חִיצוֹנִיִּים - *Hadarim hitsoniyim* - Chambres intérieures.

יְסוֹדוֹת - *Yessodoth* - Éléments.

מִי הוּא מָשִׁיחַ בֶּן דּוִד ?- *Mi hou Mashiah ben David* - Qui est le Messie fils de David ?

מַיִם עַל־הָאָרֶץ – *Mayim âl-haaréts* – Eaux sur la terre.

מִיץ רִמּוֹנִים - *Mits rimonim* - Jus de grenades.

מַעֲשֵׂה יוֹנָה - *Maâsséh Yonah* - Œuvre de Jonas.

מַצָּה פְּרוּסָה - *Matsah peroussah* - Morceau de pain azyme.

סוֹדִיּוּת - *Sodiouth* - Secrètement.

סֻכּוֹת - *Soukoth* - Cabanes.

עֶבֶד נִרְצָע - *Êvéd nirtsâ* - Piercing d'esclave, esclave soumis.

עֲוִית - *Âvith* - Spasme.

רָע עֹמֶק - *Ômeq raâ* - Insondable mal.

עֹשֵׂה פֶלֶא - *Ôssé pélé* - Faiseur du merveilleux.

פָּנִים הַמְּאִירִים - *Panim hameïrim* - Faces illuminées.

שֶׁמֶן וּמַיִם - *Shémén vemayim* - Huile et eau.

שָׁקוּף - *Shiqouf* - Transparent, clair.

- 487 -

אוֹצָר עֵדֶן גָּנוּז – Otsar Êdén ganouz – Trésor de l'Eden caché.

אֲלִימוּת - Alimouth - Violence.

אֱלִישָׁע בֶּן אֲבוּיָה – Élishâ bén Abouyah – Un des quatre rabbins du Pardès.

בֵּית הַיַּיִן – Beith hayayin – Maison du vin, cellier.

גְּפָנִים סְמָדַר – Gfanim smadar – Vignes en fleurs.

חָכְמַת הַיָּד - Hokmath ha-yad - Sagesse de la main (chiromancie).

כְּלִי לְאוֹר פְּנִימִי - Keli leor pnimi - Réceptacle pour la lumière intérieure.

לוּחוֹת הַלֵּב – Louhoth halév – Tables du cœur.

לֶחֶם הַקֹּדֶשׁ - Léhém Haqodésh - Hostie - Pain sacramentel.

נַזֶּלֶת - Nazéléth - Rhume de cerveau, coryza.

פָּאוּת - Péoth - Coins.

- 488 -

אֲבִי אֲבוֹת הַטּוּמְאָה - Avi avoth hatouma – Source ancestrale d'impureté.

אוֹהֵב דַּעַת - Ohév daâth – Aimer la connaissance.

חֶלְמִית - Hélmith - Mauve.

דְּחִיסוּת - Dehissouth - Compression.

חֲסִידוּת - Hassidouth - Bienveillance – hassidisme - piété.

לַחְמִית - Lahmith - Conjonctivite.

לֶחֶם קוֹדֶשׁ - Léhém qodésh – Pain consacré.

נַבְלוּת - Naveloth - Scélératesse, infamie.

פֶּתַח - Pétah - Ouverture.

פַּתָּח - Patah - Patah (voyelle) - Ouverture.

רָזֵי דְרָזִין – Razéi derazin – Secret des secrets (araméen).

- 489 -

אַנְשֵׁי הַמִּלְחָמָה - Anashi ha-milhamah - Hommes de guerre.

כּוֹבַע יְשׁוּעָה - Kovâ yeshouâh - Casque du salut.

מַעֲמָד הַר סִינַי - Maâmad Har-Sinaï - Révélation du Mont Sinaï.

מֵצַח הָרָצוֹן - Métsah haratson - Front volontaire.

מְשַׁלֵּם גְּמוּל - Meshalém guemoul - Rétribution, donner salaire.

עַמּוּדֵי שִׁטִּים - Âmoudéi shitim - Piliers d'acacias.

רוּחַ רָעָה – Rouah-raâh – Mauvais esprit.

שְׂדֵה הַמַּכְפֵּלָה - Sdéh haMakpélah - Champ de Makpélah.

- 490 -

בֵּית הַגָּלִיל – Beith haGalil – Maison de Galilée.

בֵּית לָחֶם - Beith-Léhém - Bethléem.

גּוּף וְנְשָׁמָה – Gouf veneshamah – Corps et âme.

זִכְרוֹ לִבְרָכָה - *Zikro livrakhah* - De mémoire bénie.

חֲלוֹמוֹת - *Halomoth* - Rêves.

טָמֵא מֵת - *Temé-méth* - Impur par contact avec un cadavre.

יְסוֹדִית - *Yessodith* - Complètement, exhaustivement.

כַּסְפִּית - *Kasspith* - Mercure (métal).

נֶפֶשׁ הַטְּמֵאָה – *Néfésh hateméah* – Âme impure.

לֶסֶת - *Lésséth* - Mâchoire.

סֹלֶת - *Soléth* - Fleur de farine.

צַדִּיקִים יְסוֹדֵי עוֹלָם – *Tsadiqim yessodi ôlam* – Justes fondements du Monde.

תָּמִים - *Tamim* - Parfaits.

- 491 -

מַאֲכֶלֶת - *Maakéléth* - Couteau - nourriture, pâture - pou du corps, vermine.

נ נַח נַחְמָ נַחְמָן מֵאוּמַן - *Na nah naham Nahaman meouman* - (évocation du Rabbi Nahman de Breslév).

נְבוּאַת לֵב - *Nevouath-Halév* - Intuition, pressentiment.

פִּירוּמְנְצַיַה - *Piromentsiah* - Pyromancie.

שֵׂכֶל נֶאֱמָן - *Sékél nééman* - Conscience confiante.

- 492 -

בַּדְלָנוּת - *Badlanouth* - Séparatisme, isolationnisme - Diabète.

בַּת מֶלֶךְ – *Bath mélék'hh* – Fille du roi.

כְּלוּלוֹת - *Klouloth* - Fiançailles, mariage.

סִפְרֵי הַקַּבָּלָה – *Sifréi haQabbalah* – Livres de la Kabbale.

עוֹשֵׂה פֶלֶא - *Ôsséh pélé* - Faiseur de prodiges.

תַּבְלִין - *Tavlin* - Épice.

- 493 -

אֱלֹהִים וַאֲנָשִׁים - *Élohim veanashim* - Dieu et humains.

דְּאָבוֹן נֶפֶשׁ – *Davon néfésh* – Chagrin, affliction.

הִפָּתַח - *Hifatah* - Ouvre-toi !.

מַה־נּוֹרָא הַמָּקוֹם - *Mah nora hamaqom* – « *Que ce lieu est redoutable* ».

מַעֲשֵׂה הַחָכְמָה - *Maâsséh hahokhmah* – Œuvre de la sagesse.

סַנְהֶדְרִי קָטַנָּה - *Sanhédri qatanah* - Petit Sanhédrin.

תַּפּוּז - *Tapouz* - Orange (fruit).

- 494 -

אֶל־בֵּית אִמִּי – *Él béith imi* – Vers la maison de ma mère.

זָכַר וּנְקֵבָה בְּגוּף אֶחָד - *Zakar veneqévah begouf éhad* - Mâle et femelle dans un seul corps.

כְּתֹם לְבָב - *Ketom lévav* - Intégrité du cœur.

לִמּוּדֵי קֹדֶשׁ - *Limoudéi-qidésh* - Études sacrées.

סוֹד מָשִׁיחַ בֶּן דּוֹד - *Sod mashiah ben David* - Secret du Messie fils de David.

סֻכַּת דָּוִד - *Soukath David* - Cabane de David.

קַיִץ וָחֹרֶף – *Qatsits vahoréf* – Été et hiver.

תַּפּוּחַ - *Tapouah* - Pomme.

- 495 -

דְּמוּת אָדָם - *Demouth Adam* - Ressemblance d'Adam.

הַגָּדָה שֶׁל פֶּסַח - *Hagadah shél Pessah* - Légende de Pâque.

מַתָּנָה - *Matanah* - Don, présent, cadeau.

נֶאֱלָחוּת - *Néélahouth* - Abomination, vilénie.

נָזִיד עֲדָשִׁים - *Nazir âdashim* - Mijoté de lentilles.

עֵינֵי הַשֵּׂכֶל – *Êinéi ha-sék'él* – Yeux de l'intellect.

פְּנֵי הַשֵּׂכֶל – *Pnéi ha-sék'él* – Face de l'intellect.

רוֹעֶה רוּחַ – *Roêh rouah* – Se repaître d'illusions.

- 496 -

וַיַּקְהֵל מֹשֶׁה - *Vayaqhél Moshé* - Et Moïse rassemble.

לִוְיָתָן - *Liviatan* - Léviathan - baleine.

מַלְכוּת - *Malkouth* - Royauté (*sefirah*).

מָשִׁיחַ בֶּן אֱלֹהִים - *Mashiah ben Élohim* - Messie fils de Dieu.

סֵפֶר יְחֶזְקָאל - *Séfér Yhezqél* - Livre d'Ézéchiel.

צְרוֹר - *Tseror* - Faisceau, sachet, bouquet, enveloppe.

קוֹל בּוֹרֵא הָעוֹלָם - *Qol boré haôlam* - Voix qui a créé le monde.

- 497 -

אוֹמֶנֶת - *Oménéth* - Nourrice.

אַל-וֶסֶת - *Al-vésséth* - Aménorrhée.

אָמָנוּת - *Amanouth* - Art.

בַּיִת הָעוֹד - *Béith haôd* - Maison de réunion.

בְּרָכָה אַחֲרוֹנָה – *Barakah aharonah* - Bénédiction après les repas.

טִבְעִיּוּת - *Tivîouth* - Naturellement.

יוֹרְדֵי מֶרְכָּבָה - *Yordéi Merkavah* - Descendeurs du Char.

עָלָיו הַשָּׁלוֹם – *Âlaïv hashalom* - Puisse-t-il reposer en paix (après avoir mentionné une personne décédée).

צָהֶבֶת - *Tsahévéth* - Hépatite.

קִדּוּשׁ לְבָנָה - *Qidoush-Levanah* - Consécration de la nouvelle lune.

תְּאוֹמִים - *Teomim* - Gémeaux - Jumeaux.

- 498 -

בֵּית אֱלֹהִים - *Béith Élohim* - Maison Dieu.

חֹסֶר הַכָּרָה - *Ħossér hakarah* - Inconscience.

יֹשֵׁב עַל־הַכִּסֵּא - *Yoshév âl-haKissé* - Assis sur le Trône.

מְחֻתָּן - *Meħoutan* - Parent par alliance.

נֶחְתַּם - *Néħtam* - Scellement.

- 499 -

אַיֶּלֶת אֲהָבִים - *Ayéléth ahavim* - Biche d'amours.

כֶּתֶם לֵדָה – *Kétém lédah* – Tâche de naissance.

סְגֻלּוֹת - *Segouloth* - Charmes, remèdes.

צְבָאוֹת - *Tsevaoth* - Armées.

- 500 -

אַבָּא אִמָּא בֵּן בַּת – *Abba imma bén bath* – Père mère fils fille.

גָּבִיעַ הַקָּדוֹשׁ - *Gabiâ haqodésh* - Saint Graal.

חָכְמַת־לֵב - *Ħokhmath-lév* - Sagesse du cœur.

חַלּוֹנוֹת - *Ħalonoth* - Fenêtres.

חַצֶּבֶת - *Ħatşévéth* - Rougeole.

כָּפַת - *Kafath* - Lier étroitement les mains ou les pieds ensemble.

כָּתֵף - *Katéf* - Épaule.

מִדַּת יוֹם - *Midath yom* - Attribut du jour.

מִכְתָּם - *Miktam* - Épigramme.

מִן הַכְּלָל אֶל הַפְּרָט - *Min haklal él haprat* - Déduction du général au particulier.

נַשְׁקָן - *Nashqan* - Embrasseur.

נָתָן - *Nathan* - Nathan.

פְּרוּ וּרְבוּ - *Prou ourvo* - Croissez et multipliez.

קָרְבָּן פֶּסַח – *Qarban Pessaħ* – Sacrifice de Pâque.

שַׂר - *Sar* - Prince, ministre - Chantre.

תֵּימָן - *Téiman* - Sud, Yémen, vent du sud.

- 501 -

אֶל־גַּנַּת אֱגוֹז – *Él guinath égoz* – Vers le jardin de noix.

אֹשֶׁר - *Oshér* - Bonheur, béatitude.

אֲשֶׁר - *Ashér* - Ashér - Qui..

אֵתָנִים - *Éthanim* - Ancien nom du mois de Tishréi.

מֵי תְהוֹם - *Maï-Tehoum* - Eau souterraine.

מַלְאָכִית - *Malakhith* - Angélique.

עַיִן שְׂמֹאל - *Âïn smol* - Œil gauche.

רֹאשׁ - *Rosh* - Tête, sommet, chef.

שְׁאָר - *Shar* - Reste, résidu, quintessence.

שְׁכִינָה עִילָאָה - *Sheķinah îlaah* - Présence transcendante.

שֵׂכֶל מֻפְלָא - *Sékél moufla* - Conscience merveilleuse.

שְׁמוֹנָה יָמִים - Shmonéi yamim - Huit jours.

שֶׁפַע הָאֱלֹהִי – Shéfâ haélohéi – Flux divin.

תְּצַוֶּה - Tetsavéh – « Tu ordonneras » - Parasha #20 - Ex. 25:1-27:19.

- 502 -

בָּשָׂר - Bassar - Chair

הַהַשְׁגָּחָה הָעֶלְיוֹנָה - Hahashgahah-Haélyonah - La Providence divine.

הַיָּפָה בַּנָּשִׁים – Hayafah banashim – « Ô belle d'entre les femmes ! » Cant. 1:8.

חֲדָרִים פְּנִימִיִּים - Hadarim pnimiyim - Chambres intérieures.

יוֹצֵר עוֹלָמִים - Yotsér Olamim - Créateur des mondes.

שֶׁבֶר - Shévér - Fracture.

שְׁכִינָה בֵּינֵיהֶם – Shekhinah béinéihém – Présence divine parmi eux.

- 503 -

אַבְרָשׁ - Avrash - Bruyère.

בֵּית הָאֱלֹהִים - Béith haÉlohim - Maison d'Élohim.

בָּרֹאשׁ - Barosh - Devant, à la première place.

גָּרֵשׁ - Garésh - chasser, expulser, rejeter, divorce.

גֶּשֶׁר - Guéshér - Pont, connexion, association.

לוּחוֹת אֶבֶן - Louhoth évén - Tables de pierre.

פְּרוֹזְדּוֹר - Prozdor - Couloir.

פְּרָקִים וְגִידִים - Praqim veguidim - Jointures et ligaments.

רֶגֶשׁ - Réguésh - Sentiment, émotion.

שֵׂרַג - Sérag - Entrelacer.

- 504 -

דְּלַעַת - Delaâth - Citrouille, courge.

דְּרָשׁ - Drash - Interprétation.

זוֹטוֹ שֶׁל עוֹלָם - Zoto Shél-Olam - La région la plus basse du monde.

חֹסֶר הַכָּרָה - Hossér hakarah - Inconscience.

טוֹטֶפֶת - Totéfét – Fronteau, phylactère de la tête.

טֶרֶם וְאַחַר-כָּךְ - Térém vaahad-kaf - Avant et après.

מְבֻלְבֶּלֶת - Mevoulbaléth - Alzheimer.

מַחֲנוֹת - Mahanoth - Les camps.

מְקוֹר מַיִם חַיִּים - Maqor mayim hayim - Source d'Eaux Vives.

נְחִילוֹת - Nehiloth - Flûte.

נַחְתּוֹם - Nahtom - Boulanger.

פַּח יָקוֹשׁ - Pah-Yaqosh - Piège d'oiseleur.

צָחוֹת - Tsahoth - Pureté, limpidité.

שִׁדֵּר - Shidér - Envoyer, expédier, dépêcher.

שַׁדָּר - Shadar - Bouleau.

- 505 -

דְּרוֹם-מִזְרָח - *Darom-Mizrah* - Sud-est.

כִּי אֵל גָּדוֹל יְהוָה וּמֶלֶךְ גָּדוֹל עַל־כָּל־אֱלֹהִים – *Li Él gadol Yhwh oumélék'h gadol âl-kal-Élohim* – « Car Yhwh est un grand Dieu, le grand roi de tous les Élohim » - Psaumes 95:3.

מְלָאכֶת יָד – *Malék'éth yad* - Artisanat.

נָבִיא מְדַבֵּר עִם אֱלֹהִים – *Navi medabér îm Élohim* – Prophète qui parle avec Élohim.

שָׂרָה – *Sarah* - Sarah.

תְּעָלָה – *Teâlah* – Canal, fossé, tranchée, conduit.

- 506 -

אב״ג ית״ץ - *Abeg Ytats* - Six premières lettres du Nom en 42 lettres.

אֵל חַי וַאֲמִתִּי - *Él haï veamiti* - Élohim vivant et véritable.

אֲשֵׁרָה - *Ashérah* - Astarté (déesse cananéenne).

בָּאתִי לְגַנִּי – *Bati legani* – « Je vais à mon jardin » (Cant. 5:1).

וְשַׁר - *Veshar* - 32ème nom du Shém haMeforash.

חַלּוֹן הַתֵּבָה – *Halon hatévah* – Fenêtre de l'Arche.

לִקוּי שִׂכְלִי – *Liqouï sik'li* - Déficience mentale.

מִינוּת - *Minouth* - Hérésie.

מַלְכוּתִי – *Malk'outhi* - Royal, majestueux.

מַעֲשֵׂה הָאֱלֹהִים - *Maâsséh haÉlohim* - Œuvre d'Élohim.

נוּן פְּשׁוּטָה - *Noun pshoutah* - Noun étendu (noun final).

פַּרְצוּפִים - *Partsoufim* - Personnifications.

רוֹשׁ - *Rosh* - Pruche.

שׁוֹר - *Shor* - Taureau.

שֵׁם מוּסְכָּם – *Shém mouskam* – Nom conventionnel.

תּוֹלָע - *Tolâ* - Rouge écarlate - ver.

- 507 -

אוֹשֵׁר - *Oshér* - Bonheur.

אַשּׁוּר - *Ashour* - Hêtre - Assyrie.

בֵּית הַמֶּלֶךְ – *Béith haMélékh* – Maison du Roi.

דִּינָה בַּת־לֵאָה - *Dinah bath Léah* - Dinah fille de Léah.

הָא גוּפָא קַשְׁיָא – *Ha goufa qashia* – Qui est contradictoire (araméen).

הָסֵר כַּעַס מִלִּבֶּךָ - *Hassér kaâss milbék* - Ôte de ton cœur la colère.

זֶבַח מֵתִים – *Zébah Métim* - Sacrifice funéraire.

יְמֵי בֵּין הַמְּצָרִים – *Yaméi béin haMetsarim* – « Jours entre les détroits ». Désigne la période de trois semaines entre les jeûnes tammouz et du 9 av.

יֵצֶר אוֹר – *Yétsér or* – Lumière formée.

לִמֵּד זְכוּת – *Liméd zekouth* – Mettre à l'honneur, parler positivement de.

מְלָאכוּתִי – Malk'outi – Artificiel, factice.

מִלַּת הַלֵּב – Milath halév – Circoncision du cœur.

נָגִילָה וְנִשְׂמְחָה – Naguilah venishmehah – Joie et allégresse.

שְׂאוֹר - Sheor - Levain.

שִׂמְחָה בְּלֵב וְהָמוֹן אַהֲבָה – Simhah belév vehamon ahavah – Joie dans le cœur et beaucoup d'amour.

- 508 -

אֱלֹהִים קָדוֹשׁ הוּא – Élohim qadosh Hou – Élohim, saint soit-Il.

בְּרוֹשׁ - Berosh - Cyprès.

חַג-הַסּוּכּוֹת – Hag-haSoukoth - Fête des Souccoth (cabanes).

חֻקַּת - Houqath – « Décret » - Parasha #39 - Nbr. 19:1-22:1.

לָחַשׁ עַל הַמַּכָּה - Lahash Âl-Hamakah - Réciter des incantations pour guérir une plaie.

נָדַר נֶדֶר - Nadar Néder - Prononcer un vœu.

סְבִילוּת - Savilouth - Passivité.

קַדֶּדֶת - Qadédéth - Colique.

שֵׂכֶל נִצְחִי - Séķél Nitshi - Conscience d'éternité.

- 509 -

אֶשָׂא סוּמְקָא – Ésha soumqa – Feu rouge (araméen).

אֶשְׁכּוֹל בֵּיצִים - Éishķol Bétsim - Ovaire.

בַּיּוֹם הַהוּא, יִהְיֶה יְהֹוָה אֶחָד וּשְׁמוֹ אֶחָד - Bayom haHou, yihyéh Yhwh éhad oushmo éhad - En ce jour, Lui, Yhwh sera un, et son nom un.

דְּרָשָׁה - Drashah – Prêche, homélie.

גֵּרוּשׁ - Guéroush - Chasser, éjecter, retirer - expulsion, bannissement, exil – Personne divorcée.

הַר-חֶרְמוֹן - Har Hermon - Mont Hermon.

כְּלֵי הַמִּקְדָּשׁ - Keli hamiqdash - Instrument du Temple.

מְגִלַּת אֵיכָה - Méguilath-Éiķah - Les Lamentations (livre biblique).

מְזוֹנוֹת - Mezonoth - Entretien, pension.

מַעֲשֵׂה לְהָטִים - Maasséh-Lehatim - Acte magique, sorcellerie.

מִקְדָּשׁ אֲדֹנָי - Miqdash Adonai - Temple d'Adonai.

עִלְגּוּת - Îlgouth - Bégaiement.

רַחֲמָנָא לִיצְלַן – Rahemana litslan - Puisse le Tout Miséricordieux nous protéger. Puisse une telle chose ne pas nous arriver (araméen).

- 510 -

דְּרוּשׁ - Droush - Interprétation figurée.

יָחֲדוּ שֶׁל עוֹלָם - Yéhoudou Shél-ôlam - Dieu unique.

יַיִן לְקִדּוּשׁ - *Yayin leqidoush* - Vin du Kiddush, vin de sanctification.

יָשָׁר - *Yashar* - Être droit, aller droit, droit.

כַּלָנִית - *Kalanith* - Anémone.

מִכְלוֹת זָהָב - *Mikloth Zahav* - Or massif.

קַפְרִיסִין - *Qafrissin* - Chypre.

שֵׂכֶל קַיִּם - *Sékél qiyim* - Conscience de soutien.

שָׂרָי - *Saraï* - Saraï.

תַּנִּין – *Tanin* - Monstre marin – Crocodile - Dragon.

- 511 -

אוֹר הַחֶסֶד וְהַגְּבוּרָה - *Or haHesséd vehaGuevourah* - Lumière de la grâce et de l'héroïsme.

אָסְנַת - *Asnath* - Asnath.

אֶסַּפְרָה אֶל חֹק יְהֹוָה - *Assapréh él hoq Yhwh* - Je proclame la loi de Yhwh.

אַשְׁרֵי - *Ashréi* - Heureux.

הוֹד מַלְכוּת - *Hod Malkouth* - Gloire, Royauté (*sefiroth*).

הַר הָאֱלֹהִים חֹרֵבָה - *Har haÉlohim Horév* - Mont d'*Élohim* : Horév.

הַשְׁרָאָה - *Hashraah* - Inspiration, induction.

יוֹסֵף פַּרְעֹה - *Yosséf, Parôh* - Joseph, Pharaon.

עוֹלָם נְשִׁיָּה – *Ôlam neshiah* – Monde de l'oubli (d'amnésie).

עִלּוּי נְשָׁמָה – *Îlouï neshamah* – Ascension de l'âme.

עַמּוּדֵי הַשָּׁלוֹם - *Âmoudéi hashalom* - Piliers de la paix.

שׁוּרָה - *Shourah* - Rangée, ligne série.

תִּקְוָה - *Tiqvah* - Espoir, réparation.

- 512 -

אַרְיֵה דֹב נָמֵר – *Ariéh dov nemar* – Lion, ours, léopard.

אַשְׁגָּחָא פְּקִיחָא - *Ashgaha Pqiha* - Ouverture des sens (vigilance).

אִתְכַּפְיָא - *Itkafia* - Soumission (araméen).

בֵּיצִית - *Béitsith* - Ovule.

בֵּית הַמַּלְכָּה – *Beith hamalkah* – Maison de la Reine.

דְּבֵקוּת - *Dveqouth* - Adhésion, union mystique - Extase.

הוֹצֵאתִי - *Hotséti* – « *J'ai sorti de* », « *j'ai fait sortir* ».

מִי אֲנִי וּמַה שְּׁמִי – *Mi ani oumah shemi* – Qui suis-je, quel est mon nom ?.

מִלְּתָא דֶאֱלָהָא – *Milata diÉlaha* – Parole de Dieu.

קַדַּחַת - *Qadahath* - Fièvre.

שַׂר הוּא – *Sar hou* – Il est prince.

- 513 -

אוֹנָנוּת - *Onanouth* - Onanisme.

אֵשׁ וּבָרָד - *Ésh ouvarad* - Feu et grêle.

אֵשׁ זָרָה - *Ésh zarah* – Feu étranger.

זְמַן תְּגוּבָה – Zman tegouvah – Temps de réaction, temps de réponse.

יָם זְכוּכִית – Yam zekoukith - Mer de verre.

כַּוָּנַת הַלֵּב – Kavanath halév - Intention du cœur.

מִדַּת הַדִּין – Midath hadin - Attribut du jugement.

נֵס גָּדוֹל הָיָה שָׁם – Ness gadol hayah sham - Un grand miracle a eu lieu là-bas.

עֵין הַחַשְׁמַל - Êin hashmal - Œil du Ḥashmal.

- 514 -

בַּעַל בַּיִת – Baâl bayith – Maître de maison, propriétaire.

דִּמְיוֹן חָפְשִׁי – Dimion hafshi – Liberté d'imagination – Imagination débridée.

הוּא בָשָׂר - Hou bassar – Il est chair.

זֶה לָכֶם הָאוֹת - Zéh lak'ém haOth - Ceci est un signe pour vous.

זָהַר בָּרָק – Zahar baraq – Éclair brillant.

חֻקּוֹת - Ḥouqoth – Lois - Constitution.

חָרוּשׁ - Ḥaroush – Labouré, sillonné, gravé, rainuré.

יְמוֹת הַחַמָּה – Yemoth haḥamah – Printemps et été - 365 jours d'une année solaire.

נְבוּנוֹת - Nevounoth - Intelligence, habileté.

סְלִיחוֹת - Sliḥoth - Prières de pénitence.

פִּכְחוּת - Pikehouth - Sobriété.

רֹאשׁ אֶחָד – Rosh éḥad – Une tête.

שָׁחוֹר - Sheḥor - Noir.

שָׂרִיד – Sharid – Survivant - vestige, relique, trace.

שֵׂכֶל מַעֲמִיד – Sékél maâmid - Conscience permanente.

שֵׁם חִיצוֹנִי – Shém hitsoni – Nom externe.

- 515 -

אִישׁ צַדִּיק – Ish tsadiq – Homme juste.

בַּת סְגָן – Bath segan – Fille du vice-grand prêtre.

וָאֶתְחַנַּן - Vaéthhanan – « Et je suppliai » - Parasha #45 - Deut. 3:23-7:11.

יְשָׁרָה – Ysharah – Droiture, intégrité.

מִגְבַּעַת - Migbaâth – Chapeau.

נַחֲלָה בְּלִי מִצְרַיִם - Nahalah beli mitsraïm – Héritage sans limites.

עַד אֵין מִסְפָּר - Âd éin mispar – Innombrable, infini.

תְּפִלָּה - Tefilah - Prière.

- 516 -

בְּרֹאשׁ אֶחָד – Berosh éḥad – Du même esprit, d'accord.

דִּמְיוֹנוּת - Dimionouth - Fantaisie, chimère.

חג"ת נהי"ם - *Ħagat Nehayim* - Abréviation pour *Ħesséd, Guevourah, Tiféréth, Nétsah,* Hod, *Yessod* et *Malkouth.*

יוֹנָתָן - *Yonathan* - Jonathan.

לְכְלוּכִית - *Likloukith* - Cendrillon, souillon.

מָעֶנֶת - *Maôuvath* - Entorse - tordu, tortueux, faux.

- 517 -

אָבּוּד לַדַּעַת - *Iboud LaDaâth* – Suicide (litt. perte de la connaissance).

אָבוֹת וּבָנִים – *Avoth ouvénim* – Pères et fils.

אָלֶף תָּו – *Aléf-Tav* – Aléf-Tav.

הוֹד מַלְכוּתוֹ – *Hod malk'outo* – Sa majesté.

טַל חַיִּים קָדוֹשׁ – *Tal ħayim qodésh* – Rosé de la vie sainte.

מַתָּנָה טוֹבָה - *Matanah tovah* - Bon présent.

נָחָשׁ קָטָן – *Naħash qatan* – Petit serpent.

פְּלָאוֹת - *Plaoth* - Merveille.

שָׂדֶה בּוּר - *Sdéh-Bour* - Champ en friche, jachère.

- 518 -

אֶל־בֵּית הַיַּיִן – *Él béith hayayin* – À la maison du vin (au cellier).

בָּאנוּ קְטַנִּים יָצָאנוּ גְּדוֹלִים – *Banouqatanim yatsanou guedolim* – Nous sommes arrivés petits et ressortis grands.

הַלְמוּת הַלֵּב - *Halmouth-halév* - Battement du cœur.

חוֹלַת אַהֲבָה אָנִי – *Ħolath ahavah ani* – Je suis malade d'amour.

חָרִישׁ - *Ħarish* - Labour, saison de labour.

רֵיחַ מְמַכֵּר – *Riaħ memakér* – Odeur addictive.

שִׁבְעָה מַלְאָכִים - *Shivâh malakhim* - Sept anges.

שִׁמְעוֹן וְלֵוִי – *Shimeôn veLévi* – Simon et Lévi.

- 519 -

אֶהְיֶה בֵּית אֱלֹהִים – *Éhyéh béith Élohim* – Je serai la maison d'*Élohim.*

אוֹר חָדָשׁ - *Or ħadash* - Lumière nouvelle.

גּוּף נֶפֶשׁ – *Gouf néfésh* – Corps âme.

גִּשּׁוּר – *Guishour* – Connexion, unification, médiation - pontage.

חֶסֶד וֶאֱמֶת – *Ħesséd vééméth* - Bonté et vérité.

חָסַר אֶמְצָעִי – *Ħassar amtsaï* – Sans moyen, pauvre.

חָתָן וְכַלָּה – *Ħatan vekalah*- Marié et mariée.

כַּוָּנַת הַלֵּב – *Kavanath halév* – Intention du cœur.

מִדַּת לַיְלָה - *Midath laïlah* - Attribut de la nuit.

מֶלֶךְ הַחַיּוֹת – *Mélékh haħayoth* – Roi des animaux (vitalités).

מְקוֹם הַחֹשֶׁךְ - *Maqom hahoshék* - Lieu d'obscurité.

נְבִיאֵי הָאֱמֶת - *Neviéi haéméth* - Prophétie de vérité.

שְׁעוֹן הַחוֹל אוֹזֵל – *Sheôn hahol ozél* – Le temps presse.

- 520 -

בְּחֻקֹּתַי - *Behouqotaï* – « Selon mes règles » - *Parasha* #33 - Lév. 26:3-27:34.

בַּת כֹּהֵן גָּדוֹל – *Bath kohén gadol* – Fille du Grand Prêtre.

דּוּכִיפַת - *Doukifath* - Oiseau mythique.

דְּמָעוֹת - *Demaôth* - Larmes.

יַלֶּפֶת - *Yaléféth* - Éruption de la peau.

יָשִׁיר - *Yashir* - Direct.

לִיפַת - *Lifath* - Fibrose.

מַזָּל בְּתוּלָה - *Mazal Betoulah* - Signe de la Vierge.

מְמַרְמֵר - *Memourmar* - Aigri, révolté.

מַעְגָּלִים מֶרְכַּזִּיִּים - *Mâgalim Mérkazzim* - Cercles concentriques.

מְקוֹם חוֹשֶׁךְ - *Maqom hoshék* - Lieu obscure.

עַמּוּדִים גְּדוֹלִים מֵאַוִּיר - *Âmoudim gdolim méavir* - Grandes colonnes d'éther.

עֲפַר יַסְמִין - *Âfar yasmin* - Poudre de jasmin.

עֵץ סָרָק – *Êts sraq* – Arbre stérile.

תָּסַס – *Tassas* – fermenter, bouillonner, pétiller - s'agiter, se mettre en colère.

- 521 -

אֻכְמָנִית - *Oukmanith* - Myrtille.

יוֹם כִּפּוּר קָטָן - *Yom Kippour qatan* - Jour d'Expiation mineur (pratiqué le jour précédant chaque *Rosh Ḥodésh*).

כִּי־תֵצֵא - *Ki-tétsé* – « *Quand tu partiras* » - *Parasha* #49 - Deut. 21:10-25:19.

מַחְשׂוֹף הַלָּבֶן - *Mahshouf halébén* - Découverte de la blancheur.

קֹצֶר אַפַּיִם - *Qotsér apayim* - Prompt à la colère (nez court).

- 522 -

בַּסֶּסֶת - *Bassésséth* - Alcalose.

אַסְמַכְתָּא - *Asmakta* – Support, référence (araméen).

הָאֵל עֹשֵׂה פֶלֶא – *HaÉl ôsséh pélé* – Le Dieu faisant merveille.

מַבְעִית - *Mavîth* - Horrifiant.

מַלְכוּת יְהוָה - *Malkouth Yhwh* - Royaume de *Yhwh*.

עֶגְלַת הַזָּהָב – *Êglath hazahav* – Chariot d'or.

עֲלֵה־זַיִת - *Âléh-zayith* - Feuille d'oliver.

רוּחַ בּוֹקֶר – *Rouah boqér* – Vent du matin.

- 523 -

אָלֶף-בֵּית - *Aléf-Beith* - Alphabet.

אָלֶף וְתָו - *Aléf veTav* – Aléf et Tav.

אֶהְיֶה בַּשָׂר - *Éhyéh bassar* – Je serai chair.

הָאוֹת אָלֶף – *Ha-oth aléf* – La lettre aléf.

חָכְמַת הָאֲדָמָה – *Hakhmath haAdamah* – Sagesse de la terre.

יֹצְאֵי יֶרֶךְ-יַעֲקֹב - *Yotséi yérék-Yaâqov* - Sortis de la cuisse de Jacob.

יֹצְאֵי הַתֵּבָה - *Yotséi hatévah* - Sortis de l'Arche.

כִּי-הִטָּה אָזְנוֹ לִי וּבְיָמַי אֶקְרָא: - *Ki-hitah azno li ouvyamaï éqra* – « *Car il a incliné son oreille vers moi, je l'invoquerai durant les jours.* » - Psaumes 116:2.

מַעֲשֵׂה הָעֵגֶל – *Maâsséh haêguél* – Œuvre du Veau (Veau d'or).

שִׁיר אַהֲבָה – *Shir ahavah* – Chant d'amour.

- 524 -

זֹהַר חָדָשׁ - *Zohar hadash* - Nouveau Zohar.

כְּבֵד בְּנוֹכְחוּתוֹ – *Kivéd benok'houto* - Faire la grâce de sa présence.

מְלוֹא הָאֱלֹהוּת - *Melo haÉlohouth* - Plénitude de la divinité.

נְהַר הַיַּרְדֵּן - *Nehar haYardén* - Fleuve du Jourdain.

- 525 -

גּוּף וְנֶפֶשׁ - *Gouf venéfésh* - Corps et âme.

יהוה צְבָאוֹת - *Yhwh Tşevaoth* - Yhwh des armées.

נְהַר דִּי-נוּר - *Nehar-Di-Nour* - Fleuve de feu (Daniel 7:10).

פְּתִילָה - *Ptilah* - Mèche.

צִיץ מַרְצֶה - *Tsits martséh* - Diadème du désir.

- 526 -

בְּרָא כַּרְעֵיהּ דַּאֲבוּהּ – *Bara karêih daavouha* - Tel père tel fils, le fils ressemble à son père (araméen).

גְּזֵרָה שָׁוָה - *Gzérah shavah* - Un des sept principes d'interprétation d'un texte - Décision équivalente.

דְּמִיוֹנוֹת - *Dimionoth* – Imaginations, imaginaires.

חִוְיָא רִשָׁא - *Hivyah risha* – Serpent premier (originel) - araméen.

כִּי הַדָּם הוּא הַנֶּפֶשׁ – *Ki hadam hou hanéfésh* – « *Car le sang c'est l'âme* » - Deutéronome 12:23.

כַּדּוּר הָאָרֶץ - *Kadour haaréts* - Globe terrestre.

מוּדָעוּת - *Moudâouth* - Conscience.

מוֹפֵת - *Moféth* - Exemplaire - Merveille, miracle.

מַלְכוּת יְהוּדָה – *Malkouth Yehoudah* – Royaume de Judah.

מַסֵּכוֹת - *Maskoth* - Masques.

מָקוֹם שָׁם – Maqom sham – Place là-bas.

מַשְׁקוֹף - Mashqof – Linteau, montant de porte.

מֵת בַּחֲלוֹם – Méth bahalom – Mort en rêve.

נָהָר יוֹצֵא מֵעֵדֶן – Nahar yotsé méÉdén – Fleuve qui sort de l'Éden.

נְשָׁמָה בְּלִי גּוּף – Neshamah beli gouf – Âme sans corps.

קֵן צִפּוֹר – Qén tsipor – Nid d'oiseau.

רַק אוֹר וְאָהֲבָה – Raq or veahavah – Seulement lumière et amour.

תָּסוּס – Tasssous – Fermenté.

- 527 -

אֱלֹהִים אֱמֶת – Élohim émeth - Élohim vrai.

בְּהַעֲלֹתְךָ - Behaâlotk'ah - «Quand tu feras monter» - Parasha #36 Nbr. 8:1-12:16.

כְּלִי לְאוֹר מַקִּיף - Keli leor maqif - Réceptacle pour la lumière compréhensive.

נַהֲמַת לֵב - Nehamat-Lév - Cri du cœur, plainte.

- 528 -

אֵיךְ הָעוֹלָם נוֹצַר - Eik haôlam notsér - Comment le monde a été créé ?

יוֹצֵר עַל-מְכוֹנוֹ - Yotsér âm-mekhono - Formateur sur sa base.

מֶטַטְרוֹן רוּחַ - Métatron Rouah - Esprit de Métatron.

כְּבוֹד מַלְכוּת - Kevod Malkouth - Gloire royale.

מַפְתֵּחַ - Maftéah - Clé.

מַעֲרָב עוֹמֶק - Ôméq maârév - Insondable ouest.

פָאַרְאָצֶלְסוּס - Paratsélssous – Paracelse (1493-1541).

שֵׂכֶל קָבוּעַ - Sékél qavouâ - Conscience fixe.

- 529 -

אוֹר נָעֱרָב - Or naârav - Douce lumière.

אֲחִיתֹפֶל - Ahytofél - Ahitophel (conseiller de David).

אֶשְׁכּוֹל עֲנָבִים - Éshkol ânavim - Grappe de raisins.

הֶחָתָן וְהַכַּלָּה – Hahatan vehakalah – Le marié et la mariée.

הַחָכְמָה הָאֱלֹהִית – Hahakhmah haélohith – La sagesse divine.

חַי בְּתוֹךְ בּוּעָה – Ĥaï betok bouâh – Vivre dans une bulle, irréaliste, déconnecté de la réalité .

כִּיפַּת הַזָּהָב – Kippath hazahav – Dôme d'or.

נָגִילָה וְנִשְׂמְחָה בָּךְ – Naguilah venishmehah ba'k – Allégresse et joie en toi.

עֲצֵי שִׁטִּים - Âtséi shitim - Bois d'acacia.

פֶּתַח-הָאֹהֶל – Pétah-haohél – Ouverture de la tente.

שַׁעַטְנֵ"ז גֵּ"ץ – Shaâtnéz guéts – Désignation des sept lettres munies de couronnes.

תַּעֲנוּג - *Taânoug* – Délice, satisfaction.

- 530 -

אֱמוּנַת הַיִּחוּד - *Émounath Hayihoud* - Monothéisme.

חֲבַצֶּלֶת - *Havtséléth* – Lys (*Pancratium*).

כְּנֶסֶת - *Knésséth* - Réunion, communauté.

מֵעַל־שָׁמַיִם - *Méâl-shamayim* - Au-dessus des cieux.

מַעֲשֵׂה יְדֵי אָמָן – *Maâsséh yedéi aman* – Œuvre de mains d'artiste.

מֻפְתִּי - *Moufti* - Mufti.

מִצְרָר - *Mitsrar* - Formation en grappe - Fragmentation.

מְתֻמָּן - *Metouman* - Octogone.

עֵץ צָעִיר - *Êts tsaïr* - Jeune arbre.

- 531 -

אִישׁ טָהוֹר - *Ish tahor* - Homme pur.

אַחִים בַּלֵּב וּבַנֶּפֶשׁ – *Ahim balév ouvanéfésh* – Frères dans le cœur et dans l'âme.

אַמַּת מַיִם – *Amath mayim* – Aqueduc.

דָּבָר הַלָּמֵד מֵעִנְיָינוּ - *Davar halaméd mayinyéïnou* - Enseignement tiré à partir de la situation et du contexte.

הַמַּיִם מֵעַל הָאָרֶץ – *Hamayim méâl haaréts* – Les eaux sur la terre.

כַּדּוּר אֵשׁ - *Kadour ésh* - Boule de feu.

עוֹלָם עֲשִׂיָּה - *Ôlam Âssiah* - Monde de l'Action.

רוּחַ חֲדָשָׁה – *Rouah hadashah* – Nouvel esprit.

תְּנוּעָה - *Tenouâh* – Mouvement - Voyelle.

- 532 -

בַּת־עַיִן – *Bath-âyin* – Œil-fille (œil de la vision intérieure durant le sommeil).

הַר הָעֲבָרִים - *Har haâvarim* - Mont des hébreux.

זֶה־שְׁמִי לְעֹלָם - *Zéh shmi léôlam* - C'est mon nom éternel.

חוֹתָם הַחָכְמָה - *Hotém haHokhmah* - Sceau de la Sagesse.

לֹא נִכְנַס לָאָרֶץ - *Lo neksas leéréts* - Pas rentré dans le pays.

עָבֹד אֶת־הָאֲדָמָה - *Âvod éth ha-Adamah* - Travailleur de la terre.

עֲבוֹדַת אֲדָמָה - *Âvodath adamah* - Travail de la terre, agriculture.

- 533 -

אֶשָּׁא חִיוָורָא – *Ésha hivoura* – Feu blanc (araméen).

הַצְּלָבוּת - *Hatslavouth* - Crucifixion.

חַיֵּי שָׂרָה - *Hayé Sarah* – « *Vie de Sarah* » - *Parasha* #5 - Gen. 23:1-25:18.

כְּעֵין הַחַשְׁמַל - *Kéïn haHashmal* - Comme l'œil du *Hashmal*.

כַּף זְכוּת - *Kaf zekouth* - Plateau du mérite.

מֶלֶךְ בַּלָּהוֹת - *Mélêk Balahoth* - Roi des démons (des épouvantements).

- 534 -

בֵּית הַבְּלִיעָה - *Bayith-habliyâh* - Pharynx, gosier.

דַּלֶּקֶת - *Daléqéth* - Inflammation.

חֲסִינוּת - *Hassinouth* - Immunité.

חֲסַר מַצְפּוּן - *Hassar matspoun* - Sans conscience (perdre le nord).

טֶלֶפַּתְיָה - *Télépathia* - Télépathie.

לְשַׁד עֶצֶם - *Leshad êtsém* - Moelle osseuse.

- 535 -

אוֹר חֹשֶׁךְ - *Or hosék* - Lumière obscure.

בַּעַל מִשְׁפָּחָה - *Baâl mishpahah* - Homme de la famille, homme marié.

בְּרִיאָה חֲדָשָׁה - *Briah hadash* - Nouvelle Création.

סַהַר הָאַחֲרוֹן - *Sahar ha-aharon* - Dernier croissant de Lune.

קֹהֶלֶת - *Qohéléth* - Ecclésiaste.

שֵׂכֶל הַפֹּעַל - *Sékél hapoël* - Intellect-Agent.

תַּקָּלָה - *Taqalah* - Faute, mésaventure, accroc, problème.

- 536 -

בִּינָה וּתְבוּנָה - *Binah ouTevounah* - Intelligence et discernement.

טַלִּית לְבָנָה - *Talith levanah* - Châle blanc (de la lune).

מוֹפְתִי - *Mofti* - Merveilleux, exemplaire, parfait.

עוֹלָם הָעֲשִׂיָּה - *Ôlam haÂssiah* - Monde de l'Action.

שֵׂכֶל נִסְיוֹנִי - *Sékél nissioni* - Conscience éprouvante.

- 537 -

אֲצִילוּת - *Astilouth* - Émanation, proximité.

חוּט הַשִּׁדְרָה - *Hout-Hashidrah* - Moelle épinière.

לֶחֶם הַתָּמִיד - *Léhém hatamid* - Pain perpétuel (Temple).

פֶּטֶר רֶחֶם - *Pétér réhém* - Premier-né.

פֶּטֶר־רֶחֶם - *pétére réhém* - Ouverture de l'utérus - Premier-né.

- 538 -

בִּדְמוּת אֱלֹהִים – *Bidemouth Élohim* – Dans la ressemblance d'Élohim.

בַּרְדָּס הַנָּזִיר – *Bardass hanazir* – Aconit (litt. Capuche de moine).

בַּת קוֹל - *Bath-qol* - Voix fille, voix céleste - Écho.

דַּיָּה שְׁחוֹרָה – *Dayah shehorah* – Encre noire.

זְמַן אֶמֶת – Zman éméth – Temps réel.

חָזוֹן בַּנְבוּאוֹת – Hazon banevouoth – Vision prophétique.

חָם יָפֶת – Ham Yaféth – Cham Jaféth.

חַמְצֶת - Hamétşéth - Acidose.

כּוֹכָב בֵּית לֶחֶם – Kok'av Béith léhém – Étoile de Bethléem.

יָאֵר יְהֹוָה פָּנָיו אֵלֶיךָ וִיחֻנֶּךָּ: – Yaér Yhwh panaïv élék'a vihounék'a – « Yhwh illumine ses faces pour toi, il te fait grâce » - Nomb. 6:25.

לֵב שׁוֹר – Lév shor – Cœur de taureau.

עִנְבֵי שׁוּעָל – Învéi shouâl – Cassis (litt. Raisins de renard).

פַּחַד מָוֶת - Paħad mavéth - Peur de la mort – Grande anxiété.

פֶּתַח הַגְּאוּלָה – Pétaħ hagueoulah – Ouverture de la rédemption.

פִּתְחִי־לִי – Pitaħ-li – Ouvre-moi !

- 539 -

לָשׁוֹן הַמֹּאזְנַיִם – Lashon-Hamoznayim - Aiguille de la balance, facteur décisif.

מִסְפָּר קָטָן – Mispar qatan - Petite valeur.

- 540 -

אֱלֹהִים קְדֹשִׁים – Élohim qedoshim – Élohim saint.

כְּנַף הַשְּׁכִינָה – Kanaf haShekhinah – Aile de la Shekhinah.

לֵב שָׁבוּר – Lév shavour – Cœur brisé, profonde tristesse.

מָתְנַיִם - Matnaïm - Hanche.

עַרְעָר - Ârâr - Genévrier.

קֶבֶר רָחֵל – Qavar Raħél – Tombe de Rachel.

רָמַשׁ – Ramash - Ramper, fourmiller - Insecte.

שַׁרְבִיט הַזָּהָב - Sharbit hazahav - Sceptre d'or.

שֻׁמָּר - Shoumar - Fenouil.

שֵׁם עֶצֶם – Shém êtsém – Nom essentiel (reçu lors de la brith milah).

שְׁנֵי פָּנִים – Shnéi panim – Deux faces.

- 541 -

אוֹר וְחֹשֶׁךְ - Or vehoshék - Lumière et obscurité.

אוֹר חָשׁוּךְ - Or hashouk - Lumière obscure.

בִּינָה דַּעַת - Binah Daâth - Intelligence Connaissance.

הָאֵל יָאִיר דַּרְכְּכֶם - HaÉl yaïr darkek'ém - Le divin illuminera votre chemin.

הוֹרֵנִי יְהֹוָה דַּרְכֶּךָ - Horéini Yhwh darkék'a - Yhwh, instruis-moi de ta voie.

הַמִּצְוֹת - ha-mitsvoth - Les commandements.

הַשֵּׁם עוֹלָם הָאָדָם - Hashém ôlam haAdam - Le nom du monde d'Adam.

וְהַשְׁכִינָה עַל אָדָם - *VehaShekhinah âl Adam* - Et la Shekhinah est sur Adam.

חִדּוּשׁ הַיָּרֵחַ – *Ḥodésh hayaréah* – Nouvelle lune.

טוֹב מוֹתִי מֵחַיָּי - *Tov moti méhayaï* - Ma mort est préférable à ma vie.

יָם הַתִּיכוֹן - *Yam Hatiqon* - Mer méditerranée.

יֵשׁ רא״ל - *Yésh 231* - Il y a 231 [portes].

יִשְׂרָאֵל - *Israël* - Israël.

לֻחֹת אֲבָנִים - *Louhoth avanim* - Tables de pierres.

מְאֻשָּׁר - *Meoushar* - Bienheureux.

מַלְכוּת יוד הא ואו הא - *Malkouth Yod-Hé-Vav-Hé* - *Malkouth* Yod-Hé-Vav-Hé.

מְקוֹם הַשֵּׂכֶל - *Maqom hasékél* - Lieu de l'intellect.

נֶשֶׁק הָאֱלֹהִים - *Néshéq haÉlohim* - Armure d'*Élohim*.

קֵן הַצִּיפּוֹר - *Qén haTsippor* - Nid de l'oiseau.

רוֹאֶה וְאֵינוֹ נִרְאֶה - *Roéh veéino niréh* – « *Voit et ne peut être vu* » (Pirqé deRabbi Eliézer 34:12).

שֵׂכֶל הַפּוֹעֵל - *Sékél ha-poël* - Intellect-Agent.

שָׂרָה לֵאָה - *Sarah Léah* - Sarah Léa.

- 542 -

בְּנֵי לִילִית - *Bnéi Lilith* - Fils de Lilith.

זִהוּם סְבִיבָתִי – *Zihoum sevivathi* – Pollution environnementale.

זִוּוּג נְשִׁיקִין - *Zivoug neshiqin* - Conjonction des baisers.

חָכְמָה וּתְבוּנָה - *Hokhmah ouTevounah* - Sagesse et discernement.

כּוֹנְנִיּוּת - *Koneniouth* - État de vigilance.

כְּפוּלוֹת - *Kefouloth* - Doubles.

מַלְאַךְ הַמָּוֶת - *Malakh hamavéth* - Ange de la mort.

מִשְׁפְּטֵי הַכּוֹכָבִים – *Mishpati hakokavim* – Jugements des étoiles - Théories des étoiles, astrologie.

רֶבַע הָאַחֲרוֹן - *Révaâ ha-aharon* - Dernier quartier – Lune descendante.

- 543 -

אֶהְיֶה אֲשֶׁר אֶהְיֶה - *Éhyéh ashér Éhyéh* - Je serai qui se je serai.

אַרְבָּעָה טוּרִים - *Arbaâh tourim* - Quatre rangées (colonnes).

בַּחוּר יְשִׁיבָה - *Bahouri Yeshivah* - Étudiant d'école talmudique.

בַּת מִצְוָה - *Bath mitsvah* - Cérémonie de célébration du 12e anniversaire d'une fille.

גֵּרְשֹׁם - *Guérshom* - Migrant.

טִבְעוֹנוּת - *Tivônouth* - Végétarisme.

מִגְרָשׁ - *Migrash* - Parcelle, terrain.

מֻרְגָּשׁ - *Mourgash* - Ressenti, détecté, perçu, perceptible.

מֹשֶׁה בָּן מִימוֹן - *Moshé bén Maïmon* - Maïmonide.

מִשְׂחָקֵי הַכַּס - *Mishhaqéi hakéss* - Jeux du Trône.

- 544 -

אֵלִיָהוּ הַנָּבִיא מָשִׁיחַ בֶּן דָוִד - *Éliahou hanavi Mashiah bén David* - Élie le prophète, Messie fils de David.

חָם וָיֶפֶת -*Ham veYaféth* - Cham et Japhet (Chaud et beau).

טִפַּת הַהוֹלָדָה - *Tipah haholadah* - Goutte séminale.

מִדְרָשׁ - *Midrash* - Interprétation - Exégèse homilétique de la Bible.

מֶלָּא דַנְבִיּוּתָא - *Mélé daniviouta* - Parole de la prophétie (araméen).

מִלְחָמַת יְהֹוָה - *Milhamath Yhwh* - Guerre de *Yhwh*.

תַּפּוּחַ אֲדָמָה - *Tapouha adamah* - Pomme de terre.

תַּפּוּחִים - *Tapouhim* - Pommes.

- 545 -

אֵין עָתִיד - *Éin âtid* - Il n'y a pas de futur.

בַּלּוּטַת הַמָּגֵן - *Baloutath Hamaguén* - Glande thyroïde (litt. Bouclier protecteur).

גַּמְלוֹנִיּוּת - *Gamloniouth* - Maigreur.

דְּבֵקוּת בָּאֵל - *Devéqouth baÉl* - Adhésion en Dieu.

טִפַּת הָאוֹדֶם - *Tipah ha-odém* - Goutte rouge.

מַעֲשֵׂה סִינַי - *Maâsséh Sinaï* - Œuvre du Sinaï.

נְטִיעוֹת - *Netiôth* - Jeunes arbres, jeunes pousses - Expression de la foi.

רוּחַ רְפָאִים - *Rouah refaïm* - Fantôme.

שֵׁם הָעֶצֶם - *Shém haêtsém* - Nom essentiel (reçu lors de la *brith milah*).

- 546 -

בַּעֲלֵי הַמִּשְׁפָּט - *Baâléi hamishpat* - Maîtres du jugement, astrologues (selon Ibn Ezra).

זִכְרוֹנוֹ לִבְרָכָה - *Zikrono livrakhah* - De mémoire bénie.

מַעֲלוֹת - *Méâloth* - Montée, élévation - Degrés, marches.

מָתוֹק - *Matoq* - Doux, sucré.

סְעוּדוֹת - *Seôudoth* - Repas, festins.

שָׁמוֹר - *Shamor* - Observance, surveillance.

- 547 -

בִּינָה וְדַעַת - *Binah veDaâth* - Intelligence et connaissance.

כֶּתֶם פָּז - *Kétém paz* - Or fin.

מַלְאַךְ הַתְּהוֹם - *Malakh hatehom* - Ange de l'abîme.

נֶאֱמָנוּת - *Néémanouth* - Fidélité, loyauté.

שִׁיר הַכָּבוֹד - *Shir hakavod* - Chant de clôture des services de prière du *Shabbath*.

שָׂרָה וְלֵאָה – *Sarah veLéah* – Sarah et Léa.

- 548 -

אֹהֲבַת הַקָּהָל - *Ohévéth ha-qahal* - Amour de la communauté.

מִשְׁחָר - *Mishehar* - Aube, aurore - noirci.

סַבְלָנוּת - *savlanouth* - Patience.

סִימָן לְמָשִׁיחַ - *Siman limshiah* - Signe messianique.

סַפַּחַת - *Sapahath* - Psoriasis.

צָעִיר לָנֶצַח - *Tşaïr lenatşéah* - Jeunesse éternelle .

- 549 -

אֱמֶת וֶאֱמוּנָה - *Éméth veémounah* - Vérité et foi.

בִּלְבּוּל הַדַּעַת - *Bilboul haDaâth* - Confusion mentale.

בַּת מִצְוָוה - *Bath mitsvah* - Majorité religieuse (fille).

דַּלַּת הָעָם – *Dalath haâm* – Pauvre, indigent.

חוֹתָם הַמֶּלֶךְ - *Hotém hamélék* - Sceau du roi.

חָכְמָה יְוָנִית – *Hakhmah yevanith* – Sagesse grecque - littérature grecque (Sciences et enseignement général en dehors de l'étude de la Torah).

יְהוֹשֻׁעַ בֶּן-נוּן - *Yhoushouâ bén-Noun* - Josué fils de Noun.

יְמֵי הַבֵּינַיִּים – *Yeméi habéinayim* – Moyen-Âge.

מוּרְגָּשׁ - *Mourgash* - ressenti, senti, perçu, perceptible.

עַד דּוֹר אַחֲרוֹן - *Âd-dor aharon* - Jusqu'à la fin des temps.

פַּרְעֹה כֹּחַ עֶלְיוֹן - *Paraôh koah êlion* - Pharaon est une force supérieure.

רוּחַ סְעָרָה - *Rouah saârah* - Souffle tempête.

רוּחַ עַל פְּנֵי הַמַּיִם - *Rouah âl fnéi hamayim* - Souffle sur la face des eaux.

- 550 -

בֵּית קִבּוּל - *Béith qiboul* - Maison de réception.

הַמְתָּקָה - *Hamtaqah* - Adoucissement.

כַּנְפֵי הַשְּׁכִינָה – *Kanféi haShekhinah* – Ailes de la *Shekhinah*.

מְפֻתָּל - *Mefoutal* - Sinueux.

נְדִיפוּת - *Nédifouth* - Volatilité.

נֶשֶׁר - *Néshér* - Aigle.

צְנִית - *Tşinith* - Goutte.

שֵׁבֶט בַּרְזֶל - *Shévét barzél* - Sceptre de fer.

שָׁמִיר - *Shamir* - Épine, un instrument du Temple.

שָׁמִיר - *Shamir* - Aneth.

שָׁרִים - *Sharim* - Chanteurs.

תִּקֵּן - *Tiqén* - standard, norme; établissement, liste de services.

- 551 -

אָלֶף מֶם שִׁין – *Aléf mém shin* – Aléf mém shin.

הֻשְׁלַם לְעוֹלָם - *Houshlam leôlam* - Parfait éternellement.

מִגְדַּל דַּעַת – *Migdal daâth* – Tour de Connaissance (Daâth).

מָקוֹם נָטוּשׁ – *Maqom natoush* – Lieu abandonné.

נָשִׁים בְּקוֹל אֶחָד – *Nashim beqol éhad* – Femmes d'une seule voix.

סוֹד הַסּוֹדוֹת – *Sod hasodoth* – Secret des secrets.

עוֹף הַשָּׁמַיִם - *Ôf hashamayim* - Volatile des cieux.

רִבְקָה וְרָחֵל – *Rivqah veRahél* – Rébecca et Rachel.

תַּעֲלוּמָה - *Taâloumah* - Mystère.

תְּקוּמָה - *Teqoumah* - Résurrection, réveil, capacité de survie.

- 552 -

בַּלְעָנֶת - *Baleânéth* - Boulimie.

בָּשָׂר וָדָם - *Bassar vadam* - Chair et sang.

חַג הַמַּצּוֹת - *Hag hamatsoth* - Fête des azymes.

חֶמְדַּת יָמִים - *Hémdath yamim* - Désir des jours.

כָּל־בָּשָׂר – *Kal-bassar* – Toute chair.

מִרְיָם וְאַהֲרֹן - *Miryam veAharon* - Miryam et Aaron.

מֹשֶׁה אוֹר - *Moshé or* - Moïse lumière.

עוֹלָמוֹת - *Ôlamoth* - Mondes.

פְּרִי בֹּסֶר – *Pri bossér* - Fruit non mûr.

- 553 -

חָכְמָה וָדַעַת - *Hokhmah vaDaâth* - Sagesse et Connaissance.

לֶעָתִיד לָבוֹא - *Leâtid lavo* - Dans l'avenir, aux jours du Messie.

מַמְלָכַת הַחַי - *Mamlakah haHaï* - Règne vivant.

מְנוֹרָה הַמָּאוֹר - *Menorah-Hamaor* - Le chandelier de la Lumière.

תַּנִּין גָּדוֹל - *Tanim gadol* - Grand dragon.

- 554 -

אַהֲבַת עוֹלָם - *Ahavah ôlam* - Amour du monde.

בּוֹרֵא פְּרִי הָאֲדָמָה – *Boré pri haAdamah* – Créateur du fruit de la terre.

בִּלְתִּי דָבוּק - *Bilti davouq* - Sans attachement, détaché.

גַּלְגַּל הַמַּזָּלוֹת - *Galgal hamazaloth* - Zodiaque.

דָּבָר בִּפְנֵי עַצְמוֹ – *Davar bifnéi âtsmou* – Parole en soi – Chose en soi.

זוֹרֵעַ זֶרַע - *Zoréâ zérâ* - Semant semence, portant semence.

חָכְמַת הַטֶּבַע - *Hakhmath hatévâ* - Sagesse de la nature.

כֶּתֶם אוּפָז - *Kétém oupaz* - Or très fin.

נְבוּאַת דָּנִיֵּאל - Nevouath Daniel - Prophétie de Daniel.

שְׁמַיָּא רַבָּא - Shemaya rabba - Grand Ciel - Univers (araméen).

שָׁמַע בְּקוֹלוֹ - Shémâ qolnou - Faire ce qu'on lui dit, faire attention, suivre les conseils.

תְּפִלָּה טַל - Tefilah tal - Prière de la rosée.

- 555 -

אֲבוֹת עוֹלָם - Aboth ôlam - Patriarches éternels.

אָדָם יָשָׁר - Adam Yashar - Homme droit, intègre.

אוֹר שָׂמֵחַ - Or simha - Lumière joyeuse.

אנפי רַבְרְבֵי - Anpéi ravrevei - Grandes faces.

דָּן + אֲשֵׁר - Dan Ashér - Dan Ashér.

חֹמֶר וצוּרָה - Ḥomér vetsourah - Matière et forme.

לַמְנַצֵּחַ מִזְמוֹר לְדָוִד - Lamnatséah mizmor ledavid - Au chef des chantres : Chant de David.

מֹשֶׁה חַיִּים לוּצָאטוֹ - Moshé hayim Louzzatto - Moshé Hayim Louzzatto.

נִשְׁרָה - Nishrah - Fougère-aigle.

תַּנִּין אָדֹם - Tanin adom - Dragon rouge.

תַּקָּנָה - Taqanah - Ordonnance, règlement; décision religieuse; règle.

- 556 -

אַהֲבַת נֶצַח - Ahavath nétşah - Amour éternel.

אַחִים תְּאוֹמִים – Ahim tomim – Frères jumeaux.

אַרְבַּע רְגָלִים – Arbâ regalim – Quatre jambes (ou pieds).

יָה יִשְׂרָאֵל – Yah Ysraél – Yah Israël.

כִּדְמוּת אֱלֹהִים – Kidémouth Élohim – Comme la ressemblance d'Élohim.

כְּלִי מַלְכוּת - Keli Malkouth - Réceptacle de Malkouth.

כַּת הָאִיסִיִּים - Kath-Haissiyim - Secte des Esséniens.

מִישׁוֹר - Mishour - Plateau, plaine.

מַפֹּלֶת - Mapoléth - Éboulement, ruine, décombre.

נִכְפּוּת - Nikpouth - Épilepsie.

סוֹפִית - Sofith - Finalité.

עָלְמָא דָאֲתֵי – Âlma datéi – Monde à venir (araméen).

קֵן לַצִּפּוֹר - Qén latsipor - Nid de l'oiseau.

רְשִׁימוּ - Reshimou - Empreinte.

תְּנוֹק - Tinouq - Nourrisson.

תִּקּוּן - Tiqoun - Rectification.

- 557 -

אוֹת דְּפוּס – Oth defouss – Lettre imprimée - Fonte.

לוּז הַשִּׁדְרָה - Louz-Hashidrah - Vertèbre cervicale.

סֵפֶר הַזֹהַר - *Séfer-Hazohar* - Zohar - Livre de la Splendeur.

קֶרֶן אוֹר - *Qérén or* - Rayon de lumière.

- 558 -

בָּרוּן הָאֵל הַגָּדוֹל הַגִּבּוֹר - *Baroukh haÉl hagadol ha guibor* - Béni soit le Dieu grand et puissant.

בַּת צִיּוּן - *Bath tsion* - Fille de Sion.

חָלָם יְסָדוֹת - *Halam Yessodoth* - Rêve fondateur.

כָּתְלֵי הַחֻפָּה - *Kothléi hahoupah* - Murs du dais.

מַפַּח נֶפֶשׁ - *Mapah néfésh* - Chagrin, amère déception.

פַּת לֶחֶם - *Path léhém* - Mie de pain.

תָּאֳמֵי צְבִיָּה - *Taoméi tseviyah* - Jumeaux d'une biche.

תַּסְחִיף - *Tasshif* - Embolie.

- 559 -

אֶבֶן רֹאשָׁה - *Évén-roshah* - Clef de voûte.

אֱמֶת וְיַצִּיב - *Éméth ve-yatşiv* - Vérité et stabilité.

עֹלַת בַּמִּזְבֵּחַ - *Ôlath bamizbéah* - Sacrifice sur l'autel.

פַּתְיָא אוּכְמָא - *Patyah oukama* - Pot noirci (surnom quelqu'un qui investit beaucoup d'efforts dans l'étude de la Torah).

שִׁגָּרוֹן - *Shigaron* - Rhumatisme.

- 560 -

בֶּן־שַׁחַר - *Ben shahar* - Fils de l'aurore.

דַּעַת אֱלֹהִים - *Daâth Élohim* - Connaissance d'*Élohim*.

הַפְתָּעָה - *Haftaâh* - Surprise.

חַרְבָּא דְּמֹשֶׁה - *Harba deMoshé* - Glaive de Moïse (araméen).

מָשִׁיחַ בֶּן דָּוִד וְאֵלִיָּהוּ הַנָּבִיא - *Mashiah ben David véÉliyahou hanavi* - Messie fils de David et Elie le Prophète.

נְקֻדּוֹת - *Neqoudoth* - Points.

סָלְעַת - *Sélâth* - Sclérose.

עֲצִי־שָׁמֶן - *Êtéi-shamén* - Bois à huile (bois d'olivier).

עֶצֶם שֵׂכְלִי - *Êtsém sik'li* - Essence intellectuelle.

פַּרְפַּר - *Parpar* - Papillon.

צְלָלִית - *Tşlalith* - Silhouette - Fard à paupières.

תֵּינִק - *Téniq* - Nourrice.

תַּנִּינִים - *Taninim* - Dragons, monstres marins, crocodiles.

- 561 -

אָתְנִיק - *Athniq* - Nom magique signifiant "*Dieu accorde*".

הוֹד מַעֲלָתוֹ - *Hod maâlato* - Son Excellence.

כּוֹכַב הַשַּׁחַר - *Kokav hashahar* - Étoile du matin.

מוֹחִין דְּגָדְלוּת - *Mohin degadlouth* - Intellect mature (araméen).

מַעֲשֶׂה הַטִּבְעַיִּים - *Maâsséh hativîim* - Œuvre naturel.

עַזָּה כַמָּוֶת אַהֲבָה – Âzah kamavéth ahavah – « Fort comme la mort est l'amour ».

תּוֹלַעֲנָה - Tolaênah - Acajou.

- 562 -

אוֹר הַשֵּׂכֶל - Or hasékél - Lumière de l'intellect.

הֶיסַח הַדַּעַת - Hissah haDaâth - Absence d'attention.

מֶרְכָּבוֹ אַרְגָּמָן - Merkavo argaman - Son char pourpre.

סוֹדוֹת אֱלֹהִים - Sodoth Élohim - Secrets d'Élohim.

סֵפֶר הַבָּהִיר - Séfér haBahir - Livre de la Clarté.

שָׁבַר כְּלִי - Shavar keli - Réceptacle brisé.

שַׁדַּי אַבְרָהָם - Shaddaï Abraham - Shaddaï Abraham.

- 563 -

בִּינָה מַלְכוּת - Binah Malkouth – Intelligence, Royauté (sefiroth).

בֵּית הָעוֹלָם - Béith haôlam - Maison du Monde.

דִּמְעוֹת גִּיל – Dimôth guil – Larmes de joie.

לֶחֶם מִן הַשָּׁמַיִם – Léhém min hashamayim – Pain des cieux.

מֵאֲחוֹרֵי הַפַּרְגּוֹד – Méahoréi haPargod – Derrière le rideau.

מִי זֹאת עֹלָה – Mi zoth ôlah – Qui est celle qui monte ?.

נְטִילַת יָדַיִם - Netilath-Yadim - Ablution des mains.

- 564 -

אֶבֶן הָרֹאשָׁה - Évén-haroshah - Clef de voûte.

בָּרִאשׁוֹנָה - Barishonah - D'abord, pour la première fois.

הִתְעַטֵּף - Hiteâtéf - S'envelopper.

וַיְהִי הָאָדָם לְנֶפֶשׁ חַיָּה - Vayéhi haAdam leNéfésh hayah – « et l'Adam eut une âme vivante » Genèse (2:7).

חוֹלֵם יְסָדוֹת - Holam yessadoth – Rêve fondateur.

חָסַר צוּר - hassar-Tsour - Amorphe.

מַחְלְפוֹת - Mahlefoth - Tresses.

מָשִׁיחַ בֶּן אֱלֹהִים חַיִּים – Mashah bén Élohim hayim – Messie, fils d'Élohim vivant.

שִׁיר מְזָהָב – Shir mezahav – Chant de l'or.

תְּאוֹמֵי צְבִיָּה – Teoméi tsviyah – Jumeaux de gazelle.

- 565 -

אֶחְלְפוּ דוּכְתֵּי - Ihlafou douktéi - L'échange des places.

הִתְלַכְסֵן - Hitlaksén - Se diriger obliquement.

עֵיפָתָה - Êifatah - Sombre.

עִילַת הַכֹּל – Îlath hakol – Cause de tout.

קַטְנוּת - Qatnouth - Petitesse (immaturité).

- 566 -

הַבּוֹנִים הַחָפְשִׁיִּם - *Habonim hahafshiyim* - Francs-maçons, Franc-maçonnerie.

הָכְמָה מַלְכוּת - *Ḥokhmah Malkouth* - Sagesse - Royauté.

וָתִיקָן - *Vatiqan* - Vatican.

יֵין מַלְכוּת - *Yayin Malkouth* - Vin royal (de royauté).

יְשֻׁרוּן - *Yeshouroun* - Yeshurun (surnom d'Israël).

מַעְיָן הַיְשׁוּעָה - *Maâyan hayeshouâh* - Source du salut.

מָשִׁיחַ בֶּן יוֹסֵף - *Mashi'ah ben Yossef* - Messie fils de Joseph.

עֲיֵפוּת - *Âyéfouth* – Lassitude, fatigue.

עֵת סוֹד יְהֹוָה - *Êth sod Yhwh* - Temps secret de *Yhwh*.

צַלְמָוֶת - *Tsalmavéth* - Ombre-mort.

שׁוֹכֵן מְעֵלִים - *Shoḵén Meoûlim* - Habitant des hauteurs (Dieu).

שֶׁן-אַרְיֵה - *Shén ariéh* - Pissenlit.

תִּינוֹק - *Tinouq* – Nourrisson, bébé.

תִּיקּוּן - *Tiqoun* - Réparation.

- 567 -

אוֹר יָשָׁן - *Or yashan* - Lumière ancienne.

נְטִילַת לוּלָב - *Netilath Loulav* - Agitation du loulav et des trois autres espèces à Souccot.

- 568 -

נִפְלָאוֹת - *Nifaloth* - Merveilles.

עֵדֶר הָרְחֵלִים – *Êdér hareḥélim* – Troupeau de brebis.

שֵׂכֶל בָּהִיר - *Sékél nahir* - Conscience éclairée.

- 568 -

חֶסֶד מַלְכוּת - *Hesséd Malkouth* - Bienveillance, Royauté (*sefiroth*).

כֵּלִים לְבֵית-יְהֹוָה - *Kélim leBéith-Yhwh* - Ustensiles (réceptacles) pour la Maison de *Yhwh*.

תְּהוֹמָא עִילָאָה – *Tehoma îlaah* – Abîme supérieur (araméen).

- 569 -

אוֹהֵב אֶת הַמָּקוֹם מֵאַהֲבָה – *Ohév éth hamaqom méahavah* – Amoureux du lieu d'amour.

אַצְבָּעוֹת - *Atsbaôth* - Doigts.

גֵּרוּשִׁין - *Guéroushin* - Divorce.

חָכְמָה מַלְכוּת - *Ḥokhmah Malkouth* - Sagesse, Royauté (*sefiroth*).

מָקוֹר הָרֵיחַ - *Maqor hariah* - Source odorante.

נְבִיא הָאֹשֶׁר - *Nevi haoshér* - Prophète de bonheur.

עֵץ הַשָּׁקֵד - *Éts hashéqéd* - Amandier.

צְרוֹר הַחַיִּים - *Tseror haḥayim* - Faisceau des vivants.

קֹדֶשׁ מַעֲנֶה - *Qodésh maânéh* - Martyr.

קְרוּמָא דַּאֲוִירָא - *Qerouma daavira* - Membrane éthérique.

- 570 -

חֶסֶד בַּמַּלְכוּת - Ĥesséd beMalkouth - Bonté dans le royaume.

יָרֵחַ לְבָנָה סַהַר - Yraĥ Levanah Sahar - Lune.

כַּסְפִּית - Kaspith - Mercure (métal), vif-argent.

מַלְכַּת הַלַּיְלָה - Malkath halaïlah - Reine de la nuit.

מְעוֹן קָדְשׁ - Meôn qadosh - Saint repaire (résidence).

נַפְתָּלִי - Naftali - Nephtali.

סֻכַּת מֹלֶךְ - Soukath Molok - Hutte de Moloch.

נַפְתָּלִי – Naftali – Néphtali.

עַזְרִיאֵל וְגַבְרִיאֵל - Âzriél ouGavriel - Azriel et Gabriel.

עוֹמֶק הַמּוּשָּׂג – Ôméq hamoussag – Profondeur du concept - Profondeur de ce qui est compris.

עֶרֶשׂ - Êress - Lit, canapé, berceau.

עֹשֶׁר - Ôshér - Richesse.

עֶשֶׂר - Êssér - Dix.

פְּסֹלֶת - Psoléth - Déchet, impropre.

פַּחַד בַּלֵּילוֹת – Pahad balaïloth - Nyctophobie.

צְפָת - Tsfath - Saféd.

קוֹל מָשִׁיחַ בֶּן דָּוִיד - Qol Mashiah ben David - Voix du Messie fils de David.

קֶרַח הַנּוֹרָא - Qérah hanora - Cristal (glace) redoutable.

רָשָׁע - Rashâ - Méchant, mauvais, criminel.

שַׁדַּי לִפְנֵי הַכִּסֵּא - Shaddaï lifnéi haKissé - Shaddaï devant le Trône.

שֵׁבֶט רְאוּבֵן - Shévét reouvén - Tribu de Rubén.

שֵׂכֶל טָהוֹר - Sékél tahor - Conscience pure.

שֵׂעָר - Séâr - Cheveu.

תְּפִלִין - Téfilin - Phylactères.

- 571 -

אֱדֹם תּוֹסֵס - Édom tosséss - Vif-argent, ou « rouge vif ».

חָכְמַת הַכּוֹכָבִים - Ĥokhmath haKokavim - Sagesse des étoiles.

יְהוּדִי נוֹצְרִי מֻסְלְמִי - Yehoudi Notsri Mouslmi - Juifs Chrétiens, Musulmans.

יָם רוּחַ וְאֵשׁ - Yam rouah veésh - Mer, vent et feu.

מַגְיָה שְׁחֹרָה - Magyah shahorah - Magie noire.

מוֹחָא סְתִימָאָה - Moha Stimaah - Cerveau caché (araméen).

קוֹל מֵהַשָּׁמַיִם - Qol haShamayim - Voix céleste.

קֶטֶב מְרִירִי - Qétév mariri - Fléau amer (démon qui agit avant midi).

- 572 -

בַּחֲלוֹמוֹת הַלַּיְלָה - Bahalomoth halaïlah - dans les rêves nocturnes.

מֵת מְפַחֵד - Méth mepahéd - Mort de peur.

עֶלְיוֹנוּת - *Êliyonouth* – Transcendance - Suprématie.

רוּחַ מָשִׁיחַ - *Rouah Mashiah* - Esprit du Messie.

- 573 -

בָּרוּךְ הַשֵּׁם - *Baroukh Hashém* - Dieu merci ! Grâce à Dieu.

גִּבְעַת הַלְּבוֹנָה – *Guiveâth halevonah* – Colline de l'oliban.

נָחָשׁ הַקַּדְמוֹנִי – *Nahash haqadmoni* – Serpent ancestral.

עֲבוֹדַת הַלְוִיִּם - *Âvodath halevim* - Service des lévites.

שֻׁלְחַן הַפָּנִים - *Shoulhan hapanim* - Table des Faces (table d'oblations - Temple).

- 574 -

בּוּצִינָא קַדִּישָׁא - *Botsina Qadisha* - Saint flambeau (titre donné aux maîtres mystiques).

הַחַיִּים וְהַמֵּתִים - *Hahayim vehamétim* - Les vivants et les morts.

הַשְּׁכִינָה בַּגַּן הָעֵדֶן - *HaShekhinah began haÉdén* - La Présence divine dans le Jardin de l'Éden.

יוֹנָה בֶן־אֲמִתַּי - *Yonah bén-Amitaï* - Jonas fils d'Amitaï.

מַזַּל תְּאוֹמִים - *Mazal toumim* - Signe des Gémeaux.

עֹשֶׂה צְדָקָה - *Ôsséh tsédaqah* - Faire la charité.

צַפֶּדֶת - *Tsafédéth* - Tétanos.

קוֹל וְרוּחַ וְדִבּוּר - *Qol veRouah veDibour* - Voix, Souffle, Parole.

שֶׁמֶן דְּקָלִים - *Shémén deqalim* – Huile de palme.

- 575 -

בְּאֵר שֶׁבַע - *Beér Shévâ* – Puits de satiété – puits du serment - Beersheba.

הַתְּפִלִּין – *HaTéfilin* – Les téphilin.

וַיֹּאמֶר אֱלֹהִים יְהִי אוֹר - *Vayomér Élohim yehi or* - Élohim dit lumière sera.

יֵצֶר הָרָע - *Yetsér haRaâ* - Mauvais penchant.

לְהִתְפַּלֵּל - *Lehithpalèle* - Prier.

מַעֲשֵׂה נִסִּים - *Maasséh Nissim* - Phénomène miraculeux.

קָדוֹשׁ מְעֻנֶּה - *Qiddoush meôunéh* - Martyre.

קֹדֶשׁ הָעֶלְיוֹן - *Qodésh haêliyon* - Sainteté supérieure.

שִׁיר הַלֵּל – *Shir hallél* - Chant de louange, glorification.

- 576 -

בַּיִת חִיצוֹן - *Bayith hitson* - Extérieur de la maison.

בַּעַל דַּעַת – *Baâl daâth* – Maître de Connaissance, connaisseur, intelligent, bien informé.

כִּשָׁרוֹן - *kisharon* - Talent.

מַלְכוּת יְסוֹד – *Malkouth Yessod* – Royauté - Fondement.

מַלְקוֹת - *Malqoth* - Flagellation, châtiment.

מַקְלוֹת - Maqloth - Bâtons.

נְעִימוּת - nîymouth - Confort, plaisir.

סְנוּנִית - Snounith - Hirondelle.

עֶלְיוֹנִית - Êlionith – Pardessus, tunique, veste.

עֵץ עַרְמוֹנִים - Êts ârmonim - Châtaignier.

עָשׂוֹר - Âshour - Décade.

פִּי הַטַּבַּעַת - Pi hatabaâth - Anus.

שׁוֹעֵר - Shoêr - Pylore.

שִׁכָּרוֹן - shikaron - Ivresse.

שֶׂמְחָה אַהֲבָה וּבְלִי עֶצֶב - shémahah ahavah ouv'li étsév - Joie, amour et pas de tristesse.

שִׁעוּר - Shioûr - Mesure, proportion.

שָׂרוּעַ - sarouâ - étendu, allongé, qui a un membre trop long.

תֶּל־עוֹלָם - Tél-Ôlam - Monticule (colline) perpétuel.

תָּקוֹעַ - teqoâ - enfoncé, planté - trompette.

- 577 -

אוּרִשְׁלֵם - Ourishelém – Jérusalem (en araméen).

אוֹר שָׁלֵם – Or shalém – Lumière complète.

וִהְיִיתֶם כֵּאלֹהִים – Vihyitém kélohim - « Et vous serez comme Élohim » (Genèse 3:5).

חֲלֹמוֹת וַהֲבָלִים - Halamoth vahavalim - Rêves et futilités.

חַשְׁמַל הַצֶּדֶק - Hashmal hatsédéq - Hashmal de la justice (Jupiter).

כִּדְמוּת בְּנֵי אָדָם – Kidemouth benéi-Adam – Comme une ressemblance humaine.

כִּסֵּא מַלְכוּת - Kissé malkouth - Trône royal.

עַל־נְהַר־כְּבָר - Âl-nahar-Kvar - Sur le fleuve Kevar.

עֵץ זַיִת - Êts zayith - Olivier.

- 578 -

הַר גַּעַשׁ - Har gaâsh - Volcan - Montpellier (au moyen-âge).

הֲוָיוֹת הָעוֹלָם – Havayoth haôlam – Le monde tel qu'il existe.

טָבִיתָא, קוּמִי! - Tabitah, qoumi ! - Bonne nouvelle, debout ! (araméen).

כְּבוֹד מַעֲלָתוֹ – Kevod maâlato – Son altesse.

מַחְמֶצֶת - Mahmétséth - Levain.

- 579 -

אוֹר שִׂמְחָה וְאַהֲבָה – Or simhah veahavah – Lumière, joie et amour.

אוֹת הוּא בֵּינִי וּבֵינֶךְ – Oth hou beini ouvéink'ah – c'est un signe entre moi et toi.

אָחוֹת קְטַנָּה – Ahoth qatanah – Petite sœur.

הַמִּזְרָח הָרָחוֹק – Hamizrah harahoq – L'Extrême-Orient.

חֲצוֹת לַיְלָה – Hatsouth laïlah - Minuit.

חֵרֵשׁ-אִלֵּם - Harésh-Ilém - Sourd-muet.

פֵּירוּד הָרוּחָנִי - *Péiroud harouhani* - Séparation spirituelle.

- 580 -

הַעֲתָקָה - *Hâtaqah* - Se déplacer.

חִיצוֹנִיּוּת - *Ḥitšoniyouth* - Extériorités.

יָם כְּנֶסֶת - *Yam Knésséth* - Lac de Tibériade.

מָזוֹר וּמַרְפֵּא - *Mazor oumarpé* - Remède et guérison.

מַחְשָׁבָה טְהוֹרָה - *Maḥshavah tehorah* - Pensée pure.

מַיִם מֵתִים - *Mayim Métim* - Eaux des Morts.

מַמְתָּק - *Mamtaq* - Liqueur, nectar - Douceur sucrée.

מַעֲשֵׂי נִסִּים - *Maâsséi nissim* - Actes miraculeux.

עֶרֶב וָבֹקֶר - *Êrév vaboqér* - Soir et matin.

עָשִׁיר - *Âshir* - Riche, prospère.

עַתִּיק - *Âtiq* - Antique, ancien.

פִּדְיוֹן נֶפֶשׁ - *Pidion néfésh* - Rédemption de l'âme.

פָּרָשׁ - *Parash* - Explication, interprétation - Cavalier, propager, excrétion,.

רֶפֶשׁ - *Réfésh* - Boue.

שְׁחוֹרָה אֲנִי - *Shehorah ani* – « *Noire je suis* » (Cant. 1:5).

שְׂרָף - *Seraf* - Résine.

תְּפִילִין - *Tefilin* - Phylactères.

- 581 -

אוּר כַּשְׂדִּים - *Our Kassdim* - Ur en Chaldée.

חֲסַר בּוּשָׁה – *Ḥassar boushah* - Impudique, audacieux, effronté.

כְּמְלַקֵּט שִׁבֳּלִים – *Kimlaqét shibalim* – « *Comme un récolteur d'épis* » (Isaïe 17:5) - Transmission des secrets ésotériques.

לֵב טָהוֹר בְּרָא־לִי אֱלֹהִים - *Lév tahor bar li Élohim* - « *Élohim, crée en moi un cœur pur* » (Psaumes 51:10).

עָמַד פָּנִים אֶל פָּנִים מוּל – *Âmad panim él panim moul* – Faire face à quelqu'un.

שְׂעוֹרָה - *Seôrah* - Orgelet.

- 582 -

טִפַּת הַלוֹבֶן - *Tipah ha-lovén* - Goutte blanche.

עֵץ נָחָשׁ אָדָם חַוָּה - *Êts Nahash Adam Ḥavah* - Arbre, Serpent, Adam, Ève.

קוֹל הָאֱמֶת - *Qol haéméth* - Voie de la vérité.

- 583 -

אוֹר שָׁלוֹם – *Or shalom* – Lumière de paix.

טְמִירָא דְּטְמִירִין - *Temira de-Témirin* - Caché des cachés *(araméen)*.

מַזַּל שׁוֹר - *Mazal shor* - Signe du Taureau.

מסתגף - *Mastaguéf* - Ascète.

- 584 -

בַּבֹּקֶר וּבָעֶרֶב – Baboqér ouvaêrév – Au matin et au soir.

לֵב נִשְׁבָּר – Lév nishbar – cœur brisé.

- 585 -

אֱלֹהִים צְבָאוֹת - Élohim tsevaoth - Dieu des armées.

לֵיל כָּל הַקְּדוֹשִׁים – Léil kal haqadoshim – Nuit de tous les saints, nuit de la Toussaint - Halloween.

רָצוֹן בַּרְזֶל – Ratson barzél – Volonté de fer.

שִׁפְרָה - Shifrah - Embellisseuse.

- 586 -

חָכְמַת חֲכָמִים - Ḥokhmath ḥakhamim - Sagesse des sages.

יְרוּשָׁלֵם - Yéroushalém - Jérusalem.

מַעְיְינֵי הַיְשׁוּעָה - Mâyanaï hayeshouâh - Fontaine du salut.

עַל־הַגְּבָעוֹת – Âl haguevaôth – Sur les collines.

שׁוֹפָר - Shofar - Corne.

תָּקוּף - Taqouf - Frappé, attaqué.

- 587 -

אֲוִיר רֵיקָנִי - Avir réiqani - Éther vacant.

אֱלֹהֵי יִשְׂרָאֵל - Élohi Israël - Dieu d'Israël.

דְּיוֹנִיסְיוֹס הָאַרְיוֹפָגוֹס - Dionisyon haAriopagouss - Denys l'Aréopagite.

זַפֶּקֶת - Zaféqéth - Goitre.

מַלְכוּת הָאֱלֹהִים - Malkouth haÉlohim - Royaume d'Élohim.

פּוֹטִי פֶרַע כֹּהֵן אוֹן – Poti-Férâ kohén On – Potiphéra, prêtre de On.

רִכְבֵי פַרְעֹה – Rikvéi parôh – Chars de Pharaon.

- 588 -

אָזְנַיִם לַכֹּתֶל - Aznayim Lakotél - Les murs ont des oreilles.

בֶּן תְּמַלְיוֹן – Bén Temalion – Ben Temalion (démon exorcisé par Shiméon bar Yoḥaï).

יוֹדוּךָ עַמִּים אֱלֹהִים יוֹדוּךָ עַמִּים כֻּלָּם: - Yodoukh'a âmim Élohim yodoukh'a âmim koulam – « Les peuples te célébreront, Élohim ! Tous les peuples te célébreront » -Psaumes 67:4-.

מִלְחֶמֶת גוֹג וּמָגוֹג – Milḥéméth Gog ouMagog – Guerre de Gog et Magog.

סֵפֶר בַּמִּדְבָּר – Séfér Bamidbar - Livre des Nombres.

תְּלִי בְּעוֹלָם - Teli beôlam – Dragon dans le monde.

- 589 -

אַתָּה לֵב הָעוֹלָם – Atha lév haôlam – Tu es le cœur du monde.

אִתִּי מִלְּבָנוֹן – Iti milevanon – « Avec moi du Liban » (Cant. 4:8).

מִי שֶׁבָּא בָּרוּךְ הַבָּא – *Mi shéba barouk haba* – Celui qui vient est le bienvenu.

צַדִּיק בָּא לְעוֹלָם טוֹבָה בָּאָה לְעוֹלָם – *Tsadiq ba leôlam tovah baah laôlam* – Un juste vient au monde, le bien vient au le monde.

- 590 -

אוֹת אַזְעָקָה – *Oth azâqah* – Signal d'alarme.

עָלְמָא דְאִתְגַּלְיָא - *Ālma ditgalya* - Monde révélé.

מְאַלֵּף הַכֹּחוֹת – *Maléf hakohoth* – Dompteur des forces.

פְּלָאוֹת חָכְמָה – *Pléoth hok'hmah* – Merveilles de sagesse.

קֻלְבֹּסֶת - *Qilbosséth* - Fémur.

קֶרֶן הַמְּצִיצָה - *Qéren haMetsitsah* - Corne de succion (ventouse).

שֶׁרֶץ - *Shéréts* - Vermine, punaise.

- 591 -

אַנַקְתָם - *Anaqtam* - Acrostiche de : אֵל נוֹרָא קָדוֹשׁ תָּמִים מַרְבָּה « Dieu terrible saint immensément parfait. »

בַּעַל הַחֲלֹמוֹת - *Baâl haHalomoth* - Maître des Rêves.

דְבוֹרָה אִשָּׁה נְבִיאָה – *Dvorah ishah neviah* – Déborah, femme prophétesse.

דְבַשׁ הַיַּעַר - *Dvash hayaâr* - Miel sauvage.

הֵיכַל קֵן צִפּוֹר - *Heikal qén tispor* - Palais du Nid d'oiseau.

כָּל יִשְׂרָאֵל – *Kal Ysrael* – Tout Israël.

מֶטַטְרוֹן הוּא נוֹטֵר – *Métatron hou notér* – Métatron est le gardien.

סָנְדַלְפוֹן בְּסִינַי דַּלָּה פָּנַי - *Sandalfon beSinaï dalah panaï* – Sandalfon, au Sinaï apparût mon visage.

תְּקוּפָה - *Teqoufah* - Période, ère, saison.

- 592 -

אֶנְקַת אַיִל - *Énqath ayil* - Astragale (plante).

בַּעַל חֲלוֹמוֹת - *Baâl halomoth* - Maître des rêves.

בַּצֶּקֶת - *Batşéqéth* - Œdème.

עוֹלָם הָאֱמֶת – *Ôlam haéméth* – Monde de la vérité (le monde à venir, l'au-delà).

קוּם הָאֱמֶת - *Qoum ha-éméth* - Élever la vérité.

שֵׂכֶל מְצוּחְצָח - *Séķel mitšouhtšah* - conscience étincelante.

- 593 -

אוֹצַר הָאָרֶץ – *Otsar haaréts* – Trésor terrestre.

בֶּן יִשְׂרָאֵל – *Bén Ysraél* – Fils d'Israël.

נֶשֶׁר גָּדוֹל – *Néshér gadol* – Grand aigle.

צֵא מִן־הַתֵּבָה - *Tsé min-hatévah* - Sors de l'Arche !

קָם לַתְּחִיָּה – Qam lathhiyah – Ressuscité.

- 594 -

אֶבֶן יִשְׂרָאֵל - Évén Ysrael - Rocher d'Israël.

אַהֲבָה בַּתַּעֲנוּגִים – Ahavah bataânouguim – Amour dans les délices.

אֶלֶף וְאַחַת חַיִּים – Aléf veahath hayim – Mille et une vies.

אֲנִי הָאָלֶף וְהַתָּו - Ani haAléf vehaTav - Je suis l'Alef et le Tav.

בֵּית יַעֲקֹב – Béith Yaqov – Maison de Jacob.

גּוּף שָׂרָה – Gouf Sarah – Corps de Sarah.

מַזָּלָא סְתִימָאָה - Mazala stimaah - Destin occulte (araméen).

מִשְׁפַּט הָעַמִּים – Mishpat haâmim – Droit des peuples.

צֵאת הַכּוֹכָבִים - Tséth-Hakoḵavim - Apparition des étoiles.

קַבָּלָה הָאֱלוֹהִית – Qabbalah haélohith – Kabbale divine.

- 595 -

מִגְדָּל הַפּוֹרֵחַ בָּאֲוִיר - Migdal haporéah ba-avir - Tour qui flotte dans l'air (éther).

מִכְמַנֵּי הַנֶּפֶשׁ - Mikhmanéi-hanéfésh - Les replis de l'âme.

עֶצֶם הַשָּׁמַיִם - Êtsém haShamayim - Essence des Cieux.

רוּחַ הַשָּׁלוֹם – Rouah hashalom – Esprit de la paix.

שַׂר הַמֶּלֶךְ - Sar haMélékh - Ministre du Roi.

- 596 -

יְרוּשָׁלַיִם - Yeroushalaïm - Jérusalem.

מוֹחִין דִּזְעֵיר אַנְפִּין - Mohin diZéir Anpin - Cerveau du Visage restreint (araméen).

סֵפֶר דְּבָרִים - Séfér Devarim - Livre du Deutéronome.

פֵּירוּשׁ - Piroush - Explication.

פִּישׁוּר - Pishour - Compromis.

פְּנִימִיּוּת - Pnimiyouth - Immanence, intériorité.

צַיְמָנוּת - Tsayemanouth - Anorexie.

שְׁוַצָר - Shevatsar - Armoise.

- 597 -

אוֹר הַשְּׁכִינָה - Or haShekhinah - Lumière de la Shekhinah.

אַרְיֵה מִשֵּׁבֶט יְהוּדָה - Ariéh mishévét Yehoudah - Lion de la tribu de Judah.

אֶרֶץ הָאֵשׁ - Éréts haésh - Terre de feu.

אֵשׁ בָּרָד מַיִם - Ésh barad mayim - Feu, grêle, eau.

בַּעַל הַחֲלוֹמוֹת - Baâl hahalomoth – Maître des rêves.

הַמַּלְאָךְ יְהֹוָה מִיכָאֵל וְהַמַּלְאָךְ יְהֹוָה גַּבְרִיאֵל - Hamalalakh Yhwh Mikaël vehamalakh Yhwh Gavriel - L'ange de Yhwh Mikaël et l'ange de Yhwh Gabriel.

רֹאשׁ אֲמָנָה – Rosh amanah – Sommet de l'Amanah.

שָׂפָה זָרָה – Safah zarah – Langue étrangère.

- 598 -

נֶשֶׁר הַגָּדוֹל – Néshér hagadol – Grand aigle.

תּוּבַל קַיִן – Touval-Qaïn – Tubal-Caïn.

תַּנִּין גָּדוֹל אָדֹם – Tanin gadol adom – Grand dragon rouge.

תְּפִלָּה בְּכַוָּנָה – Tefilah bakavanah – Prière avec intention.

- 599 -

אָדָם חָוָה נָחָשׁ גַּן עֵדֶן – Adam Havah nahash Gan-êdén – Adam, Ève, serpent, Jardin d'Éden.

בָּנִים אַתֶּם לַיהֹוָה – Banim atém léYhwh – Vous êtes fils de Yhwh.

יוֹסֵף הַצַּדִּיק בֶּן יַעֲקֹב – Yosséf hatsadiq bén Yaâqov – Joseph le juste, fils de Jacob.

- 600 -

אַגַּן הַיָּם הַתִּיכוֹן – Agan hayam Hatiqon – Bassin méditerranéen.

יֶפֶת בֶּן נֹחַ – Yéféth bén Noah – Jafeth fils de Noé.

סְפִירָה לְאָחוֹר – Sefirah lahor – Compte à rebours.

צִיצִית – Tsitsith – Franges du talith (châle de prière).

קֶשֶׁר - Qéshér - Connection.

תָּר - Tar - Explorer, scruter, espionner.

- 601 -

גַּלְיצוּר גַּלְיָא רָזַיָּא - Galitsour glia razia - Le révélateur des secrets.

יְרֵא שָׁמַיִם - Yra shmaïm - Crainte des cieux.

כָּל־עוֹף הַשָּׁמַיִם – Kal-ôf hashamayim - Chaque volatile des cieux.

מַלְאָכִים קְדוֹשִׁים - Malakim qadoshim - Saints anges.

עֲבוֹדַת גִּלְגּוּלִים - Âvodath guilgoulim - Réincarnations.

קֹהֶלֶת בֶּן־דָּוִד - Qohéléth ben david - Ecclésiaste, fils de David.

שֵׂכֶל מֵאִיר - Sékél méir - Conscience illuminante.

- 602 -

יְמוֹת עוֹלָם - Yemoth ôlam - Jadis.

מִבַּיִת וּמִחוּץ – Mibayith oumihouts – À l'intérieur et à l'extérieur.

צוֹנְנוּת - Tşonnouth - Frigidité.

צַחְצָחוּת - Tsahtsahouth - Luminosité, clarté.

שִׁבְעִים פָּנִים – Shevéïm panim – Soixante-dix faces.

שָׁחוֹר וְלָבָן – Shehor velavan – Noir et blanc.

- 603 -

חֲצִי הַמַּלְכַּת - *Ḥatsi Malkouth* - Moitié du royaume.

עֲבוֹדַת-אֱלִילִים - *Âvodath élilim* - Paganisme.

שָׁטִיחַ מְעוֹפֵף – *Shétiaḥ môkéf* – Tapis volant.

- 604 -

אִגֶּרֶת - *Iguéréth* - Lettre, épître.

אוֹר וִישׁוּעָה - *Or vishouâh* – Lumière et salut.

בָּרוּךְ הַבָּא בְּשֵׁם יְהֹוָה - *Baroukh haba beshém Yhwh* - Béni soi celui qui vient au Nom de *Yhwh*.

יִשְׂרָאֵל סַבָּא - *Ysraël sabba* - Israël le vieux.

מַרְחֶשְׁוָן - *Marḥéshevan* - Marhechwân (2ème mois de l'année juive : octobre/novembre).

מָתֶמָטִיקָה - *Mathématiqah* - Mathématiques.

קֹצֶר רוּחַ - *Qotṣér rouaḥ* – Asthme (souffle court).

רֶגֶל שְׂמֹאל - *Réguél smol* - Pied gauche.

- 605 -

אִגַּרְתָּא - *Igarta* – Lettre (aramén).

אֵשׁ רוּחַ מַיִם – *Ésh rouaḥ maïm* – Feu, vent, eau.

גָּרֶבֶת - *Garévéth* - Gale.

הֶרֶת - *Héréth* - Thymus.

טְמֵאִים לְנֶפֶשׁ אָדָם – *Teméï le néfésh adam* - Inapte pour l'âme humaine.

מְעוֹת חֲנוּכָּה – *Maôth hanoukha* – (littéraire) Monnaie de Ḥanoukha (argent donné aux enfants à ḥanoukha).

נֵס פַּךְ הַשֶּׁמֶן – *Néss pak hashémén* – Miracle de la fiole d'huile.

- 606 -

אֲחִיזַת עֵינַיִם - *Ahizath êinim* - Mystification (litt. Captation des yeux).

גְּבוּל גַּשְׁמִי הוּא עָנָף - *Gvoul gashmi hou ânaf* - Une frontière matérielle, c'est une branche.

טַלְיְתָא קוּמִי - *Talitha qoumi* - Jeune fille, lève-toi !.

עֵץ מוֹת - *Êts-moth* - Arbre mort.

עַצְמוּת - *Âtsmouth* - Essence, substance - Quiddité.

פִּיַּסָנוּת - *Paissanouth* – Conciliation.

קַבָּלָה נְבוּאִית - *Kabbalah nevouith* - Kabbale prophétique.

קֹצֶר רְאִיָּה - *Qotṣér riyah* - Myopie.

קוֹשֵׁר - *Qoshér* – Nouer, connecter – Rebelle, conspirateur.

תּוֹר - *Tor* - Tourterelle, atour.

שׁוּשׁ - *Shoush* - Réglisse.

- 607 -

אָדָם הָרִאשׁוֹן - *Adam haRishon* - Premier homme.

אוֹר הַנְּשָׁמָה – *Or ha neshamah* – Lumière de l'âme.

בַּהֶרֶת - *Bahéréth* - Vitiligo - Tâche sur la peau.

בְּרָכָה הָשְׁכִנָה - *Brakah ha-shekinah* - Bénédiction de la Présence divine .

הָרֵי בְשָׂמִים - *Haréi bessamayim* – Monts aromatiques.

זַרְשָׁק - *Zarshaq* - Berbéris (épine-vinette).

זֶרֶת - *Zéréth* - Petit doigt, auriculaire.

מֹשֶׁה וְאַהֲרֹן – *Moshé veAharon* – Moïse et Aaron.

צוֹם יוֹם הַקָּדוֹשׁ – *Tsom yom haqadosh* – Jeûne du jour saint.

- 608 -

אֲוִיר מַיִם אֵשׁ - *Avir mayim ésh* - Air eau feu.

בָּבָא בָּתְרָא - *Bava batra* - (araméen) Porte finale (Traité talmudique).

בּוֹרֵא לָעוֹלָם הַבְּרִיאָה - *Boré leôlam haBriah* - Créateur du Monde de la Création.

בֵּית עוֹלָמִים - *Béith ôlamim* - Maison d'Éternité.

חוֹתָם אֱלֹהִים חַיִּים - *Hotém Élohim hayim* - Sceau d'*Élohim* vivant.

תִּגְרָה - *Tigrah* - Escarmouche, lutte, fracas (Nom d'ange intendant).

תֶּרַח - *Térah* - Père d'Avram.

- 609 -

בְּרָכָה וְשָׁלוֹם – *Brak'ah veshalom* – Bénédiction et paix.

מִקֵּץ אַרְבָּעִים יוֹם – *Miqéts arbaîm yom* – Au bout de quarante jours.

נוֹצֵר חֶסֶד לָאֲלָפִים - *Notsar Hesséd lalafim* - Qui garde la bonté pour des milliers (de générations).

סֻפְגָּנִיּוֹת - *Soufganioth* - Beignets.

קֶבֶר רִבְקָה – *Qavar rivqah* – Tombe de Rebecca.

רוּחַ נְשָׁמָה – *Rouah neshamah* – Esprit-âme.

- 610 -

אִמּוֹ זְקֶנְתוֹ - *Imo-Zequéntho* - Grand-mère.

אֶתְרוֹג - *Étrog* - Cédrat.

דַּג מֹשֶׁה רַבֵּנוּ - *Dag-Moshé-Rabenou* - Sole (poisson de Moïse notre maître).

יְרַת - *Yerath* - 27ème nom du *Shém haMeforash*.

כְּלִי בֵּית קִבּוּל – *Keli béith qobol* – Réceptacle conteneur.

כֵּלִים שֶׁל פָּנִים - *Kélim shél panim* - Réceptacles avant.

מַלְאֲכֵי הַשֶּׁדֶר - *Malakéi-Hashadér* - Anges de service.

מַעֲשֵׂר - *Maâssér* - Dîme - dixième.

עַקֶּמֶת - *Âqéméth* - Scoliose.

צַדִּיקוּת - *Tsadiqouth* – Droiture, vertu.

- 611 -

אֵשׁ מַיִם וְרוּחַ - *Ésh mayim verouah* - Feu eau et vent.

בַּגְרוּת - *Baguerouth* - Âge adulte, maturité.

גְּמִילוּת חֲסָדִים - *Guemilouth hassidim* - Aumônes.

חִזְקוּ וְיַאֲמֵץ לְבַבְכֶם כָּל־הַמְיַחֲלִים לַיהוָה: - *Ḥizqou veyaméts lévavk'ém kol-hamiyaḥlim leYhwh* - Soyez forts, affermissez votre cœur, vous tous, aux aguets de Yhwh (Psaumes 31:25).

חֹלֶם שְׁבָא קָמֶץ - *Ḥolam sheva qaméts* - Voyelles : a-e-a.

יְהוָה אֱלֹהִים צְבָאוֹת - *Yhwh Élohim Tsevaoth* - Yhwh Élohim des armées.

קַבָּלָה הַנְּבוּאִית - *Kabbalah hanévouith* - Kabbale divine prophétique.

רָצוֹא וָשׁוֹב - *Ratso vaShov* - Pulse et revient.

תּוֹרָה - *Torah* - Torah.

- 612 -

בְּרִית - *Brith* - Alliance.

דִּמְדוּמֵי שַׁחַר - *Dimdouméi shahar* - Aube.

רָבָא בָּרָא גַּבְרָא - *Rava bara gavra* - « Rava créa un homme » (Talmud Sanhédrin 65b) (une origine de la formule Abracadabra - araméen).

רֹכֵב שָׁמַיִם - *Rokhév haShamayim* - Chevaucheur des cieux.

שׁוּרוּק - *Shourouq* - Voyelle « ou ».

שֵׂכֶל מַזְהִיר - *Sékél mazhir* - Conscience resplendissante.

תִּרְזָה - *Tirzah* - Rouvre.

- 613 -

אֹכָל אֲשֶׁר יֵאָכֵל - *Ak'al ashér yéak'él* - Manger qui se mange (de ce qui est comestible).

אִמָּא אֲדָמָה הִיא הַגָּבִיעַ הַקָּדוֹשׁ - *Ima Adamah hi haGaviâ haqodésh* - La Terre-Mère est le Saint Graal.

אוֹרוֹת - *Oroth* - Lumières.

אֶת־הָאוֹר - *Éth-haor* - Avec la lumière.

בַּנִּין הַמַּלְכוּת - *Banim haMalhouth* - Structure de Malkouth, édifice royal.

בָּרוּךְ יְהוָה אֱלֹהֵי אֲדֹנִי אַבְרָהָם - *Barouk'h Yhwh élohéi adoni Abraham* - Béni soit Yhwh seigneur dieu d'Abraham.

בְּתוֹרָה - *BeTorah* - dans la Torah.

חֲצִי הַכַּדּוּר הַמִּזְרָחִי - *Ḥatsi-hakadour hamizrahi* - Hémisphère est.

טַלִּית קְטַנָּה - *Talith Qetanah* - Gilet (garni de franges).

יָבְשָׁה הָאָרֶץ - *Yavshah haaréts* - Terre sèche.

יְהוָה אֱלֹהֵי יִשְׂרָאֵל - *Yhwh élohéi Yisraék* - Yhwh dieu d'Israël.

יוֹם רִאשׁוֹן - *Yom rishon* - Premier jour (dimanche).

לֶחֶם לְבַב־אֱנוֹשׁ יִסְעָד - *Léhém levav-énosh yissâd* - Le pain soutient le cœur humain.

מִכֹּל יֹצְאֵי הַתֵּבָה - *Mikol yotséi hatévah* - « de tout ce qui sort de l'Arche » (Gen. 9:10).

מַלְכוּת יְהֹוָה הָאֱלֹהִים – *Malkouth Yhwh-Élohim* – Royauté de Yhwh Élohim.

שָׂמַח בַּלֵּב וְהַרְבֵּה אָהֲבָה – *Smah balév veharbéh ahavah* – Joie dans le cœur et beaucoup d'amour.

- 614 -

בְּכָל־לְבָבְךָ וּבְכָל־נַפְשֶׁךָ – *Bek'al-levavekah oubk'al-nafshék'a* – « *De tout ton cœur et de toute ton âme* » (Deutéronome 4:29).

בְּנוֹת צִיּוֹן – *Benoth tsion* – Fille de Sion.

בְּנֵי רָחֵל, יוֹסֵף וּבְנְיָמֵן: – *Benéi Rahel : Yosséf ou Vinyamin* - Fils de Rachel : Joseph et Benjamin.

חָכְמָה בִּינָה דַּעַת – *Hokhmah Binah Daâth* - Sagesse, intelligence, connaissance.

חֵרוּת – *Hérouth* - Liberté, indépendance – Gravé, imprimé.

יוֹשֵׁב הָאָרֶץ – *Yoshév haaréts* - Habitant de la terre.

מֶלֶךְ הַמָּשִׁיחַ בֶּן דּוֹד הַמֶּלֶךְ – *Malak haMashiah bén David hamélékh* - Règne du Messie fils du roi David.

מַעֲלוֹת חַיִּים – *Maâloth hayim* - Degrés de vie.

נְבִיאֵי יִשְׂרָאֵל – *Neviéi Yisraél* - Prophètes d'Israël.

עֵץ גָּבֹהַּ חֲמִשִּׁים אַמָּה – *Êts gaboha hamishim amah* – « *Arbre d'une hauteur de cinquante coudée* » (Esther 5:14).

עֵשָׂו לָבָן יוֹסֵף - *Êssav Lavan Yosséf* - Ésaü, Laban, Joseph.

רוּחַ הַנְּשָׁמָה - *Rouah haNeshamah* - Souffle de l'âme.

רוֹתֵחַ - *Rotéha* - Ébullition.

רֶפֶשׁ וָטִיט - *Réfésh vatit* - Boue et limon.

שֵׁם רוּחָנִי - *Shém rouhani* - Nom spirituel.

תְּפִילָה בַּכַּוָּנָה - *Tefilah bakawanah* - Prière avec intention.

- 615 -

אֱמוּנַת חֲכָמִים – *Émounath hakhamim* – Foi des sages.

הִתְחַבֵּר - *Hithabér* - Connecté, relié, branché.

חַזֶּרֶת - *Hazéréth* - Oreillons.

הִתִּיר - *Hitir* – Délier, desserrer, démêler, libérer, résoudre un problème – Annuler un vœu.

יְהֹוָה צְבָאוֹת מֶלֶךְ - *Yhwh tsevaoth mélékh* – Yhwh des armes est roi.

סִבּוֹת לְכָל סָבָה - *Siboth lekal sabah* - Causes de chaque cause.

קְשִׁירָה - *Qeshirah* - Nouage.

רוּחַ וּנְשָׁמָה – *Rouah ouneshamah* – Esprit et âme.

- 616 -

יִתְרוֹ - *Yitro* - « *Jéthro* » - *Parasha* #17 - Ex. 18:1-20:23.

מְצִיעוּת – *Metsiôuth* - Médiation.

קְלִפּוֹת - *Qlipoth* - Coquilles.

קְמֵעוֹת - *Qaméôth* - Talismans.

- 617 -

אַכְסַדְּרָאִין וְאִדְרִין - *Aksadraïn ve-idrin* - Corridors et chambres *(araméen)*.

בַּעַל תְּפִלָּה - *Baâl tefilah* - Maître de la prière.

בְּרִיתָה - *Britah* - Célébration pour enfant de sexe féminin correspondant à la célébration de circoncision pour homme.

גְּבוּרוֹת - *Guevouroth* – Puissances.

מְגִלַּת יוֹחֲסִין - *Méguilath-Youhassin* - Arbre généalogique.

רַעֲנָא דְרַעֲוִין - *Raâva deraâvin* - Volonté des volontés *(araméen)*.

- 618 -

אֵל אֱלֹהֵי יִשְׂרָאֵל - *Él Élohi Israël* - El, dieu d'Israël.

חָשִׁישׁ - *Hashish* - Hashish (arabe).

רוֹכֵב שָׁמַיִם - *Rokév shamayim* - Cavalier céleste.

- 619 -

אבירות - *Abirouth* - Courage, hardiesse.

אַחֲרִית - *Ahérith* - Extrémité, après.

אצטגנינות - *Itštagninouth* - Astrologie.

אֵשָׁא יְרוּקָא – *Ésha yerouqa* – Feu vert (araméen).

בְּרִיאוּת - *Briouth* - Santé.

הוּא מֹשֶׁה וְאַהֲרֹן – *Hou Moshé veAharon* – Lui, Moïse et Aaron.

טָרִית - *Tarith* - Sardine.

כּוֹכַב נֹגַהּ הַשַּׁחַר - *Kokav nogah hashahar* - Étoile brillante de l'aube (Vénus).

- 620 -

אַצְטַגְנִינוּתָא - *Itstaguininouta* - Astrologie (aram,).

בִּינַת נְבוֹנִים - *Binath nevonim* - Intelligence des intelligents.

חָכְמָה בִּינָה וְדַעַת - *Hokhmah Binah ve Daâth* - Sagesse Intelligence et Connaissance.

יְהֹוָה מֶלֶךְ יְהֹוָה מָלַךְ יְהֹוָה יִמְלֹוךְ לְעֹולָם וָעֶד - *Yhwh mélék Yhwh malak Yhwh ymelok leôlam vaêd,* - Yhwh a régné, Yhwh règne, Yhwh régnera pour l'éternité et à jamais.

יַעֲקֹב לֵאָה רָחֵל בִּלְהָה זִלְפָּה - *Yaâcov, léah, Rahel, Bilhah Zilpah* - Yaâcov, léah, Rachel, Bilhah et Zilpah.

יָשִׁישׁ - *Yashish* - Vieux, âgé.

כָּרַת - *Karéth* - Coupé.

כֶּתֶר - *Kether* - Couronne (sefirah).

מְפֹרֵשׁ - *Meforash* - Explicite.

נְשָׁמָה טְהוֹרָה - *Neshamah tehorah* - Âme pure.

עֶשְׂרִים - *Êssrim* - Vingt.

קְלִפָּתִי - *Qlipati* - Cortical.

רוּחוֹת - Rouhoth - Esprits, vents, souffles.

שְׂדֵה הַיּוֹצֵר - Sdéh hayotsér - Champ du potier.

- 621 -

אִבְחַת־חָרֶב - Ivhath-harév - Éclat du glaive.

מִלְחֶמֶת הַכּוֹכָבִים - Milhéméth hakokavim - Guerre des étoiles.

עֵץ הַתְּאֵנָה - Êts haténah - Figuier.

- 622 -

הַר הַבַּיִת - Har-Habyith - Montagne du Temple.

וַיּוֹלֶד בָּנִים וּבָנוֹת׃ – Vayoléd banim ouvanouth – Et il enfante des fils et des filles.

זוּגָרוּת – Zougarouth – Cohabitation.

מְצוּלוֹת יָם - Metsouloth yam - Gouffres de la mer.

נְפִילַת אַבָּא וְאִמָּא - Nefilath abba velEmma - Chute d'Abba et de Imma.

סוֹד הַמְּצִיאוּת – Sod hametsiouth – Secret de la réalité.

רְחוֹבוֹת - Rehovoth - Canaux, rues.

תּוֹדָה רַבָּה – Todah rabah – Merci beaucoup.

- 623 -

אוֹת גְּבוּרָה – Oth guevourah – Lettre puissante – Signe de valeur, décoration.

אִישׁ וְאִשָּׁה - Ish velshah - Homme et femme.

בְּהִירוּת - Bahirouth - Clarté, luminosité.

בֵּלְשַׁאצַּר - Bélshatsar - Balthazar.

כִּי אֲנִי יְהוָה מוֹשִׁיעֵךְ וְגֹאֲלֵךְ - Ki ani Yhwh moshiêk vegoalék – « Car je suis Yhwh ton sauveur, ton racheteur » (Isaie 49:26).

סִפּוּרֵי אֶלֶף לַיְלָה וְלַיְלָה – Sifouréi éléf lailah velailah - Contes de Shéhérazade, mille et une nuits

רוּחַ אַחַת - Rouah ahath - Esprit (souffle) unique.

רוּחַ הַקֹּדֶשׁ - Rouah haqodésh - Esprit saint.

- 624 -

וַיְדַבֵּר יְהוָה אֶל־מֹשֶׁה – Vayedabér Yhwh él-Moshé – « Et Yhwh parle à Moïse ».

זָהָב יְרַקְרַק - Zahav Yraqraq - Or verdâtre.

טִשְׁטוּשׁ - Tishtoush - Confusion manque de concentration, désorientation.

כּוֹכָבִים תּוֹעִים - Kokavim toïm - Astres errants.

מַעְיָן חָתוּם - Mâyan hatoum - Source scellée.

פִּקּוּחַ נֶפֶשׁ - Piqouah néfésh - Sauvegarde de l'âme.

- 625 -

הָרֵי אֲרָרָט – Haréi Ararat – Monts Ararat.

כְּנֵסִיַּת הַמּוֹלָד - Knéssiyath Hamolad - Église de la Nativité.

לֹא אִתָּךְ וְלֹא בִּלְעָדֵיךְ – Lo itek'a velo bilâdéik'a - Ni avec toi, ni sans toi.

לִמֵּד אוֹתוֹ לֶקַח – Laméd oto léqah - Donner une leçon, amener quelqu'un à tirer ses propres conclusions.

לִקּוּת לְמִידָה – Leqouth melidah - Trouble d'apprentissage.

מַמְלָכַת הַדּוֹמֵם - Mamlakah haDomém - Règne silencieux.

רַעַשׁ הָאֲדָמָה – Raâsh haAdamah – Son de la terre.

שׂוּחַ בַּשָּׂדֶה – Shouha basdéh – Méditer au champ.

שֵׁם רָפֶה – Shém raféh – Nom doux.

תּוֹר הַזָּהָב - Tor-Hazahav - L'âge d'or.

- 626 -

אַחַד הַבֹּרוֹת - Éhad haBoroth - Une des fosses.

חֲכַם חֲרָשִׁים - Hakam-Harashim - Initié aux mystères.

כַּוֶּרֶת - Kavéréth - Ruche, rucher.

כּוּרְסִיָּא דִּיקָרֵיהּ – Kourssia diqaréih – Trône de Gloire (araméen).

כַּחוֹתָם עַל־לִבֶּךְ – Kahotam âl-libék'h – Comme un sceau sur ton cœur.

מָסָךְ סָתוּם - Massak satoum - Rideau fermé – Masque occultant.

צְנִיעוּת - Tsniôuth - Pudeur.

קֶרֶן עוֹר - Qérén ôr - Corne de peau ou peau rayonnante.

שֵׁם מְסוּפָּק – Shém messoupaq – Nom équivoque (incertain).

- 627 -

טַבּוּרִית - Tabourith - Cordon ombilical - Nombril de Vénus (plante).

טָעוּת בִּלְעָם – Taôuth Bilâm - Égarement de Balaâm.

צְנִיעוּתָא - Tsniôuta - Pudeur (aram.).

- 628 -

אֵיכוּת הַמָּקוֹם - Éikoth hamaqom - La qualité du lieu.

אָלֶף עִם כֻּלָּם וְכֻלָּם עִם אָלֶף - Aléf îm koulam vekoulam îm aléf - Aléf avec toutes et toutes avec Aléf.

זְהוֹרִית - Zehorith - Cramoisi.

זֶה הַתּוֹרָה – Zéh haTorah – C'est la Torah.

זְהִירוּת – Zehirouth – Prudence, soins - attention !.

מְטַטְרוֹן שַׁדַּי – Métatron Shaddaï – Métatron-Shaddaï.

נָחָשׁ רַע – Nahash râ – Mauvais serpent.

סַרְטָן הַשֵּׁד – Sartan hashéd – Cancer du sein.

שָׁנָה חֲסֵרָה – Shanah hassérah – Année déficiente (calendrier juif de 353 jours).

שַׂר הַמִּלְחָמָה – *Sar hamilhamah* – Ministre (prince) de la guerre.

- 629 -

בְּרִיאָה יֵשׁ־מֵאַיִן – *Briah yésh-méaïn* - Création ex-nihilo.

כִּי לַיהוָה הַמְּלוּכָה וּמֹשֵׁל בַּגּוֹיִם: – *Ki leYhwh hamaloukah oumshél bagoyim* – « Car le règne est à *Yhwh*, Il domine dans les nations » (Psaumes 22:29).

קֵץ גָּלוּת - *Qéts galouth* - Fin de l'exil.

רוּחַ הַקּוֹדֶשׁ - *Rouah haqodésh* - Esprit saint.

שִׁבְעִים זְקֵנִים – *Shiviîm zeqanim* - Soixante-dix Anciens.

שׁוֹפָר גָּדוֹל - *Shofar Gadol* - Grand cor.

שְׁמַיָּא וְאַרְעָא - *Shemaya vearâ* - Ciel et terre *(araméen)*.

- 630 -

הַתּוֹרָה זָהָב - *HaTorah zahav* - La Torah est d'or.

חַג הַחֵרוּת - *Hag haHérouth* - Pâque, Fête de la liberté.

מַחֲשָׁבָה רָעָה – *Mahashavah raâh* – Mauvaise pensée.

מִלְחֲמֹת יְהוָה אֱלֹהִים - *Milhamoth Yhwh Élohim* - Guerres de *Yhwh-Élohim*.

נִשְׂרָף - *Nisraf* – Être brûlé.

עֲפָר פִּלְפְּלִין – *Âfar pilplin* - Poudre de poivre.

פַּרְשָׁן - *Parshan* - Commentateur.

פַּרְעֹה הָרַע – *Parôh harâ* – Pharaon est le mal.

צַמֶּקֶת - *Tşaméqéth* - Cirrhose.

קָדוֹשׁ טָהוֹר - *Qadosh tahor* - Saint pur.

רְשָׁפִים - *Reshafim* - Foudres, flashs, éclats.

שְׂרָפִים - *Serafim* - Séraphins (anges).

תּוֹרֵי זָהָב – *Toréi zahav* – Atours d'or.

- 631 -

אֲבִי הָאוֹרוֹת - *Abi haOroth* - Père des lumières.

מַלְאָךְ שֹׁמֵר - *Malak shomér* - Ange gardien.

מֶלֶךְ יִשְׂרָאֵל - *Mélék Ysraél* - Roi d'Israël.

מִצְוַת הַמֶּלֶךְ - *Mitsvath haMélékh* - Commandement du Roi.

תָּו הֶכֵּר – *Tav hékér* – Marque d'identification.

- 632 -

אָדָם הָרִאשׁוֹן וְחַוָּה – *Adam harishon veHavah* – Adam le premier et Ève.

עֵץ נָחָשׁ אָדָם חַוָּה אֲדָמָה – *Êts nahash Adama Havah adamah* – Arbre, serpent, Adama, Ève, terre.

שִׁבְעָה הָרִים - *Shivâh harim* - Sept montagnes.

- 633 -

אָדוֹן הַנִּפְלָאוֹת - *Adon haniflaoth* - Seigneur des merveilles.

זָכָר וּנְקֵבָה בְּרָאָם - *Zakar ouneqévah beraam* - Mâle et femme, il les a créé.

זַכְרוּת - *Zakhrouth* - Virilité, pénis.

טְמִירָא דְּכָל טְמִירִין - *Tmira dekal tmirin* - Caché de tout ce qui est caché.

מַבּוּעַ הַיֹּשֶׁר - *Mavouâh hayoshér* - Fontaine de droiture, honnêteté.

מִגֶּר שָׁמַיִם - *Miguér-Shamayim* - Les bienfaits des cieux.

סְגֻלַּת מְלָכִים - *Segoulath malkhim* - Remède des rois.

סֵפֶר זִכָּרוֹן – *Séfer zikaron* – Livre mémorial.

- 634 -

בִּינָה מָקוֹר הַגְּבוּרָה - *Binah maqor haguevourah* - Binah est la source de la *Guevourah*.

בָּרוּךְ אַתָּה - *Barouk'h atha* - Sois béni.

וַיַּעַשׂ אַבְרָהָם - *Vayaâss Abraham* - « *Abraham a fait* ».

חֲבוּרַת הָאַגָּדָה - *Havourath haagadah* - Conte de fées.

כֶּתֶר דָּוִד - *Kéter David* - Couronne de David.

מָגֵן יִשְׂרָאֵל - *Maguén Israël* - Bouclier d'Israël.

- 635 -

נִקְמַת דָּם - *Niqmath dam* - Vengeance de sang (vendetta).

סִבָּה הָרִאשׁוֹנָה - *Sibbah harishonah* - Cause première.

עֵץ דַּעַת - *Êts daâth* - Arbre de connaissance.

עוֹר נָחָשׁ - *Ôr nahash* - Peau de serpent.

פִּקּוּחַ נֶפֶשׁ - *Piqouah néfésh* - Sauver une vie (âme).

- 635 -

הֵילֵל בֶּן-שָׁחַר - *Héilél bén-shahar* - Astre de l'aurore - Vénus (Isaiah 14:12).

חֵטְא הַבְּרִית - *Hét ha-brith* - Transgression de l'alliance.

כְּרִיתָה - *Kritah* - Amputation / ablation.

כֶּתֶר הוֹד - *Kéter Hod* - Couronne, Gloire (*sefiroth*).

מָקוֹם הַמִּקְדָּשׁ - *Maqom hamiqdash* - Lieu saint.

שֶׁקֶר וְכָזָב - *Shéqér vekazav* - Mensonge et illusion.

- 636 -

כּוּר מַצְרֵף - *Kour-Matseréf* - Purgatoire - creuset.

מֵם סוֹפִית - *Mém sofith* - Mém final.

רֹאשׁ פִּנָּה - *Rosh pinah* - Face principale.

- 637 -

אוֹר נֶפֶשׁ - *Or néfésh* - Lumière de l'âme.

בּוֹרֵא פְּרִי הַגֶּפֶן – *Boré pri hagafén* – Créateur du fruit de la vigne.

לִקּוּי טַבַּעְתִּי – *Liqouï tavâti* – Éclipse annulaire.

מוֹרָא שָׁמַיִם - *Mora-Shamayim* - Crainte des cieux.

עָלְמָא דְאִתְכַּסְיָא - *Âlma de-ethkassya* - Monde caché.

עָפָר וָאֵפֶר – *Âfar veéfér* - Poussière et cendre.

פֵּא סוֹפִית – *Pé sofith* – Pé final.

- 638 -

חָרֶלֶת - *Haréléth* - Urticaire.

כְּרוּבִית - *Kerouvith* - Chou-fleur.

עִבּוּר הַשָּׁנָה - *Îvour haShanah* - Année de 13 mois dans le calendrier hébraïque.

שְׁנֵי כְּרוּבִים - *Shnéi Kerouvim* - Deux chérubins.

- 639 -

נָחִיר שְׂמֹאל - *Nehir smol* - Narine gauche.

עֵץ הַדַּעַת - *Êts haDaâth* - Arbre de la Connaissance.

- 640 -

דַּעַת עֶלְיוֹן - *Daâth êliyon* - Connaissance supérieure.

הִצְטַלְקוּת - *Hitşetalqouth* - Cicatrisation.

וְנָתְנוּ יְהוָה אֱלֹהֶיךָ בְּיָדֶךָ - *Outhano Yhwh élohik'a bayadék'a* - et que Yhwh, ton Dieu, les livre en ta main.

כּוֹס תַּנְחוּמִים - *Kos tanhoumim* - Coupe des condoléances, coupe de consolation.

מַיִם מֵעַל לָרָקִיעַ – *Mayim méâl laraqiâ* – Eaux au-dessus du firmament.

מִקְלַעַת - *Miqlaâth* - Fronde, lance-pierres - tresse; (anatomie) plexus.

סִיּוּם תַּלְמוּד בַּבְלִי – *Sioum talmoud bivli* – Fin du Talmud de Babylone.

רַכֶּכֶת - *Rakékéth* - Rachitisme.

רֹתֶם - *Rotém* - Genêt.

שְׁלִישׁ - *Shelish* - Un tiers - Adjudant.

שֶׁמֶשׁ - *Shémesh* - Soleil.

שְׁרָצִים - *Shratsim* - Vermines, punaises.

תֹּמֶר - *Tomér* - Palmier.

תָּרַם - *Taram* - Faire un don, contribuer.

- 641 -

מְאֹרֹת - *Moroth* - Luminaires.

מַלְכַּת הָעוֹלָם - *Malkath haôlam* - Reine du Monde.

מַרְתָּא - *Martha* - Marthe.

נוּקְבָּא דִזְעֵיר אַנְפִּין - *Nouqba di-Zéir Anpin* - Femelle du Visage restreint.

צֶדֶק וֶאֱמֶת - *Tséséq veéméth* - Juste et véritable.

- 642 -

אוֹר הַנֶּפֶשׁ - *Or hanéfésh* - Lumière de l'âme.

מֵת מִזְּקְנָה - *Méth mizqanah* - Mort de vieillesse.

- 643 -

הֵיכַל הַקֹּדֶשׁ הַחִיצוֹן - *Heikhal ha-qodésh ha-hitson* - Saint Palais externe.

הֵנִיחַ תְּפִלִּין - *Hiniyah Tefilin* - Disposer les phylactères.

כּוֹס שֶׁל בְּרָכָה - *Kouss shél brak'ah* - Coupe de bénédiction.

- 644 -

מַחֲנֵה יִשְׂרָאֵל - *Mahanah Ysraël* - Camp d'Israël.

נֶצַח מַלְכוּת - *Nétsah Malkouth* - Éternité, Royauté (*sefiroth*).

רוּחַ נֶפֶשׁ - *Rouah Néfésh* - Souffle âme.

שָׁנָה כְּסִדְרָה - *Shanah kessidrah* - Année régulière (354 jours dans le calendrier juif).

- 645 -

הֲשֹׁמֵר אָחִי אָנֹכִי ? - *Hashomér Ahy Anoki ?*- Suis-je le gardien de mon frère ?

מְשֻׁשֶּׁה - *Meshoushéh* - Hexagone.

נֵר נְשָׁמָה - *Nér neshamah* - Veilleuse du souvenir - Lampe de l'âme.

- 646 -

בְּאֶרֶץ־גֹּשֶׁן - *Béréts-Goshén* - Terre de Goshén.

וְזֹאת הַבְּרָכָה - *Vezoth habrak'ah* – « *Et ceci est la bénédiction* » - *Parasha* #54 - Deut. 33:1-34:12.

עוּרָה הַיָּשֵׁן - *Ôrah hayashén!* - Éveille-toi, dormeur !

פְּנֵי־שׁוֹר - *Pnéi shor* - Face de Taureau.

קוֹל שָׂרַי - *Qol Saraï* - Voix de Sarah.

שְׁלִיחַ צִבּוּר - *Shaliah tsibour* - Chantre officiant (culte).

שַׁעֲרֵי הַטּוּמְאָה - *Shaâréi hatoumah* - Portes de l'impureté.

תְּנוּעָה וּמְנוֹחָה - *Tenouâh oumenohah* - Mouvement et repos.

- 647 -

וַיִּגְוַע כָּל־בָּשָׂר – *Vayigvâ kal-bassar* – « Toute chair expire ».

חָכְמָה חִיצוֹנִית – *Ḥakhmah hitsnonith* – Sagesse externe - Études profanes (toutes les sciences et disciplines qui ne font pas partie des saintes études).

מְאוֹשָׁשׁ - *Meoshash* - Encouragé, renforcé, enhardi.

מֵרְאוֹת - *Méroth* - Miroirs.

סוֹף הַמַּלְכוּת – *Sof hamalkouth* – Fin du royaume.

קֶבֶר מֹשֶׁה – *Qévér Moshé* – Tombe de Moïse.

רָאמוֹת - *Ramoth* - Corail.

שַׁעֲרֵי בֵּינָה - *Shaâréi Binah* - Portes de *Binah*.

- 648 -

הָאֵשׁ בְּשֵׁם - *Haésh beshém* - Le feu dans le nom.

הַשֵּׁם בָּאֵשׁ - *Hashém baésh* - Le nom dans le feu.

לְחַדָּשׁ הָאֵשׁ – *Léhadash haésh* – Renouvellement du feu.

מָחֳרָת - *Maharath* - Lendemain.

מַיִם שְׁחֹרִים - *Mayim shahorim* - Eaux noires.

מָשִׁיחַ בֶּן יוֹסֵף וּבֶן דָּוִד - *Mashiah ben-Yosséf ouvén-David* - Messie fils de Joseph et fils de David.

שְׁחוֹרָה אֲנִי וְנָאוָה - *Shehorah ani veNavah* - « *Noire je suis et agréable !* » -Cant. 1:5-.

- 649 -

אֶת־קוֹל יְהֹוָה אֱלֹהִים - *Éth-qol Yhwh Élohim* - La voix de *Yhwh Élohim*.

הַדֶּרֶךְ הַקְּדוֹשָׁה - *Hadérék haqedoushah* - La voie de la sainteté.

תַּרְגּוּם - *Targoum* - Traduction.

תַּרְדֵּמָה - *Tardémah* - Torpeur.

- 650 -

יֵין שָׂרָף - *Yayin saraf* - Eau-de-vie.

מֵיתָר - *Meitar* - Corde - Ligament.

מְצֻלָּע מְשַׁכְלָל - *Metsoulâ Meshoukelal* - Polygone régulier.

נֶתֶר - *Nétér* - Soude.

נָתֵר - *Nitar* - sauter, tressaillir.

- 651 -

כְּבַד אַחְרָיוּת – *Kevad ahrayoth* - Lourde responsabilité.

תְּמוּרָה - *Temourah* - Permutation.

תְּרוּמָה - *Teroumah* – « Contribution » - *Parasha* #19 - Ex. 25:1-27:19.

- 652 -

אַבְרָהָם יִצְחָק יַעֲקֹב דָּוִד – *Avraham Ytshaq Yaâqov David* – Abraham Isaac Jacob David.

דְּבַר הָאֱמֶת - *Devar haÉméth* - Parole de vérité.

טַל אוֹרוֹת – *Tal oroth* - Rosée lumières.

יֵצֶר לֵב הָאָדָם רַע – *Yétsér lév haAdam râ* – « *Le penchant du cœur de l'Adam est mauvais* » - Gen. 8:21.

נוֹעַ תָּנוּעַ – *Noâ tanouâ* – Mouvement chancelant, tituber, vaciller.

נִיצוֹצוֹת - *Nitsotsoth* - Étincelles.

רָעָב מִצְרַיִם – *Raâv mitsraïm* – Famine d'Égypte.

שֵׁם חָדָשׁ – *Shém hadash* – Nouveau nom.

- 653 -

אַדְמַת בּוּר - *Adamath bor* - Terrain non cultivé, sol aride.

אַרְנֶבֶת - *Arnévéth* - Lièvre.

זְמִרוֹת - *Zmiroth* - Chants.

- 654 -

אֵין סוֹף אוֹר בָּרוּךְ הוּא - *Éin sof or Baroukh Hou* - Infinie Lumière, béni soit-Il.

זְרוֹעַ שְׂמֹאל - *Zerouâ smol* - Bras gauche.

- 655 -

אוֹר דַּק וְחַלָּשׁ - *Or daq vehalash* - Lumière fine et faible.

יַיִן הַמְּשֻׁמָּר - *Yayin Hameshoumar* - Vin réservé (aux justes au paradis).

הַקָּדוֹשׁ בָּרוּךְ הוּא – *Haqadosh baroukh Hou* – Le Saint, béni soit-Il.

מַהְפֵּכַת סְדוֹם - *Mahfékhath-Sdom* - Destruction de Sodome.

מַיִם אֵשׁ אֲדָמָה רוּחַ – *Mayim ésh adamah rouah* – Eau, feu, terre, air.

מְמַלְכַת כֹּהֲנִים – *Mamlék'éth-Hakohanim* - Royaume des prêtres.

סֵפֶר יְצִירָה – *Séfer Yetsirah* – Livre de la Formation.

שֵׁנָה טְרוּפָה – *Shénah troufah* – Sommeil interrompu, sommeil perturbé.

- 656 -

יַיִן שָׂרוּף - *Yayin Sarouf* - Eau de vie.

כַּף סוֹפִית – *Kaf sofith* – Kaf final.

נֵרוֹת - *Néroth* - Bougies.

עֲקַלָּתוֹן - *Âqalaton* - Grand serpent (qui a causé la mort d'Adam haRishon).

רוֹמִית - *Romith* - Latin (langue romaine).

שׁוּשָׁן - *Shoshan* - Lys - Suse (Ville de).

שָׂשׂוֹן - *Sasson* - Joie, allégresse.

- 657 -

אַתַּנּוּר - *Athanour* - Four (araméen), athanor.

כַּמּוּת הַמָּקוֹם - *Kamouth hamaqom* - Quantité d'espace.

סֵפֶר וַיִּקְרָא - *Séfer vaYiqra* - Livre du Lévitique.

צַדִּיק שֶׁאֵינוֹ גָּמוּר - *Tsadiq shééino gamour* - Juste incomplet.

- 658 -

אוֹרוֹת גְּאוּלָה – *Oroth gueoulah* – Lumières de la rédemption.

גַּבְרִיאֵל מִיכָאֵל רְפָאֵל – *Gabriel mik'ael refaél* – Gabriel, Mikael, Raphael.

רוּחַ מָשִׁיחַ אֱלֹהִים – *Rouah mashiah Élohim* – Esprit, Messie, Élohim.

- 659 -

אֲחִירֹתֶם - *Ahyrotém* - Genêt.

בָּרָק הַמַּבְרִיק - *Baraq hamvriq* - Éclair de la foudre.

חֹפֶשׁ הַמַּצְפּוּן - Hofésh Hamatspon - Liberté de conscience.

מִלְחֶמֶת מִצְוָה - Milhamah-Mitsvah - Guerre sainte, guerre du devoir.

פְּרִי עֵץ הָדָר – Pri êts hadar – Citron, etrog.

- 660 -

בֵּאלֹהִים אֲהַלֵּל דָּבָר בֵּיהוָה אֲהַלֵּל דָּבָר: - BéÉlohim ahalél davar baYhwh ahalél davar – « En Élohim soit louée la Parole, en Yhwh soit louée la Parole » (Psaumes 56:11).

כַּף זְכוּת וְכַף חוֹבָה - Kaf zakouth vekaf hovah – « Plateau crédit et plateau débit » - Séfer Yetsirah -.

יֵשׁ מְיֵשׁ – Yésh meyésh – Quelque chose issu de quelque chose.

מֻכְתָּר - Moukhtar - Couronné (chef de village).

נֶפֶשׁ הַטְּהוֹרָה – Néfésh hatehorah – Âme pure.

נָקָב שָׁחֹר - Naqab shéhor - Trou noir.

סֵפֶר הַיְצִירָה - Séfer ha-Yetsirah - Livre de la Formation.

סֵתֶר - Séter – Occulte, mystère, secret.

צָדִי סוֹפִית – Tsadi sofith – Tsadé final.

שָׂרֵי מִסִּים - Saréi Missim - Princes des taxes, percepteurs.

- 661 -

אַהֲבָה מִמַּבָּט רִאשׁוֹן – Ahavah mimabat rishon – Coup de foudre.

אֶסָּתֵר - Éssatér - Cacher, voiler, dissimuler.

אֶסְתֵּר - Éstér - Esther.

אַפְסִינְתִּין - Apsintin – Absinthe (araméen).

בְּנֵי־הָאֱלֹהִים בָּנוֹת הָאָדָם - Bnéi haÉlohim banouth haAdam – Fils d'Élohim, filles d'Adam.

לָשׁוֹן הָרָע - Lashon harâa - Mauvaise langue, calomnie.

נְהָרוֹת - Naharoth - Fleuves.

סֵפֶר דִּבְרֵי הַיָּמִים - Séfer divréi hayamim - Livre des Chroniques.

שׁוֹשַׁנָּה - Shoshanah - Rose.

שֶׁלֹּא כְּדֶרֶךְ הַטֶּבַע - Shélo Kedérék-Hatévâ - Contre nature.

תִּקּוּן הַכֵּלִים - Tiqoun hakélim - Réparation des réceptacles.

- 662 -

הִתְנַזֵּר - Hitnazér - S'abstenir (de faire quelque chose), devenir ascète.

כֹּהֵן לֵוִי יִשְׂרָאֵל – Cohén Lévi Israêl – Prête, Lévi, Israël.

נוּן סוֹפִית - Noun sofith - Noun final.

- 663 -

אֶבֶן שֵׁישׁ – Évén shésh – Pierre de marbre.

אוֹר וְשֶׁפַע – *Or veshéfâ* – Lumière et abondance.

אֵין בִּינָה אֵין דַּעַת - *Éin Binah, éin Daâth* - Sans intelligence, sans connaissance.

הָרָצוֹן מְעֹרָב - *Haratson mêorev* - La volonté est intriquée.

זֶה עַם יִשְׂרָאֵל – *Zéh âm Ysraél* – C'est le peuple d'Israël.

חָכְמַת הַיִּדְעוֹנִים - *Hokhmath haïdâonim* - Science des enchanteurs.

טוֹב רַע שָׁלוֹם – *Tov raâ shalom* – Bien, mal, paix.

מְצֻיָּר אַרְבָּעִים - *metsouri arbâim* - Dessiné au quarantième.

נְבִיא שֶׁקֶר - *Navi-Shéqér* - Faux-prophète.

- 664 -

דָּם הַמִּתְהַפֵּךְ לְחָלָב - *Dam hamithapék léhalav* - Sang transformé en lait.

נְקֻדַּת דִּמְיוֹן - *Neqoudath dimion* - Point de ressemblance, de similarité.

שֶׁלֶג וְקִיטוֹר - *Shélég veqitor* - Neige et brouillard.

- 665 -

אַחֲרֵי מוֹת - *Aharéi moth* – « Après-mort » - *Parasha* #29 Lév. 16:1-18:30.

אַנְפִּין קַדִּישִׁין - *Anfin Qadishin* - Les saints visages, anges *(araméen)*.

אֶרֶץ כַּשְׂדִּים - *Éréts kassdim* - Terre des Chaldéens.

כִּפַּת הַסֶּלַע – *Kipath hasêlâ* - Dôme du Rocher, mosquée principale sur le mont du Temple de Jérusalem.

שַׁעַר־הַמֶּלֶךְ - *Shaâr haMélékh* - Porte du Roi.

- 666 -

אַסְתִּרָה - *Astirah* - Cachée (femme cachée ou voilée) - Astarté/Ishtar.

אֲרוֹן־הַקֹּדֶשׁ - *Aron Haqodésh* - Arche sainte.

בֵּית צַדִּיקִים - *Beith tsadiqim* - Maison des justes.

הַגַּלְגַּל הָעֲשִׂירִי - *Hagalgal haêshri* - La dixième roue.

יְהִי מְאֹרֹת - *Yehi meoroth* – « *Qu'il y ait des luminaires* ».

יוֹם שִׁשִּׁי - *Yom shishsi* - Jour 6 - Vendredi.

יִתְרוֹן - *Ytron* - Avantage, profit.

כָּל הַתּוֹרָה - *Kal haTorah* - Toute la Torah.

כְּסוּת עֵינַיִם – *Kessouth êinayim* - Tromperie, ruse, prétexte (litt. : une couverture sur les yeux).

לֵיל שְׁמוּרִים – *Léil shimourim* - Une Nuit sans sommeil (première nuit de la Pâque, une nuit passée à étudier la Torah).

מֵאָה שְׁעָרִים – *Méah shârim* – Cent portes.

מִיכָאֵל הַמַּלְאָךְ וּמַלְאָךְ גַּבְרִיאֵל וְאֵלִיָּהוּ הַנָּבִיא - *Mikaël haMalakh veMalakh Gavriel veElihaou haNavi* - L'ange Mikaël et l'ange Gabriel et le Prophète Élie.

מִלְחָמָה בְּיִשְׂרָאֵל - *Milhamath beIsraël* - Guerre en Israël.

נוּרִית - *Nourith* - Renoncule.

סוֹד יְרוּשָׁלַיִם - *Sod Yroushalayim* - Secret de Jérusalem.

סוֹתֵר - *Sotér* - Contradictoire, incohérent.

סָתוּר - *Setour* - Sator.

סִתְרוֹ - *Sitro* - Son mystère.

עוֹלָם כָּשֵׁר - *Ôlam kashér* - Monde casher.

רוֹדָנוּת - *Rodanouoth* - Tyrannie.

רוֹדֵף שָׁלוֹם - *Rodef Shalom* - Quêteur de paix.

רוּחַ תְּאוֹמָה - *Rouah tomah* - Esprit jumeau.

שְׁכֶם בֶּן־חֲמוֹר - *Shekém bén-hamor* - Shek'em fils de la matière.

שִׁלְשׁוּל - *Shilshoul* - Diarrhée.

שֵׁם יְהשׁוּה - *Shém Yehoshouah* - Nom *Yeshouah* (kabbale chrétienne).

שֶׁמֶשׁ יְהַוֶה - *Shémésh Yhwh* - Soleil de *Yhwh*.

- 667 -

בַּעֲלֵי חֹמֶר וְצוּרָה - *Baâléi homér vetsourah* - Maîtres de la matière et de la forme.

הַר הַזֵּתִים - *Har hazétim* - Mont des Oliviers.

זֶה הַקָּדוֹשׁ בָּרוּךְ הוּא - *Zéh haqadosh barouk'h hou* - C'est le saint, béni soit-Il.

מַזְכֶּרֶת - *Mazkéréth* - Souvenir.

עֵץ אַשּׁוּר - *Êts ashour* - Hêtre.

קֶבֶר יוֹסֵף הַצַּדִּיק - *Qévér Yosséf hatsadiq* - Tombeau de Joseph le Juste.

שִׁרְיוֹן מִיכָאֵל - *Shirion Mik'aél* - Armure de Mikael.

שֶׁלֹּא לְדַבֵּר עַל - *Shélo ledabér âl* - Tant pis.

- 668 -

אִי-נְרָאוֹת - *I-neroth* - Invisibilité.

מֶרְכָּבוּת - *Mourkavouth* - Complexité.

נְבִיא הַשֶּׁקֶר - *Nevie hashéqér* - Faux prophète.

סֹחָרֶת - *Soharéth* - Agate.

פֶּתַח עֵינַיִם - *Pétah ênayim* - Ouverture des Yeux (Genèse 38:14).

קְלִפַּת נֹגַה - *Qlipath Nogah* - *Qlipah* de *Nogah*.

- 669 -

אַחֲרִית הָאָדָם - *Ahrith haAdam* - Finalité de l'Adam.

דַּעַת הַנֶּעֱלָם - *Daâth hanéêlam* - Connaissance occulte.

הַיָּרֵחַ הָאֱמֶת - *HaYrah haéméth* - La lune est la vérité.

הִתְבּוֹדֵד בַּמִּדְבָּר - *Hitbodéd bamidbar* - Isolé dans le désert.

הַשֵּׁם י"ב מְרֻבָּע - *Hashém 12 merbâ* - Le Nom de 12 est carré.

ושכינה ארבעה - *veShekhinah arbâh* - Et *Shekinah* quatre.

טוֹבַת מַרְאֶה - *Tovath maréh* - Belle à voir.

יוֹם אַרְבָּעִים צַר - *Yom arbâim tsar* - Formé le quarantième jour.

ע"ב מוֹרֶה נוֹצַר – 72 *morah notsér* - 72 a été créé pour le montrer.

עֶשְׂרָה דָּמִים - *ésrah damim* - dix sangs.

עֶשְׂרִים מִדָּה - *ésrim midah* - vingt mesures.

קְלִפַּת הַמּוֹחַ – *Qlipath hamoah* – Cortex cérébral.

שְׁמוֹ אַרְבָּעִים - *Shémo arbâim* - Son nom est quarante.

שִׂמְלָה אַרְגָּמָן - *Simlah argaman* – Manteau pourpre.

- 670 -

הֲדַסָּה יְרוּשָׁלַיִם – *Hadassah yéroushalaïm* – Hadassah Jérusalém.

הָמָן הָרָשָׁע – *Haman harashâ* – Haman le mauvais.

חוּשׁ וְשֵׂכֶל - *Housh vesékhél* - Sens et conscience.

חֲצִי הַכַּדּוּר הַמַּעֲרָבִי - *Hatsi-hakadour hamaâravi* - Hémisphère ouest.

כָּמְרִית - *Kamerith* - Religieuse, femme de pasteur.

מַר נֶפֶשׁ – *Mar néfésh* – Amer, plein de ressentiment, mécontent.

מְשֻׁלָּשׁ - *Meshoulash* - Triangle.

נְקֻדַּת הַהִפּוּךְ - *Niqoudath hahipouk* - Solstice (point du solstice).

עָתַר - *Âtar* - Pétition, implorer.

צַפֶּקֶת - *Tşaféqéth* - Péritonite.

רַעֲשָׁנִים - *Raâshnim* - Crécelles.

- 671 -

אל"ף דל"ת נו"ן יו"ד – *Alef-daleth-noun-yod* – Adonaï (développement des lettres).

אֲחוֹת אַהֲרֹן – *Ahoth Aharon* – Sœur d'Aaron.

אֶרֶץ מִצְרַיִם – *Éréts mistraïm* – Terre d'Égypte.

יוֹם הַשִּׁשִּׁי – *Yom hashishi* – Vendredi.

נְהִירוּת - *Nehirouth* - Clarté, limpidité.

- 672 -

אֲרוֹן הַקֹּדֶשׁ – *Aron haqodésh* – Arche sainte.

הַר אָתוֹס – *Har Athos* – Mont Athos.

הַר זֵיתִים – *Har zéitim* – Mont des oliviers.

כָּל הַר הַבַּיִת – *Kal har haBayith* – Tout le mont du Temple.

מֵאָה וְעֶשְׂרִים – *Méoth veêsrim* – cent vingt.

נִבְרֶכֶת - *Névrékéth* - Pièce d'eau, petit bassin.

נַחַת רוּחַ – *Nahath rouah* – Satisfaction spirituelle, plaisir, inspiration.

סוֹף כְּדוֹר הָאָרֶץ – *Sof kedor haéréts* – Fin (extrémité) de la terre.

שָׁנָה חֲדָשָׁה – *Shanah hadashah* – Nouvelle années.

- 673 -

גַּל שֶׁמֶשׁ – *Gal shémésh* – Onde solaire.

חֲסַר נְשִׁימָה – *Hassar neshimah*– À bout de souffle.

יְצוּר אֱנוֹשִׁי - *Ytsour Anoshi* - Être humain.

כּוֹכַב הָרוּחוֹת – *Kok'av harouhoth* – Étoile des esprits.

- 674 -

סוֹרַחַת - *Sohérath* - Agate.

שֵׁם נִרְדָּף – *Shém mirdaf* - Synonyme.

- 675 -

אֲחוֹרַנִּית - *Ahoranith* – En sens inverse.

הַמָּשִׁיחַ הוּא אֱלוֹהִים בְּעַצְמוֹ - *Ha-Mashiah hou Élohim bâtşmou* – Le Messie est Élohim en son essence.

זֻהֲמָא וַקְלִפוֹת - *Zouhama vaqlipoth* - Pollution et *qlipoth* (coquilles).

כּוֹחוֹ שֶׁל הַיֵּצֶר - *Koho shél ha-yétşér* - Force du penchant (de l'instinct).

צוֹלְלוּת הָאָזְנַיִם - *Tşolélouth ha-aznaïm* - Acouphènes.

סְתִירָה - *Stirah* - Un paradoxe, quelque chose qui cherche à neutraliser, occulter, par la contradiction.

שֶׁיִּרְקַב בָּכֶּלֶא - *Shiyiqrav ba-kélé* - Moisir en prison.

- 676 -

גֶּשֶׁם שֶׁלֶג - *Guéshém shélég* - Pluie neige.

קְהַל יִשְׂרָאֵל - *Qehal Ysrael* - Communauté d'Israël.

- 677 -

הַר הַזֵּיתִים - *Har-Hazayitim* - Mont des Oliviers.

יֵשׁוּ הַנּוֹצְרִי - *Yéshou Hanotséri* - Jésus de Nazareth.

- 678 -

כֶּסֶף צָרוּף בַּעֲלִיל - *késséf tšarouf bâlil* - un argent épuré au creuset.

מְלֵאת אוֹר - *Maléth or* – Plein de lumière.

מֶלֶךְ בִּירוּשָׁלַם - *Mélék' beYroushalayim* – Roi de Jérusalem.

עֲרָבוֹת - *Âravoth* – Ciel supérieur - Septième firmament - Agrément, garantie, steppe.

רַבִּי שִׁמְעוֹן - *Rabbi Shiméon* - Rabbi Shiméon.

שֶׁמֶן חָרִיעַ – *Shémén hariâ* – Huile de carthame.

- 679 -

בֶּן תְּמַלְיוֹן צֵא – *Bén Temalion tsé !* – Ben Tamelion sort ! (Injonction d'exorcisme).

מַמְלָכָת הַצּוֹמֵחַ - Mamlakah ha Tsoméah - Règne végétal.

טוֹבַת מַרְאֶה הִיא - Tovat maréh hi – « Bonne à mirer, elle ».

יֵשׁוּ הַמָּשִׁיחַ - Yéshou Hamashiah - Jésus-Christ.

מַמְלֶכֶת הַצּוֹמֵחַ - Mamlékéth-Hatsomah - Règne végétal, flore.

- 680 -

חֲסַר בַּיִת – Hassar bayith – Sans-abri.

יַרְכָּתַיִם - Yarkataïm - Région éloignée, limite d'un pays.

מִשְׁמֵשׁ - Mishmésh - Abricot.

רוּחָנִיּוּת - Rouahniyouth - Spiritualité.

שֻׁמְשֹׁם - Shoumshom - Sésame.

- 681 -

אַבָּא יָסַד בְּרַתָּא – Abba yassad brata - Le Père a fondé la Fille (aram.).

תְּרוּעָה - Terouâh - Son (des trompettes), sons éclatants, avec éclat, objet d'allégresse, publié au son des trompettes.

- 682 -

בֵּית הַסֹּהַר - Beith ha-Sohar - Prison.

בַּשְּׁלֹשִׁים - Bashloshim – Dans trente.

יֶרֶק עֵשֶׂב – Yéréq êvésh – Herbe verte.

מַעֲשֵׂה מֶרְכָּבָה - Maâsséh Merkavah - Œuvre du Char.

מַצְפּוּנִיּוּת - Matsponiouth - Conscience, honnêteté.

מַרְדּוּת לֵב - Mardouoth-Lév - Remords (rébellion du cœur).

עַרְבִית - Ârvith - Prière du soir. Arabe (langage)

עִבְרִית - Îvrith – Hébreu (langage).

שֵׁם בַּשֵׁם - Shém baShém – Nom dans le Nom.

- 683 -

גַּן נָעוּל אֲחֹתִי כַלָּה – Gan naôul ahoti kalah – « Jardin clos, ma sœur-fiancée » - Cant. 4:12.

זְרִיחַת הַחַמָּה – Zrihath hahamah – Lever du soleil.

זֶרַע וְקָצִיר – Zérâ veqatsir – Semence et moisson.

מַרְגָּלִית - Margalith - Perle.

עוֹלָם אֲצִילוּת - Ôlam atsilouth - Monde de l'Émanation.

עוֹלָם חוּשׁ הָרִיחַ - Ôlam housh hariah - Monde de l'odorat.

קַבָּלָה עִיוּנִית – Kabbalah îounith - Kabbale contemplative.

שֶׁפַע וּבְרָכָה – Shéfâ ouvrak'ah – Abondance et bénédiction.

- 684 -

אֱלֹהֵי אַבְרָהָם יִצְחָק יַעֲקֹב - *Élohéi Abraham Ytshaq Yaâqov* - Dieu de Abraham, Isaac, Jacob.

שֵׂכֶל נִפְרָד – *Sékh'él nifrad* – Intellect séparé.

- 685 -

מָעֲיֵּן גְּמוּל וְעֹנֶשׁ - *Mâïyén guemoul veônésh* - Source de récompense et de châtiment.

נַחֲמוּ נַחֲמוּ עַמִּי יֹאמַר אֱלֹהֵיכֶם: *Nahamou nahamou âmi yomar Élohéik'ém* - « Réconfortez, réconfortez Mon peuple, dit votre Élohéi » -Isaïe 40:1-.

שַׂר הַפָּנִים - *Sar hapanim* - Prince de la Face.

שַׂר הֵפְעַל - *Sar Houfâl* - Prince de l'action.

- 686 -

אוֹת אַרְגָּעָה – *Oth argaâh* – Signal de fin d'alerte - Tout est clair.

בַּיִת רוּחָנִי – *Bayith rouhani* – Maison spirituelle.

זֶה אַבְרָהָם וְזֶה יִצְחָק וְזֶה יַעֲקֹב – *Zéh Avraham vezéh Ytshaq vezéh Yaâqov* – Voici Abraham, voici Isaac et voici Jacob.

יֵשׁ שָׁלוֹם – *Yésh shalom* – Il y a la paix.

עֵשֶׂב הַשָּׂדֶה – *Éssév ha-sadéh* – Herbe des champs.

תּוֹפַר - *Tofar* - Cordonnier - Qui raccommode, qui fait des sutures.

תִּפְאָרָה - *Tifarah* - Splendeur, grandeur, beauté.

- 687 -

אֵין צַדִּיק כְּבֶן עַמְרָם – *Éin tsadiq kvén âmram* - Il n'y a pas de juste comme le fils d'Amram.

אַרְעָא קַדִּישָׁא - *Arâ Qadisha* - Terre Sainte *(araméen)*.

זַרְעִית - *Zarîth* - Alouette des champs.

כֶּתֶר בִּינָה - *Kéter Binah* - Couronne, Intelligence *(sefiroth)*.

מָקוֹם רֹאשׁ - *Maqom rosh* - Lieu principal.

צוּר יְשׁוּעָה – *Tsour yeshouâh* – Rocher du salut.

רְפָאוֹת - *Refouoth* - Remèdes.

שָׁמַיִם וָאָרֶץ - *Shmayim Vaéréts* - Ciel et terre.

תַזְרִיעַ - *Tazriâ* - « *Elle concevra* » - *Parasha* #27 - Lév. 12:1-13:59.

- 688 -

בְּצַלְאֵל בֶּן־אוּרִי בֶּן־חוּר - *Betsalél ben-ouri ben Hour* - Betsalél ben-ouri ben-Hur.

גַּסּוּת הָרוּחַ – *Gassouth harouah* – Esprit grossier, impoli.

דַּעַת־רוּחַ – *Daâth-rouah* – Connaissance vent (qui n'est que du vent).

זֻהֲמַת הַקְּלִפָּה – *Zouhamath haqlipah* – Pollution de la *qlipah*.

עוֹלָם הָאֲצִילוּת – *Ôlam haatsilouth* - Monde de l'Émanation.

שֶׁפַע גָּדוֹל יָבוֹא לְעוֹלָם – *Shefâ gadol yavo léôlam* - Grande abondance vient au monde.

- 689 -

בַּמָּקוֹם רֹאשׁ – *Bamaqom rosh* – En un haut-lieu.

גַּלְעִין כַּדּוּר הָאָרֶץ – *Galîn adour haaréts* - Noyau terrestre.

הֶעֱלָה עַל הַדַּעַת – *Héêlah âl hadaâth* – Concevable, imaginable.

יַיִן מִתְהַפֵּךְ לְדַם – *Yayin mithapékh ladam* - Vin transformé en sang.

לַהַט הַשֶּׁמֶשׁ – *Lahat-Hashémésh* - L'ardeur du soleil.

עִיר הַקֹּדֶשׁ – *Îr haqodésh* – Cité sainte.

פַּטֶּרֶת – *Patéréth* – Candidose - Mycose.

שֵׂכֶל הַנִּפְרָד – *Sékh'él hanifrad* – Intellect séparé.

תַּרְנְגוֹל – *Tarngol* - Coq.

- 690 -

אֱלֹהֵי אַבְרָהָם יִצְחָק וְיַעֲקֹב – *Élohéi Avraham Ytsehaq veYaâqov* – Dieu d'Abraham Isaac et Jacob.

בּוֹרֵא עוֹלָם מֶלֶךְ מַלְכֵי הַמְּלָכִים – *Boré ôlam mélék'h malak'im hamelak'im* - Créateur du monde, Roi des rois des rois.

בְּרִית מֶלַח - *Brith-Mélah* - Alliance indestructible (du sel).

הָאֶבֶן מִמֶּנָּה נוֹצַר הָעוֹלָם - *Haévén memanéh notsar haôlam* - La pierre à partir de laquelle le monde fut créé.

הַשֵּׁם מֹשֶׁה – *Hashém Moshé* – Le nom Moïse.

זְכוֹר אֶת־יּוֹם – *Zak'or éth-yom* – « Souviens-toi du jour … »

פְּנֵי־נֶשֶׁר - *Pnéi néshér* - Face d'aigle.

פַּרְדֵּס רִמּוֹנִים – *Pardès rimonim* – Vergers des grenades.

רָמָתַיִם - *Ramatim* - Arimatie.

רַעֲיָתִי - *Râyati* - Ma compagne, ma bergère.

- 691 -

אוֹר הָעֶלְיוֹן אֵינוֹ פּוֹסֵק - *Or haélion éino poséq* - Lumière supérieure qui ne peut s'interrompre.

הֵיכְלֵי הַתּוֹרָה – *Héik'heléi haTorah* – Les palais de la Torah.

יְהוֹשֻׁעַ אַבְרָהָם אֵלִיָּהוּ – *Yehoshouâ Avraham Éliahou* – Josué, Abraham, Élie.

- 692 -

אוֹר מִן הַשָּׁמַיִם - *Or min haShamayim* - Lumière des cieux.

בְּנֵי הָאֱלֹהִים אֶל־בְּנוֹת הָאָדָם – *Bnéi haÉlohim él-banouth haAdam* – Fils d'Élohim vers les filles d'Adam.

חָקַל תַּפּוּחִין - *Haqal Tapouhin* - Jardin des pommiers.

יְרוּשָׁלַם עִלָּאָה – *Yeroushalaïm îlaah* – Jérusalem d'en haut.

כֶּתֶר חֶסֶד - *Kéter Hesséd* - Couronne, Bienveillance (*sefiroth*).

מָרָנָא תָא - *Marana ta* - Maître, viens ! (*aram.*).

צוּר מִכְשׁוֹל - *Tsour mik'shol* - Roc d'obstacle – Pierre d'achoppement.

שֶׁבַּשָּׁמַיִם - *Shébashamaïm* - Qui est aux cieux.

- 693 -

גָּפְרִית - *Gafrith* - Soufre.

זָהָב צָרוּף בָּאֵשׁ - *Zahav tsarouf baésh* - Or épuré dans le feu.

כֶּתֶר חָכְמָה - *Kéter Hokhmah* - Couronne, Sagesse (*sefiroth*).

קְרָב פָּנִים אֶל פָּנִים – *Qrav panim él panim* - Combat au corps à corps, combat rapproché.

שְׂעַר גְּמַלִּים - *Sâr guemalim* - Peau (poil) de chameaux.

- 694 -

גּוּלְגַּלְתָּא חִוּוְרָא - *Goulgalta Hiouvra* – Crâne blanc (*araméen*).

הַשֵּׁם הַנִּכְבָּד וְהַנּוֹרָא - *HaShém hanik'bad vehanora* - Le Nom glorieux et redoutable.

צִנְצֶנֶת זָהָב - *Tsintsénéth zahav* - Urne d'or.

- 695 -

אוֹר הַחַיִּים הַקָּדוֹשׁ - *Or hahayim haqadosh* - Sainte lumière de la vie.

אֱמֶת גְּמוּרָה – *Éméth guemourah* – Vérité complète.

יֵשׁ בּוֹרֵא לָעוֹלָם - *Yésh boré laôlam* - Il y a un Créateur du Monde.

רֹמֵשׂ עַל־הָאֲדָמָה: – *Romésh âl-haAdamah* – Fourmille (rampe) sur la terre.

- 696 -

אַבָּא שֶׁבַּשָּׁמַיִם - *Abba shébashamayim* – Père céleste (qui est aux cieux).

אֵלִי אֵלִי לָמָה עֲזַבְתָּנִי - *Éli, Éli lamah âzavtani?* – « *Mon Dieu, mon Dieu, pourquoi m'as-tu abandonné ?* » -Psaumes 22:2-.

חָמֵשׁ חָמֵשׁ – *Hamésh hamésh* – Cinq-cinq.

מְלָכִים וְשָׂרִים - *Melakhim vessarim* - Rois et ministres.

עַתִּיק יוֹמִין - *Âtiq yomim* - Ancien des jours.

קְבוּצַת כּוֹכָבִים - *Qvoutsath-Koḳavim* - Constellation.

רוּחַ אֱלֹהִים עַל־הָאָרֶץ – *Rouah Élohim âl-haaréts* – Esprit d'Élohim sur la terre.

- 697 -

אֲוִיר מַיִם שָׁמַיִם – *Avir mayim shamaïm* – Air, eaux, cieux.

אַרְבַּע חַיּוֹת - Arbâ hayoth - Quatre Vivantes.

אַרְמְנוֹת - Armnoth - Palais.

בְּרִית מִילָה - Brith milah - Circoncision.

מָקוֹר הָרָצוֹן - Maqor haratson - Source du Désir.

קִנְאַת הַמַּלְאָכִים - Qinath hamalak'im - Jalousie des anges.

- 698 -

בִּלְתִּי נִרְאֶה - Bilti niréh - Invisible.

כָּשֵׁר לְפֶסַח - Kashér lePessah - Casher pour Pâque.

שֵׁם מָשִׁיחַ - Shém mashiah - Nom du Messie.

- 699 -

גְּמָרָא מִשְׁנָה הֲלָכָה - Guemara Mishnah Halak'ah - Guemara Mishnah Halak'ah.

עֲטָרוֹת זָהָב - Âtrouth zahav - Diadème d'or.

- 700 -

אֶרֶץ הַקֹּדֶשׁ - Éréts Haqédésh - Terre Sainte.

בְּסֵתֶר לִבּוֹ - Beséter libo - Au plus profond de son cœur - Au plus profond de son subconscient.

כַּפָּרָה נְשָׁמָה - Kapparah neshamah - Expiation de l'âme.

כֶּתֶר יְסוֹד - Kéter Yessod - Couronne, Fondement (sefiroth).

מְנוּחַת עוֹלָמִים - Menouhath-Olamim - Repos éternel, enterrement.

מָסֹרֶת - Massoréth - Tradition.

נַתְרָן - Natran - Sodium.

פָּרָה קְדוֹשָׁה - Parah qedoushah - Vache sacrée.

פַּרְעֹה מֹשֶׁה - Paraôh Moshé - Pharaon-Moïse.

פָּרֹכֶת - Parokéth - Rideau tu Temple - Manteau de l'Arche sainte.

- 701 -

מָקוֹם קָדוֹשׁ לַיְּהוּדִים - Maqom qadosh layehoudim - Lieu saint pour les juifs.

נְהַר פִּישׁוֹן - Nehar Pishon - Rivière Pishon.

נוֹצָה נֶשֶׁר - Notsah néshér - Plume d'aigle.

עֵץ יִשְׂרָאֵל - Êts Israél - Arbre d'Israël.

שֵׂכֶל הָרָצוֹן - Sékél haratson - Intellect volontaire.

שׁוֹמְרֵי הַסַּף - Shomréi ha-saf - Gardiens du seuil.

- 702 -

בָּרֶקֶת - Baréqéth - Émeraude.

דְּבַר־מַלְכוּת - Dvar Malkouth - Parole de Malkouth (Esther 1:19).

דָּת רַחֲמִים – *Dath rahamim* – Religion miséricrodieuse.

מַלְאָךְ יְהוָה אֱלֹהִים צְבָאוֹת – *Malak Yhwh Élohim Tsevaoth* - Ange de *Yhwh Élohim* des armées.

סִתְרֵי לֵב – *Sitréi lév* – Secrets du cœur.

פּוֹרִיּוּת - *Poriouth* - Fertilité, virilité.

צוּרָתוֹ - *Tsouorato* – Sa forme.

שֶׁבַע יִפּוֹל צַדִּיק – *Shévâ ypol tsadiq* – « Sept fois tombe le juste » (Proverbes 24:16).

שֶׁבֶת - *Shévéth* - Aneth.

שַׁבָּת - *Shabbath* - Shabbath.

שֶׁפַע הַנִּכְבָּד הָעֶלְיוֹן – *Shéfâ hanik'bad haêliyon* – Influx glorieux supérieur.

- 703 -

אוֹר מַלְכוּת - *Or Malkouth* - Lumière du royaume.

אֵשׁ בַּת - *Ésh bath* - Fille du feu.

אָת-בָּשׁ - *Ath-bash* - Méthode de transposition de lettres.

וְאֶת הָאָרֶץ - *Veéth haaréts* - Et la terre.

זִכָּרוֹן שִׁמְעִי – *Zikaron shimî* – Mémoire visuelle.

יְרוּשָׁלַיִם כִּסֵּא יְהוָה - *Yroushalayim kissé Yhwh* - Jérusalem trône de *Yhwh*.

כְּמוֹ הָאָדָם הָרִאשׁוֹן וְחַוָּה - *Kemo haAdam harishon vehavah* - Comme le premier homme et Ève.

מִסְגֶּרֶת - *Misguéréth* - Châssis, cadre.

מַצּוּי רִאשׁוֹן - *Matsouï Rishon* - L'être premier (Dieu).

עֶזְרָת יְהוָה - *Êzrath Yhwh* - Aide de *Yhwh*.

שֵׁם הַמָּשִׁיחַ - *Shém haMashiah* - Nom du Messie.

שִׁמְעוֹן בַּר יוֹחַאי - *Shimeôn bar Yohaï* - Siméon bar Yochai.

- 704 -

אִישׁ לְבֶשׁ הַבַּדִּים - *Ish levoush ha-badim* - Homme vêtu de lins.

חֶדֶר כְּלוּלוֹת - *Ḥédér-klouloth* - Chambre nuptiale.

נֵר תָּמִיד – *Nér tamid* – Lampe perpétuelle.

- 705 -

אֲבָנִים מְפוּלָמוֹת - *Avanim mefoulamoth* - Pierres lisses.

בּוֹרֵא לָעוֹלָם הַיְצִירָה - *Boré leôlam haYetsirah* - Créateur du Monde de la Formation.

דְּבָרִים שֶׁל טַעַם - *Dévarim Shél-Taâm* - Paroles sensées.

דָּם מְזֻקָּק וּבָרוּר - *Dam mezouqaq ouvarour* - Sang purifié et clair.

כֵּלִים שֶׁל אֲחוֹרַיִים - *Kélim shél ahoriyim* - Réceptacles arrières.

נֶפֶשׁ רָעָה – *Néfésh raâh* – Mauvaise âme.

- 706 -

אֶרֶץ קְדוֹשָׁה – *Éréts qedoshah* – Terre sainte.

זָנָב לָאֲרָיוֹת - Zanav laarayoth - Queue pour les lions (être petit chez les grands).

כַּפּוֹרֶת - Kaporéth - Couvercle de l'Arche d'Alliance.

כְּפָרוֹת - Kefaroth – Pénitences, expiations (à Yom kippour).

נְתִיב הַגּוֹרָל – Nativ hagoral – Chemin du destin, la destinée.

רָתוּק - Ratouq - Confiné, coincé.

שָׁפוּי עַל סַף בֶּלְבּוּל – Shafoui âl saf boulboul – Esprit au bord de la confusion.

- 707 -

חַיַּת טֶרֶף - Ḥayath téréf - Prédateur.

מַרְפֵּא לָשׁוֹן - Marpé Lashon - Langage apaisant (qui guérit).

עוֹלָם הַתִּקּוּן - Ôlam haTiqoun - Monde de la réparation.

עַל הָרֵי בְשָׂמִים - Âl haréi bessamim - « Sur les monts d'arômes (épices) » (Cantique des cantique 8:14).

שִׁבְתָה - Shivtah - Méningite.

תִּקּוּן הָעוֹלָם - Tiqoun ôlam - Réparation du monde, réformer l'ordre mondial.

- 708 -

כִּי־יָדַע דֶּרֶךְ עִמָּדִי בְּחָנַנִי כַּזָּהָב אֵצֵא: - Ki yadâ dérék îmadi beḥanani kazahav étsé - « Car il connaît la route où se me tiens. Qu'il m'éprouve, comme de l'or je sortirai » Livre de Job (23:10).

מַלְאַךְ הַבְּרִית - Malak haBrith - Ange de l'Alliance.

שֻׁחְרַר - Shouhrar - Être délivré, libéré.

שַׁחַת - Shaḥath - Fosse.

שֵׂכֶל מְחוּדָשׁ - Séḳel Meḥoudésh - Conscience du renouveau.

- 709 -

אוֹר בְּקָצֶה הַמִּנְהָרָה – Or biqtséh haminharah – La lumière au bout du tunnel.

אֵין מַזָּל לְיִשְׂרָאֵל – Éin mazal leIsraél – « Il n'y a pas de constellation pour Israël » (Tal. Shabbath 156b).

בֵּית אוֹצָר – Béith otsar - Maison au trésor.

כִּי־טוֹבַת מַרְאֶה הִיא - Ki tovath maréh hi - Car elle est belle a mirer.

בגדכפרת - Béguéd-Kaporéth - 7 lettres doubles.

פֶּתַח הַדְּבִיר - Pétaḥ hadevir - Ouverture du Debbir (sanctuaire).

קְטֹרֶת - Qetoréth - Encens.

- 710 -

אֲבָנִים הַמְפֻלָּמוֹת – Avanim hamefoulamoth – Pierres lisses.

נִסְתָּר - Nistar - caché, secret, ésotérique.

נְפִילַת מְלָכִים - Nefilath melakim - Chute des Rois.

רְעָתָם - *Râatam* - Leur mal (méchanceté).

שָׂדוֹת - *Sadoth* - Champs.

שִׁית - *Shith* - Base, fondement.

שָׁרִיר - *Sharir* - Muscle.

- 711 -

אֵשׁ קוֹדֶשׁ - *Ésh qodésh* – Feu sacré.

מוֹתָרֵי מוֹחָא - *Motaréi Moḥa* - Choses dont le cerveau n'a pas besoin (litt. cordes du cerveau) *(araméen)*.

עוֹלָם הַנְּקֻדּוֹת - *Ôlam haneqoudoth* - Monde des points.

קִיתָרָא - *Qitara* – Cithare, lyre, luth, guitare (araméen).

- 712 -

בַּרְקִית - *Barqith* - Glaucome.

גְּבוּרָה מַלְכוּת - *Gvourah Malkouth* - Rigueur, Royauté *(sefiroth)*.

דְּמָעוֹת בָּעֵינַיִם - *Demaôth va-êinayim* - Larmes aux yeux.

הָאוֹפַן בְּתוֹךְ הָאוֹפַן - *Haofan betouk haofan* - La roue au milieu de la roue.

הַשְׁבָּתָה - *Hashbatah* – Arrêt, fermeture.

חֲדַר הַמְתָּנָה - *Ḥédar ha-metanah* – Antichambre, salle d'attente.

חַדְרֵי תֵמָן – *Ḥadréi téman* – Chambres du Sud.

יַבֶּשֶׁת - *Yabéshéth* - Continent - dessèchement.

עָבַר נַפְשִׁי – *Âvar nafshi* – Traverse mon âme.

מַלְאֲכֵי יְהֹוֶה אֱלֹהִים צְבָאוֹת – *Malak'éi Yhwh Élohim tsevaoth* – Anges de Yhwh Élohim des armées.

מְעֻבֶּרֶת - *Meoubéreth* - Être enceinte - Année embolismique (13 lunaisons).

מַעְבֹּרֶת - *Maêboréth* - Passeur, traversier.

- 713 -

דַּרְכֵי הַדַעַת - *Darkéi haDaâth* - Voies de la Connaissance.

הוֹד רוֹמְמוּתוֹ – *Hod romemouto* - Son Éminence.

מַלְכַּת הַיָּרֵחַ - *Malkath haYaréḥa* - Reine de la lune.

מִלְפְנֵי בֵּית הָאֱלֹהִים - *Milfnéi Beith haÉlohim* - Devant la Maison-Dieu.

שַׁבְּתַאי - *Shabbtaï* - Saturne.

תְּשׁוּבָה - *Teshouvah* - Réponse.

- 714 -

בִּרְכַּת הַלְבָנָה – *Birkath halevanah* – Bénédiction de la Lune.

זִכָּרוֹן חָזוּתִי – *Zikaron ḥazouti* – Mémoire visuelle.

חַיַּת הָאָרֶץ – *Ḥayath haaréts* – Vitalité de la terre – Bête terrestre.

חֲכָמֵינוּ זִכְרוֹנָם לִבְרָכָה - *Hakhaméinou zikronam livrakhah* - Nos sages de la mémoire bénie.

עֶמֶק הַשִּׂדִים הוּא יָם הַמֶּלַח – Êméq hashédim hou yam mélah – La vallée des démons est la mer morte.

קָרְחוּת - Qérhouth - Calvitie.

רְעוּתָא דְּלִבָּא - Reôuta delba - Volonté du cœur.

שִׁחְרוּר – Shiherour - Libération, affranchissement.

שׁוֹכֵן בַּמְּרוֹמִים – Shok'én bamromim – Demeurant dans les hauteurs.

שִׁיר נִצָּחוֹן – Shir netsahon – Chant de victoire.

שָׂרוּף פֶּחָם – Sarouf péham – Charbon calciné.

תְּפִלָּה צְדָקָה – Tefilah tsedaqah – Prière de charité.

- 715 -

עֲשָׂרָה מְלָכִים - Âssarah malakhim - Dix rois.

- 716 -

הַמָּאוֹר הַגָּדֹל וְהַמָּאוֹר הַקָּטָן - Hamaor hagadol vehamaor haqatan - Le grand luminaire et le petit luminaire.

וַשְׁתִּי - Vashti - Vashti.

יֵשׁוּת - Yéshouth - Essence, entité, existence.

יַתּוּשׁ - Yatoush - Moustique.

מָטְרוֹנִיתָא - Matronita - Un aspect de la Présence divine (Shekhinah).

מָשִׁיחַ נָחָשׁ - Mashiah nahash – Messie-serpent.

סַמְבּוּק שָׁחֹר - Sambouq shahor – Sureau noir.

- 717 -

אוֹר יָשָׁר - Or yashar - Lumière directe.

מִזְעֶרֶת - Mizêréth - Miniature.

נְהוֹרָנוּת - Nahounoth - Luminescence.

- 718 -

זֶרַע אֱמֶת - Zérâ éméth - Semence vraie.

יְבֵשׁוּת - Yabéshouth - Sécheresse.

- 719 -

אֲגַם הַכִּנֶּרֶת - Agam haKinéréth - Lac de Tibériades.

אוֹרוֹת וְכֵלִים - Oroth vekélim - Lumières et réceptacles.

אַחֲרִית יָמִים - Aharith yamim - Fin des jours.

אַרְיֵה וּתְאוֹמִים - Ariéh ouTomim - Lion et Gémeaux.

אֵשֶׁת חֵטְא - Éshéth hète - Pécheresse.

הַיּוֹשְׁבִי בַּשָּׁמַיִם - Ha-Yoshvi ba-Shamayim - Assis dans les cieux.

חֲצִי תוֹרָה - Hatsi Torah - Flèche (ou moitié) de la Torah.

יִשְׂרָאֵל לָנֶצַח - Ysraél lenatséah - Israël pour toujours.

רֶגַע הָאֱמֶת - Régâ haéméth - Moment de vérité.

שָׂרָה וְהָגָר - *Sarah veHagar* - Sarah et Hagar.

- 720 -

יַם כִּנֶּרֶת - *Yam Kinéréth* - Mer de Galilée, lac Kinnereth.

יֵצֶר תְּהוּדָה - *Yétsér tehoudah* - Résilience, résonnance.

יְשֵׁנֵי עָפָר - *Yeshénéi-Âfar* - Ceux qui dorment dans la poussières (les morts).

לְשׁוֹן סַגִּי נָהוֹר - *Lashon Sagui Néhor* - Euphémisme.

רָעַת הָאָדָם - *Raâth haAdam* - Méchanceté de l'homme.

שֵׂכֶל שָׁלֵם - *Sékél shalém* - Conscience complète.

שַׂר הָאָחוּר - *Sasr ha-ihour* - Prince de l'arrière (Sandalfon).

שֶׁמֶן נֵר הַלַּיְלָה - *Shémen nér halaïlah* - Huile de la bougie de la nuit - Huile d'onagre.

- 721 -

אֲדִישׁוּת - *Adishouth* - Apathie, indifférence.

אִם־בֵּין כּוֹכָבִים שִׂים קִנֶּךְ - *Im-béin kokavim shim qinék'a* - « *Si parmi les étoiles tu mettais ton nid* » (Abdias 1:4).

אֲרַכְתָּ יָמִים - *Arak'éth yamim* - Longue vie.

קַבָּלָה הַתַּעֲנוּגִים - *Qabbalah hataânouguim* - Kabbale des Délices.

שַׁרְבִיט קֶסֶם - *Sharbit qéssém* - Baguette magique.

- 722 -

קוֹל שׁוֹפָר - *Qol shofar* - Son de la corne.

שַׁבְרִירִי - *Shavriri* - Aveugleur *(araméen)*, nom d'un démon qui provoque la cécité,.

- 723 -

אֱלִישָׁע בַּעַל כְּנָפַיִם – *Élishâ baâl knafayim* – Élisée le maitre des ailes.

בֵּית הַיּוֹצֵר – *Béith hayotsér* - Atelier de potier.

יְהֹוָה אֱלֹהִים סַמָאֵל לִילִית – *Yhwh Élohim Samael Lilith* – *Yhwh* Élohim Samael Lilith.

שִׁיר וְאוֹר – *Shir veor* – Chant et lumière.

- 724 -

אוֹר מִתְעַבֶּה - *Or matâbâh* - Lumière qui s'épaissit.

אַחֲרִית הַיָּמִים - *Aharith haYamim* - Fin des temps.

וְאָנֹכִי עָפָר וָאֵפֶר – *Veanok'i âfar vaéfér* – « *Moi qui ne suis que poussière et cendre* » - Genèse 18:27-.

- 725 -

הַסְתָּרֵס - *Histaréss* - Castrer, émasculer (Talmud).

כַּפּוֹרֶת הַזָּהָב - *Kaporéth hazahav* - Couvercle d'or de l'Arche d'Alliance.

לֹא יַעֲלֶה עַל הַדַּעַת - *Lo yaâléh âl haDaâth* - Inconcevable, déraisonnable, inimaginable, impensable.

נְקֻדּוֹת הַכָּסֶף - *Neqoudoth haqésséf* - Points d'argent.

עַל הָרֵי אֲרָרָט - *Âl haréi Ararat* – Sur les monts Ararat.

קָם מִן־הַמֵּתִים - *Qam min-hamétim* - Ressusciter les morts.

רְאוּבֵן שִׁמְעוֹן - *Reouvén Shiméon* - Ruben, Simon.

רָחֵל אִמֵּנוּ הַשְּׁכִינָה - *Rahél iménou haShekhinah* - Rachel, notre mère, est la *Shekhinah*.

שִׁיר הָעֵמֶק - *Shir haêméq* - Chant de la profondeur.

שָׂעִיר לַעֲזָאזֵל - *Saïr leÂzazél* - Bouc émissaire.

- 726 -

זִכָּרוֹן לִטְוָח קָצָר - *Zikaron litvah qatsar* - Mémoire à court terme.

כְּשׁוּת - *Ksouth* - Houblon.

נַחֵשׁ יְנַחֵשׁ - *Nahash ynahésh* - Devin devinant.

- 727 -

חָכְמָה לְאַחַר מַעֲשֵׂה – *Ħakhmah lahar maâsséh* – Sagesse après l'événement, sagesse rétrospective.

קוֹל הַשּׁוֹפָר – *Qol hashofar* – Son du Shofar.

שֶׁמֶשׁ לְבָנָה – *Shémésh levanah* – Soleil-lune.

שִׁעוּר קוֹמָה - *Shiour qomah* - Mesure de la Stature.

- 728 -

גְּמַר חֲתִימָה טוֹבָה – *Gmar hatimah tovah* – Puisses-tu être signé et scellé dans le Livre de Vie (salutation utilisée à Yom Kippour).

יָרֵחַ מַלְכוּת דָּוִד – *Yaréah malkouth David* – Lune du royaume de David.

נִבְעָרוּת - *Nivârouth* - Analphabétisme, grossièreté, ignorance.

סְפָרַד וְאַשְׁכְּנַז – *Sefarad veashekenaz* - Séfarade et ashkénaze.

שׁוֹר וְאַרְיֵה – *Shor veariéh* – Taureau et lion.

- 729 -

בֵּית נְזִירִים - *Beith Nezirim* - Monastère, couvent.

בִּרְכַּת הַבָּנִים - *Birkath habanim* - Bénédiction des fils.

כְּתָב חַרְטֻמִּים - *Ketav-Hahartoumim* - Hieroglyphes, écriture illisible.

- 730 -

בִּרְכַּת הַמָּזוֹן - *Birkath hamazon* - Prière après le repas.

מַיִין דְּכוּרִין בְּמַיִין נוּקְבִין – Mayin dek'ourin bemayin nouqbin- Prière après le repas.

עוֹלָם הַתַּעֲנוּגִים – Ôlam hataânouguim – Monde des délices.

עַמּוּדֵי שֵׁשׁ – Âmoudéi shésh - Colonnes de marbre.

שָׁמַע קוֹלֵנוּ יְהֹוָה אֱלֹהֵינוּ – Shémâ qolénou Yhwh élohéinou – Écoute notre voix Yhwh notre Dieu.

שֵׁם שָׁמַיִם - Shém shamayim - Nom de Dieu (des cieux).

תְּרָפִים - Terafim - Guérisseurs.

- 731 -

בֵּית הַשּׁוֹאֵבָה – Béith ha-shouévah - Puits d'où l'on tirait l'eau versée sur l'autel à Souccoth.

יְצִירָה שֶׁל הַטֶּבַע - Yetsirah shél hatévâ - Formation de la Nature.

כִּי תִשָּׂא - Ki tissa – « Car tu prendras » - Parasha #21 - Ex. 30:11-34:35.

תִּקּוּנֵי דִּיקְנָא – Tiqounéi diqna - Arrangements des Treize attributs de la barbe de Arik Anpin (araméen).

- 732 -

בַּלּוֹטַת הַכָּרֵס - Baloutah Hakaréss - Pancréas.

הַשְׁוָואָה אַחַת - Hashvaah ahath - Comparaison inférieure.

חַיַת הַשָּׂדֶה – Hayath hasdéh – Bête du champ (animal sauvage).

רֵישָׁא חִוָּוְרָא - Réisha Hiouvra - Tête blanche.

שִׁבֹּלֶת - Shiboléth - Épi.

- 733 -

בְּרַת קָלָא – Brath qala – Écho, résonnance (araméen).

גָּלֶשֶׁת - Galéshéth - Eczéma.

זִכָּרוֹן שֶׁל פִּיל – Zikaron shél pil – Mémoire d'éléphant.

מָגֵן שֶׁמֶשׁ - Maguén shémésh - Bouclier solaire - Parasol, lunettes de soleil, crème solaire.

מַרְאוֹת אֱלֹהִים - Maroth Élohim - Visions divines – Miroirs d'Élohim.

נִסִּים וְנִפְלָאוֹת - Nissim veniplaoth - Miracles et merveilles.

שֵׂכֶל מְגֻשָּׁם - Sékél megousham - Conscience de masse.

- 734 -

כְּתָב מְרֻבָּע - Ketav Meroubâ - Écriture carrée en hébreu).

מָצָא מִין אֶת מִינֹב - Matsa min éth-mino - Qui se ressemble s'assemble.

- 735 -

בְּלַבַּת-אֵשׁ – Belabath-ésh – Flamme de feu.

הֵן קֶדֶם אֶהֱלֹךְ וְאֵינֶנּוּ וְאָחוֹר וְלֹא-אָבִין לוֹ: – Hén qédém éhélok veinénou vahor velo-avir lo – « Voici, je vais *devant, il n'est pas ; derrière, je ne le discerne pas »* (Job 23:8).

מֹוחִין דְּגְבוּרוֹת - *Mohin diGvouroth* - Cerveau des Puissances (araméen).

סֵפֶר הַסְּפָרִים – *Séfer hasefarim* – Livre des livres.

- 736 -

אֹור הַהִתְמַעֵט - *Or ha-hithmêt* - Lumière de la diminution.

אֱלֹהִים בַּקֹּדֶשׁ דַּרְכֶּךָ – *Élohim baqodésh darkék'a* – Élohim, ta route est sainte.

אֲרֹון הַדַּעַת – *Aron hadaâth* – Arche de la connaissance.

גִּלּוּי עֲרָיוֹת – *Guilouï ârioth* – Inceste.

יהוה נִסְתָּר – *Yhwh nistar* – Yhwh est caché.

יְפַת-מַרְאֶה – *Yefath-maréh* – Belle apparence.

מַחְשָׁבָה צְרוּפָה – *Mahshavah tšeroufah* - Pensée abstraite.

נָחָשׁ וְעַקְרָב - *Nahash veâqrav* – Serpent et scorpion.

נָחָשׁ חַוָּה שָׂטָן - *Nahash Havah Satan* – Serpent, Ève, Satan.

נֶפֶשׁ אִשָּׁה – *Néfésh isha* – Âme femme.

נִקּוּי פְּסֹלֶת – *Niqouï pssoléth* – Nettoyage des déchets.

עַמּוּד הַתֹּורָה – *Âmoud haTorah* – Pilier de la Torah.

קֹומָה מִן הַמֵּתִים - *Qoumah min hamétim* - Lève-toi d'entre les morts !

- 737 -

בִּינָה הַנֶּעֱלֶמֶת בְּחָכְמָה - *Binah hanéêléth behakhmah* - Binah s'occulte dans Ħokhmah.

חֲכָמִים יֹדְעֵי הָעִתִּים - *Ħakh'amim yodêi haîthim* - Sages connaisseurs des temps.

יֹום תְּרוּעָה - *Yom terouâh* - Jour de la sonnerie.

מַלְאָכִים שֹׁומְרִים – *Malakhim shomerim* – Anges gardiens.

עַמּוּדָא דְּאֶמְצָעִיתָא – *Âmouda deémtsaïta* – Colonne centrale (araméen).

שְׁלֹשָׁה בָנִים – *Shloshah banim* – Trois fils.

שִׁיעוּר הָעֹולָם – *Shioûr haôlam* – Mesure du monde.

שִׁיעוּר קֹומָה - *Shioûr qomah* - Mesure du corps.

שַׁלְהֶבֶת - *Shalhévéth* – Flamme, étincelle, braise.

- 738 -

חַיְתֹו שָׂדָי - *Hayeto sadaï* - Bêtes du champ.

רוּחֹות הַנְּבִיאִים – *Rouhoth haneviyim* - Esprits des prophètes.

- 739 -

הֲסָרַת סִיד – *Hassarath sid* - Décalcification.

הַר הַתַּעֲנוּג – *Har haTaânoug* – Mont du Délice.

לְשׁוֹן שִׂמְחָה – Lashon simhah – Langue de joie.

רְעִידַת אֲדָמָה – Rîidath adamah – Tremblement de terre.

רַק אַהֲבָה תָּבִיא אַהֲבָה - Raq ahavah tavi ahavah - Seul l'amour apportera l'amour.

- 740 -

יוֹדְעֵי דַּעַת עֶלְיוֹן – Yodéi dâth êlyon – Connaisseurs de la Connaissance suprême (gnostiques).

נָצְרַת - Natserath - Nazareth.

נִרְדָּפוּת – Nirdafouth – Oppression, persécution.

פְּגַם הַבְּרִית - pagam ha-brith - Défaut d'alliance.

עֵת רַע - Éth râa - Mauvais temps (époque).

קָרֶמֶת - Qaréméth - Diphtérie.

רִבּוֹנוֹ שֶׁל עוֹלָם – Ribono shél ôlam – Maître du Monde.

שָׁמֵי שָׁמַיִם - Shamaï Shamayim - Ciel des cieux.

שִׁעְשַׁע - Shîshéâ - Divertir, ravir.

- 741 -

בְּעַת סָגוּר - Baâth sgour - Claustrophobie.

יוֹפַע אוֹר מֵחֹשֶׁךְ - Yofâ or méhoshék - De l'obscurité resplendit la lumière.

יֵשׁוּעַ הנצרי – Yéshouâ hanetsari - Jésus le nazaréen.

כִּי עָנַן יְהֹוָה עַל־הַמִּשְׁכָּן - Ki ânan Yhwh âl-hamishkan - Car la nuée de Yhwh était sur le tabernacle.

מַלְכַּת־הַמִּדְבַּר - Malkath ha-midbar – Reine du désert.

צְרוֹר הַמֹּר - Tseror hamor - Sachet (bouquet) de myrrhe.

קְרוֹב מִשְׁפָּחָה - Qrov mishpahah - Membre de la famille, parent.

- 742 -

אַסְפְּקַלַרְיָא דְּנַהֲרָא - Aspqlariah denahara - Miroir réfléchissant (aram.).

אַסְפְּקַלַרְיָה מְאִירָה - Aspqlariah mirah - Miroir lumineux.

אֲרוֹן הָעֵדוּת - Aron haêdouth - Arche du Témoignage.

בְּשׂמֶת - Bessméth - Arôme.

חָכְמָה ההרמטית – hakhmath hahermétith – Science hermétique.

מִדַּת רַחֲמִים – Middath rahamim – Attribut de miséricorde.

קֵץ כָּל־בָּשָׂר - Qéts kal-bassar - Fin de toute chair.

- 743 -

אַסְפַּקְלַרְיָא הַמְּאִירָה – Aspaqlaria hamirah – Miroir réfléchissant.

מַה שֵׁם מָשִׁיחַ - Mah shém mashiah ? - Quel est le nom du Messie ?

קְבָרוֹת יְהוּדִי - Qevaroth yehoudéi - Cimetière juif.

רוּחוֹת מִלְחָמָה - Rouhoth milhamah - Esprits de guerre.

219

- 744 -

אֲנִי יְשֵׁנָה וְלִבִּי עֵר – Ani yeshénah velivi êr – « Je dors mais mon cœur veille » (Cant. 5:2).

אוֹר אֲצִילוּת - Or atsilouth - Lumière d'Émanation.

דָּת הִיא אוֹפְיוּם לַהֲמוֹנִים – Dath hi opioum lahamonim – « La religion est l'opium des peuples ».

הַכֹּל יָבוֹא עַל מְקוֹמוֹ בְּשָׁלוֹם – Hakol yavo âl meqomo beshalom - Tout va bien se passer.

חַלַּת דְּבַשׁ - Halath devash - Rayon de miel.

חָצֵר מָוֶת - Hatşér mavéth - Parvis de la mort.

סִרְפֶּדֶת - Sirpédéth - Urticaire.

רְעִידַת הָאֲדָמָה – Rîdath haadamah – Tremblement de terre.

רָצוֹן חָפְשִׁי – Ratson hafshi – Libre-arbitre, libre volonté.

רַק אַהֲבָה תָּבִיא אַהֲבָה – Raq ahavah tabi ahavah – Seul de l'amour viendra l'amour.

- 745 -

חוֹמֶר הַיְסוֹדוֹת – Homér hayessodoth – Matière élémentaire.

מִקְרָא קֹדֶשׁ - Miqra qodésh - Solennités.

מִשְׁתֶּה - Mishtéh - Festin, banquet.

צַנְתָּרָה - Tsantarah - Tube qui alimente une lampe à huile

שִׁבְעָה מְדוֹרֵי גֵּיהִנֹּם - Shivâh Medouréi-Guéhinom - Les sept compartiments de l'enfer.

שֵׁם קָשֶׁה - Shém qashéh - Nom dur.

- 746 -

עָלָה לַתּוֹרָה - Âlah laTorah - Appelé à la lecture de la Torah.

שְׁמוֹת - Shemoth - Noms - Parasha #13 Ex. 1:1-6:1.

שַׁמְשׁוֹק - Shoumshon - Origan, marjolaine.

תָּו סֵפֶר – Tav séfér – Ex-libris.

תַּמְרוּק - Tamrouq - Cosmétique, onguent.

- 747 -

בִּרְכַּת כֹּהֲנִים - Birkath Kohanim - Bénédiction pontificale.

מִיכָאֵל שַׂר הַמַּלְאָכִים - Mikael sar haMalakhim - Mikaël prince des anges.

רָמֹת גִּלְעָד - Ramoth Galêed - Mont Galaad.

- 748 -

וַיֹּאמֶר מֹשֶׁה אֶל הָעָם – Vayomér Moshé él haâm – « Et Moïse dit au peuple ».

סִבַּת הַחַיִּים הַנִּצְחִיִּים – Sibbath hahayim hanitsahim – Cause de la vie éternelle.

רֶגֶל יְשָׁרָה – Réguél ysharah – Pied de rectitude.

שְׁכִינָה הַמָּשִׁיחַ – Shekhinah hamashiah – Shekhinah du Messie.

שֶׁמֶן הַמִּשְׁחָה – Shémén hamishhah – Huile d'onction.

- 749 -

יִצְחָק יִשְׂרָאֵל – Ytshaq Ysrael – Isaac-Israël.

נֵרוֹת גְּדוֹלִים - Néroth guedolim - Grandes bougies.

- 750 -

אוֹר מִתְעַגֵּל - Or mitâguél - Lumière ronde.

דֹּרֹת עוֹלָם – Doroth ôlam – Générations pérennes – Habitants du monde.

הִנֵּה עֵין יְהוָה אֶל־יְרֵאָיו לַמְיַחֲלִים לְחַסְדּוֹ: – Hinéh êin Yhwh él-yeréaïv lamyahalim – « Voici, l'œil de Yhwh est sur ceux qui le craignent, sur ceux qui s'attendent à sa bonté » - Ps. 33:18.

חִילּוּף דּוֹרוֹת – Hilouf doroth – Changement de générations.

כּוֹכַב שֶׁבֶת - Kokav-Shévéth - Étoile fixe.

עֹפֶרֶת - Ôféréth - Plomb.

צַעַר הַשְּׁכִינָה – Tsaâr haShek'inah – Affliction de la Shekhinah.

קְלָלַת כְּנַעַן – Qlalath kenaân – Malédiction de Canaan.

רוּחַ הַקָּדוֹשׁ כָּמִיכָאֵל – Rouah haqodésh keMik'aél – L'esprit-saint est comme Mikael.

שַׁבָּת הַגָּדוֹל - Shabbath haGadol - Grand Shabbath.

שְׁתַּיִם - Shtaïm - Dualité, deux.

שֶׁתֶן - Shétén - Urine.

- 751 -

אִישׁ תָּם - Ish tam - Homme parfait.

חָכְמַת הָעִבּוּר - Hokhmath haïbbour - Sagesse de la conception.

חֲצַר גִּנַּת - Hatsar guinath - Cour du jardin.

עֹשֶׂה שָׁלוֹם - Ôsséh shalom - Faire la paix.

- 752 -

אֵשׁ אֹכָלֶת – Ésh ok'aléth – Feu dévorant.

סוֹפֵרוּת - Soferouth - Art de l'écriture, calligraphie.

צִנּוֹרוֹת - Tsinoroth - Sentiers, canaux.

סֵפֶר הָאוֹת – Séfér haoth – Livre du signe.

עוֹלֶה לַתּוֹרָה – Ôléh laTorah – Monter à la Torah (être appelé à la lecture de la Torah).

עֲטֶרֶת הַחַיִּים – Âtéréth hahayim – Couronne de la Vie.

שַׁלְהֶבְתְיָה - Shalhévétyah – Flamme puissance.

שָׁמַיִם חֲדָשִׁים – Shamayim hadashim – Nouveaux cieux.

תַּנּוּר אֲפִיָּה – Tanour afiah – Four de cuisson.

- 753 -

אַבְרָם שָׂרַי - *Avram-Saraï* - Avram-Saraï.

אַבְרָהָם שָׂרָה - *Avraham-Sarah* - Abraham-Sarah.

אַהֲבַת הַסֵּפֶר - *Ahavath haséfér* - Amour du livre.

אַהֲבַת הַשֵּׁם - *Ahavath haShém* - Amour du Nom (Dieu).

חֲצִי הַשֶּׁמֶשׁ - *Ḥasti-Hasémésh* - Rayons du soleil.

יוֹסֵף בַּעַל הַחֲלוֹמוֹת – *Yosséf baâl haḥalomoth* – Joseph, le maître des rêves.

רוּחַ וְלֹא בַשָׂר – *Rouaḥ valo bassar* – Esprit et non chair.

שָׁלוֹם וּבְרָכָה וְהַצְלָחָה – *Shalom ouvrak'ah vehatselaḥah* – Paix et bénédictions et succès.

- 754 -

אֲנִי הָאוֹר שֶׁל הָעוֹלָם - *Ani haor shél ôlam* - Je suis la lumière du monde.

אֲנִי יְשֵׁנָה וְלִיבִּי עֵר - *Ani yeshanéh velibi êr* - Je dors et mon cœur veille.

מַרְאֵה דְּמוּת כְּבוֹד-יְהֹוָה – *Maréh demouth kevod-Yhwh* – Vision à la ressemblance de la gloire de Yhwh.

סִפְרֵי קֹדֶשׁ – *Sifréi qodésh* – Livres saints.

שָׁלוֹם בְּמִדְבָּר סִינַי – *Shalom bemidbar Sinaï* – Paix dans le désert du Sinaï.

- 755 -

אֶבֶן בָּרֶקֶת - *Évén baréqéth* - Pierre d'émeraude.

אוֹרוֹת הַקַּבָּלָה - *Oroth haQabalah* - Lumières de la Kabbale.

הַרְרֵי נְמֵרִים – *Hareréi nemérim* – Monts des léopards.

זָבַת חָלָב דְּבַשׁ - *Zavath halav dvash* - Arôme lait miel.

מַעֲשֵׂה רֹקֵם – *Maâsséh roqém* – Œuvre de broderie.

מִקְרָאֵי קֹדֶשׁ - *Miqraéi qodésh* - Solennités.

מִשְׁלֵי שְׁלֹמֹה - *Mishléi-Shlomoh* - Les Proverbes de Salomon.

קִדּוּשׁ הַשֵּׁם – *Qiddoush haShém* – Sanctification du Nom (Rituel de dévotion).

קְשֵׁה-עֹרֶף - *Qishé-ôréf* - Nuque raide.

רַבִּי מֹשֶׁה בֶּן מַימוֹן - *Rabbi Moshé ben Maïmon* - Rambam - Maïmonide.

רוֹדֵף נְשִׁיקָה – *Rodéf neshiqah* – Quêteur du Baiser (union mystique).

שָׁנָה פְּשׁוּטָה – *Shanah pshoutah* - Année commune (non bissextile).

- 756 -

בַּת מָשׁוּחַ – *Bath meshouaḥ* – Fille du prêtre qui oint (fille de l'arpenteur).

גִּבּוֹרֵי יִשְׂרָאֵל – *Guiboréi Israël* – Héros d'Israël.

דִּמְיוֹן רַק אַשְׁלָיָה - *Dimion raq eshliah* - L'imagination est juste une illusion.

יוֹם אֲשֶׁר לֹא יוֹם וְלֹא לַיְלָה - *Yom ashér lo yom velo laïlah* - Jour qui n'est ni jour ni nuit.

כִּי נָחֵשׁ יְנַחֵשׁ - *Ki nahash iynhésh* - Car le devin devinera.

מַלְכָּה אֶסְתֵּר – *Malkah Ésthér* – Reine Esther.

סְפִירוֹת - *Sefiroth* - Sefiroth.

עוֹפֶרֶת - *Ôféréth* - Plomb.

עֲלִיָּה לַתּוֹרָה - *Âliyah laTorah* - Montée de la Torah.

תְּשׁוּבָה לָאַהֲבָה - *Teshouvah leahavah* - Retour de l'amour.

- 757 -

אִשָּׁה אֶל־אֲחוֹתָה - *Ishah él-ahotah* - Femme vers sa sœur.

אִישׁ הָאֱמֶת – *Ish haéméth* – Homme de vérité.

אֶשְׁכְּלוֹת - *Éshkloth* - Grappes.

בַּת־פַּרְעֹה - *Bath Pareôh* - Fille de Pharaon.

חַרְבָּא דְמַלְאַךְ הַמָּוֶת – *Hareba demalakh hamavéth* – Glaive de l'ange de la mort.

מֶלֶךְ יִשְׂרָאֵל וּמֶלֶךְ־יְהוּדָה – *Mélék'h Israel oumélék'h yehoudah* – Roi d'Israël et roi de Judah.

מַלְכַּת הַדְּבוֹרִים – *Malkath hadvorim* – Reine de abeilles.

עוֹשֵׂה שָׁלוֹם – *Ôsséh shalom* – Faiseur de paix.

- 758 -

אוֹר הַחֶסֶד וְהַתְּבוּנָה - *Or haHesséd vehaTevounah* - Lumière de bonté et d'intelligence.

בְּרִית עוֹלָם – *Brith ôlam* – Alliance éternelle.

יוֹם שַׁבָּת - *Yom Shabbath* - Jour de Shabbath - Samedi.

מַשְׁחִית - *Mashhith* - Faiseur de méfait.

נָהָר מַשְׁלִיךְ אֲבָנִים - *Nahar mishlik avenim* - Fleuve qui charrie des pierres.

נְחֹשֶׁת - *Nehoshéth* - Cuivre.

צִיּוֹן וִירוּשָׁלַיִם - *Tsion veYroushalaïm* - Sion et Jérusalem.

קֶשֶׁר נִצְחִי – *Qéshér nitshi* – Connexion éternelle.

שַׁבָּתוֹן - *Shabbaton* - Sabbatique.

שַׁבָּת לַיהֹוָה – *Shabath laYhwh* – Shabbath pour *Yhwh*.

שֵׁדִים רוּחִין לֵילְיָן - *Shedim rouhin léilyan* - Démons esprits nocturnes *(araméen)*.

- 759 -

אַבְרָהָם וְשָׂרָה - *Avraham veSarah* - Abraham et Sarah.

אַבְקַת רוֹכֵל - *Avqath rokél* - Poudre de colporteur.

אוּרִים וְתֻמִּים - *Ourim veToumim* - Ourim et Toumim.

אַרְבַּע יְסוֹדוֹת – *Arbâ yessodoth* – Quatre éléments.

בְּרִיאַת עוֹלָם – *Briath ôlam* – Création du monde.

גַּשְׁמִיּוּת - *Gashmioth* - corporéité, matérialisme - Attachement aux biens de ce monde.

שִׁעוּר הַקָּבוּעַ - *Shioûr haqvouâh* - Stature fixe.

- 760 -

אֲחוֹת מֹשֶׁה – *Ahoth Moshé* – Sœur de Moïse.

כֶּתֶר חָכְמָה בִּינָה - *Kéter Ħokhmah Binah* - *Kéter, Ħokhmah, Binah* (trois premières *sefiroth*).

לִשְׁתֹּל - *Lishtol* - Planter.

מַכַּת קֹר - *Makath qor* - Gerçure.

מַכְתֵּשׁ - *Maktésh* - Cratère.

נַרְתִּיק - *Nartiq* - Étui - vagin, canal de naissance.

נָשִׁית - *Nashith* - Sciatique.

עֲצֶרֶת - *Êtséréth* - Assemblée, rassemblement.

צָרַעַת - *Tşarâth* - Lèpre.

שָׁנִית - *Shanith* - Scarlatine.

תַּשְׁלִיךְ - *Tashlik* – « Expulser », prière prononcée au début de *Rosh ha-Shanah*.

- 761 -

אָבִינוּ שֶׁבַּשָּׁמַיִם - *Avinou shébashamaïm* - Notre Père qui est aux cieux.

אֶסְתֵּר הַמַּלְכָּה - *Esther hamalkah* - Reine Esther.

הוֹדוּ לְאֵל הַשָּׁמַיִם כִּי לְעוֹלָם חַסְדּוֹ: - *Hodou leél hashmayim ki leôlam hasdo* - Louage au Dieu

de cieux, car sa bonté est éternelle.

זָבַת חָלָב וּדְבָשׁ - *Zvath halav oudivash* - Coulant de lait et de miel.

חָכְמַת הָעִיבּוּר – *Ħakhmath haîbbour* – Sagesse de la conception.

יְהֹוָה אֱלֹהִים תַּרְדֵּמָה - *Yhwh-Élohim tardémah* - Transe de Yhwh-Élohim.

לֹא הִשְׁאִיר בּוֹ אֶבֶן עַל אֶבֶן - *Lo hishir bo évén âl évén* - Ne pas laisser pierre sur pierre - Détruire complètement.

מְשִׁיתִהוּ - *Meshitihou* - Je l'ai retiré.

סֵתֶר הַמְּלָאכָה – *Sétér hamelak'ah* – Secret de l'œuvre.

שָׁמָיו יַעַרְפוּ טָל - *Shamaïv yaârfo tal* - Cieux distillant la rosée.

- 762 -

אֶבֶן שׁוֹאֶבֶת - *Évén-Shoévéth* - Aimant, centre d'attraction.

וּלְהַבְדִּיל בֵּין הָאוֹר וּבֵין הַחֹשֶׁךְ – *Oulahavdil béin haor ouvéin haħoshéq* – « et pour séparer la lumière de l'obscurité » (Gen. 1:18).

עוֹלָם הַתּוֹרָה – *Ôlam haTorah* – Monde de la *Torah*.

- 763 -

אֱנוֹשׁוּת - *Énoshouth* - Humanité.

גֵּט הַשֵּׁמוֹת - *Guét hashémoth* - Divorce des Noms.

- 764 -

אֲחוֹרַיִים שֶׁל נוּקְבָא - *Ahoriyim shél nouqva* - Arrières de la femelle.

אַרְבָּעָה יְסוֹדוֹת – *Arbaâh yessodoth* – Quatre éléments.

אֶרֶץ הַחַיִים – *Arétsoth hahayim* – Terres des vivants.

בְּרִיאַת הָעוֹלָם - *Brioth haôlam* - Création du Monde.

גְּוִיַּת מֹשֶׁה - *Gviyath Moshé* - Corps de Moïse.

חַוָּה אָדָם שֵׁת – *Havah Adam Shéth* – Ève Adam Séth.

כָּל־חַיַּת הָאָרֶץ – *Kal-hayoth haaréts* – Chaque vie terrestre.

כְּפָרִים עִם־נְרָדִים – *Kifarim îm-nedarim* – Hennés avec nards.

מֵעַז יָצָא מָתוֹק - *Méâz yatsa matoq* - Bénédiction déguisée, tout pour le mieux.

מָרָה שְׁחוֹרָה – *Marah shehorah* – Bile noire - Mélancolie.

מָרָק עֲדָשִׁים – *Maraq âdashim* – Soupe de lentilles.

שֵׁשׁ מְיֻסָּדִים – *Shésh meyoussadim* – Six fondements (éléments).

- 765 -

אַרְבַּע כּוֹסוֹת - *Arbaâ kossoth* - Quatre verres.

בְּנֶפֶשׁ הָאִישׁ הַזֶּה - *Benéfésh haish hazéh* - Dans l'âme de cet homme.

וַיְבָרֶךְ אֹתָם אֱלֹהִים - *Vayevarék otém Élohim* - Et *Élohim* les bénit.

מִי עָלָה־שָׁמַיִם וַיֵּרַד - *Mi âlah-shamaïm vayérad?* - Qui est

monté au ciel, et qui en est descendu ?

מְצָרֵף הַשֵּׂכֶל – *Metsaréf hasék'hél* – Fourneau de la conscience.

מִשְׁכַּן הַשֵּׂכֶל – *Mishkan hasék'hél* – Sanctuaire de la conscience.

שֵׂכֶל הַקּוֹדֶשׁ - *Shékhel haqodésh* - Conscience sainte.

- 766 -

יו"ד ה"א וא"ו ה"א כֶּתֶר מָלוּכָה – *Yod-hé-vav-hé kétér melouk'ah* - Yod-hé-vav-hé couronne royale.

צֵרוּף מִקְרִים - *Tsérouf miqrim* - Coïncidence.

קוֹרָנִית - *Qoranith* - Thym.

שׁוֹר וַחֲמוֹר - *Shor veHamor* - Bœuf et âne.

תְּשׁוּבָה מֵאַהֲבָה - *Teshouvah meahavah* - Réponse de l'amour.

- 767 -

אֶשְׁכּוֹלִית - *Éishkolith* - Pamplemousse.

יְצִירָה אֱלֹהִית - *Yetsirah élohith* - Création divine.

עַיִן לֹא רָאָתָה – *Âyin lo raatah* - merveilleux, fantastique, formidable (exclamations d'émerveillement), quelque chose de jamais vu auparavant.

- 768 -

אֶבֶן שְׁתִיָּה – *Évén shtiyah* – Pierre fondamentale.

דָּבָר הָרִאשׁוֹן – *Davar harishonah* – Premier objet (parole).

כִּנּוֹרוֹת אֱלֹהִים - *Kinoroth Élohim* - Harpes d'*Élohim*.

כֶּתֶר נֶצַח - *Kéter Nétsah* - Couronne, Éternité (*sefiroth*).

- 769 -

בְּרָכָה מֵעֵין שֶׁבַע – *Brak'ah méêin shévâ* - Bénédiction récitée dans la synagogue par le chantre vendredi soir.

דּוֹבֵר הָעוֹלָמוֹת - *Dovér haôlamoth* - Parleur des mondes.

יִתְרוֹן לַחָכְמָה – *Yitron laHakhmah* - Profit pour la Sagesse.

עָנָף עֵץ אָבוֹת – *Ânaf êts avoth* - Branche d'arbre ancestral (des patriarches).

שׂוֹנֵא מְשֻׁבָּע - *Shona Moushbâ* - Ennemi juré.

- 770 -

אֵשׁ אֹכְלָה הוּא – *Ésh ok'lah hou* – Il est un feu dévorant.

הַמְשָׁכָה מַיִין דְּכוּרִין - *Hamshakah mayin dekourin* - Extension des eaux masculines.

נְקֻדָּה אֶמְצָעִית – *Neqoudah émtsaïth* - Point central, milieu.

קְלִפַּת עֵץ – *Qlipath êts* - Écorce d'arbre.

רְקִיעַ שָׁמַיִם - *Raqiâ shamayim* – Firmament céleste.

תֹּף מֵרִים - *Tof-Miriam* - Tambourin.

- 771 -

אֲבַעְבּוּעוֹת רוּחַ - *Avaêboûoth rouah* - Varicelle.

אָלֶף־בֵּית בַּמִּדְבָּר – *Alef-beith bamidbar* – Alphabet du désert.

אֵשֶׁת סוֹד – *Éshéth sod* – Confidente.

חֶרְמֵשׁ הַיָּרֵחַ - *Hérmash-hayaréah* - Croissant lunaire.

יוֹם הַנִּסְתָּר – *Yom hanistar* – Jour occulte.

מִזְבַּח הַקְּטֹרֶת - *Mizbéah haqetoréth* - Autel des encens.

מְנוֹרַת לַיְלָה – *Menorath laïlah* - Veilleuse.

רָאשֵׁי הֶהָרִים – *Rashéi héharim* - Sommets des montagnes.

שָׁמַיִם אֶרֶץ מַיִם – *Shamayim éréts mayim* – Cieux, terre, eaux.

שַׁלַּח לַחְמְךָ עַל פְּנֵי הַמַּיִם – *Shalah lahamak'a âl penéi hamayim* - Jeter son pain sur les eaux.

שַׁרְבִיט קְסָמִים – *Sharbit qsamim* – Baguette magique.

- 772 -

הרמס טריסמגיסטוס – *HermésTrismegistous* – Hermès Trismégiste.

לֵיל שַׁבָּת - *Léil Shabbath* - Veille du sabbat, vendredi soir.

מוּסֵר כְּלָיוֹת - Moussar Klayoth - Regret, remords, contrition.

- 773 -

אֶבֶן הַשְׁתִיָּה - Évén hashtiyah - Pierre d'assise, pierre de fondement.

אֱנוֹשִׁיּוּת - Énoshiouth - Humanité.

אַסְפָּקָלַרְיָא דְּלָא נַהֲרָא - Aspaqalaria delo nahara - Miroir sans lumière (ou sans tain).

שֵׁם מִשְׁפָּחָה - Shém mishpahah - Nom de famille.

רִבּוֹן כָּל הַמַּעֲשִׂים – Ribon kal hamaâssim – Maître de toutes les œuvres.

שֵׁם מִשְׁפָּחָה - Shém mishpahah - Nom de famille.

תָּנוּחַ בִּקְבֶרָה – Tanouah biqvourah – Repos dans la tombe.

- 774 -

בַּת שֶׁבַע - Bath Shéva - Fille du sept.

מַעֲשֵׂה שָׂטָן - Maâsséh Satan - Œuvre de Satan.

שַׁעֲרֵי־צֶדֶק – Shaâréi tsédéq – Portes de justice.

- 775 -

בּוֹרֵא לְעוֹלָם הָעֲשִׂיָּה - Boré leôlam haÂssiah - Créateur du Monde de l'Action.

צְרִיפָה הַצְּרִיפָה - Tserifah ha-Tserifah - Affinage d'affinage = Alchimie.

רְקִיעַ הַשָׁמַיִם – Raqiâ hashamayim – Étendue des cieux (firmament).

- 776 -

בִּטְחוּ בַיהוָה עֲדֵי־עַד כִּי בְּיָהּ יְהוָה צוּר עוֹלָמִים: - Bitehou baYhwh âdéi-âd ki beYah Yhwh tsour ôlamim – « Confiez-vous Yhwh pour toujours et à jamais, car Yah-Yhwh est le rocher des mondes » -Isaïe 26 :4-.

זָהָב טָהוֹר וְכֶסֶף צָרוּף – Zahav tahor vekésséf tsérouf - Or pur et argent raffiné.

חִלּוּל שַׁבַת - Hiloul Shabbath - Profanation Shabbath.

יַקְרוּנִית - yaqrounith - Capricorne (insecte).

יַקְרוּנִית - yaqrounith - Capricorne (insecte).

מַלְאָךְ שַׂר הַפָּנִים – Malak'h sar hapanim – Ange prince des faces.

עֲקָרוּת - Âqarouth - Stérilité.

עַרְמוֹנִית - Ârmonith - Prostate.

צֵרוּפֵי מִקְרִים - Tsérouféi miqrim - Coïncidences.

קֶטֶב יָשׁוּד צָהֳרָיִם - Qétév yashoud tsaharayim - Fléau qui dévaste à midi.

שְׁכֵנוּת – Shék'énouth - Proximité, voisinage.

שְׁלֵמוּת - Shlémouth - Perfection.

- 777 -

בִּרְקִיעַ הַשָּׁמַיִם - Biraqiâ hashamayim - Dans le firmament des cieux.

בַּת שְׁלֹמֹה - Bath Shlomoh – Fille de Salomon.

גְּלִימַת אַרְגָּמָן - Glimath argaman - Manteau pourpre.

עוֹלָם הַקְּלִפּוֹת - Ôlam haqlipoth – Monde des qlipoth.

עָלוּם הַקְּלִפּוֹת - Âloum haqlipoth – Occultation des qlipoth.

שֵׁבֶט שִׁמְעוֹן – Shvath Shimeôn – Tribu de Shimon.

שִׁבְעִים שָׁנָה - Shivîim shanah - 70 ans.

- 778 -

אוֹר לְיִשְׂרָאֵל – Or leYsrael – Lumière pour Israël.

מִשְׁלַחַת - Mishlahath - Délégation, expédition.

קֵץ לְנָחָשׁ קַדְמוֹן – Qéts lenahash qadmon – Extrémité du serpent originel.

שְׁבוּעַת – Shévouâth – Serment.

- 779 -

טִירַת כָּסֶף – Tirah kasséh – Château d'argent.

שָׂרָה רָחֵל לֵאָה – Sarah Rahél Léah – Sarah Rachel Léa.

- 780 -

אֲסוֹנוֹת גְּדוֹלִים עַל הַגּוֹיִם - Assonoth gdolim âl ha-goyim - Grandes catastrophes sur les nations.

אַרְמוֹן לַמֶּלֶךְ הַמָּשִׁיחַ - Armon lemélek'h ha-Mashiah - Palais du Messie-Roi.

רַקֶּפֶת - Raqéféth - Cyclamen.

תִּשְׁעָה בְּאָב - Tishâh beav - Neuf du mois de Av.

- 781 -

אַלְפַּיִם עֶשְׂרִים - Alefaïm êshrim - Deux-mille vingt.

אֵלִיָּהוּ בְּקוֹל הַשּׁוֹפָר – Éliahou baqol hashofar – Elie est dans le son du shofar.

אֵשׁ מַיִם שָׁמַיִם - Ésh mayim shamayim - Feu, eau, cieux.

בָּרוּךְ מְחַיֵּה מֵתִים – Baroukh méhayéh métim – Bénis soit la résurrection des morts.

חֲלֻקַּת הַמַּיִם בָּעוֹלָם - Halouqath hamayim baôlam - Distribution de l'eau dans le monde.

מַמְלָכָת הַמְדַבֵּר - Mamlakah haMédabér - Règne parlant.

עִנְיָן הַפְּנִימִיּוּת - Înyan hapnimiouth - Sujet hermétique.

רְפוּאַת הַגּוּף - Refouath haGouf - Guérison du corps.

שְׁכִינָתָא - Shekhinata - Shekhinah (en araméen).

שִׂכֵּל אֶת־יָדָיו - Sikhél éth-yadaïv - Il entrecroise ses mains.

תּוֹרָה מִסִינַי - *Torah miSinaï* - Torah du Sinaï.

- 782 -

אֵלֶּה שְׁמוֹת - *Éléh Shemoth* - Voici les Noms.

אֱלֹהֵי אַבְרָהָם אֱלֹהֵי יִצְחָק וֵאלֹהֵי יַעֲקֹב - *Élohéi Avraham, Élohéi Ytsahq veÉlohéi Yaâqov* - Dieu d'Abraham, Dieu d'Isaac et Dieu de Jacob.

הַכֹּתֶל הַמַּעֲרָבִי - *Hakotél Hamaârbi* - Le mur Occidental (de l'esplanade du Temple de Jérusalem).

וַיַּךְ אֶת־הַמִּצְרִי - *Vayak éth hamitsri* - Et il frappe l'Égyptien.

מַחֲשֶׁבֶת לֵב - *Mahshavath lév* - Pensée du cœur, imagination.

מִרְיָם הַמַּגְדָּלִית - *Miryam hamagdelith* - Marie de Magdala.

עֲקֵדַת יִצְחָק - *Âqédah Ytshaq* - Sacrifice d'Isaac.

- 783 -

אַרְבַּע דַּקּוֹת - *Arbâ daqoth* - Quatre minutes.

אַרְבָּעִים יוֹם וְאַרְבָּעִים לַיְלָה - *Arbaîim yom varbaîim laïlah* - Quarante jours et quarante nuits.

וַיְבָרֶךְ אֱלֹהִים אֶת־נֹחַ - *Vayebarék'h Élohim éth-Noah* - « *Élohim bénit Noé* ».

לְיוֹסֵף בַּעַל הַחֲלוֹמוֹת - *LeYosséf baâl hahalomoth* - À Joseph, le maître des rêves.

מְעוֹן אֲרָיוֹת - *Maôn-Arioth* - Repaire de lions.

מְצוּלוֹת יְאֹר - *Metsouloth yeor* - Gouffres du Nil.

תִּקּוּן הַזֹּהַר - *Tiqoun haZohar* - Réparation de la Splendeur (du Zohar).

- 784 -

אֲהַבְתָּ שָׁלוֹם - *Ahavath shalom* - Épris de paix, amour de la paix.

בְּשָׂמִים בְּשָׁמַיִם - *Bessamim beshamayim* - Aromates célestes.

חֶסֶד גְּבוּרָה מַלְכוּת - *Hesséd guevourah malkouth* - Clémence, rigueur royauté.

מְתוּשֶׁלַח - *Metoushélah* - Mathusalem.

פּוּרְפִּירָא סוּמָקָא - *Pourpira soumaqa* - Manteau de pourpre. Araméen, Zohar II 8b.

שָׁבוּעוֹת - *Shavouôth* - Shavouot (Pentecôte).

שֵׂכְלִים נִפְרָדִים - *Shékélim nifradim* - Intellects séparées.

- 785 -

אֶת־מָשִׁיחַ יְהוָה - *Éth-mashiah Yhwh* - « *Le Messie de Yhwh* » (2 Samuel).

פִּשְׁתָּה - *Pishtah* - Lin.

סֵפֶר שׁוֹפְטִים – *Séfer shoftim* – Livre des Juges.

פְּנֵי הַשֶּׁמֶשׁ – *Pnéi hashémésh* – Face (surface) du soleil.

רוֹקֶמֶת בְּחוּט זָהָב – *Roqéméth behout zahav* – Brodé de fil d'or.

שִׂמְחַת הַלֵּב – *Simhath halév* – Joie du cœur.

- 786 -

אֲרוֹן עֲצֵי שִׁטִּים - *Aron âtséi shitim* - Arche de bois d'Acacia.

אֶת־יְהוָה אֱלֹהֵי אֲדֹנִי אַבְרָהָם - *Éth-Yhwh élohi adoni Abraham* - Par Yhwh dieu de mon maître Abraham.

כֶּתֶר עֶלְיוֹן - *Kéter êliyon* - Couronne suprême.

לִקּוּי שֶׁמֶשׁ - *Liqoui-Shémésh* - Éclipse de soleil.

מַמָּשׁוּת - *Mamshiouth* - Réalité, certitude.

מֹשֶׁה אֱמֶת - *Moshé éméth* - Moïse est vrai.

נַפְתָּלִי דָּן וְיוֹסֵף - *Neftali dan veYossef* - Neftali, Dan et Joseph.

שׁוּלַמִּית - *Shoulamith* - Sulamite.

תַּפְנוּקֵי מְלָכִים - *Tafnouqi malakhim* - Délices des rois.

- 787 -

אִגֶּרֶת הַמְקוּבָּל - *Iguéréth hameqoubal* - Épistole du kabbaliste.

אֲכִילָה וּשְׁתִיָּה - *Ak'ilah oushtiyah* - Boire et manger.

גְּבוֹהוֹת קְרִינָה - *Guevohoth qrinah* - Radiation élevée.

זֶה־שְּׁמִי לְעֹלָם וְזֶה זִכְרִי - *Zéh-shemi leôlam vezéh zikri* – « C'est là Mon Nom éternellement et ceci est mon évocation » (Ex. 3:15).

- 788 -

הַכּוֹתֵל הַמַּעֲרָבִי - *Hakotél hamâravi* - Mur occidental, Kotel.

וְאֵלֶּה שְׁמוֹת - *Ve-éléh shemoth* - « *Voici les noms* » - Exode 1:1.

חָכְמָה נִסְתָּרָה - *Hakhmah Nistarah* - Sagesse occulte, mysticisme, Kabbale.

קִרְבַת אֱלֹהִים – *Qarvath Élohim* – Approcher Élohim.

שַׁחֶפֶת - *Shahféth* - Tuberculose.

- 789 -

בְּרֹאשׁ מוּרָם – *Berosh mouram* – La tête haute, fièrement.

מַרְאוֹת הַקַּבָּלָה – *Maroth haQabbalah* – Miroirs de la Kabbale.

פֶּסֶל הֶחָרוּת – *Péssél héharouth* – Statue de la liberté.

תִּקּוּנֵי הַזוֹהָר - *Tiqounéi haZohar* - Arrangements du Zohar.

- 790 -

קַצֶּרֶת - *Qatséréth* - Asthme.

שְׂמָמִית - *Semamith* - Gecko.

- 791 -

בְּיָד חֲזָקָה וּבִזְרוֹעַ נְטוּיָה כִּי לְעוֹלָם
חַסְדּוֹ: – Beyad hazqah ouvizroâ
nitouyah ki leôlam hasdo – « À main
forte et à bras étendu, car
éternelle est sa bonté » (Ps. 136:12).

מִלַּת הַמָּעוֹר – Milath hamaôr -
Circoncision de la peau.

קוֹל חָתָן וְקוֹל כַּלָּה – Qol hatan veqol
kalah – Voix du fiancée et voix
de la fiancée.

- 792 -

בֵּית מִצְרַיִם – Beith Mistraïm –
Maison d'Égypte.

הֲיֵשׁ־לַמָּטָר אָב אוֹ מִי־הוֹלִיד
אֶגְלֵי־טָל: – Hayésh lamatar av ? o mi
holid égli-tal ? – « La pluie a-telle
un père ? Ou, qui enfante les
gouttes de rosée ? » (Job 38:28).

יְשׁוּעוֹת – Yishouoth -
Délivrances.

נָשְׁמָה בַּנְּשָׁמָה – Neshamah
baneshamah – Âme dans l'âme.

- 793 -

אָדָם בְּהֵמָה רֶמֶשׂ עוֹף – Adam
behémah rémésh ôf – Homme,
bête, reptile, oiseau.

אַרְבָּעָה רַגְלֵי הַמֶּרְכָּבָה – Arbaâh
ragléi haMerkavah – Quatre
pieds de la Merkavah.

אֲשִׁישֵׁי עֲנָבִים – Ashishéi ânavim
– Gâteaux de raisins.

- 794 -

אֱלֹהֵינוּ שֶׁבַּשָּׁמַיִם – Élohinou
shébashamayim - Notre Dieu qui
est dans les cieux.

גַּת שְׁמֶנָא – Gath-sheména -
Gethsémani (Pressoir aux
huiles - Araméen).

יַחַד מַחְשְׁבוֹתָיו – Yahad
Mahshevouthaïv - Réunir ses
pensées.

שֵׂכֶל מִקֹּדֶשׁ – Sékél miqodésh -
Conscience sainte.

- 795 -

לְשׁוֹן הַקֹּדֶשׁ – Lashon-Haqodésh -
Langue sacrée.

מַחֲשֶׁבֶת אָדָם – Mahshévéh Adam -
Pensée humaine.

- 796 -

אֵת הַשָּׁמַיִם – Éth hashamayim –
« [avec] les cieux ».

הַנָּחָשׁ הִשִּׁיאַנִי וָאֹכֵל – Hanahash
hishiani vaok'él – « Le serpent m'a
abusée et j'ai mangé » (Genèse
3:13).

חֶרֶב פִּיפִיּוֹת – Hérév pipioth – Épée
à double tranchant.

לֹא תֹאכְלוּ מִכֹּל עֵץ הַגָּן – Lo
tok'élou mik'ol êts hagan – « Vous ne
mangerez pas de tout arbre du
jardin » (Genèse 3:1).

נְשָׁמוֹת – Neshamoth - Âmes.

כּוֹס הַתַּרְעֵלָה – Kos hatarêlah -
Coupe d'empoisonnement.

שַׁמְנוּת – Shamnouth - Obésité.

שְׁפִיּוּת - Shfiyouth - Santé mentale.

- 797 -

וַיִּהְנָה שָׁמַיִם עָשָׂה – VaYhwh shamaïm âssah – « Et Yhwh a fait les cieux ».

יְשׁוּב הַדַּעַת - Yshouv haDaâth - Stabilité mentale.

כּוֹסִית אֵשׁ – Kossith ésh – Coupe de feu.

- 798 -

אַהֲבַת הַשְּׁכִינָה – Ahavath haShekhinah – Amour de la Présence divine.

אַהֲבַתְ שָׁמַיִם – Ahavath shamaïm – Amour des cieux (amour de Dieu, piété).

אֲוִירָא דְּכִיָא דְּאִתְפַּס - Avira dakia datafass - Éther insaisissable (araméen).

אַתָּה אֶחָד וּשְׁמֵךְ אֶחָד – Atha éhad oushmék'h éhad - Tu es un est ton Nom est un.

- 799 -

אוֹת בַּשָּׁמַיִם - Oth bashamayim - Signe dans les cieux.

גָּמָל דּוּ-דַּבַּשְׁתִּי – Gamal do-dabashti – Chameau à double bosse.

גְּמַר תִּקּוּן - Gmar tiqoun - Fin de la correction (réparation).

יֹצְרְנִית טַל - Yotsérnith tal - Faiseur de rosée.

לִקּוּי מְאוֹרוֹת – Liqouï meoroth - Affaiblissement spirituel, déclin culturel.

מַלְכוּת אֵין לָהּ אוֹר - Malkouth éin lah or - Malkouth privée de lumière.

פְּקִיחוּתָא דְעֵינַיִן - Peqihouta de-Ēinaïn - Ouverture des yeux (araméen).

- 800 -

אֵדְעָה מִלִּים יַעֲנֵנִי; וְאָבִינָה, מַה-יֹּאמַר לִי – Édah milim yaânéni veavinah mah yomer li – « Je connaîtrais les mots qu'il me répondra, je discernerais ce qu'il me dira » - Job 23:5.

הִתְפַּשְׁטוּ - Hitpashtouth - Diffusion, extension.

חַג הַשָּׁבוּעוֹת – Hag hashavouoth- Fête de Pentecôte.

חֲסַר חוּט שִׁדְרָה – Hassar hout shidrah - Sans épines, faible, insipide.

נָגַע בְּעָצָב רָגִישׁ – Nagâ beâtsav raguish - Toucher un nerf brut, piquer au vif.

קֶשֶׁת - Qéshéth - Arc, arc-en-ciel.

קַשָׁת - Qashat - Sagittaire.

שׁוֹשַׁנָּה בֵּין הַחוֹחִים - Shoshanah béin haHohim - Rose entre les épines.

שַׁעֶלֶת - Shaêléth - Coqueluche.

שֹׁרֶשׁ - Shorésh - Racine.

שֵׁשׁ כְּנָפַיִם - Shésh kenafaïm - Six ailes.

- 801 -

בֶּן דַּת מֹשֶׁה - Bén dath Moshé - Adepte de la loi mosaïque.

חֶרֶב הַפִּיפִיּוֹת – Hérév hapipioth – Épée à double tranchant.

פְּשׁוּטוֹת - Peshoutoth - Simples.

שִׁלְטוֹן עַל הָאֵשׁ - Shilton âl haésh - Pouvoir sur le feu.

- 802 -

יְשִׁיבָה שֶׁל מַעְלָה - Yeshivah shél-maêlah - Académie céleste.

נְקַם־בְּרִית - Neqam-brith - Vengeance de l'Alliance.

פֶּרַע הַמְחוֹרֵר – Pérâ hamehorér – Millepertuis perforé.

רֹאשׁ הַמְדַבְּרִים - Rosh hamedabrim - Chef des narrateurs (débatteurs).

- 803 -

חָכְמַת הָאַסטרוֹלוֹגִיָה - Hokhmath hastrologuiah - Science de l'astrologie.

שְׁלִיחַ צִבּוּר זָקֵן - Shliha tsibour zaqén – Vieux chantre-officiant.

שְׁנַת חַמָּה – Shanath hamah – Année solaire.

- 804 -

הַמַּכִּיר מַהוּת הַחָכְמָה – Hamakir mahouth hahakhmah – Qui connaît l'essence de la sagesse.

הַמָּשִׁיחַ שֵׂכֶל הַנִּבְדָּל – HaMashiah sékél hanivdal – Le Messie est un intellect séparé.

הַשֵּׂכֶל הַמִּקְדָּשׁ – Hasékhél hamiqdash – L'intellect du sanctuaire.

טוֹב שֵׁם מִשֶּׁמֶן טוֹב – Tov shém mishémén tov - Un bon nom vaut mieux qu'une bonne huile.

נִשְׁמַת דָּוִד – Nishmath David – Âme de David.

שֵׂכֶל אָדָם הַקֹּדֶשׁ – Sékhél adam haqodésh – Âme de David.

- 805 -

אֶל־בַּת־שֶׁבַע – Él bath shévâ – Vers Bath-Shévâ.

אָלֶפְבֵּית עִבְרִי – Aléfbéith ïvri – Alphabet hébreu.

אַשְׁמְדַאי מֶלֶךְ הַשֵּׁדִים – Ashmedaï mélékh hashédim – Asmodée roi des démons.

חֹמֶר רִאשׁוֹן - Homér rishon - Matière première.

צְרוֹר הַמֹּר דּוֹדִי לִי - Tseror hamor dodi li – « Un sachet de myrrhe pour mon bien-aimé » - Cantique des cantiques-.

שָׁהֶקֶת - Shahéqéth - Hoquet.

תַּנָּאִים וֶאֱמוֹרָאִים – Tanaïm véémoraïm – Tanaïm et amoraïm –

Les répétiteurs et les expositeurs.

ת

ת

מִלּוֹן גִּימַטְרִיּוֹת

- 806 -

גַּרְגֶּרֶת - *Garguéréth* - Trachée-artère.

תּוּת - *Touth* - Mûrier.

- 807 -

אַסְפְּקַלַרְיוֹת - *Aspaqlariaoth* - Miroirs.

אוֹתוֹת - *Othoth* - Signes.

יוֹם הֲרַת עוֹלָם - *Yom harath ôlam* - Jour fatidique.

פִּקַּת הַבֶּרֶךְ - *Piqath ha-bérékh* - Rotule.

שִׁבְעָה רְקִיעִים - *Shivâh raqiâïm* - Sept firmaments.

שֶׁמֶן זַיִת - *Shémen Zayith* - Huile d'olive.

- 808 -

אוֹפֶן מַלְאָךְ שָׂרָף – *Ofan malak'h saraf.* (Trois catégories d'anges).

בַּקָּשׁוֹת - *Baqashoth* - Requêtes.

חֶמְשָׁנִית - *Houmshanith* - Néflier.

טַבַּעַת אֵרוּסִין - *Tavaâth aroussin* - Bague de fiançailles.

כִּפַּת קֶרַח – *Kippath qérah* – Calotte polaire.

נָחָשׁ מְצֹרָע דָּם – *Nahash metsorah dam* - Serpent lépreux.

נְחֻשְׁתָּן - *Nehoushtan* - Serpent d'airain, cuivré.

אֶבֶן הָעֹפֶרֶת – *Évén haôféréth* – Pierre de plomb.

צַמֶּרֶת הַחָכְמָה - *Tsaméréth hahak'hmah* - Cime de la sagesse.

קַבָּלָה הוֹרֶסֶת – *Qabbalah horésséth* – Kabbalah dévastatrice.

רוּחוֹת צְמָחִים - *Rouhoth tsémahim* - Esprits des plantes.

תַּחַת – *Tahath* – Dessous, en bas – En compensation.

- 809 -

אִישׁ מִבֵּית לֵוִי - *Ish mebeith lévi* - Homme de la maison de Lévi.

יְמֵי בֵּין כִּסֵּא לֶעָשׂוֹר - *Yeméi béin kissè léâssour* - Jours entre le trône et la décade.

תִּקּוּן הַחֹמֶר – *Tiqoun hahomér* – Réparation de la matière.

- 810 -

הַשְׁתָּקָה - *Hashtaqah* - Silencieux.

מִפְרֶצֶת - *Mifrétsêth* - Anévrisme.

מְתֻשָׁע - *Metoushâ* - Ennéagone.

סַרְעֶפֶת - *Sarêféth* - Diaphragme.

- 811 -

ה' תַּתָּאָה - *Hé tataah* - Hé inférieur (du Tétragramme).

יוֹסֵף הָרָמָתִי - *Yosséf haramati* - Joseph d'Arimatie.

לֵב חָכָם לִימִינוֹ וְלֵב כְּסִיל לִשְׂמֹאלוֹ: – *Lév hakam limino velév kessil lismolo* – « *Le cœur du sage est à sa droite et le cœur du sot, à sa gauche* » - Ecclésiastes 10:2.

234

מָוֶת הַשֵּׁנִי - *Mavéth hasnéi* - Seconde mort.

עָלֶה־זַיִת טָרָף – *Âléh-zayith taréf* – Feuille d'oliver arrachée.

שֵׂכָל הַפּוֹעֵל הָאַחֲרוֹן – *Sékél hapoêl haaḥron* – Dernier intellect-actif.

תְּשׁוּקָה – *Teshouqah* – Luxure, désir sexuel, passion.

- 812 -

יְשׁוּעַת יְהֹוָה – *Yesouâth Yhwh* – Salut de *Yhwh*.

נְגִינוֹת מִזְמוֹר – *Niguinoth mizmor* – Mélodies de cantiques.

שָׁחוֹר כָּעוֹרֵב – *Shaḥor kaôrév* – Noir comme le corbeau.

- 813 -

אָרָאֲרִיתָא - *Ararita* - Acrostiche de : אֶחָד רֹאשׁ אַחֲדוּתוֹ רֹאשׁ יִחוּדוֹ תְּמוּרָתוֹ אֶחָד, ce qu'on peut traduire par : « *Un principe unique, principe d'unicité, qui retourne à Un* ».

הַר תָּבוֹר - *Har Tavor* - Mont Tabor.

וַיֹּאמֶר אֱלֹהִים יְהִי אוֹר וַיְהִי־אוֹר: - *Vayomér Élohim yehi or veyehi or* – « *Et Dieu dit: Que la lumière soit! Et la lumière fut* ».

חָכְמַת הַשֵּׁם – *Ḥak'ameta haShém* – Sagesse du Nom.

חֶרֶב פִּיפִיּוֹת חַדָּה - *Ḥérév pipioth ḥadah* - Épée acérée à double tranchant.

יָם הַנְּחֹשֶׁת - *Yam haneḥoshéth* - Mer d'airain (cuivre).

רֹאשׁ חֹדֶשׁ - *Rosh ḥodésh* - Début du mois lunaire (nouvelle lune).

- 814 -

אָהַבְתָּ לְרֵעֲךָ כָּמוֹךָ - *Ahavétha leréâk Kamokha* – « *Tu aimeras ton prochain comme toi-même* » (Lévitique 19:18).

יוֹם שַׁבָּתוֹן – *Yom shabbaton* – Jour férié.

רוּחַ שֶׁקֶר - *Rouaḥ shéqér* - Esprit du mensonge.

שַׁבְּתַי צְבִי – *Shabbataï Tsvi* – Shabbataï Tsvi.

שֵׂכֶל תְּמִידִי - *Sékél tmidi* - Conscience constante.

- 815 -

עָזְרֵנוּ אֱלֹהֵי יִשְׁעֵנוּ – *Âzrénou Élohéi yishênou* – « *Aide-nous, ô Dieu de notre salut !* » Psaumes 79:9.

מֹשֶׁה עָלָה לְהַר סִינַי – *Moshé âlah lehar sini* – Moïse est monté sur le Mont Sinaï.

שַׁבְּתַאי צְבִי – *Shabbtaï Tsvi* – Shabbataï Tsevi.

תְּפִלָּה בְּצִבּוּר – *Tefilah betsibour* – Prière publique.

תִּקּוּן הַחוֹמֶר – *Tiqoun haḥomér* – Réparation de la matière.

- 816 -

אוֹת בָּאוֹת - Oth both - Lettre dans lettre – Mot pour mot, littéralement.

וַשְׁתִּי הַמַּלְכָּה - Vashti hamalkah - Reine Vashti.

עֵת רָצוֹן - Êth ratson - Temps de volonté 'de miséricorde céleste).

רָעָה יִשְׂרָאֵל – Raâh Israël – Mauvais Israël.

שִׁפְלוּת – Shiflouth – Humiliation.

- 817 -

אָבִינוּ מַלְכֵּנוּ שְׁמַע קוֹלֵנוּ - Avinou malkénou shémâ qolnou - Notre père, notre roi entend notre voix.

אֵשׁ הָאַלְכִימִית – Ésh haalkimith – Feu alchimique.

בֵּית הַנָּשִׁים - Béith hanashim - Maison des femmes - Harem.

בְּאֵרוֹת יִצְחָק – Béroth Ytshaq – Puits d'Isaac.

דְּבַר תּוֹרָה - Dvar Torah - Discours biblique, exégèse biblique.

דִּבְרֵי קֹהֶלֶת בֶּן־דָּוִד - Divréi qohéléth ben David - Paroles de Qohèlèt, le fils de David.

הִפְרַדְתָּ הָסִיגִים - Hifradta ha-siguim - Séparation des scories.

הָרֵי בָתֶר – Haréi Vatér – Mont de Béther (de la séparation).

מְאוֹר עֵינַיִם יְשַׂמַּח לֵב – Méor êinayim yismah lév – De la lumière des yeux le cœur se réjouit.

שָׂדֶה חָרֹשׁ - Sadéh harosh - Champ labouré.

- 818 -

אוֹר תּוֹרָה - Or Thorah - Lumière de la Torah.

אֲנִי עוֹשֶׂה שָׁלוֹם - Ani ôsséh shalom - Je fais la paix.

יְהְיֶה שָׁלוֹם בַּיִת - Yihvéh shalom beith - Se sera la paix à la maison.

לֹא־תַחְמֹד כֶּסֶף וְזָהָב עֲלֵיהֶם - Lo-tahmod késséf vezahav âléihém - «Tu ne convoiteras ni l'argent, ni l'or qui sont sur elles (idoles)» (Deutéronome 7:25).

עֵץ חַיִּים אוֹר לַשִּׂמְחָה - Êts hayim or lassimhah - Arbre de vie, lumière de Joie.

קַרְנוֹת הַמִּזְבֵּחַ - Qarnoth hamizbéah - «Cornes de l'autel» Levitique 8:15.

שְׁנַת חַיִּים - Shnath hayim - Année de vie.

שָׂרָה וְרִבְקָה - Sarah veRivqah - Sarah et Rébecca.

תּוֹרָה אֵין סוֹף - Torah éin-sof - Torah infinie.

- 819 -

אִישׁ אֱלֹהִים קָדוֹשׁ הוּא – Ish Élohim qadosh Hou – Homme d'Élohim, saint soit-Il.

יְמוֹת הַמָּשִׁיחַ - Yemoth-Hamashiah - Ère messianique.

נָדְדָה שְׁנָתוֹ - Nédédah-Shnatho - Insomnie, être incapable de s'endormir.

רֹאשׁ חוֹדֶשׁ - Rosh hodésh - Tête du mois (néoménie).

- 820 -

בָּרוּךְ הוּא וּבָרוּךְ שְׁמוֹ - Baroukh Hou ouvaroukh shemo - Béni soit-Il et Béni soit son nom.

זָכָר וּנְקֵבָה נֶפֶשׁ - Néfésh zakar ouneqévah - Âme mâle et femelle.

מִשְׁתֵּה הַיַּיִן - Mishtéh hayayin – Festin de vin.

- 821 -

אֲחַשְׁוֵרוֹשׁ - Ahashérosh - Assuérus, Xerxès.

אֲנִי הַדֶּרֶךְ וְהָאֱמֶת וְהַחַיִּים - Ani hadérékh vehaéméth vehahayim - Je suis le Chemin, la Vérité et la Vie.

בֵּית אָבוֹת - Béith avoth – Maison des patriarches – Maison de retraite.

בְּרָכָה הַצְּלָחָה וְשֶׁפַע – Brak'ah hatselahah veshéfâ – Bénédiction, réussite et abondance.

זוּהֲמַת הַנָּחָשׁ – Zouhamath hanahash – Pollution (souillure) du serpent.

עֵשֶׂב הֶחָתוּל - Êssév hahatoul - Valériane (herbe à chat).

- 822 -

יַיִן בְּשָׂמְתִי - Yayin bessaméti - Vin aromatique.

שִׁבְעָתַיִם - Shivâtaïm - Sept fois.

שִׁיר חָדָשׁ – Shir hadash – Cantique nouveau.

- 823 -

אֶבֶן מַשְׂכִּית - Évén masskith - Masque de pierre.

אוֹר הַתּוֹרָה - Or haTorah - Lumière de la Torah.

אוֹתִיּוֹת - Othioth - Lettres, signes.

דֶּרֶךְ הַקַּבָּלָה הָאֱלוֹהִית – Dérék'h haqabbalah haélohith – Voie (méthode) de la Kabbale divine.

חָכְמַת הֶעָפָר – Hakhmath héâfar – Sagesse de la terre (géomancie).

נָהָר סַמְבַּתְיוֹן - Nahar Sambation - Fleuve Sambation.

נֶפֶשׁ אֲדֹנָיו יָשִׁיב - Néfésh Adonaiv yashiv – « L'âme de son seigneur il restaure » (Proverbes 25:13).

פּוֹרֵץ גְּבוּלוֹת - Poréts gvouloth - Briser les limites.

צִמְצוּם רִאשׁוֹן - Tsimtsoum rishon - Première concentration.

קֶבֶר יִצְחָק וְרִבְקָה - Qérév Ytsahq veRivqah - Tombe d'Isaac et de Rebecca.

רוּחַ אַחֶרֶת - Rouah ahéréth - Autre esprit (souffle).

שֶׁבַע אֲדָמוֹת - Shevâ adamoth - Sept terres.

שָׁלוֹם וֶאֱמֶת - Shalom vééméth - Paix et vérité.

שְׁלֹשָׁה חֲלָקִים - Shélashéh halaqim - Trois parties.

- 824 -

אִישׁ בְּשׂוֹרָה - Ish besssourah - Porteur de bonnes nouvelles.

אַתֶּם כּוֹכָבִים וַאֲנִי יָרֵחַ - Atém koķavim va-ani yaréah - Vous êtes les étoiles et moi la lune .

הַדְּרָשָׁה עַל הָהַר - Ha-drashah âl ha-har - Le sermon sur la montagne.

קְשִׁיחוּת - Qshihouth - Callosités.

- 825 -

אִשָּׁה שְׁחוֹרָה - Ishah shehorah - Femme noire.

הוֹד קְדֻשָּׁתוֹ - Hod qdoushato - Sa Sainteté, Sa Révérence.

מַלְכוּת צִדְקִיָּה מֶלֶךְ־יְהוּדָה - Malkouth Tsqiyah mélék'h-Yehoudah - Royaume de Tsiqiyah roi de Judah.

מִקְדַּשׁ הַשָּׁלוֹם - Miqdash hashalom - Sanctuaire de la paix.

סֵפֶר תְּהִלִּים - Séfer Téhilim - Livres des Psaumes.

עֵין הַחַשְׁמַל וְהָאֵשׁ - Êin hahashmal vehaésh - Œil de hashmal et de feu.

עֹנֶג שַׁבָּת - Ônég Shabbath - Délice de Shabbath.

פַּרְעֹה מֶלֶךְ־מִצְרַיִם - Parôh mélék'h-Mistraïm - Pharaon roi d'Égypte.

- 826 -

בָּשָׂר וָדָם רוּחָנִי - Basssar vadam rouhani - Chair et sang spirituels.

עָשָׂה אֶת־הָאָדָם - Âssah éth-haAdam - Il a fait l'Adam.

- 827 -

בֵּית הַמִּשְׁכָּן - Beith hamishkan - Tabernacle.

דִּבְרֵי תּוֹרָה - Divréi Torah - Paroles de la Torah.

הִתְבּוֹדְדוּת - Hitbodedouth – Méditation, isolement, séclusion.

חָכְמַת הַשֵּׁדִים - Hokhmath hashédim - Science des démons.

סַהַר הָרִאשׁוֹן - Sahar harishon - Premier croissant de lune (montante).

סוֹד הַדּוּרְמִיטָא דִזְעֵיר אַנְפִּין - Sod hadormita diZéir Anpin - Secret de la Transe du Visage restreint (araméen).

עֲבוֹדַת הַשֵּׁם - Âvodath haShém - Œuvre de Dieu.

קָצֵץ בִּנְטִיעוֹת - Qitséts Bintiôth - Couper les racines (renier sa foi) - Être hérétique, devenir athée, nier les principes religieux.

שָׁלוֹם אֲמִתִּי - Shalom amiti - Paix véritable.

- 828 -

אַרְבַּעַת הַמִּינִים - *Arbaâth haminim* - Quatre espèces, variétés (utilisées à Soukkot).

זְהָרוּרִית - *Zeharourith* - Radiance, éclat.

עוֹבֵר עַל פֶּשַׁע - *Ôvér âl péshâ* - Qui passe sur le péché.

צָפְנַת פַּעְנֵחַ - *Tsafnath pânéah* - Nom égyptien de Joseph.

רֹאשׁ יְשִׁיבָה - *Rosh yeshivah* - Chef de yeshivah.

- 829 -

אֶבֶן שָׁעוֹת - *Évén-Shaôth* - Pierre des heures : Cadran solaire.

אֲוִירָא דַכְיָא דְּלָא אִתְפַּס - *Avira dakia delo atafass* - Éther saisissable *(araméen)*.

אוֹר עוֹבֵר דֶּרֶךְ מָסָךְ - *Or ôvér dérék samak* - La lumière qui passe à travers un écran.

אוֹרוֹת עֶלְיוֹנִים - *Oroth êlyonim* - Lumières suprêmes.

אַרְבַּע כַּנְפוֹת - *Arbâ kanfoth* - Quatre ailes.

אַרְבָּעָה רָאשִׁים - *Arbâh roshim* - Quatre têtes.

בֵּל-שַׂר-אָצוּר - *Bél-Shara-Outsar* - Maître gardien du trésor (origine du nom akkadien Balthazar).

גָּלוּת הַשְּׁכִינָה - *Galouth haShekhinah* - Exil de la Shekhinah.

חוֹתָם שְׁלֹמֹה - *Hotam shlomoh* - Sceau de Salomon.

- 830 -

יִשָּׂשכָר - *Yssask'ar* - Issakar.

כָּתִית - *Katith* - Pressé, broyé.

כְּתָתִי - *Kitati* - Sectaire.

מִפְרָקִית - *Mifraqith* - Arthrose.

מַיִם רַבִּים לֹא יְכַבּוּ אֶת־הָאַהֲבָה - *Mayim rabim lo yakbou éth-ha-ahavah* - Les flots abondants n'éteignent pas l'amour.

שֶׁבַע בָּנוּת - *Shévâ banouth* - Sept filles.

שַׁסַּעַת - *Shassaâth* - Schizophrénie.

- 831 -

אִמְרֵי-שֶׁפֶר - *Imré séfér* - Propos embellissant.

צֹפֶן תּוֹרָה - *Tsofén Torah* - Code de la Torah.

- 832 -

אֶרֶץ יִשְׂרָאֵל - *Érétş Israël* - Pays d'Israël.

זֶה כָּתוּב בַּסְּפָרִים - *zéh katouv ba-sefarim* - C'est écrit dans les livres.

כְּתָב קוֹדֶשׁ - *Ktav qodésh* - Écriture sainte.

נִשְׁרֵי הַמֶּרְכָּבָה - *Nésheréi ha-Merkavah* - Aigles de la Merkavah.

שַׁלְבֶּקֶת - *Shalbéqéth* - Herpès.

תּוּ צוֹרְפִים - *Tav tsorfim* - Marque, poinçon, sceau.

- 833 -

הַגֶּשֶׁם מִן־הַשָּׁמַיִם – *Haguéshém min-hashamayim* – La pluie issue des cieux.

הַעֲלָת מַיִן נוּקְבִין – *Haâlath mayin nouqvin* – Éveil des eaux féminines.

וַיָּחֶל נֹחַ אִישׁ הָאֲדָמָה וַיִּטַּע כָּרֶם: – *Vayahél Noah ish haAdamah vayitâ karém* – « Commence Noé, l'homme de la terre, il plante une vigne » - Gen. 9:20.

חַיּוֹת הַקֹּדֶשׁ - *Ḥayoth-haqodésh* - Saintes Vitalités.

- 834 -

הִנֵּה כִי־כֵן יְבֹרַךְ גָּבֶר, יְרֵא יְהֹוָה: - *Hinéh ki-kén yvorék guivér yré Yhwh* - Voici, car, il est ainsi béni, le brave qui frémit de *Yhwh*.

לְבוּשׁ מַלְכוּת - *Levoush Malkouth* - Habits royaux.

סֵפֶר פָּתוּחַ - *Séfer patouah* - Livre ouvert.

רֶבַע הָרִאשׁוֹן - *Révaâ harishon* - Premier quartier de lune (montante).

שֶׁמֶן זַיִת זַךְ - *Shémén zayith zak* - Huile d'olive pure.

- 835 -

אַהֲבָה גּוֹרֶרֶת אַהֲבָה - *Ahavah goréréth ahavah* - L'Amour attire l'amour.

אָנֹכִי הַדֶּרֶךְ הָאֱמֶת וְהַחַיִּים - *Anoki hadérék haéméth vehahayim* - Je suis le chemin, la vérité et la vie.

בְּרָאוֹת אוֹר וְאַהֲבָה - *Brioth or veahavah* - santé, lumière et amour.

זְרוֹעוֹת עוֹלָם - *Zeroûoth ôlam* - Bras du Monde.

יְהוּדָא תַתָּאָה - *Yihouda tataah* - Union d'en bas.

נִשְׁמַת אָדָם - *Nishmath Adam* - Âme de l'homme.

עַד בָּאֵת מָשִׁיחַ - *Âd beéth mashiah* - Jusqu'à la venue du Messie.

עוֹמֶק אַחֲרִית - *Ôméq aharith* - Insondable fin.

עִם נְקֻדּוֹת הַכֶּסֶף - *îm neqoudoth hakésséf* - Avec des points d'argent.

שַׁעַר הָעֳמָקִים - *Shâar haôméqim* - Porte des profondeurs.

- 836 -

אַרְבָּעָה חָרָשִׁים – *Arbaâh harashim* – Quatre artisans (Zacharie 2:3).

אַשְׁמְדַאי לִילִית – *Ashmedaï Lilith* – Asmodée Lilith.

כֶּתֶר גְּבוּרָה - *Kéter Gvourah* - Couronne, Rigueur (*sefiroth*).

נְפָשׁוֹת - *Nefashoth* - Âmes.

שֵׁם וָיֶפֶת – *Shém vaYéféth* – Sem et Japhet.

שְׁעוֹנִית - *Sheônith* - Passiflore.

- 837 -

אָנֹכִי אָנֹכִי יְהֹוָה וְאֵין מִבַּלְעָדַי מוֹשִׁיעַ: - *Anoki, Anoki Yhwh ! Veéin mibalâdaï moshiyâ* - C'est moi, moi *Yhwh*, Et hors de moi, pas de sauveur.

לְבְנַת הַסַּפִּיר - *Livnath haSappir* - Édifice de Saphir.

סְפִירַת הַלָּבָן – *Sefirath halavan* – Sefirah de la blancheur.

שָׁנָת לְבָנָה – *Shanah levanah* – Année lunaire.

- 838 -

לְבֶן עוֹפֶרֶת - *Lovén ôféréth* - Plomb blanchi.

שְׁנֵי כְּתוּבִים – *Shnéi ketouvim* - Règle induite à partir de deux textes.

- 839 -

אֲהָדָה גּוֹרֶרֶת אֲהָדָה - *Ahadah goréréth ahadah* - La sympathie attire la sympathie.

אֱלִילֵי נְחֹשֶׁת - *Éliléi nehoshéth* - Idoles de cuivre.

חַיּוֹת הַקּוֹדֶשׁ - *Hayoth ha-Qodésh* - Vies saintes.

חֶשְׁכַת אֹפֶל - *Héshkath ofél* - Obscurité des ténèbres.

קְרוּם הַבְּתוּלִים - *Qroum habetoulah* - Hymen.

שָׂטָן לִילִית - *Satan Lilith* - Satan Lilith.

שֶׁקֶל הַקֹּדֶשׁ - *Shéqél haqodésh* - Sicle du sanctuaire.

תֶּן־לָנוּ הַיּוֹם לֶחֶם חֻקֵּנוּ - *Tén lanou hayom léhém houqénou* - Donne-nous aujourd'hui notre pain de ce jour.

- 840 -

מַה־שְּׁמוֹ וּמַה־שֶּׁם־בְּנוֹ - *Mahshemo oumah-shém-beno* - Quel est son nom, et quel est le nom de son fils ?.

מַתַּת - *Matath* - Don.

נַפְשִׁית - *Nafshith* - Spirituellement, émotionnellement, psychologiquement.

תּוֹלְדֹת - *Toldoth* – « Engendrements » - *Parasha* #6 - Gen. 25:19-28:9.

- 841 -

אֵבֶר־הַזַּכְרוּת - *Evér ha-zakhrouth* - Membre reproducteur - Pénis, phallus.

אִלְתִּית - *Iltit* - Saumon.

כִּתְבֵי הַקֹּדֶשׁ - *Kithvéi-haqodésh* - L'Écriture sainte.

מֵי הַמָּרִים הַמְאָרֲרִים - *Méi Hamarim Hamarérim* - Eau des amères amertumes.

שֶׁבַע נְבִיאוֹת – *Shavâ nevitoh* – Sept prophétesses.

שְׁתְקִיאֵל - *Shétqiel* - Ange du cinquième firmament.

תְהִלּוֹת - *Tehiloth* - Louanges.

- 842 -

אוֹת גָּדוֹל בַּשָּׁמַיִם - *Oth gadol bashamayim* - Grand signe dans les cieux.

מִילּוּי שֵׁמוֹת - *Miloui shemoth* - Plénitude des Noms.

- 843 -

אַרְבַּע עֶשֶׂר - *Arbah éssér* - Quatorze.

גַּת שְׁמֶנִים - *Gath-sheménim* - Gethsémani (Pressoir aux huiles).

חָכְמַת שְׁלֹמֹה - *Ĥokhmath Shlomoh* - Sagesse de Salomon.

חֶסֶד שֶׁל אֱמֶת - *Hesséd shél éméth* - Clémence réelle.

כְּאֵבִים שְׁרִירִיִּים - *Koévim shririyim* - Douleurs musculaires - Fibromyalgie.

כֶּתֶר הַבְּרִיאָה - *Kéter haBriah* - Couronne de la Création.

סְפִירוֹת בְּלִימָה - *Sefiroth belimah* - Sefiroth dans l'indicible.

רֹאשׁ שֶׁל הַדָּג - *Rosh shél hadag* - Tête du poisson.

שֶׁבַע הַמַּכּוֹת - *Shévâ hamakoth* - Sept fléaux.

תָּו אֵיכוּת – *Tav éik'outh* - Marque, poinçon, sceau.

- 844 -

בְּשֵׁם וּמַלְכוּת – *BaShém ouMalkouth* - « *Par le Nom et le Royaume* », évocation du Nom et de la royauté de Dieu (bénédiction).

גֶּשֶׁר צַר מְאֹד – *Guéshér tsar meod* – Un pont très étroit.

הִתְגַּלּוּת – *Hithgalouth* – Révélation, dévoilement.

זֵכֶר־הַבְּרִית - *Zékhér haBrith* - Souvenir de l'alliance.

- 845 -

אַבְרָהָם אָבִינוּ יִצְחָק אָבִינוּ יַעֲקֹב אָבִינוּ - *Avraham avinou, Ytshaq avinou, Yaâqov avinou* - Abraham notre père, Isaac notre père, Jacob notre père.

דָּת אֱמֶת - *Dat éméth* - Vraie religion.

הַבָּשָׂר חָלָשׁ - *Habassar halash* - La chair est faible.

טָהוֹר וְקָדוֹשׁ בְּאֵין סוֹף - *Tahor veqadosh beéin-sof* - Infiniment pur et saint.

יְהוָה מָלָךְ תָּגֵל הָאָרֶץ - *Yhwh malak taguél haéréts* - « *Yhwh règne : que la terre s'égaye* » (Psaumes 97:1).

כ"ב אוֹתִיּוֹת - *22 Othioth* - 22 lettres.

כִּיס הַשֶּׁתֶן - *Kiss-Hashétén* - Vessie.

שֶׁמֶן הַשֶּׁפַע - *shémén ha-shefâ* - Huile d'abondance.

- 846 -

מְרוֹשָׁשׁ - *Meroshash* - Déshérité, appauvri.

נַפְשִׁיוּת - *Nafshiouth* - Spiritualité.

עֵת שָׁלוֹם – *Êth shalom* – Temps de paix.

תֵּבַת גֹּמֶא - *Tévath gomé* - Boîte en papyrus.

- 847 -

אוֹר שֶׁמֶשׁ – *Or shémésh* – Lumière solaire.

בִּיאַת הַמָּשִׁיחַ בֶּן דָּוִד – *Biath haMashiah bén David* – La venue du Messie fils de David.

הוּא אֱלֹהֵינוּ הוּא אָבִינוּ הוּא מַלְכֵּנוּ הוּא מוֹשִׁיעֵנוּ – *Hou Élohéinou, Hou avinou, Hou malakenou, Hou moshiênou* - Il est notre Dieu, Il est notre Père, Il est notre Roi, Il est notre Sauveur.

וְעֹשֶׂה חֶסֶד לִמְשִׁיחוֹ – *Veôsséh hesséd liMeshiaho* – « *Faiseur de bonté pour son Messie* » (Ps. 18:51).

יוֹנַת הַשָּׁלוֹם – *Yonath hashalom* – Colombe de la paix.

יְשׁוּעָתָה לַיהוה – *Yshouhatah leYhwh* - Le salut vient de *Yhwh*.

נְשָׁמָה תְּאוֹמָה – *Neshamah teomah* – Âme sœur (jumelle).

סוֹד בִּיאַת מְשִׁיחוֹ – *Sod biath Meshiho* – Secret de la venue de son Messie.

שְׁבַע עֶדְתָּא – *Shévâ êdta* – Sept congrégations (églises) (araméen).

- 848 -

אוֹת אֱמֶת – *Oth éméth* – Signe de vérité.

אָהַבְתָּ נַפְשִׁי – *Ahavath nafshi* – Aimé de mon âme.

אִמָּא תַּתָּאָה - *Ima tataah* - Mère d'en bas.

הַיּוֹנָה לְעֵת עֶרֶב – *Hayonah leêth êrév* – La colombe au temps du soir.

הִתְלַהֲבוּת - *Hitlahabouth* - Ravissement, enthousiasme - Extase.

זְרִיחַת הַיָּרֵחַ – *Zrihath hayaréah* – Lever de lune.

חִלְתִּית - *Hiltith* - Assa-fœtida, férule.

מִתַּחַת - *Mithath* – En-dessous.

שֶׁבַע יִפּוֹל צַדִּיק וָקָם - *Shévâ yipol tsadiq vaqam* – « *Sept fois tombe le juste et se relève* » (Proverbes 24:16).

שַׁבָּת עוֹלָם – *Shabbath ôlam* – Monde du Shabbath.

- 849 -

אֲדָמְתָ קֹדֶשׁ – *Adamtha qodésh* – Terre sainte.

אַהֲבַת אֱמֶת – *Ahavath éméth* – Amour de la vérité.

מוֹצָאֵי-שַׁבָּת – *Motsaéi-Shabbath* – Samedi soir (après shabbath).

שִׁוִּיתִי יהוה לְנֶגְדִּי – *Shiviti Yhwh lenéguédi* – « *Je place Yhwh contre moi* » (Ps. 16:8).

- 850 -

הַשָּׂגָה שֶׁאֵין לְסוֹף - *Hassagah shééin le-sof* - Compréhension qui n'a pas de fin.

מִיתָה מְשֻׁנָּה – *Mitéh Meshounah* – Mort violente.

עֲשִׂיַּת יַיִן – *Âssiyath yayin* - Vinification.

שַׁפַּעַת - *Shapaâth* - Grippe.

תְּכֵלֶת – *Tek'éléth* - Bleu azur.

- 851 -

אֹדֶם פִּטְדָה וּבָרֶקֶת – Odém pitdah ouvaréqéth – Rubis, topaze et émeraude (premier rang du pectoral).

בְּאֵרֹת חֵמָר – Béeroth hémar – Puits de bitume (pétrole).

בִּרְכַּת הַדֶּרֶךְ – Birkath hadérékh – Bénédiction du voyageur.

סְפִינַת הַמִּדְבָּר – Sefinath hamidbar – Chameau, navire du désert .

רל"א שְׁעָרִים – 231 shârim - 231 portes.

- 852 -

אִנְתְּתָא - Inetetha – Femme mariée (araméen).

אוֹר הַשֶּׁמֶשׁ - Or hashémésh - Lumière du soleil.

זִכָּרוֹן שֶׁל בַּרְזֶל – Zikaron shél barzél – Mémoire de fer (d'éléphant).

מִשְׁבְּצוֹת זָהָב - Mishbetsoth zahav - Montures (chatons) d'or.

- 853 -

אוֹרוֹת נֶעֱלָמִים - Oroth néêlamim - Lumières occultes.

גֵּרוּשׁ סְפָרַד - Guéroush Sefarad - Expulsion d'Espagne.

וַיִּשְׁלַח יַעֲקֹב מַלְאָכִים לְפָנָיו - Vayishlah Yaâcov malakhim lefanaïv - Et Jacob envoie des anges devant lui.

מְתִיבְתָּא - Metivta - École talmudique (araméen).

- 854 -

קְבָרוֹת הַמְּלָכִים - Qivroth haMalakhim - Tombeaux des Rois.

אַדְמַת הַקֹּדֶשׁ - Admath haQodésh - Terre sainte.

אֶל אוֹר הַתּוֹרָה – Él or haTorah - À la lumière de la Torah.

יְבָרֶכְךָ יְהֹוָה וְיִשְׁמְרֶךָ: – Yevarék'k'a Yhwh veyishemerék'a – « Yhwh te bénit, il te garde » - Nombres 6:24.

לִוְיָתָן נָחָשׁ – Liviathan nahash – Léviathan serpent.

מַרְכְּבוֹת עַמִּי־נָדִיב – Markavoth âmi-nadiv – Chars de mon noble peuple.

מֹרַת רוּחַ – Morath rouah – Amertume d'esprit - ressentiment, chagrin – mal être.

שָׂרָה רִבְקָה וְלֵאָה – Sarah Rivqah veLéah – Sarah, Rébecca et Léa.

תַּדְמִית – Tadmith – Image, perception, modèle.

- 855 -

אַבְרָהָם אַהֲרֹן וּמֹשֶׁה – Abraham Aharon ouMoshé- Abraham Aaron et Moïse.

כְּבִילַת הַחֹפֶשׁ - Kavilath-Hahaphésh - Entrave à la liberté.

- 856 -

אוֹתִיּוֹת הַחֵךְ – Othioth hahék – Lettres palatales.

אֶל פַּרְעֹה מֶלֶךְ מִצְרַיִם – El parôh mélékh Mistraïm – Vers Pharaon, roi d'Égypte.

אֶרֶץ עֵיפָתָה - Éréts êifatah - Terre sombre.

טַבַּעַת שְׁלֹמֹה - Tavaâth Shlomoh – Anneau de Salomon.

לֵילוֹת עֲרָפֶל – Laïloth ârafél - Nuits de brume (incertitude).

מְרִירוּת - Merirouth - Amertume.

שָׂרָף מְעוֹפֵף - Saraf môféf - Serpent volant ou dragon.

- 857 -

בַּת־פּוֹטִי פֶרַע – Bath Poti-Férâ – Fille de Potiphéra.

וְנַעֲשֶׂה־לָּנוּ שֵׁם - Venaâsséh-lanou shém – « Faisons-nous un Nom ».

מִיתוּתָא - Mitouta - Mort (araméen).

תֹּמֶר דְּבוֹרָה - Tomér Dvorah - Palmier de Déborah.

- 858 -

אַתָּה גִּבּוֹר לְעוֹלָם אֲדֹנָי - Atha guibor léolam Adonai - Tu es fort éternellement Adonai.

מַלְכֹּדֶת הַשָּׂטָן - Malkodéth haSatan - Filet (piège) de Satan.

נִשְׁמַת חַיִּים – Nishmath hayim - Filet (piège) de Satan.

שְׁנַיִם חַי מֵת – Shnaïm haï méth – deux : vie, mort.

- 859 -

בֶּגֶד תְּכֵלֶת - Béguéd tékhléth - Vêtement azur (Temple).

שַׂר הַשֵּׁדִים - Sar hashédim - Prince des démons.

תְּפִלָּה שֶׁל יָד - Tefilah Shél Yad - Phylactère de la Main.

- 860 -

חָכְמַת הָאַסְטְרוֹנוֹמְיָה - Hokhmath hastronomiah - Science de l'astronomie.

כְּלִי קֶשֶׁת - Kléi qéshéth - Instrument à archer.

מַתֶּכֶת – Matéqéth - Métal.

תְּלֵיסַר עָלִין – Tléissar âlin – Treize pétales (araméen).

תַּשְׁנִיק - Tashniq - Asphyxie.

- 861 -

בֵּית הַמִּקְדָּשׁ - Béith hamiqdash - Temple.

מִלַת הַלָּשׁוֹן - Milath haLashon - Circoncision de la langue.

מַתִּתְיָהוּ - Matityahou - Mathathias (père des Machabées).

רֹאשׁ הַשָּׁנָה - Rosh hashanah - Nouvel an.

- 862 -

נֶפֶשׁ בַּנֶּפֶשׁ – *Néfésh banéfésh* – D'âme à âme.

עַבְדוּת מִצְרַיִם – *Âvdouth mitsraïm* – Esclavage d'Égypte.

צְפִיַּת הַמֶּרְכָּבָה - *Tsefiyath haMerkavah* - Vision du Char.

שִׁבְטֵי יִשְׂרָאֵל – *Shviti Ysraél* – Tribus d'Israël.

תַּבְנִית - *Tavnith* - Modèle, figure, forme, plan, ornement.

- 863 -

גֵּרוּשׁ שֵׁדִים - *Guéroush shédim* - Exorcisme.

זֶרַע עַל־פְּנֵי כָל־הָאָרֶץ – *Zérâ âl-féni kal-haaréts* - Semence dessus toute la terre.

חָכְמַת הַשָּׁמַיִם – *Ħak'hmath hashamayim* – Sagesse céleste

נַחֲלָת שְׁלֹמֹה – *Neħalta Shlomoh* – Héritage de Salomon.

נִשְׁמַת הַחַיִּים – *Nishmath haħayim* – Âme de vie.

רוּחַ תַּרְדֵּמָה - *Rouaħ tardemah* - Souffle (esprit) de torpeur - Extase.

שֵׂכֶל הָהֶרְגֵּשׁ - *Sékél hahérguésh* - Conscience du sensible.

- 864 -

חֲדַר הַמַּרְאוֹת – *Ħadar hamaroth* – Chambre des miroirs.

שִׁבְעָה כִסְאוֹת - *Shivâh kissoth* - Sept trônes.

- 865 -

כְּלִי הַקֶּשֶׁת - *Keli haQeshéth* - Instrument d'archer (arc).

עַם־קְשֵׁה־עֹרֶף - *Âm-qishé ôréf* - Peuple à la nuque raide.

- 866 -

יַרְכְּתֵי צָפוֹן - *Yarekéth tsafon* - Partie nord.

תֵּבַת נֹחַ - *Tévath Noaħ* - Arche de Noé.

- 867 -

גַּג בֵּית הַמִּקְדָּשׁ – *Gag Beith hamiqdash* – Toit du Temple.

חַנּוּן וְרַחוּם יְהֹוָה אֶרֶךְ אַפַּיִם וּגְדָל־חָסֶד: – *hanoun veraħoum Yhwh érék apayim ougdal-hasséd* – « Yhwh est plein de grâce et miséricordieux, lent à la colère, et grand en bonté » (Ps. 145:8).

- 868 -

גִּלְגּוּל נְשָׁמוֹת - *Guilgoul neshamoth* - Transfiguration des âmes, réincarnations.

מֵהָאוֹתִיּוֹת - *Méhaothioth* – Issu des lettres.

זֹהַר מֵהַתּוֹרָה – *Zohar méhaTorah* – Splendeur de la *Torah*.

נְתִיבוֹת - *Netivoth* - Chemins.

- 869 -

אַרְבַּע קְצוֹת - *Arbâ qetsor* - Quatre extrémités.

אֲרוֹן בְּרִית - *Aron brith* - Arche d'Alliance.

כֹּחוֹת הַנֶּפֶשׁ - *Kohoth hanéfesh* - Puissances de l'âme.

מִלְחָמָה לַיהֹוָה בַּעֲמָלֵק מִדֹּר דֹּר - *Milhamah leYhwh baâmeléq medor dor* - Guerre de *Yhwh* dans Âmeleq de génération en génération.

מֵאַרְבַּע כַּנְפוֹת - *Méarbâ kanfoth* - Quatre coins - Petit vêtement porté par les juifs religieux.

עֵץ נָחָשׁ אָדָם אִשָּׁה - *Êts nahash Adam ishah* - Arbre, serpent, Adam, femme.

- 870 -

אַשְׁרֵי עֲנָיֵי הָרוּחַ - *Ashréi âniyéi haRouah...* - « *Heureux les pauvres en esprit* » - Matthieu 5:3-.

הֲפִיכַת פָּנִים לַמַּעֲלָה - *Hafikah panim lamaâlah* - Retournement des faces vers le haut.

הַשֵּׂכֶל הַיָּשָׁר - *Hasék'él hayashar* - Sens commun.

מִשְׁקֶלֶת - *Mishqéléth* - Fil à plomb.

מַתָּנָה שְׁלֵמָה - *Matanah shlémah* - Donation parfaite.

- 872 -

מָקוֹר מוֹפֵת - *Maqor moféth* - Source miraculeuse.

מָתוֹק כִּדְבַשׁ - *Matoq kidevash* - Douceur du miel.

- 873 -

בְּנִיַן הַסְּפִירוֹת - *Binyan haSefiroth* - Édifice des *sefiroth*.

גִּלְגּוּל הַנְּשָׁמוֹת - *Guilgoul haneshamoth* - Révolution (transmigration) des âmes.

נִיצוֹצוֹת הַנּוֹפְלִים - *Nitsotsoth hanoflim* - Étincelles tombantes.

- 874 -

אֲרוֹן הַבְּרִית - *Aron Habérith* - Arche d'Alliance.

שִׁבְעַת הַגַּמָּדִים - *Shivâth hagamadim* - Sept nains.

שָׁלוֹם בַּמַּלְכוּת - *Shalom bamalkouth* - Paix dans le royaume.

- 875 -

יְרִידָה לַקְּלִפּוֹת - *Yeridah laqlipoth* - Diminution des qlipoth.

רָאָה אִתּוֹ עַיִן בְּעַיִן - *Raah itho âyin beâyin* - Voir dans les yeux, être d'accord avec.

- 876 -

הָאוֹר גּוֹבֵר עַל זְמַן וּמֶרְחָב - *Haor govér âl zman oumérhav* - La lumière transcende le temps et l'espace.

סְחַרְחֹרֶת - *Seharhoréth* - Vertige.

סְעוּדַת פּוּרִים - *Sôudath pourim* - Repas de pourim.

- 877 -

אַבְרָהָם בֶּן שְׁמוּאֵל אָבוּלְעָפִיא - Abraham ben Shmouel Aboulâfia – Abraham bén Samuel Aboulâfia.

בָּאוּרִים הָאוֹרוֹת – Baourim haoroth – Dans les Ourim, les lumières.

כַּחוֹתָם עַל־זְרוֹעֶךָ – Kahotam zéroêk'h – Comme une sceau sur ton bras.

מַזָּל קֶשֶׁת - Mazal qéshéth - Signe du Sagittaire.

עֲמֻקּוֹת הַדְּבָרִים – Âmouqoth hadevarim – Profondeurs des Paroles.

רְחוֹבוֹת נָהָר - Rehovoth nahar - Canaux du fleuve.

שִׁבְעַת הַיָּמִים – Shivâth hayamim – Sept jours.

- 878 -

בָּקַע יָם וַיַּעֲבִירֵם וַיַּצֶּב־מַיִם כְּמוֹ־נֵד: – Baqâ yam vayaâvirém vayatsév-mazim kemo-néd – « Il fendit la mer et les fit passer; il dressa les eaux comme en un monceau » (Ps. 78:13).

גִּילְגּוּל נְשָׁמוֹת - Guilgoul neshamoth - Révolution des âmes.

כּוֹס־יְשׁוּעוֹת – Koss-yeshouôth – Coupe des délivrances.

כִּי שֶׁבַע יִפּוֹל צַדִּיק וָקָם - Ki shévâ yipol tsadiq vaqam – « Car sept fois tombe le Juste, et se relève » - Proverbes 24:16-.

עֵץ הַחַיִּים וְעֵץ הַדַּעַת - Êts haHayim veÊts haDaâth - Arbre de vie et arbre de la Connaissance.

רָמַת רָחֵל – Ramath Rahél - Ramat-Rachel.

שׁוּשַׁן הַבִּירָה - Shoushan habirah - La ville de Suse.

שְׁכִינָה נִגְלֵית – Shekhinah nigleith - Shekhinah révélée.

- 879 -

הָאָבוֹת הַקְּדוֹשִׁים – Haavoth haqadoshim – Les saints patriarches.

הָאָרוֹן הַבְּרִית – Haaron habrith – L'arche d'alliance.

הַבַּעַל שֵׁם טוֹב הַקָּדוֹשׁ – HaBaâl Shém Tov haqasosh – Le saint Baâl Shém Tov.

כֹּה אָמַר יְהוָה אֱלֹהֵי יִשְׂרָאֵל – Ko amar Yhwh élohéi Ysraél - Ainsi parle Yhwh, Dieu d'Israël.

סָלִיק בִּרְעוּתָא - Saliq biroûta - Montée du désir (ou goutte du désir) (araméen).

צִפָּרְנֵי הֶחָתוּל – Tsiparnéi hahatoul - Souci, calendula.

- 880 -

אִישׁ אֶחָד בָּא הֵבִיא לִי מַתָּנָה - Ish éxhad ba héivi li matanah - Un homme est venu et m'a apporté un cadeau.

וְאֵשׁ יָצְאָה מֵאֵת יְהוָה - Veésh yatsah mééth Yhwh - Un feu sort de Yhwh.

וּבְדַעַת צַדִּיקִים יֵחָלֵצוּ -Ouvdaâth tsadiqim yehalétso - Les justes sont délivrés par la connaissance.

יֹצֶרְנִית צֵל - Yotsérnith tsél - Faiseur d'ombre.

כְּזֹרַח הַשֶּׁמֶשׁ - Kizroha hashémésh - Comme l'éclat du soleil.

מַלְכָּתָ שָׁמַיִם – Malak'hta shamaïm – Reine des cieux.

מִשְׁלוֹחַ מָנוֹת - Mishloah manoth - Envoi de cadeaux à Pourim.

תִּלְתָּן - Tiltan - Trèfle.

- 881 -

אִישׁ רָשָׁע - Ish rashâ – Homme mauvais.

אִישׁ שָׂעִר - Ish saïr - Poilu, hirsute.

אַל-תִּשְׁפְּכוּ-דָם – Al-tishpek'ou-dam – « Ne répandez pas le sang » Genèse 37:22.

אֶת-נֶפֶשׁ הָאָדָם – Éth-néfésh haAdam – Avec l'âme humaine.

מִגְדְּלוֹת מֶרְקָחִים – Migdaloth merqahim – Tours d'herbes aromatiques.

נֶפֶשׁ הָאֱלֹהִית - Néfésh haÉlohith - Âme divine.

נְקֻדַּת הַשִּׁוּוּי - Niqoudath hashioui - Équinoxe.

עֲצַבֵּיהֶם כֶּסֶף וְזָהָב מַעֲשֵׂה יְדֵי אָדָם – Âtsavéihém késséf vezahav maâsséi yedéi adam – « Leurs idoles (tristesses) d'or et argent sont l'œuvre de main d'homme » - Psaumes 115:4.

שֵׁבֶט נַפְתָּלִי - Shvat nafatali - Tribu de Nephtali.

- 882 -

נֶפֶשׁ תְּאוֹמָה - Néfésh tomah - Âme sœur.

סָבִיב לַכִּסֵּא אַרְבַּע חַיּוֹת - Saviv laKissé arbâ Hayoth - Autour du Trône, quatre vivantes.

רְחוֹבוֹת הַנָּהָר - Rehovoth haNahar - Canaux du fleuve.

שֵׂכֶל מַנְהִיג הָאַחְדוּת - Sékél Manhig Haéhadouth - Conscience qui conduit à l'unité.

- 883 -

בִּימֵי אֲחַשְׁוֵרוֹשׁ - Biyméi Ahashvérosh - Au temps d'Assuérus.

דְּבוֹרָה עוֹקֶצֶת – Déborah ôqétséth – Abeille piqueuse.

כּוֹס הַיְשׁוּעוֹת – Koss hayeshouôth – Coupe du salut.

עֵדֶר הַקְּצוּבוֹת – Êdér haqitsouvoth – Troupeau de brebis tondues.

- 884 -

מִימֵי מְתוּשָׁלַח - Miyeméi Metoushélah - Ancien, très vieux, antique - Date de Mathusalem.

תְּשׁוּבָה עֶלְיוֹנָה – Teshouvah êlionah – Repentance suprême.

- 885 -

כִּפַּת הָרָקִיעַ – Kipath haraqiâ – Dôme céleste.

מְעָרַת הַמַּכְפֵּל - *Mâarath ha-makpélah* - Caverne de Makpéla.

מֹשֶׁה עָלָה עַל הַר סִינַי – *Moshéh âlah âl har Sinaï* – Moïse est monté sur le mont Sinaï.

שְׁנַת הַלִּמּוּדִים – *Shanath halimoudim* – Année scolaire.

תּוֹלְדֹת אָדָם – *Toldoth Adam* – Généalogie d'Adam, histoire humaine.

- 886 -

לִי הַכֶּסֶף וְלִי הַזָּהָב נְאֻם יְהֹוָה צְבָאוֹת: – *Li hakésséf veli hazahav noum Yhwh tsevaoth* – « À moi l'argent ! À moi l'or ! oracle de Yhwh Tsevaoth » (Haggai 2:8).

מַלְכוּת שָׁמַיִם – *Malkouth shamayim* – Royaume des cieux.

שֵׂכֶל שֶׁפַע נִבְדָּל - *Sékél shéfâ nivdal* - Conscience séparant le shéfâ (l'influx).

- 887 -

אֵלָה אֲמִתִּית – *Élah amitith* - Pistachier .

יֶשׁ־לִי רֶגֶל בְּקֶבֶר - *Yésh-li réguél veqavér* - J'ai un pied dans la tombe.

נִכְתַּב בַּסֵּפֶר הַחַיִּים - *niktav ba-séfér ha-hayim* - Écrit dans le Livre de la Vie .

נֶפֶשׁ הַמִּתְאַוָּה - *Néféh hamitaouh* - Âme avide (qui convoite).

סָהֲרוּרִיּוּת - *Saharouriouth* - Somnambulisme.

- 888 -

אוֹר הַמִּתְנוֹצֵץ - *Or hamitnoutséts* - Lumière brillante.

אֵינְסוֹף זֶה מֵהַסוֹף לְהַתְחָלָה - *Einsof zéh mehasof lehatahalah* - L'infini c'est de la fin au début.

אֱלֹהִים; הַשָּׁמַיִם וְאֵת - *Élohim hashamayim vééth* - *Élohim* les cieux et ….

אֲנִי יְהֹוָה לֹא שָׁנִיתִי - *Ani Yhwh lo shniti* - Je suis *Yhwh* sans second.

בִּנְיָמִין + מְנַשֶּׁה + אֶפְרַיִם - *Benyamin Menashéh Efraïm* - Benjamin Manassé Éphraïm.

חָכְמַת הָאוֹבוֹת - *Hokhmath haovoth* - Science des nécromanciens.

- 889 -

אַרְבָּעִים יוֹם לַדּוֹר הָאַחֲרוֹן - *Arbaîm yom lador haahéron* – Quarante jours pour la dernière génération.

וַיְהִי הַמַּבּוּל אַרְבָּעִים יוֹם עַל־הָאָרֶץ – *Vayehi hamaboul arbaîm yom âl-haaréts* – « Et c'est le Déluge quarante jours sur la terre ».

יְהֹוָה רוּחַ תַּרְדֵּמָה - *Yhwh rouah tardémah* - Extase de *Yhwh*.

מִשְׁכַּן הָעֵדֻת - *Mishkan haâdouth* - Tabernacle du témoignage.

סוּפַת גֶּשֶׁם – *Soufath guéshém* – Tempête de pluie.

- 890 -

מְעָרַת הַמַכְפֵּלָה - *Meârath haMakpélah* - Caverne de Makpélah.

מַתֶּנֶת - *Mathénéth* - Lumbago.

רְעוּת רוּחַ - *Reôth rouah* - Tourment d'esprit.

- 891 -

יְצִיאַת מֶצֶר יָם - *Ytsiath métsér yam* - Sortir de la limite de la mer.

יְצִיאַת מִצְרַיִם - *Ytsiath mistraïm* - Sortie d'Égypte.

מַלְכוּת דָּוִד וּשְׁלֹמֹה – *Malkouth David ouShlomoh* – Royaume de David et de Salomon.

מִרְיָם אַהֲרֹן מֹשֶׁה – *Miriam, Aharon, Moshé* – Miryam, Aaron, Moïse.

עֲבוֹדַת הַקֹּדֶשׁ - *Avodath haqodésh* - Culte, liturgie.

רִשְׁפֵּי אֵשׁ – *Rishféi ésh* – Étincelles de feu.

- 892 -

נֶפֶשׁ הַבַּהֲמִית - *Néfésh haBahamith* - Âme animale.

שְׁמוֹת הַמַּלְאָכִים - *Shémoth haMalakim* - Noms des anges.

- 893 -

אַבְנֵי שַׁיִשׁ טָהוֹר - *Avenéi shayish tahor* – « Pierres de marbre pur » (T. haguigah 14b).

אוֹרוֹת מַקִיפִים - *Oroth maqifim* - Lumières environnantes.

אוֹרוֹת קָדְמוּ לַכֵּלִים - *Oroth qadmo lakélim* - Lumières qui ont précédées les réceptacles.

אַרְבַּע רוּחוֹת - *Arbâ rouhoth* - Quatre esprits (vents).

אַרְבַּע שְׁעָרִים - *Arbâ shaârim* - Quatre portes.

יֵשׁ אֶבֶן וְיֵשׁ רוּחַ – *Yésh évén veyésh rouah* – Il y a une pierre et il y a un esprit.

- 894 -

כְּנֶסֶת הַשָּׂטָן - *Knésséth haSatan* - Synagogue du Satan.

צְבָאוֹת הַשָּׁמַיִם - *tsevaoth hashamayim* - Armées célestes.

שִׁבֹּלֶת הַזָקֵן - *Shiboléth hazaqén* - Épi de la barbe.

- 895 -

אֲרוֹן בְּרִית-יְהֹוָה - *Aron brith-Yhwh* - Arche d'Alliance de *Yhwh*.

אֶשְׁכְּלוֹת הַגֶּפֶן – *Éshkloth haguéfén* – Grappes de raisin.

וַיְדַבֵּר יְהֹוָה אֶל-מֹשֶׁה לֵאמֹר: - *Vaïdavér Yhwh él-Moshé lémor* – « Et *Yhwh* parla à Moïse en disant » -Nombres 1:48-.

חוֹתָם אֱמֶת – *Ħotam éméth* – Sceau de vérité.

כִּפַּת הַשָּׁמַיִם – *Kippath hashamayim* – Dôme céleste.

מִזְרַח שֶׁמֶשׁ - *Mizrah shémésh* - Soleil levant.

מִשְׁכָּן הָעֵדוּת - *Miskan haêdouth* - Tabernacle du Témoignage.

פֶּרֶק שִׁירָה - *Péréq shirah* - Psautier (recueil poétique).

- 896 -

אֲנָשִׁים מַלְאָכִים שֵׁדִים - *Anashim malak'im shédim* - Humains, anges, démons.

יְרִידַת הַמֶּרְכָּבָה - *Yeridath haMerkavah* - Descente dans le Char.

סִיַעְתָּא דִשְׁמַיָּא - *Siyâta dishimaya* - Aide des cieux (araméen).

עֵינֵי עוֹפֶרֶת - *Élil baâl êinéi oféréth* - Yeux de plomb (Tammouz babylonien).

רְשִׁימָא דִשְׁמָא - *Reshima dishma* - Empreinte du nom (araméen).

שִׁיר צֵירוּף - *Shir tsérouf* - Chant combiné.

שֶׁמֶן יַיִן חָלָב מַיִם דְּבַשׁ - *Shémén yayin halav mayim dvash* - Huile vin lait eau miel.

תְּמִימוּת - *Tamimouth* - Naïveté Honnêteté, innocence.

- 897 -

ט' אַסְפַּקְלַרְיָאוֹת - *9 aspaqlarioth* - Neuf miroirs.

מְגָרֵשׁ שֵׁדִים - *Megarésh shédim* - Exorciste.

מֹשֶׁה אַהֲרֹן וּמִרְיָם - *Moshé Aharon ouMiryam* - Moïse, Aharon et Miriam.

מְתוּקָה מִדְּבַשׁ - *Mitouqah midvash* - Douceur du miel.

קַיִן הֶבֶל שֵׁת - *Qaïn Hévél Shéth* - Caïn, Abél, Séth.

- 898 -

בְּסִיַעְתָּא דִשְׁמַיָּא - *Bessiyâta dishmaya* - Avec l'aide de Dieu (araméen).

סוֹד הָאוֹתִיּוֹת - *Sod haothioth* - Secret des lettres.

- 899 -

אֲנִי הָרִאשׁוֹן וְהָאַחֲרוֹן - *Ani harishon vehaaharon* - Je suis le premier et le dernier.

דָּת הַכְּלָלִית - *Dath haklalith* - Religion universelle.

מָשִׁיחַ יִשְׂרָאֵל - *Mashiah Ysraél* - Messie d'Israël.

שֶׂכֶל מוּרְגָשׁ - *Sékél mourgash* - Conscience ressentie.

- 900 -

אֶפְרַיִם וּבְנְיָמִין וּמְנַשֶּׁה - *Éfraïm ouVinyamin ouMenasséh* - Éphraïm, Benjamin et Manassé.

אֲרוֹן הַבְּרִית יְהֹוָה - *Aron habrith Yhwh* - Arche d'alliance de Yhwh.

אֶרֶץ אַחֶרֶת - *Éréts ahéréth* - Autre terre.

גִּלְגּוּל הָאוֹתִיּוֹת - *Guilgoul haothioth* - Rotation des lettres.

נְבוּאַת אֶמֶת - *Nevouath éméth* - Prophétie de vérité.

פֶּתַח הַתֵּבָה – *Pétaḥ hatévah* – Ouverture de l'Arche.

רֶשֶׁת – *Réshéth* - Filet, résille.

שֶׁרֵת – *Shéréth* - Servir, aider.

- 901 -

זְמַן שִׂמְחָתֵנוּ – *Zman simḥaténou* – Souccot, Tabernacles (littéralement : le temps de notre joie).

חֲמִשִׁים וּמְאַת יוֹם: – *Ḥamishim oumeath yom* - Cent cinquante jours.

מַתְנִיתָא - *Matnita* - Mishnah (code halakhique).

עַל־זֶה הָיָה דָוֶה לִבֵּנוּ עַל־אֵלֶּה חָשְׁכוּ עֵינֵינוּ: – *Âl-zéh hayah davéh libénou âl-éléh hashkou êinéinou* - « À cause de ceci notre cœur est abattu, à cause de cela nos yeux sont obscurcis » - Lamentations 5:17.

- 902 -

בּוֹרֵא רְפוּאוֹת – *Boré refouoth* – Créateur des médecines.

יָצְאָה נִשְׁמָתוֹ - *Yatsah nishmato* - Rendre l'âme, trépasser.

מְגָרֵשׁ הַשֵּׁדִים – *Megarésh hashédim* – Chasse démons - Exorciste.

תַּרְגּוּם אוּנְקְלוֹס - *Targoum onqelos* - Traduction d'Onkélos (traduction en araméen de la Bible).

- 903 -

אַהֲרֹן וּמֹשֶׁה וּמִרְיָם - *Aharon ouMoshé ouMiryam* - Aharon, Moïse, Miriam.

הִסְתַּגְּלוּת - *Histaglouth* – Adaptation, acclimatation.

אוֹתִיּוֹת יְסוֹד - *Othioth Yessod* - Lettres-fondement.

יֵצֶר הַטּוֹב וְיֵצֶר הָרַע - *Yétsér hatov veyétsér harâa* - Bon penchant et mauvais penchant.

מַפְתֵּחַ שְׁלֹמֹה - *Maftéah Shlomoh* - Clavicule de Salomon.

מָקוֹר רִאשׁוֹן - *Maqor rishon* - Première source.

נְפִילַת שֶׁלֶג - *Nefilath shélég* - Chute de neige.

נְשָׁמוֹת בְּנֵי אָדָם - *Neshamoth benéi Adam* - Âmes des fils d'Adam.

רַגֶּשֶׁת - *Raguéshéth* - Allergie.

רָאשֵׁי בְשָׂמִים – *Rashéi bessamim* – Principaux parfums.

תּוֹצָאָה - *Totsaah* - Résultat, effet.

- 904 -

הָגוֹ סִיגִים מִכָּסֶף; וַיֵּצֵא לַצֹּרֵף כֶּלִי: – *Hago siguim mikasséf vayétsé latsoréf kéli* – « Ôte de l'argent les scories, et il en sortira un vase pour l'alchimiste (affineur) » - Proverbes 25:4.

חֵץ וָקֶשֶׁת – *Ḥéts veqéshéth* – Flèche et arc.

מִי זֹאת עֹלָה מִן־הַמִּדְבָּר - *Mi zoth ôlah min-hamidbar* – « Qui est celle qui monte du désert ? ».

- 905 -

בְּרִיאָה שָׁמַיִם וָאָרֶץ - Briah shamayim vaaréts - Création des cieux et de la terre.

הַמַּשְׂכִּלִים יַזְהִרוּ כְּזֹהַר - Hamaskilim yazhirou kezohar – « Les maskilim resplendiront comme le Zohar » -Daniel 12:3-.

זְכֹר־רַחֲמֶיךָ יְהֹוָה וַחֲסָדֶיךָ כִּי מֵעוֹלָם הֵמָּה - Zek'or-rahaméik'a Yhwh vahassadéik'a ki méôlam hémah – « Souviens-toi de ta miséricorde, Yhwh, et de ta bonté, car elles sont de tout temps ».

קֶסֶת הַסֹּפֵר - Qésséth ha-sofér - Écritoire du scribe.

שַׁעֲוָה הַשְּׁחוֹרָה – Shaâvah hashehorah - Cire noire - Propolis.

שִׁשִּׁים גִּבֹּרִים – Shishim guiborim – Soixante vaillants.

תּוֹרָה בָּרוּחַ הַחָכְמָה – Torah barouah hahak'amah – La Torah est dans le souffle de la Sagesse.

- 906 -

שָׁנָה מְתוּקָה - Shanah matouqah - Année sucrée (douce).

תּוֹלַעַת - Tolaâth - Cramoisi.

- 907 -

אֲנִי אֹהֲבֶיהָ אֵהָב וּמְשַׁחֲרַי יִמְצָאֻנְנִי – Ani ohavéiha éhav oumshaharaï ymtsaouneni – « J'aime ceux qui m'aiment et ceux qui me cherchent me trouvent » (Prov. 8:17).

אֶרֶץ הַתּוֹרָה – Éréts haTorah – Terre de la Torah.

בַּת שָׂרָה – Bath Sarah – Fille de Sarah.

וְאָהַבְתָּ אֵת יְהֹוָה אֱלֹהֶיךָ – Veahavath éth Yhwh élohéik'a – « Et tu aimeras Yhwh ton Dieu » (Deut. 6:5).

וְאָהַבְתָּ לְרֵעֲךָ כָּמוֹךָ אֲנִי יְהֹוָה – Veahavath leréâk'a kamok'a, ani Yhwh – « Et tu aimeras ton prochain comme toi-même. Je suis Yhwh » (Lévitique 19:18).

סוֹד בִּיאַת מָשִׁיחַ בֶּן דָּוִד – Sod biath mashiah bén David – Secret de la venue du Messie fils de David.

שַׁבְּתַאי צֶדֶק – Shabbtaï Tsédéq – Saturne Jupiter.

תְּאַשּׁוּר - Tashour - Cyprès.

- 908 -

בְּרִית הָאָרֶץ – Brith haéréts – Alliance de la terre.

גִּלְגּוּל נַפְשׁוֹת - Guilgoul nefashoth - Révolution des âmes - Réincarnation.

יְרוּשָׁלַם הַחֲדָשָׁה – Yeroushalaïm hahadashah – La nouvelle Jérusalem.

מַחֲלַת נֶפֶשׁ – Méhalath néfésh – Maladie mentale – Maladie de l'âme.

מִקֵּץ אַרְבָּעִים שָׁנָה – Miqéts arbaïm shanah – Après quarante ans.

עֲלֵה־זַיִת טָרָף בְּפִיהָ - *Âléh-zayith taraf bepiha* - Feuille d'olivier fraîche dans le bec.

- 909 -

אוֹר שַׁבָּת - *Or shabbath* – Lumière de Shabbath.

אַרְבַּע מַקְצוֹת - *Arbâ maqtsoth* – Quatre extrémités.

מְנְהֶרֶת רוּחַ - *Minhéréth rouah* – Soufflerie.

מַתַּת הַנְּבוּאָה - *Matath hanevouah* - Don de prophétie.

- 910 -

גַּם־הוּא־לִי לִישׁוּעָה; כִּי־לֹא לְפָנָיו, חָנֵף יָבוֹא: - *Gam hou li lishouâh ki lo lifnaïv hanaf yabo* – « *Cela sera aussi mon salut, car l'hypocrite ne vient pas en face de lui* » (Job 13:16).

שְׁפִיכוּת דָּמִים - *Shfik'oth damim* – Éffusion de sang.

תִּשְׁרֵי - *Tishréi* - Mois de Tishri Septembre/Octobre.

- 911 -

אֲפִיסַת הַמַּחְשָׁבָה - *Afissath ha-Mahshavah* - Point zéro de la pensée.

בְּאֵר שַׁחַת - *Bér Shahath* - Fosse infernale - Hadès, Enfer.

הִתְעַלּוּת - *Hithâlouth* – Extase - Sentiment d'élévation spirituelle, de « hauteur » spirituelle - Abnégation de soi.

מֶלֶךְ אֲחַשְׁוֵרוֹשׁ - *Mélékh Ahashvérosh* - Roi Assuérus.

מִצְוַת עֲשֵׂה - *Mitsvoth âsséh* – Préceptes positifs.

נְשִׂיאַת כַּפַּיִם - *Nessiyath kapayim* – Élévation des paumes.

רֵאשִׁית - *Réshith* - Commencement, début.

שֵׁמוֹת חֲזָקִים - *Shémoth hozéqim* - Noms puissants.

- 912 -

אַבְרָהָם הוֹלִיד אֶת־יִצְחָק - *Avraham holid éth-Ytshaq* - Abraham enfanta Isaac.

בַּעֲלֵי שֵׁשׁ כְּנָפַיִם - *Baâléi shéish knafaïm* - Maîtres des six ailes.

וַאֲנִי קִרְבַת אֱלֹהִים לִי־טוֹב - *Vaani qiravah Élohim li-tov* – « *Pour moi, m'approcher d'Élohim, c'est mon bien* » Psaumes 73:28.

כָּל־שִׁבְטֵי יִשְׂרָאֵל - *Kal-shivtéi Ysraél* – Toutes les tribus d'Israël.

מַלְכוּתִיּוּת - *Malk'outhioth* – Royauté, noblesse, gloire.

עוֹלֶה הַשֶּׁמֶשׁ מֵעָלָיו - *Ôléh hashémésh méâlaïv* – Le soleil se lève au-dessus de lui.

עַרְבוֹת יְרִיחוֹ - *Ârvoth Yeriho* - Plaines de Jéricho.

שֵׂכֶל הָרִאשׁוֹן - *Sék'él harishon* – Premier intellect.

תּוֹחֶלֶת חַיִּים – *Tohéléth hayim* – Espérance de vie.

- 913 -

אֶת הָאוֹר יָצֵר - *Éth haor yatsér* – Avec la lumière, il a créé.

בֵּית הַמַּלְכוּת - *Beith haMalkouth* - Maison royale.

בְּצַלְאֵל כתר חכמה בינה - *Betsalél Kéter Ḥokhmah Binah* - Betsalél *Kéter Ḥokhmah Binah*.

בְּרֵאשִׁית - *Beréshith* - Au début, au commencement - *Parasha* #1 Gen. 1:1-6:8.

בְּרִית אֵשׁ - *Berith ésh* - Alliance du feu.

בְּתוֹרָה יָצֵר – *BeTorah yatsér* - Dans la Torah, il a créé.

וַיִּתְפַּלֵּל יוֹנָה אֶל־יְהֹוָה אֱלֹהָיו מִמְּעֵי הַדָּגָה: - *Vayitpalél Yonah él Yhwh élohaïv miméï hadagah* – « Et Jonas prie vers Yhwh son Dieu, dans les entrailles du poisson » (Jonas 2:2).

חַוָּה הִיא הָאִשָּׁה הָרִאשׁוֹנָה – *Havah hi ha-ishah harishonah* – Ève est la première femme.

סוֹד חָכְמַת שְׁלֹמֹה - *Sod hokhmath shlomoh* - Secret de la Sagesse de Salomon.

צוּרַת הַדִּבּוּר – *Tsourath hadibbour* – Forme du discours.

- 914 -

אָדָם הַתַּחְתּוֹן – *Adam hatahton* – Adam inférieur.

אַרְבָּעָה אֲבוֹת נְזִיקִין – *Arbaâh avoth neziqrin* – Quatre principaux dommages.

חֵרְשׁוּת - *Ḥérshouth* - Surdité.

נֶפֶשׁ חִיּוּנִית - *Néfésh hiyounith* – Âme vibrante.

צַדִּיק נִסְתָּר - *Tsadiq nistar* - Juste caché.

שֶׁבַע כְּפוּלוֹת - *Shévâ kefouloth* - Sept doubles.

שְׁמוֹ כְּשֵׁם רַבּוּ – *Shemo keshém rabou* - Son nom est comme le nom de son maître (*Métatron*).

- 915 -

חָכְמַת הָאֱלֹהוּת - *Ḥakhmath haélohouth* – Sagesse divine.

לֵךְ־אֶל־נְמָלָה עָצֵל רְאֵה דְרָכֶיהָ וַחֲכָם: - *Lék'h-él-nemalah âtsél réh derak'éiha vahak'am* – « Va vers la fourmi, paresseux. Considère ses voies et sois sage » -Proverbes 6:6-.

שְׁנַת הַנִּסִּים - *Shanath hanissim* - Année de miracles.

קְלִיפַת הַפְּרִי - *Qlipath hapri* – Écorce du fruit.

- 916 -

אֲחַשְׁוֵרוֹשׁ, הַמֶּלֶךְ - *Ahashvérosh hamélékh* - Roi Assuérus.

מָה שֶׁלְמַעֲלָה הוּא שֶׁלְמַטָּה - *Mah shélmaâléh hou shélmatéh* - Ce qui est en haut est comme ce qui est en bas.

שִׁיר לַשָּׁלוֹם - *Shir lashalom* - Cantique pour la paix.

תִּירוֹשׁ - *Tiroush* - Jus de raisin, moût.

- 917 -

לָמַד פֶּרֶק בַּהֲלָכוֹת – Lamad péréq behilk'oth – Apprendre de l'expérience.

סֵתֶר הַמַּדְרֵגָה – Séter hamadrégah – Secret de la gradation.

עַל־הָרֵי בָתֶר – Âl-haréi Vatér – Sur les mont de Béther (de la séparation).

- 918 -

בְּרִיאָה יְצִירָה עֲשִׂיָּה – Briah Yetsirah Âssiah – Création, Formation, Action.

נְחֹשֶׁת קָלָל - Nehoshéth Qalal - Bronze poli.

שַׁחַר קָדוֹשׁ – Shahar qadosh – Aube sainte.

שַׁחֲרִית - Shahrith - Office du matin.

- 919 -

אַרְבַּע מָרוֹת – Arbaâh maroth – Quatre maîtres – Quatre humeurs.

הִתְבּוֹנְנוּת - Hitbonenouth - Contemplation.

נֶפֶשׁ הַחִיּוּנִית - Néfésh hahiyounith - Âme vitale.

רְגִישׁוּת - Raguishouth – Allergie, sensibilité.

שִׁתּוּק פֶּלֶג - Shitouq pélég - Hémiplégie.

- 920 -

אַרְמְנוֹת הַיָּרֵחַ - Armenoth ha Yaréah - Mansion lunaires.

מִשְׁתֵּה הַיַּיִן - Mishtéh hayayin - Beuverie de vin.

שִׁיר קָדוֹשׁ – Shir qadosh – Cantique saint.

תַּת-מוּדָע – Tath-moudâ – Subconscient.

- 921 -

בִּרְכַּת פְּרִידָה – Birkath pridah – Bénédiction de séparation - Adieu.

הִסְתַּכְּלוּת - Histaklouth - Observation.

חָתוּם בַּנְשִׁיקָה – Hatoum banishiqah - Scellé par un baiser.

מִצְרַיִם יִשְׂרָאֵל – Mitsaïm Israél- Égypte Israël.

פֶּן־תִּגֹּף בָּאֶבֶן רַגְלֶךָ - Pén-tigof baévén raglék'a - « De peur que ton pied ne trébuche sur une pierre » (Ps. 91:12).

קְרִיאַת הַגֶּבֶר - Qriath haguévér - Chant du coq.

- 922 -

אוֹר הַנִּסְתָּר - Or hanistar - Lumière cachée.

בְּכֶתֶר רוּחַ אֱלֹהִים – BeKétér rouah Élohim – Dans la couronne du souffle divin.

מַלְכוּת בֵּית דָּוִד - Malkouth Béith David - Royauté de la Maison de David.

שֶׁמִי מַקִיף בַּשֵּׁם – *Shémi maqif bashém* - Mon nom enveloppé dans le Nom.

שֵׁם מַקִיף בַּשְׁמִי – *Shém maqif bashmi* - Nom enveloppé dans mon nom.

- 923 -

אוֹר יְקָרוֹת - *Or yqroth* - Lumière agréable et lumineuse.

צוּרַת זָכָר - *Tsorath zakar* - Forme masculine.

- 924 -

אַבְנֵי בֵּית הַמִּקְדָּשׁ – *Avnéi béith hamiqdash* - Pierres du Temple.

זֶה־הַשַּׁעַר לַיהוָה צַדִּיקִים יָבאוּ בּוֹ: – *Zéh-haShaâr laYhwh tsadiqim yavoou bo* – « Voici la porte de Yhwh, les justes y entreront » (Ps. 118:20).

חָכְמָה שֶׁבַּסּוֹד הַדַּעַת - *Ħokhmah shéba-sod ha-Daâth* - La sagesse est dans le secret de la Connaissance.

וַיִּבְרָא אֱלֹהִים אֶת־הָאָדָם בְּצַלְמוֹ – *Vayivra Élohim éth-haAdam betsalmo* – « Et Élohim créa l'Adam dans son image » (Gen. 1:27).

- 925 -

אַרְבָּעָה מַרְאוֹת- *Arbaâh maroth* – Quatre miroirs.

אֲרִיכוּת יָמִים וְחַיֵּי עוֹלָם הַבָּא - *Arikouth yamim vehayyé ôlam haba* - Longévité et Vie du Monde à Venir.

בְּשׂוֹרַת טוֹב – *Bessorath tov* – Bonne nouvelle.

וְיָשִׁירוּ בְּדַרְכֵי יְהוָה כִּי גָדוֹל כְּבוֹד יְהוָה - *Veshirou bedarkéi Yhwh ki gadol kevod Yhwh* – « *Et ils chanteront dans les voies de Yhwh, car grande est la Gloire de Yhwh* » -Psaumes 138:5 -.

יִשָּׂשכָר + זְבוּלֻן - *Yssask'ar Zvoulon* – Issaskar, Zébulon.

כָּל יְצוּר בָּרְאִי כָּל יְצוּר – *Kal yetsour bari kal yetsour* – Chaque créature reflète chaque créature.

מַתָּנָה מִשָּׁמַיִם - *Mathanah mishamaïm* - Don du ciel.

נֶפֶשׁ הַיְסוֹדִית - *Néfésh hayessodoth* – Âme élémentaire.

פַּרְעֹה רֶשָׁע - *Paraôh rashâ* - Pharaon méchant.

שְׁבוּעַת אֱמוּנִים - *Shivouâth émounim* - Serment d'allégeances.

תָּבוֹא מַלְכוּתֶךָ - *Tavo malk'outek'ah* - Que ton règne arrive.

- 926 -

אַרְבָּעִים שָׁנָה בַּמִּדְבָּר – *Arbaîm shanah bamidbar* – Quarante ans dans le désert.

כַּשְׁרוּת - *Kasherouth* - Règles alimentaires.

מַתְּנַת הָאֵל – *Mathenath haÉl* – Don de Dieu.

תַּלְפִּיּוֹת – *Talpioth* – Forteresse, citadelle, magnifique.

תְּפִלּוֹת – *Tefiloth* – Prières.

- 927 -

בּוֹרֵא לָעוֹלָם הָאֲצִילוּת - *Boré leôlam haAtsilouth* - Créateur du Monde de l'Émanation.

בֵּית־תְּפִלָּה - *Béith-tefilah* - Maison de prière.

שִׁבְעַת הַמִּינִים - *Shivâth-Haminim* - Les sept espèces (produits par la terre d'Israël).

- 928 -

הַקֹּל קוֹל יַעֲקֹב וְהַיָּדַיִם יְדֵי עֵשָׂו - *Haqol : qol Yaâqov, ve hayadim : yedéi êssav* – « La voix est la voix de Jacob, mais les mains sont les mains d'Ésaü » (Genèse 27:22).

כַּבֵּד אֶת־אָבִיךָ וְאֶת־אִמֶּךָ - *Kabéd éth-avika'h veéth-iméka'h* - Honore ton père et ta mère (Exode 20:12).

- 929 -

וַאֲנִי אֶהְיֶה לָהֶם לֵאלֹהִים בֶּאֱמֶת וּבִצְדָקָה - *Veani éhyéh lahém léÉlohim bééméth ouvtsedaqah* – « ils seront mon peuple, et je serai leur Élohim dans la vérité et la justice » (Zacharie 8:8).

בְּרִית חֲדָשָׁה - *Brith hadash* - Nouvelle alliance (Évangiles).

חָכְמַת הַפַּרְצוּף - *Hokhmah haPartsouf* - Sagesse du *Partsouf* (personnification).

יְגַר שָׂהֲדוּתָא - *Ygar shadouta* - Tas du témoignage.

מָשִׁיחַ לְיִשְׂרָאֵל - *Mashiah leIsraël* - Messie d'Israël.

מַשְׁמָעוּת הַחַיִּים - *Mashmâoth hahayim* - Sens de la vie.

פְּרִי עֵץ הַדַּעַת - *Pri êts haDaâth* - Fruit de l'Arbre de la Connaissance.

תַּעֲנוּג הַנְּשָׁמָה - *Taânoug haneshamah* – Plaisir de l'âme.

- 930 -

אַבְרָהָם עִבְרִית - *Avraham îvrith* – Abraham hébreu.

אוֹצַר הַבְּרָכוֹת - *Otsar habrak'oth* – Trésor de bénédictions.

וַיֹּאמֶר יְהוָה אֱלֹהִים לֹא־טוֹב הֱיוֹת הָאָדָם לְבַדּוֹ – *Vayomér Yhwh-Élohim lo-tov héyoth haAdam levado* – « Et Yhwh-Élohim dit : Il n'est pas bon que l'Adam soit seul » - Genèse 2:18.

וַיֹּאמֶר יְהוָה אֶל־מֹשֶׁה לֵּאמֹר – *Vayomér Yhwh él-Moshé lémor* – « Yhwh parle à Moïse pour dire » - Nombres 7:4.

חָזַר בִּתְשׁוּבָה – *Hazar bitseshouvah* – Se repentir, regretter ; devenir nouvellement religieux.

יֵשׁ כֶּתֶר – *Yésh Kéter* – Il y a Kéter.

רֹאשׁ הַשָּׁנָה הַדִּין – *Rosh hashanah hadin* – Le jugement de *Rosh hashanah*.

שִׁבְטֵי יִשְׂרָאֵל הָאֲבוּדִים – *Shvataï Ysraél haavoudim* – Tribus perdues d'Israël.

שַׁעַר שְׁכֶם – *Shaâr Shék'em* - Porte de Damas, Porte de

Naplouse (dans les remparts de la vieille ville de Jérusalem).

תַּעֲנִית - Taânith - Rapide - Taânith (traité talmudique).

- 931 -

דּוֹרוֹת אַחֲרוֹנִים - Doroth aharonim - Ère actuelle, générations présentes.

נֶפֶשׁ הַמַּלְכוּת - Néfésh haMalkouth - Âme de Malkouth.

עוֹלָם שָׁנָה נֶפֶשׁ - Ôlam shanah néfésh - Monde, année, âme.

- 932 -

זָהָב כֶּסֶף נְחֹשֶׁת - Zahav késsef ounehoshéth - Or, argent cuivre.

עֵץ הַדַּעַת טוֹב וָרָע - Êts haDaâth tov varâa - Arbre de la Connaissance du bien et du mal.

עָשָׂר חֳדָשִׁים - Âssar hadashim - Douze mois.

- 933 -

דַּלֶּקֶת קְרוּם הַמֹּחַ - Daléqéth qroum hamoah - Méningite.

דֶּלֶת פְּתוּחָה - Déléth petouhah – Porte ouverte.

חֲיֵה וְתֵן לִחְיוֹת – hatéh vetén lihyoth – Vivre et laisser vivre.

קַבָּלָה מְוּשְׂכֶּלֶת – Qabbalah moushkéléth – Kabbale intellectuelle.

- 934 -

בּוּצִינָא דְּקַרְדִינוּתָא - Boutšina deqardinouta - Lampe obscure.

דַּעַת קְדוֹשִׁים – Daâth qedoshim – Connaissance des saints.

הַקּוֹל קוֹל יַעֲקֹב וְהַיָּדַיִם יָדֵי עֵשָׂו – Haqol qol Yaâqov vehayadim yadi Ésav – Le son de la voix de Jacob et le contact des mains d'Ésaü.

יַחַד כָּל שִׁבְטֵי יִשְׂרָאֵל – Yahad kal shivtéi Yshraél – Union de toutes les tribus d'Israël.

מַפְתְּחוֹת – Maftehoth – Clés

תְּרוּפָה מַצִּילָה חַיִּים – Teroufah matsilah hayim – Thérapie salvatrice.

- 935 -

נְהַר פְּרָת - Nehar Prath - Fleuve Euphrate.

נֶפֶשׁ הַדּוֹמֵמִית - Néfésh haDomémith - Âme silencieuse.

סִבַּת הַסִּבּוֹת - Sibbath haSabboth - Cause des causes.

עֶגְלָא תְּלִתָא - Îgla tilta - Génisse de trois ans (araméen).

- 936 -

חֶסֶד תַּחְתּוֹן - Hesséd Tahton - Clémence d'en bas.

צְמִתוּת - Tšimatouth - destruction, anéantissement.

תְּרִיסַרְיָן - Tréissarian - Duodénum.

- 937 -

נְשָׁמוֹת מַלְאָכִים - Neshamath malakhim - Âmes des anges.

שִׁבְעַת הָעַמִּים - Shivâth haâmim – Sept nations.

- 938 -

הֲלֹא־חֹשֶׁךְ יוֹם יְהוָה וְלֹא־אוֹר וְאָפֵל וְלֹא־נֹגַהּ לוֹ: – Halo-hoshék yom Yhwh velo-or veafél velo-nogah lo – « Le jour de Yhwh, n'est-il pas obscurité, et non lumière ? Ténèbres et non clarté ? » - Amos 5:20.

חָכְמַת הָאִינגרומנציה - Ḥokhmath haingromentsiah - Science de l'ingromancie.

שֶׁבַע קְלָלוֹת – Shavéâ qlaloth – Sept malédictions.

- 939 -

הַבְּרִית הַחֲדָשָׁה - Habérith Hahadashah - Nouveau testament.

יֵשׁ אֱלֹהִים בְּיִשְׂרָאֵל – Yésh Élohim beYisraél – Il y a Élohim en Israël.

כִּי־לְעוֹלָם לֹא־יִמּוֹט לְזֵכֶר עוֹלָם יִהְיֶה צַדִּיק: - Ki-leôlam lo-yimot lezék'ér ôlam Yhwh tsaddiq – « Car il ne sera jamais ébranlé, la mémoire du juste perdurera » (Ps. 112:6).

- 940 -

כַּרְכֶּשֶׁת - Karkéshéth - Gros intestin.

מַחְצֶבֶת הַנְּשָׁמָה - Mahtšévéth haNeshamah - Origine de l'âme.

מֶחַצֶּבֶת הַנְּשָׁמָה - Mehatsévéth haneshamah - Cloisonnement de l'âme.

נִטְרְפָה עָלָיו דַּעְתּוֹ – Nitréfah âlaïv daêto - Devenir fou, perdre la tête.

- 941 -

אַשְׁמֹרֶת - Ashmoréth - Veiller, regarder.

רָאשֵׁי פְּרָקִים - Rashéi praqim - Entêtes (de chapitres), mots-clés, points principaux.

- 942 -

בֵּית כְּנֶסֶת - Béith knésséth - Synagogue.

יְשָׁרַת לֵב - Yesharéth-Lév - Sincérité, bonne foi.

- 943 -

דַּעַת וּתְבוּנָה - Daâth ouTevounah – Connaissance et discernement.

מִזְמוֹר לְדָוִד יְהוָה רֹעִי לֹא אֶחְסָר: – Mizmor leDavid, Yhwh riî lo éhssar – « Chant de David, Yhwh est mon berger, je ne manque de rien » (Ps. 22:1).

- 944 -

אֵין־שָׂרִיד לְאָכְלוֹ עַל־כֵּן לֹא־יָחִיל טוּבוֹ: – *Éin-sharir leak'lo âl-kén lo-yahil touvo* – « Rien n'échappe à sa voracité, c'est pourquoi son bien ne dure pas » - Job 20:21.

שְׂאוֹר שֶׁבָּעִסָּה – *Sheor shébaïssah* – Levain dans la pâte, la meilleure part – Mauvais penchant (talmud)

- 945 -

לְשַׁד הָעֲצָמוּת - *Leshad-Haâtsmouth* - Moelle osseuse.

צְפִיָּה שִׂכְלִית - *Tsefiah sik'lith* - Vision mentale.

קֶשֶׁר הַשֵׁם – *Qéshér haShém* – Lien (connexion) du Nom.

- 946 -

וְשָׁרִים כְּחֹלְלִים כָּל־מַעְיָנַי בָּךְ: - *Vesharim keholelim, kal-maêyanaï bakh* – « Chanteurs, danseurs, toutes mes sources sont en toi. » - Psaumes 87:7 -.

מִן־הַמַּיִם מְשִׁיתִהוּ - *Min hamayim meshitihou* - Je l'ai retiré des eaux.

נְתִיבוֹת הַחָכְמָה – *Neteivoth hahakhmah* – Sentiers de la Sagesse.

תִּקּוּן הַשְׁכִינָה - *Tiquoun haShekinah* - Réparation de la Présence.

- 947 -

חָכְמָה הַתַּחְתּוֹנָה - *Hokhmah hatahetonah* - Sagesse inférieures.

כִּי לַשֶׁלֶג יֹאמַר הֱוֵא אָרֶץ - *Ki lashélég yomar hévé aréts* – « Car il dit à la neige : Sois sur la terre » (Job 37:6).

מַגִּיד עֲתִידוֹת - *Maguid-Âtidoth* - Diseur de bonne aventure.

עוֹלָם הַנְּשָׁמוֹת - *Ôlam haneshamoth* - Monde des âmes, l'après-vie.

שִׁבְעָה הַשּׁוֹטְרִים - *Shivâh hashotrim* - Sept intendants.

- 949 -

בִּרְכַּת אֵרוּסִין – *Birkath éroussin* – Bénédiction des fiançailles.

עֵת הַדַּעַת – *Êth hadaâth* – Temps de la connaissance.

שְׁלֵימוֹת הַנִּצְחִי – *Shélimoth hanitsehi* – Perfection éternelle.

תְּפִלַּת טַל – *Tefilath tal* – Prière de la rosée.

תִּשְׁפֹּט עַמִּים – *Tishpoth âmim* – Juger les peuples.

- 950 -

אֲנִי רִאשׁוֹן וַאֲנִי אַחֲרוֹן – *Ani rishon vaani aharon* – Je suis le premier et je suis le dernier.

אֶרֶץ נֶחְדָּרֶת – *Éréts néhédaréth* – Pays magnifique.

וַיָּרַח יְהֹוָה אֶת־רֵיחַ הַנִּיחֹחַ – *Vayaréh Yhwh éth-réiha hanihoha* –

« *Yhwh sent la senteur parfumée* » - Gen. 8:21.

זָהָב וְכֶסֶף וְנְחֹשֶׁת - *Zahav ve-késséf ve-nehoshéth* – Or, argent et cuivre.

נַשֶּׁרֶת - *Nashéréth* - Alopécie.

שְׁמִירַת - *Shemirath* - Surveillance.

תְּכֵלֶת הַמַּלְכָּה – *Tek'éléth hamalkah* – Reine bleu azur.

- 951 -

בֵּית דִּין שֶׁל מַעֲלָה – *Béith-Din Shel Maaléh* – Tribunal d'en haut (céleste).

שְׁמַע יִשְׂרָאֵל – *Shemâ Ysraél* - Écoute Israël !.

- 952 -

אוֹר נֵרוֹת חֲנוּכָּה – *Or néroth hanoukah* – Lumière des bougies de Hanoukah.

לָמַד דָּבָר מִתּוֹךְ דָּבָר – *Lamad davar mitok davar* – Déduire une chose d'une autre, tirer une conclusion.

נֶפֶשׁ בְּרִיאָה בְּגוּף בָּרִיא – *Néfésh briah begouf bari* – Une âme saine dans un corps sain.

- 953 -

אֲנִי יְהֹוָה חֹקֵר לֵב בֹּחֵן כְּלָיוֹת – *Ani Yhwh hoqér lév bohén klaioth* – « *Moi, Yhwh, je scrute le cœur, j'examine les reins* » (Jérémie 17:10).

אֱלֹהִים אֶת־הָאָדָם בְּצַלְמוֹ בְּצֶלֶם אֱלֹהִים – *Élohim éth-haAdam betsalmo betsélém Élohim* – « *Élohim, l'Adam dans son image, dans l'image d'Élohim* » (Gen. 1:27).

- 954 -

אַיֶּלֶת הַשַּׁחַר – *Ayéléth hashahar* – Étoile du matin, première lueur, aube de la rédemption.

יְרוּשָׁלַיִם אוֹר הָעוֹלָם – *Yéroushalaïm or haôlam* – Jérusalem est la lumière du monde.

- 955 -

בָּאֵשׁ רוּחַ מַיִם עָפָר – *Ésh rouah mayim âfar* – Feu, vent, eau, poussière (pour : feu, air, eau, terre).

וַיהֹוָה בֵּרַךְ אֶת־אַבְרָהָם בַּכֹּל – *VeYhwh bérak éth-Avraham kakol* – « *Et Yhwh bénit Abraham avec tout* » - Genèse 24:1.

מִיכָאֵל גַּבְרִיאֵל נוּרִיאֵל רְפָאֵל – *Mikaél Gavriel mouriél refaél* – Mikael, Gabriel, Nouriel, Raphael.

- 956 -

בֵּית מִדְרָשׁ - *Béith hamidrash* - Maison d'étude.

יְרְאַת הַשֵּׁם - *Yrath haShém* - Crainte du Nom (Dieu).

סֵפֶר הַתּוֹרָה - *Séfér haTorah* - Livre de la Torah.

קַו תְּכֵלֶת - *Qav tek'éléth* - Ligne bleu-azur.

רַעֲשָׁן פּוּרִים - *Raâshan Pourim* - Crécelle de Pourim.

תּוֹלַעַת אֲדָמָה - *Tolaâth adamah* - Ver de terre.

- 957 -

אַסְפַּקְלַרְיָא שֶׁל מַעֲלָה - *Aspaqlaria shél maâlah* - Miroir d'en haut.

מַלְכוּת הַמְזוּגֶּת - *Malkouth hamezouéguéth* - Malkouth jumelée.

קַבָּלָה מַעֲשִׂית - *Kabbalah maâssith* - Kabbale pratique.

שְׁנַת אוֹר - *Shnath or* - Année-lumière.

תר"ך עַמּוּדֵי אוֹר - *Tarak âmoudéi or* - 620 colonnes de lumière.

- 958 -

מָשִׁיחַ שֶׁקֶר - *Mashiah Shéqér* - Faux messie.

סוֹד לְחָשִׁים לִשְׁלֹמֹה הַמֶּלֶךְ - *Sod léhashim lishlomoh hamélék'h* - Secret des sortilèges du roi Salomon.

עֳפָרִים תָּאֳמֵי צְבִיָּה - *Âfarim taoméi tsviyah* - Faons jumeaux d'une biche.

- 959 -

הִסְתַּלֵּק הַשָּׂטָן - *Histaléq haSatan* - Arrière Satan !.

תְּפִילַת טַל - *Tefilath tal* - Prière de la rosée.

- 960 -

אֲמָנָה שְׂנִיר חֶרְמוֹן - *Amanah Shenir Hérmon* - [trois monts dans le Cant.] Amanah, Shénir, hermon.

אֲרוֹן בְּרִית הָאֱלֹהִים - *Aron brith haÉlohim* - Arche d'alliance de Dieu.

אֲרִיכָת רַגְלַיִם דְּאִמָּא - *Arikat raglaïm de-imma* - Expansion des pieds d'Imma.

חֲצוֹצְרוֹת כֶּסֶף - *Hatsotseroth késséf* - Trompettes d'argent.

כְּלֵי שָׁרֵת - *Keléi sharéth* - Ustensile pour le service (Temple).

מַשְׂכֹּרֶת - *Masskoréth* - Salaire, récompense.

- 961 -

אָדָם חַוָּה קַיִן הֶבֶל שֵׁת - *Adam Havah Qayin Hévél Shéth* - Adam, Ève, Caïn, Abél, Séth.

נֶהֱנְתָנוּת - *Néhéntanouth* - Jouissance, volupté, hédonisme.

- 962 -

לְעוֹלָם יְהֹוָה דְּבָרְךָ נִצָּב בַּשָּׁמָיִם - *Leôlam Yhxh dvark'a nitsav bashamaïm* - « Éternelle, Yhwh, est ta parole qui subsiste dans les cieux » Psaumes 119:89.

רֵישָׁא דְּכָסוּפָא דְּכָל כִּסּוּפִין - *Réisha dekissoufa dekal kissoufin* -

Tête la plus désirée parmi les désirées *(araméen)*.

שֶׁמֶשׁ יָרֵחַ וְכוֹכָבִים – *Shémésh yaréah vekokavim* – Soleil, lune et étoiles.

- 963 -

אֱלֹהִים בָּרְאוּ בַּיוֹם שִׁשִּׁי - *Élohim barou bayom shishi* - **Élohim, le créa le sixième jour.**

דַּלֶּקֶת אָב־עוֹרְקִים - *Daléqéth av-ôrqim* - **Aortite.**

וַיַּרְא אֱלֹהִים אֶת־הָאוֹר כִּי־טוֹב - *Vayar Élohim éth-haor ki tov* - **Élohim voit que la lumière est bonne** (Genèse 1:10).

- 964 -

כֶּתֶר אֲרָם צוֹבָה – *Kéter aram tsovah* - **La couronne d'Aram Tsova, (manuscrit médiéval très important de la Bible).**

מְקוֹר הָאוֹרוֹת - *Maqor haoroth* - **Source des lumières.**

סוֹפֵי תֵּבוֹת - *Soféi téivoth* - **Fin des mots (acronymes).**

- 965 -

הָעוֹלָם מָלֵא נִסִּים וְנִפְלָאוֹת - *HaÔlam malé nissim ounefloth* - **Le Monde est rempli de miracles et de merveilles.**

וִהְיִיתֶם לִי לְעָם וְאָנֹכִי אֶהְיֶה לָכֶם לֵאלֹהִים - *Viheyitém li leâm veanoki éhyéh lak'ém leÉlohim* - **Vous êtes à moi pour peuple, et moi-**

même je serai à vous pour *Élohim* (Jérémie 30:22).

חֲצוֹצְרוֹת הַכֶּסֶף - *Hatsotsroth hakésséf* - **Trompettes d'argent (Temple).**

יֵשׁ הַקָּדוֹשׁ בָּרוּךְ הוּא - *Yésh haQadosh barouk' Hou* - **Le Saint, béni soit-Il existe.**

עֲטֶרֶת מְקוֹצִים - *Âtarah miqotsim* - **Couronne d'épines.**

שִׁירַת הַיָּם - *Shirath haYam* - **Cantique de la mer.**

שֵׁם הַמְפֹרָשׁ - *Shém haMeforash* - **Nom explicite.**

שַׁעַר הַשָּׁמָיִם - *Shaâr haShamayim* - **Porte des cieux.**

- 967 -

סוֹמֵךְ יְהוָה לְכָל־הַנֹּפְלִים וְזוֹקֵף לְכָל־הַכְּפוּפִים: - *Somékh Yhwh lekal-hanoflim vezoqér lekal hakfoufim* – **« Yhwh soutient tous ceux qui tombent, et redresse tous les courbés » -Psaumes 145:15-.**

- 968 -

דָּלֶת עַל דָּלֶת – *Daléth âl daléth* - **Quatre par quatre coudées, petite zone.**

הַר הַמַּשְׁחִית - *Har Hamashhith* - **Mont de la Perdition (Babylone) (péjoratif pour le Mont des Oliviers).**

קִבּוּץ עָפְרוֹת זָהָב – *Qibouts âfroth zahav* – **Collecte de poussière d'or.**

שְׁנַת יָרֵחַ – Shanah yaréah – Année lunaire.

- 969 -

אַרְבָּעָה רַגְלֵי הַמֶּרְכָּבָה הָעֶלְיוֹנָה : - Arbaâh ragléi haMerkavah haêlionah – Quatre pieds de la Merkavah d'en-haut.

חָמֵשׁ עֶשְׂרֵה אַמָּה : - Hamésh êssréth amah – Quinze coudées.

טוֹב־יְהוָה לַכֹּל וְרַחֲמָיו עַל־כָּל־מַעֲשָׂיו: - Tov-Yhwh lakol verahamaïv âl-kal-maâssaïv – « Yhwh est bon envers tous et il chérit toutes ses œuvres » -Psaumes 145:9-.

מַעֲשֶׂה דַּבֵּר בִּפְנֵי עַצְמוֹ – Maâsséh Dabér bifnéi âtsmou – Œuvre de Parole en soi (en Lui-même).

מִקְדַּשׁ יְהוָה צְבָאוֹת – Miqdash Yhwh Tsevaoth – Temple de Yhwh-Tsevaoth.

- 970 -

בֵּרוּר וְתִקּוּן - Bérour veTiqoun - Clarification et réparation.

הַשֵּׁם הַמְּפֹרָשׁ - Hashém Haméforash - Le Nom Explicite (de Dieu).

שַׁעֲרֵי שָׁמַיִם – Shaâréi shamayim – Portes des cieux.

- 971 -

הִסְתַּכְסְכוּת - Histakskouth - Conflit.

שְׁרֹאשִׁי נִמְלָא־טָל – Shéroshi nimla tal - « Ma tête est remplie de rosée » (Cant. 5:2).

266

- 972 -

אַבְרָהָם אָבִינוּ סֵפֶר יְצִירָה – Abraham avinou Séfer Yetsirah – Abraham notre père, Livre de la formation.

אֶל תַּחַת גֶּפֶן – Él tahath guéfén – En-dessous de la vigne.

סִפְרָא דְּצְנִיעוּתָא - Sifra ditsenioutha - Livre de la Pudeur.

סֵפֶר הַזֹּהַר הַקָּדוֹשׁ – Séfér haZohar haqadosh – Livre saint du Zohar.

צִבְעֵי קֶשֶׁת – Tsivî qéshéth – Couleurs de l'arc-en-ciel.

קֶשֶׁת בֶּעָנָן – Qéshéth béânan – Arc dans la nuée (arc-en-ciel).

- 973 -

ל"ב נְתִיבוֹת חָכְמָה - Laméd-Beith Netivoth Hokhmah - Trente-deux sentiers de la Sagesse.

כָּל סוֹף הוּא הַתְחָלָה חֲדָשָׁה – Kal sof hou hatehalah hadashah - Chaque fin est un nouveau commencement.

- 974 -

בִּינָה מָלָאכוּתִית - Binah Malakoutith - Intelligence artificielle.

גֶּשֶׁר לָאֱמֶת - Gashér laéméth - Un pont vers la vérité.

סוֹפֵי תֵּיבוֹת - Soféi téivoth - Fin des mots.

עֲבָדִים הָיִינוּ לְפַרְעֹה בְּמִצְרָיִם - Âvadim hayinou leFarôh beMistraïm –

« *Nous étions esclaves de Pharaon, en Égypte* » (Deutéronome 6:21).

עַל־כַּפַּיִם כִּסָּה־אוֹר; וַיְצַו עָלֶיהָ בְמַפְגִּיעַ: - *Âl kafim kissah or vaytsav âléh bemafgiâ* – « *Avec ses paumes, il se recouvre de lumière, et désigne une cible* » (Job 36:32).

עֶרֶב שַׁבָּת - *Êrév Shabbath* - Vendredi soir (soir de Shabbath).

שִׁיר מִזְמוֹר לְאָסָף: - *Shir mizmor leAssaf* - Cantique, poème d'Assaf.

- 975 -

בְּנֵי אַבְרָהָם יִצְחָק וְיִשְׁמָעֵאל – *Bnéi Avraham Ytshaq veYishmaêl* – Fils d'Abraham Isaac et Ismaël.

סֵפֶר הַנִּשְׂרָף – *Séfér hanisraf* – Livre brûlé.

רֶשֶׁת בִּטָּחוֹן – *Réshath bitahon* – Filet de sécurité.

- 976 -

קְפִיצַת הָאָרֶץ – *Qefitsath haaréts* - Sursaut de la terre.

שְׁמוֹנֶה עֶשְׂרֵה – *Shmonéi êssréh* – Dix-huit.

- 977 -

אוֹת הַצְטַיְנוּת – *Oth hitstaïnouth* - Prix, décoration - Prix d'excellence.

הַשֵּׁם יִתְבָּרַךְ – *Hashém ytbaraķ* - Dieu béni soit-il.

שִׁדְרַת הַלּוּלָב - *Shidrath haloulav* - Tige de la branche de palmier.

- 978 -

אוֹתִיוֹת הָהַעְלָמָה – *Othioth hahaâlamah* – Lettres de l'occultation.

כֶּתֶר מָשִׁיחַ – *Kétér mashiah* – Couronne du Messie.

שַׁעַר חֲמִשִּׁים – *Shaâr hamishim* – Cinquantième porte.

- 979 -

הַנְּחָשִׁים יָצְאוּ וִיכִישׁוּ בְּנֵי־אָדָם - *Ha-nehashim yatşeou vikyashou bnéi-Adam* - Les serpents sont venus et ont mordu les humains.

וַיָּשֶׂם יְהוָה לְקַיִן אוֹת – *Vayashém Yhwh leQaïn oth* – « *Et Yhwh mis un signe sur Caïn* » (Gen. 4:15).

נֶפֶשׁ הַצּוֹמֵחַת – *Néhésh haTsoméhath* - Âme végétale.

מַלְכוּתָא כָּהוּנְתָּא - *Malk'outa kahounta* – Royaume sacerdotal (araméen).

- 980 -

אַךְ יִתֶּן־לְךָ יְהוָה שֵׂכֶל וּבִינָה - *Ak yitén-lék'a Yhwh Sékél ou Vinah* - « Que *Yhwh* te donne : *Sékhél* et *Binah* (conscience et intelligence) » - 1 Chroniques 22:12-.

בֵּירוּר וְתִקּוּן – *Béirour veTiqoun* - Clarification et réparation.

עֲמֻקוֹת הַשָּׂטָן – Âmouqoth haSatan – Profondeurs de Satan.

יְרוּשָׁלַיִם שֶׁלְּמַטָּה – Yroushalaïm Shél-Matah - Jérusalem d'ici-bas.

- 981 -

יִשְׂרָאֵל תְּהִלָּה - Yishrael tehilah - La renommée d'Israël.

שָׁנָה אֶזְרָחִית – Shanah ézrahith - Année civile.

תְּהִלַּת עוֹלָם - Tehilath ôlam - Gloire au monde.

- 982 -

אַתְקַפְתָּא - Atqafta - Réfutation, objection.

בְּרִית הַיְשָׁנָה - Berith Haïshanah - Ancien testament.

לְשׁוֹן פְּנִימִיּוּת – Lashon pnimiyouth - Langage intérieur.

רֹאשׁ הַשָּׁנָה לָאִילָן – Rosh haShanah laIlan – Nouvel an des arbres.

- 983 -

וְזֶה שַׁעַר הַשָּׁמַיִם – Vezéh shaâr hashamayim – « Et ceci est la porte des cieux » (Gen. 28:17).

מַחֲצִית הַשֶּׁקֶל - Mahatsith hashéqél - Demi-shéqél.

סוֹד בְּרֵאשִׁית – Sod beréshith – Secret de la Genèse.

- 984 -

מַפְתֵּחַ הַתְּהוֹם - Maftéah hatehom - Clé de l'abîme.

רֵאשִׁית חָכְמָה - Réshith Hokmah - Début de la Sagesse.

- 985 -

אִשָּׁה הָרוּחָנִית – Ishah harouhanith – Femme spirituelle – Femme d'esprit.

מִתַּת הַמְּלָכִים - Mitath hamelakhim - Mort des rois.

- 986 -

אַדְמַת יִשְׂרָאֵל – Ademath Ysraél – Terre d'Israël.

יַעֲרַת דְּבַשׁ - Yârath devash – Rayon de miel.

עֵץ הַפְּרִי וְעֵץ הַסָּרָק – Êts hapri veêts ha-seraq – Arbre fruitier et arbre stérile.

- 987 -

אֲבָנִים גְּדוֹלוֹת מֵהַשָּׁמַיִם – Avanim gudoloth méhashamayim – Grosses pierres issues des cieux.

עֲלָמוֹת אֵין מִסְפָּר – Âlamoth éin mispar – Jeunes filles (mondes) sans nombre.

רֹאשׁ לַשּׁוּעָלִים – Rosh lashouâllim - Tête pour les renards (être grand chez les petits).

- 988 -

הַזְכָּרָה הַשֵּׁמוֹת - Hazkarah haShémoth - Évocation des Noms.

הַכֹּל הֶבֶל וּרְעוּת רוּחַ - Hakol hévél vereôth rouah - Le tout est futilité et tourment d'esprit.

הָרוֹעֶה בַּשׁוֹשַׁנִּים - Harôêh bashoshanim - « Le pâtre dans les roses » (cueillette des roses).

נִקּוּד הָאוֹתִיּוֹת - Niqoud haothioth - Point des lettres, voyelles.

- 989 -

יִשְׂרָאֵל סוֹד חַשְׁמַל - Ysraél sod hashmal - Israël est le secret du hashmal.

נִצָּחוֹן בְּנֵי הָאוֹר עַל בְּנֵי הַחוֹשֶׁךְ - Nitsahon bnéi haor al bnéi hahoshekh' - Victoire des fils de la lumière sur les fils des ténèbres.

תְּחִלַּת הָעוֹלָם - Tehilath haôlam - Début du monde.

- 990 -

בְּרִית חַשְׁמַל - Brith hashmal - Alliance du Hashmal.

מֶלֶךְ מַלְכֵי הַמְּלָכִים הַקָּדוֹשׁ בָּרוּךְ הוּא - Mélékh malk'éi hamalak'im haQadosh barouk'h Hou - Roi des rois des rois, est le Saint béni soit-Il.

- 991 -

הִתְפַּעֲלוּת - Hitpaâlout - Émerveillement, excitation, enthousiasme.

שֶׁבְּשָׁמַיִם וּבָאָרֶץ - Shebeshamayim ouvaârets - Qui est aux cieux et dans la terre.

- 992 -

מָשׂוֹשׂ כָּל־הָאָרֶץ - Meshoush kal haaréts - Réjouissance de toute la terre.

שֶׁבַע רוּחוֹת - Shévâ rouhoth - Sept esprits (souffles).

- 993 -

אֶרֶץ שֶׁמֶן וּדְבַשׁ - Éréts shémén oudevash - Pays d'huile et de miel.

- 994 -

כִּיּוֹר נְחֹשֶׁת - Kior nehoshéth - Cuve d'airain (Temple).

מוֹחִין דְּקַטְנוּת - Mohin dekatenouth - Cerveau immature (araméen).

נִשְׁמַת צַדִּיק - Nishmath tsadiq - Âme du juste.

רֹתֶם סְפָרַדִּי - Rotém sefardi - Genêt (litt. Harnais séfarade).

- 995 -

יֵרָאֶה אֶל־עֲבָדֶיךָ פָעֳלֶךָ וַהֲדָרְךָ עַל־בְּנֵיהֶם: - Yaraéh él-âvadéik'a paâlék'a vehadorak'a âl-binéihém - « Que ton œuvre apparaisse à *tes serviteurs, et ta majesté dans leurs enfants* » - Psaumes 90:16.

עֲפָרוֹת בַּרְזֶל – Âforith barzél – Minerai de fer.

שֵׁם הַקָּדוֹשׁ בָּרוּךְ הוּא – Shém haQadosh barouk' Hou – Nom du Saint béni soit-Il.

שַׁעֲרֵי קְדוּשָּׁה – Qhaâréi qedoushah – Portes saintes.

תִּרְמֹשׁ הָאֲדָמָה – Tirmoss haAdamah – Rampant de la terre.

- 996 -

עַתִּיקָא קַדִּישָׁא - Âtiqa qadisha - Ancien sacré.

פְּרִישׁוּת - Prishouth – Ascétisme, retraite, isolement.

תּוֹסֶפְתָּן - Tosséftan - Appendicite.

- 997 -

יָדִין עַמְּךָ בְצֶדֶק וַעֲנִיֶּיךָ בְמִשְׁפָּט: - Yadin âmék'a betsédéq vaâniyéik'a bemishpat - « *Il juge ton peuple avec justice et tes affligés en équité* » (Ps 72:2).

עֵץ תַּפּוּזִים פּוֹרֵחַ - Êts tapouzim poréah - Oranger en fleurs.

- 998 -

אֶקְרָא לֵאלֹהִים עֶלְיוֹן לָאֵל גֹּמֵר עָלָי: - Éqra lélohim êliyon laél gomér âlaï - « *Je crie vers Élohim, le Suprême, vers Él qui accomplit pour moi* » - Psaumes 57:3.

אֲרֻבֹּת הַשָּׁמַיִם - Arouboth hashamayim – Digues célestes.

בְּרִית לָשׁוֹן - Brith lashon - Alliance de la langue.

וְהַחָכְמָה מֵאַיִן תִּמָּצֵא וְאֵי זֶה מְקוֹם בִּינָה: – Vehahk'hmah méaïn timatsé veai zéh maqom binah – « *Mais la sagesse, où se trouve-t-elle ? Où est ce lieu du discernement ?* » - Job 28:12.

מַחְשָׁבָה דִּבּוּר וּמַעֲשֶׂה – Mahshavah dibbour oumaâsséh – Pensée, parole et action.

שֵׂכֶל הַחָפוּץ וְהַמְבוּקָּשׁ - Sékél ha-hafouts veha-mevouqash - Conscience désirée et convoitée.

- 999 -

אל״ף למ״ד שי״ן דל״ת יו״ד - Alef Lamed Shin Daléth Yod - * développement des lettres de El Shaddaï.

בַּגַּלְגַּל הַתּוֹרָה מַרְאֵה הַנְּבוּאָה - Bagalgal haTorah maréh hanevouah - Dans la sphère de la Torah est la vision prophétique.

בַּמַּרְאֵה הַנְּבוּאָה גַּלְגַּל הַתּוֹרָה - Bamaraah hanevouah galgal haTorah - Dans le miroir de la prophétie est le rouleau de la Torah.

בְּנוֹת יִשְׂרָאֵל - Banouth Israël - Filles d'Israël.

בָּרָא אֶת הַשָּׁמַיִם - Bara éth haShamaïm - Il a créé les cieux.

בְּרֵאשִׁית אֱלֹהִים - Beréshith Élohim - Au commencement Dieu.

בְּתְנוּעַת הַגַּלְגַּל - Bitennouâth hagalgal - Dans le mouvement de la roue.

וְעֵת־צָרָה הִיא לְיַעֲקֹב - Veêth tsarah hi leYaâcov - C'est un temps de détresse pour Jacob (Jérémie 30:7).

מֶטַטְרוֹן שַׂר הַפָּנִים - Métatron sar hapanim - Métatron Prince de la Face.

עוֹלָם הָעֶלְיוֹן גַּלְגַּל הַתּוֹרָה - Ôlam haêliyon galgal haTorah - Le monde supérieur est la sphère de la Torah.

רֹאשׁ בַּמַּלְכוּת - Rosh beMalkouth - Tête dans Malkouth.

שַׂר צְבָאוֹת - Sar tsévaoth - Prince des armées.

- 1000 -

גָּפְרִית וָאֵשׁ - Gofrith va ésh - Soufre et feu.

הַשֵּׁם הַקָּדוֹשׁ בָּרוּךְ הוּא - HaShém HaQadosh Barouk Hou - Le Nom du Saint, béni soit-Il.

טַבַּעַת חֶסֶד וֶאֱמֶת - Tabaât Hesséd veéméth - Anneau de grâce et de vérité.

מָשִׁיחַ בֶּן יוֹסֵף מָשִׁיחַ בֶּן דָּוִד - Mashiah ben Yossef Mashiah ben David - Messie fils de Joseph, Messie fils de David.

נַשְׁקַן שַׂר - Nashqan sar - Prince de l'embrassement (Métatron).

סוֹד פְּדוּת נַפְשִׁי - Sod pedouth nafshi - Secret de la rédemption de mon âme.

עוֹבָדָא דִּבְרֵאשִׁית – Ôvada deBeréshith – Œuvre de la Création (araméen).

פָּתַחָה שֶׁל גַּן עֵדֶן - Patahah shél Gan Éden - Ouverture du Jardin d'Eden.

צְבָאוֹת הַמַּלְכוּת - Tsevaoth haMalkouth - Armées royales (Malkouth).

שֶׁבַע בְּרָכוֹת - Shévâ brak'oth - Bénédiction des mariés (7 bénédictions).

- 1001 -

אֲרוֹן בְּרִית־יְהוָה אֱלֹהֵיכֶם – Aron brith-Yhwh Élohéik'ém – « Arche d'Alliance de Yhwh votre Dieu » - Deutéronome 31:26.

מַלְאֲכֵי שָׁרָת – Malakéi sharath – Anges de service.

פֶּתַח הַתֵּבָה בְּצִדָּהּ – Pétah hatévah betsidah – Ouverture de l'Arche sur le côté.

שֹׁפֵךְ דַּם הָאָדָם בָּאָדָם דָּמוֹ יִשָּׁפֵךְ – Shofék dam haAdam baAdam damo yshafék – « Qui répand le sang de l'Adam, par Adam son sang est répandu » - Gen. 9:6.

רְצוֹן הַקָּדוֹשׁ בָּרוּךְ הוּא – Ratson haqadosh barouk'h Hou – Volonté du Saint, béni soit-Il.

שֶׁמֶן אֶתְרִי – Shémén éthéri – Huile essentielle.

- 1002 -

הוֹשַׁע אֶת עַצְמְךָ - Hoshâ éth âmtsemek'a - Sauve-toi toi-même.

רְשִׁימָא דְשְׁמָא עִלָּאָה - Reshima dishma îlaah - Empreinte du Nom suprême (araméen).

תְּקוּפָה טֵבֵת - Téqoufah-Tévéth - Solstice d'hiver.

- 1003 -

אֱמֶת לְיַעֲקֹב חֶסֶד לְאַבְרָהָם - Éméth leYaâqov hesséd leAvraham - Vérité pour Jacob et bonté pour Abraham.

בָּרוּךְ אַתָּה יהוה אֱלֹהֵינוּ מֶלֶךְ הָעוֹלָם - Barouk'h atah Yhwh élohéinou mélékh haôlam - Béni sois-tu, Yhwh, notre Dieu roi du monde.

כָּל־נֶפֶשׁ יֹצְאֵי יֶרֶךְ־יַעֲקֹב - Kol néfésh Yotséi yérék-Yaâqov - Chaque âme sort de la cuisse de Jacob.

רֶשֶׁת מָזוֹן - Réshéth mazon - Chaîne alimentaire.

- 1004 -

חַרְפּוּשִׁית - Harpoushith - Scarabée.

שַׁחַת הָאָרֶץ - Shahéth haaréts - Destruction de la terre.

- 1005 -

אִישׁ צַדִּיק תָּמִים - Ish tsadiq tamim - Homme juste parfait.

חֲזֶרֶת הַשְׁכִינָה - hazéréth haShekhinah - Retour de la Shekhinah.

מִי שֶׁמַּשְׁפִּיעַ עַל הַכֹּל - Mi shémashpiâ âl hakol - Celui qui influence le Tout.

מַעְיַן גַּנִּים בְּאֵר מַיִם חַיִּים וְנֹזְלִים מִן־לְבָנוֹן - Mâyan ganim bor mayim hayim venozlim min-Levanon - « Une fontaine dans les jardins, un puits d'eaux vives, qui coulent du Liban » Cant. 4:15.

שִׁיר הַמֵּתִים - Shir hamétim - Chant des morts.

תְּקוּפַת הַזָּהָב - Teqoufah hazahav - Âge d'or.

- 1006 -

חַנּוּן וְרַחוּם אֶרֶךְ־אַפַּיִם וְרַב־חֶסֶד - hanan verahoum érékh apayim veravhesséd - « Clément, miséricordieux, lent à la colère, grandement bon » (Néhémie (9:17).

מַלְאֲכֵי הַשָּׁרֵת - Malakéi hasharéth - Anges de service (gardiens).

מִשְׁנֶה תּוֹרָה - Mishnéh Torah - Traité en quatorze volumes de Maimonide.

קוֹל־יְהֹוָה חֹצֵב לַהֲבוֹת אֵשׁ: - Qol-Yhwh hotsév lahavoth ésh - « La voix de Yhwh taille des langues de feu » - Psaumes 29:7-.

קְלָלַת מָוֶת - Qlalah mavéth - Malédiction de mort.

רִשְׁרוּשׁ - Rishroush - Bruissement.

שָׁרְשׁוּר - *Shirshour* - Ver solitaire / ténia.

- 1007 -

הָעוֹלָם הוּא גֶּשֶׁר צַר מְאוּד - *Haôlam hou guéshér tsar méod* – Le monde est un pont très étroit.

נֶפֶשׁ חַיָּה בְּכָל־בָּשָׂר - *Néfésh hayah bekal-bassar* – Âme vitale en toute chaire.

רֹדֵף צְדָקָה וָחָסֶד יִמְצָא חַיִּים צְדָקָה וְכָבוֹד - *Rodéf tsedaqah vahasséd yimtsa haïm tsedaqah vek'avod* – « Le quêteur de justice et de bonté trouvera vie, justice, et gloire » - Prov. 21:21.

- 1008 -

עִרְכוּ מָגֵן וְצִנָּה וּגְשׁוּ לַמִּלְחָמָה: - *Îrk'o maguén vetsinah ougshou lamilhamah* – « Préparez le bouclier, l'écu. Avancez à la guerre » (Jer. 46:3).

- 1009 -

אֵין חָכְמָה וְאֵין תְּבוּנָה וְאֵין עֵצָה לְנֶגֶד יְהוָה - *Éin hakhmah veéin tevounah veéin êtsah lenégued Yhwh* – « Pas de sagesse, pas de discernement, pas de conseil à opposer à Yhwh » - Proverbes 21:30.

בְּרָכָה שְׁבִיעִית - *Brak'ah sheviîth* – Septième bénédiction.

לְעֵת־עֶרֶב יִהְיֶה־אוֹר - *Leêth érév Yihyéh or* – « Au temps du soir la lumière sera » - Zacharie 14:7.

שֹׁמְרֵי הַחֹמוֹת - *Shomréi hahomoth* – Gardiens des murs.

- 1010 -

חָכְמַת מִשְׁפָּטֵי הַכּוֹכָבִים - *Hakhmath mishpati hakokavim* – Sagesse des équités (jugements) des étoiles : Astrologie.

מֵעֵת לְעֵת - *Méêth lêêth* - De temps en temps.

מִרְשַׁעַת - *Mirshaâth* - Femme méchante, musaraigne.

עַל־דִּבְרָתִי מַלְכִּי־צֶדֶק - *Âl-divrati malki-tsédéq* - Selon l'ordre de Melchisédech.

תַּקְרִישׁ - *Taqrish* - Thrombose.

- 1011 -

בְּתוֹךְ הָאֵין יֵשׁ אֵין סוֹף - *Betok haéin yésh éin sof* - Dans le néant il y a l'infini.

צֶדֶק אֱמֶת שָׁלוֹם - *Tsédéq éméth shalom* - Justice, vérité, paix.

תִּקּוּן הַמִּדּוֹת - *Tiqoun haMidoth* - Réparation des attributs.

- 1012 -

כִּי־נָטוּ עָלֶיךָ רָעָה חָשְׁבוּ מְזִמָּה בַּל־יוּכָלוּ: - *Ki nato âléik'a raâh hashvo mezimah bal-youk'alou* – « Car ils tendent contre toi le malheur, ils calculent une prémédition, mais ne peuvent rien » (Ps. 21:12).

תַּרְבִּית - *Tarbith* - Usure, intérêts bancaires.

- 1013 -

אֲנִי צָרִיךְ סִימָן חַד-מַשְׁמָעִי – *Ani tsarik siman had-mashmaï* – J'ai besoin d'un signe sans équivoque.

לוֹמֵד תּוֹרָה יֵצֶר הַטּוֹב – *Loméd Torah yétsér hatov* – Étudier la Torah est un bon penchant.

מַחְשָׁבָה טוֹבָה וּמַחְשָׁבָה רָעָה – *Mahshavah tovah oumahshavah raâh* – Bonne pensée et mauvaise pensée.

תְּעוּקַת הַלֵּב - *Toûqath ha-lév* - Angine de poitrine.

תְּפִלַּת מִנְחָה - *Tefilath minhah* - Prière de l'après-midi.

- 1014 -

צַדִּיקִים נִסְתָּרִים – *Tsadiqim nistarim* – Justes cachés.

שִׁשִּׁים גִּבֹּרִים סָבִיב לָהּ – *Shishim guiborim saviv lah* – « Soixante vaillants autour d'elle » (cant. 3:7).

- 1015 -

לֹא תֹאכַל כָּל-תּוֹעֵבָה: – *Lo tok'al kal-toêvah* – « Tu ne mangeras aucune chose abominable » (Deut. 14:3).

- 1016 -

כֹּל הַנְּשָׁמָה תְּהַלֵּל יָהּ הַלְלוּ-יָהּ: – *Kol haneshamah tehalél Yah halelou-Yah* – « Que chaque âme loue Yah, Hallelou-Yah ! » Psaumes 150:6-.

- 1017 -

אֲשִׁישׁוֹת - *Ashishoth* - Gâteaux.

דַּף עַם אוֹתִיּוֹת – *Daf âm othioth* – Page avec des lettres.

שְׁבִירַת הַכֵּלִים - *Shvirath hakélim* - Brisure des vases.

- 1018 -

וּבְרוּחַ שְׂפָתָיו – *Ouvrouah sfataïv* – « Et dans le souffle de ses lèvres » (Isaïe 11:4).

רֵיחַ שַׂלְמֹתַיִךְ – *Réiah salmotaïk'* – « l'odeur de te robes » (Cant. 4:11).

שִׁבְעָה שְׁמָנִים מֻפְלָאִים – *Shivah shéménim mouflim* - Sept huiles merveilleuses.

- 1019 -

אַהֲבַת תּוֹרָה - *Ahavath Torah* - Amour de la Torah.

אוֹת בְּרִית – *Oth brith* – Signe d'Alliance.

אֵלִי אֵלִי לְמָה שְׁבַקְתָּנִי – *Éli, Éli lemah Shvaqtani?* - « Mon Dieu, mon Dieu, pourquoi m'as-tu abandonné ? » -Psaumes 22:2- (araméen).

אֶת בְּרִיתוֹ - *Éth brito* - Son Alliance.

בַּת חוֹרֶגֶת - *Bath horéguéth* - Belle-fille.

זֹאת אָשִׁיב אֶל־לִבִּי עַל־כֵּן אוֹחִיל - *Zoth ashiv él-libi âl-kén ohil* - « *Celle-ci répond vers mon cœur, donc j'espère !* » - Lamentations 3:21.

חֹשֶׁךְ עַל־פְּנֵי תְהוֹם - *ħoshéq âl-pnéi tehom* - « *Obscurité sur les faces de l'abime* ».

מֵעֵבֶר לְנָהָר הַשַּׁמְבַטְיוֹן - *Méêvéd lenahar haSambation* - Traversée du fleuve Sambation.

עֲלוֹת הַשַּׁחַר - *Âloth hashahar* - Montée de l'aube.

- 1020 -

יוֹדוּךָ יְהֹוָה כָּל־מַלְכֵי־אָרֶץ כִּי מְעוּ אִמְרֵי־פִיךָ: - *Yodoun Yhwh kal-malkéi-arats ki meôu imréi-pik'a* - « *Tous les rois de la terre te célèbreront, Yhwh, car ils ont entendu les paroles de ta bouche* » -Psaumes 138:4-.

כֹּתֶרֶת - *Kotéréth* - Chapiteau, base.

נְשָׁמָה יְתֵירָה - *Neshamah Ytérah* - Âme supplémentaire.

- 1021 -

בֶּאֱמוּנָה וְיָדַעְתָּ אֶת יְהֹוָה - *Béémounah veyadaâth éth Yhwh* - dans la foi et la connaissance de *Yhwh*.

מַעְיְנֹת תְּהוֹם - *Maêinoth tehom* - Sources de l'abime.

מְקוֹרוֹת הַיַּרְדֵּן - *Meqoroth hayardén* - Sources du Jourdain.

שׁוֹמְרֵי הַחוֹמוֹת - *Shomréi hahomoth* - Gardiens des murs.

- 1022 -

וַיֵּדַע דָּוִד כִּי־הֱכִינוֹ יְהֹוָה לְמֶלֶךְ עַל־יִשְׂרָאֵל - *Vayédâ David ki-héikino Yhwh lemélék'h âl-Ysraél* - « *David sut que Yhwh l'avait préparé pour roi d'Israël* » (1 Chron. 14:2).

חָכְמָה וּתְבוּנָה וְדַעַת - *Ħokhmah ouTevounah veDaâth* - Sagesse, Intelligence et Connaissance.

סוֹד תַּעֲלוּמוֹת - *Sod taâloumoth* - Secret mystérieux.

סֻכַּת שָׁלוֹם עָלֵינוּ - *Soukath shalom âléinou* - Une hutte de paix est sur nous.

- 1023 -

בְּחִירָה חָפְשִׁית - *Beħirah hafshith* - Libre-arbitre.

אָשִׁירָה לַיהֹוָה בְּחַיָּי אֲזַמְּרָה לֵאלֹהַי בְּעוֹדִי - *Ashirah laYhwh behaï azamrah lélohaï beôdi* - « *Je chanterai pour Yhwh durant ma vie, je psalmodierai pour mon Dieu tant que j'existerai* » - Ps. 104:33.

בֵּית תּוֹרָה - *Beith Torah* - Maison de la Torah (allusion au *beith* première la *Torah*).

- 1024 -

אַהֲבַת הַתּוֹרָה - *Ahavath haTorah* - Amour de la Torah.

אוֹת הַבְּרִית - *Oth habrith* - Signe de l'Alliance.

אִישׁ וְאִשְׁתּוֹ – *Ish veïshto* – L'homme et sa femme.

בָּנוּי לְתַלְפִּיּוֹת – *Banouï letalpioth* – Bâti magnifiquement (Cant.).

בְּעֶזְרַת הַשֵּׁם - *Beêzrath haShém* - Avec l'aide de Dieu.

הֲדַס אֶתְרוֹג עֲרָבָה לוּלָב - *Hadass étrog ârvah loulav* - Myrte, cédrat, saule, palme.

זֹאת הַתּוֹרָה – *Zoth haTorah* – Ceci est la Torah.

עוֹמֶק תַּחַת - *Ôméq téhéth* - Profondeur en dessous.

- 1025 -

אוֹרוֹת נִיצוֹצִין וְכֵלִים - *Oroth nitsotsin vekélim* - Lumière des étincelles et des réceptacles.

הַחָכְמָה הַתְּבוּנָה הַדַּעַת – *Ha-Hokhmah ha-Tevounah ha-Daâth* – La sagesse, l'intelligence, la connaissance.

שְׁלֹשָׁה הֵם הַשֵּׁם – *Shloshah hém HaShém* – Trois sont le Nom.

שְׁלֹשָׁה סְפָרִים – *Shloshah sefarim* – Trois livres.

- 1026 -

עֲרוּגַת הַבֹּשֶׂם – *Ârougath habossém* - lit (parterre fleuri) parfumé.

שֵׂכֶל מִתְנוֹצֵץ - *Sékél mitnoutsats* - Conscience étincelante.

שַׁעֲרֵי־מָוֶת - *Shaârëi Mavéth* - Portes de la mort, enfer (5e niveau).

תּוֹרָה קְדוֹשָׁה – *Torah qedoushah* – Sainte Torah.

- 1027 -

בִּרְכַּת הַשָּׁנִים – *Birkath hashanim* – Bénédiction des années (une des bénédictions de la prière Amidah).

כָּל צִבְעֵי הַקֶּשֶׁת - *Kal tsivêi haqéshth* – Toutes les couleurs de l'arc-en-ciel - Débauche de couleurs.

- 1028 -

הַלְלוּ־יָהּ הַלְלִי נַפְשִׁי אֶת־יְהוָה: *Halélouyah haléli nafshi éth Yhwh* – « Hallelou-Yah. Louange, Yhwh, mon être ! » (Psaumes 146:1).

סֵפֶר הַזִּכְרֹנוֹת - *Séfér hazik'hronoth* - Livre des mémoires.

שָׁלוֹם עֲלֵיכֶם מַלְאֲכֵי הַשָּׁלוֹם – *Shalom âlék'ém malak'éi haShalom* – Shalom à vous, anges de la Paix !

- 1029 -

דַּבֵּר שָׁלוֹם וֶאֱמֶת – *Dabér shalom vééméth* – Parole de paix et de vérité.

הַבְּרָכָה הַשְּׁבִיעִית - *Habarak'ah hashviîth* - La septième bénédiction.

הָעֲשִׂירִי יִהְיֶה־קֹדֶשׁ - *Haâshiri yihéh-qodésh* - « *Le dixième sera saint* » (Lévitiques 27:32).

שׁוּבוּ בִּתְשׁוּבָה - *Shouvo bateshouvah* - Repentance.

- 1030 -

אֵין הַבְּרָכָה מְצוּיָה אֶלָּא בְּדָבָר הַסָּמוּי מִן הָעַיִן - *Éin habarakah metsouyah éla bedavar hasamouï min haâyin* - « *Il n'y a de bénédiction que dans ce qui est invisible aux yeux* » (Bava metsia 42a).

דְּמָעוֹת תַּנִּין - *Dimôth tanin* - Larmes de crocodile.

הִנָּךְ יָפָה רַעְיָתִי הִנָּךְ יָפָה - *Hinak'h yafah râyati hinak'h yafah* - « *Que tu es belle, ma compagne, que tu es belle !* » (Cant. 4 :1).

וְזֹאת הַתּוֹרָה - *Vezoth haTorah* - Et ceci est la Torah.

זֹאת בְּרִיתִי - *Zoth briti* - Ceci est mon alliance.

כֻּלָּךְ יָפָה רַעְיָתִי וּמוּם אֵין בָּךְ: - *Koulak'h yafah râyati oumoum éin bak'h* - « *Tu es toute belle, ma compagne, et nul défaut en toi* » (Cant. 4 :7).

תַּת־הַכָּרָה - *Tath-hakarah* - Subconscient.

שְׁנֵי כְתָרִים - *Shéni ketarim* - Deux couronnes.

שִׁפְלוּת רוּחַ - *Shiflouth rouah* - Humilité, modestie.

- 1031 -

אֲבָנִים גְּדוֹלוֹת מִן־הַשָּׁמַיִם - *Avanim gdoulath min hashamayim* - Grandes pierres du ciel (Josué 10:11).

לְכָה דוֹדִי נֵצֵא הַשָּׂדֶה נָלִינָה בַּכְּפָרִים - *Léka dodi nétsé hassédéh nalinah bakefarim* - « *Viens, mon bien-aimé, sortons aux champs, passons la nuit dans les villages* ».

מַלְכוּת יִשְׂרָאֵל - *Melékéth Israël* - Royauté d'Israël.

עִילַת הָעִילוֹת - *Îlath haîloth* - Cause des causes.

רֵישָׁא דְלָא אִתְיְדַע - *Réisha dela ityedâa* - Tête que nul ne connaît *(araméen)*.

- 1032 -

אָחוֹת חוֹרֶגֶת - *Ahoth horéguéth* - Demi-sœur.

אֶשְׁפּוֹךְ אֶת־רוּחִי - *Éshpokh éth-rouhi* - « *Je répandrai mon Esprit* » (Joel 3:1).

בַּמָּקוֹם הַזֶּה אֶתֵּן שָׁלוֹם - *Bamaqom hazéh étén shalom* - « *Dans ce lieu que je donnerai la paix* » (Haggai 2:9).

וְהִנֵּה רֶכֶב־אֵשׁ וְסוּסֵי אֵשׁ - *Vehinéh rékév-ésh vessousséi ésh* - « *Et voici, un char de feu, des chevaux de feu* » (2 Rois 2:11).

מַסָּע לְאֶרֶץ יִשְׂרָאֵל - *Massâ leéréts Ysraël* - Voyage au pays d'Israël.

- 1033 -

תְּאוֹמִים סַרְטָן אַרְיֵה - *Tomim sartan Ariéh* - Gémeaux Cancer Lion.

תּוֹרַת יְהֹוָה - *Torath Yhwh* - Torah de *Yhwh*.

- 1033 -

בְּרָכָה מֵעֵין שָׁלוֹשׁ - *Brak'ah méêin shalosh* - Brève forme de bénédiction après les repas.

הַנֵּרוֹת הַלָּלוּ אָנוּ מַדְלִיקִין - *Hanéroth halalou anou madliqine* - Bougies luisantes que nous allumons (Introduction de l'hymne de Ḥanoukah).

חָכְמַת הַנְּקֻדּוֹת - *Ḥokhmath haneqoudoth* - Sagesse des points.

- 1034 -

אִישׁ אֲשֶׁר־רוּחַ בּוֹ - *Ish ashér-rouaḥ bo* - « *Un homme qui a l'esprit en lui* » (Nombres 27:18).

סֵפֶר הַזִּכְרוֹנוֹת - *Séfér hazikronoth* - Livres des mémoires.

וְרוּחַ אֱלֹהִים מְרַחֶפֶת - *Ve rouaḥ Élohim meraḥéféth* - « *Et l'esprit d'Élohim planait ... »* (Genèse 1:2).

זָכָר וּנְקֵבָה בָּרָא אֹתָם - *Zakar ouneqévah bara otam* - « *Mâle et femelle il les créa* » (Genèse 1:27).

- 1035 -

אוֹר הָאוֹתִיּוֹת - *Or haothioth* - Lumière des lettres.

אַתָּה אֱלֹהִים בְּיִשְׂרָאֵל - *Atha Élohim beYsraël* - « *Tu es Élohim en Israël* » (1 Rois 18:36).

תּוֹרָה בַּכְּתָב - *Torah baktav* - Torah écrite.

תְּפִלָּה לִשְׁלוֹם הַמְּדִינָה - *Tefilah lishlom hamedinah* - Prière pour la paix de l'État.

- 1036 -

אִשָּׁה כֻּשִׁית - *Ishah koushith* - Femme éthiopienne.

בֵּירוּר הָאוֹרוֹת - *Béirour haoroth* - Clarification des lumières.

בַּשֵּׁם הָאָב, הַבֵּן וְרוּחַ הַקֹּדֶשׁ - *Bashém haAv, haBén veRouaḥ haqodésh* - « *Au nom du Père, du fils et du Saint-Esprit* ».

דּוֹרֵשׁ אֶל הַמֵּתִים - *Dorésh él hamétim* - Interpréteur des morts (médium).

הַתּוֹרָה הַקְּדוֹשָׁה - *HaTorah haqedoshah* - La Sainte Torah.

כְּרִיתוּת - *Kritouth* - Divorce, séparation.

שִׁמְעוֹן + נַפְתָּלִי - *Shiméôn, Nafatali* - Simon, Nephtali.

- 1037 -

אֲרִיכוּת שָׁנִים - *Arikouth shanim* - Longévité.

בֵּית הָרוּחוֹת - *Béith harouḥoth* - Maison des esprit - maison hantée.

דּוֹד הַמֶּלֶךְ יִבְנֶה בֵּית הַמִּקְדָּשׁ - *David hamélék'h yonéh Beith hamiqdash* - Le Roi David construira le Temple.

וַיַּפֵּל יְהוָה אֱלֹהִים תַּרְדֵּמָה עַל־הָאָדָם – Vayafél Yhwh Élohim tardémah âl-haAdam – « Et Yhwh Élohim fit tomber une torpeur sur l'Adam » (Gen. 2:21).

מַלְכוּת דַּאֲצִילוּת – Malkouth deatsilouth – Malkouth d'Astilouth (araméen) – Royaume émané.

מַלְכוּת יִשְׂרָאֵל – Malkouth Ysraél – Royaume d'Israël.

תּוֹפָעַת טֶבַע – Tofaâth tévâ – Phénomène naturel, manifestation de la nature.

- 1038 -

זֶרַע רוּחַ וְקָצַר סוּפָה – Zérâ rouah veqatsar soufah - Qui sème le vent récolte la tempête.

סֵפֶר וְסָפָר וְסִפּוּר - Séfér vesfar vesippour - Livre, compte et conte.

שִׁבְעִים תִיקוּנִים - Shiviîm tiqounim - Soixante-dix arrangements.

שַׁלְהֶבֶת אֵשׁ - Shalhévéth ésh - Flamme de feu.

- 1039 -

חֹק הַכַּשְׁרוּת - Hoq hakashrouth - Loi du Casher.

לַחוּת הַפְּנִימִית – Lahouth hapnimith – Humidité interne.

נֶפֶשׁ רוּחַ נְשָׁמָה – Néfésh rouah neshamah – Être, esprit, âme.

- 1040 -

בְּשַׁלְהֶבֶת אֵשׁ – Beshalhévéth ésh – Flamme de feu.

פָּנִים חֲתוּמוֹת – Panim hatoumoth - Expression faciale sans émotion.

צְלִילוּת דַּעַת - Tselilouth Daâth - Lucidité, sobriété.

- 1041 -

גַּן עֵדֶן תַּחְתוֹן - Gan Êdén tahton - Jardin d'Éden inférieur.

עֶשֶׂר הַמַּכּוֹת - Êshér-Hamakoth - Les dix plaies (d'Égypte).

תַעֲנוּגֹת בְּנֵי הָאָדָם - Taânougoth bnéi haAdam - Délices des adamites (fils d'Adam).

- 1042 -

בִּרְכַּת יִצְחָק לְיַעֲקֹב – Birkath Ytshaq leYaâqov – Bénédiction d'Isaac à Jacob.

דּוֹדִי יָרַד לְגַנּוֹ לַעֲרוּגוֹת – Dodi yarad legano laârougoth – « Mon bien-aimé est descendu à son jardin aux parterres fleuris » (Cantique 6:2).

- 1043 -

נִכְנַס בְּשָׁלוֹם וְיָצָא בְּשָׁלוֹם – Niknass beshalom veyatsa beshalom – « Entré en paix, sorti en paix ».

קִשְׁרֵי מִשְׁפָּחָה - Qishréi mishpahah - Liens familiaux, parenté.

- 1044 -

בְּכָל-יוֹם אֲבָרְכֶךָּ וַאֲהַלְלָה שִׁמְךָ לְעוֹלָם וָעֶד: – Bakol yom avarakék'a vaahélelah shimk'ah leôlam vaêd – « Chaque jour je te bénirai, je louerai ton nom à toujours, à perpétuité » Ps. 145:2.

בְּנוֹת יְרוּשָׁלָם – Benouth Yeroushalaïm – Filles de Jérusalem.

גְּלִימַת הֶעָלְמוּת - Glimath héyâlmoth – Cape d'invisibilité.

תְּקוּפַת הָאֶבֶן – Teqoufath haévén – Âge de pierre.

תַּרְדֵּמֶת - Tardéméth - Coma.

- 1045 -

אֶלֶף מַפְתְּחוֹת - Éléf mafthoth - Mille clés.

חַיּוֹת הַקְּלִפּוֹת - Ħayoth haqlipoth - Vitalités des qlipoth.

מְדִינַת יִשְׂרָאֵל - Medinath Ysraël - État d'Israël.

צְלִילוּת הַדַּעַת - Tselilouth haDaâth - Lucidité, en pleine connaissance.

- 1046 -

אֵשֶׁת-מֹשֶׁה – Ésheth-Moshé – Femme de Moïse.

לְשׁוֹנוֹת בְּנֵי אָדָם וּמַלְאָכִים - Leshonoth bnéi adam oumalakhim - Langues des hommes et des anges.

- 1047 -

יוֹתֶרֶת הַכָּבֵד - Yotéréth hakavéd - Lobe du foie.

נְקֻדָּה תַּחַת יְסוֹד - Neqoudah tahath Yessod - Un point sous le Yessod.

- 1048 -

אוֹתִיּוֹת רוּחַ וָאֵד - Othioth rouah veéd - Lettres de souffle et de vapeur.

אֶחָד שְׁנַיִם שְׁלָשָׁה - Éhad shnaïm shlashah – Un, deuxième, troisième.

בְּרוּחַ הַקֹּדֶשׁ תִּחְיֶה - Berouah haqodésh tihyéh - Renaître dans l'esprit saint.

הִשְׁלַשְׁתָּ אֶחָד - Hishlashta éhad - Trois en un.

יִבְרָא בְּחַיּוֹת הַקֹּדֶשׁ - Yivra behayoth haqodésh - Créé par les saintes vitalités.

מַחְתֶּרֶת - Mahtéréth - Organisation secrète ou clandestine.

עֵין נְחֹשֶׁת קָלָל - Êin nehoshéth qalal - Eclat du cuivre poli.

שְׁלָשׁ הַשֵּׁם הַמְיֻחָד - Shélash haShém hameyouhad - Le nom triple unifié.

שְׁלָשָׁה תגי - Shéloshah tagui - Trois tags (couronnes).

- 1049 –

אַהֲבָה הַתּוֹרָה הַקְּדוֹשָׁה – Ahavah haTorah qedoushah – Amour de la Sainte *Torah*.

כִּי־טוֹבָה חָכְמָה מִפְּנִינִים וְכָל־חֲפָצִים לֹא יִשְׁווּ־בָהּ: – Ki-tovah hakhmah mipninim vekal-haftsim lo yishvou-bah – « *Car la sagesse est meilleure que les perles, tous les désirs ne l'galent pas.* » (Proverbes 8:11).

סוֹד הַגְּאֻלָּה חָזְרָה בַּתְּשׁוּבָה - Sod hagueoulah hazrah baTeshouvah – Le secret est de la repentance est dans la *Teshouvah*.

- 1050 -

חַיּוֹת טְהוֹרוֹת – Hayoth tehoroth – Animaux purs.

מִרְיָם אֲחוֹת מֹשֶׁה – Myriam ahoth Moshé – Myriam sœur de Moïse.

שַׂר שָׂרִים - Sar sarim - Prince des princes.

- 1051 -

מְכַשֵּׁף הָעֲצָמוֹת – Mek'ashéf haâtsamoth – Magicien des os (qui inscrit des formules magiques sur les os).

מַלְכוּת הַמְּסַיֶּמֶת - Malkouth hamesayéméth - Fin de *Malkouth*.

- 1052 -

אֶרֶץ זָבַת חָלָב וּדְבַשׁ - Éréts zavath halav oudevash - Pays du lait et du miel.

אַשְׁרֵי יִשְׂרָאֵל – Ashri Ysraél – Bienheureux Israël.

בֵּית שֶׁמֶשׁ – Béith shémésh – Maison du soleil.

תּוֹרָה אֱמֶת – Torah éméth – Vraie Torah.

- 1053 -

אוֹדֶה יְהוָה כְּצִדְקוֹ וַאֲזַמְּרָה שֵׁם־יְהוָה עֶלְיוֹן: – Odéh Yhwh ketsidqo vaazamrah shém-Yhwh êliyon – « *Je célèbre Yhwh selon sa justice, je chante le nom de Yhwh, le Suprême.* » (Ps. 7:18).

אֵשׁ שַׁלְהֶבֶתְיָה – Ésh shalhévéthyah – « *Feu de flammes divines* » (Cant. 8:6).

עֶשֶׂר מַזָּלוֹת - Âssar mazaloth - Douze signes (zodiaque).

- 1054 -

בְּאֶרֶץ זָבַת חָלָב וּדְבַשׁ – Beéréts zavath halav oudvash – Au pays ruisselant de lait et de miel.

בְּנוֹת יְרוּשָׁלַיִם – Banouth yeroushalaïm – Filles de Jérusalem.

רֹאשׁוֹ כֶּתֶם פָּז – Rosho kétém paz – Sa tête est d'or fin.

שִׁמְךָ יְהוָה לְבַדְּךָ עֶלְיוֹן עַל־כָּל־הָאָרֶץ – Shimk'a Yhwh levadék'a êliyon âl-kal-haéréts – « *Ton nom,*

Yhwh, toi seul est Suprême, sur toute la terre » - Psaumes 83:19 -.

שַׁעֲרֵי דַּעַת – Shaâréi daâth – Portes de la connaissance.

- 1055 -

חַג הַפֶּסַח יְצִיאַת מִצְרַיִם - Ḥag hapéssah ytsiath Mitsraïm - Fête de Pâque : sortie d'Égypte.

חֲמִישִׁים שַׁעֲרֵי בִּינָה - Ḥamishim Shāaréi Binah - Cinquante portes de Binah.

מָשִׁיחַ בֶּן דּוֹד מֶלֶךְ יִשְׂרָאֵל - Mashiah bén David, mélék Ysraél - Messie fils de David, roi d'Israël.

עֹשֶׂה שָׁלוֹם בִּמְרוֹמָיו – ôsséh shalom bimromaïv – « Le faiseur de paix dans ses hauteurs » (Job 25:2).

רַבִּי יִצְחָק לוּרִיא אַשְׁכְּנַזִּי - Rabbi Ytshaq Louria ashkenazi - Rabbi Isasac Louria Asheknaze.

שְׁאֵלָה וּתְשׁוּבָה - Shélah ouTeshouvah - Question et réponse.

- 1056 -

הַשִּׁלּוּשׁ הַקָּדוֹשׁ – Hashiloush haqadosh – Sainte Trinité.

יְהוָה לַמַּבּוּל יָשָׁב וַיֵּשֶׁב יְהוָה מֶלֶךְ לְעוֹלָם: – Yhwh lamaboul yashav vayéshév Yhwh mélékh leôlam – « Yhwh siégeait au déluge ; Yhwh siège en roi éternellement » (Ps. 29:10).

יוֹצֵר אוֹר וּבוֹרֵא חֹשֶׁךְ – Yotsér or ouboré hoshék – « Formateur de

lumière et créateur d'obscurité » (Isaïe 45:7).

- 1057 -

אוֹר תְּכֵלֶת – Or ték'léth – Lumière bleu azur.

אֱמֶת הַתּוֹרָה – Éméth haTorah – Vérité de la Torah.

יְהוּדָה אִישׁ קְרִיּוֹת - Yéhoudah Ish-Qriyoth - Judas Iscariote.

שְׁמוֹנֶה נֵרוֹת – Shémonéh néroth – Huit bougies.

- 1058 -

דַּעַת דְּעַתִּיק - Daâth de-Âtiq - Connaissance de l'Ancien (araméen).

צֶדֶק תַּחְתּוֹן - Tşédéq Taḥton - Justice d'en bas.

רָקִיעַ עֲרָבוֹת – Raqiâ âravoth – Ciel Araboth.

- 1059 -

אַהֲרֹן הַכֹּהֵן מֹשֶׁה רַבֵּנוּ אֵלִיהוּ הַנָּבִיא – Aharon hakohén Moshé rabénou Élihou hanavi – Aaron le prêtre, Moïse notre maître, Élie le prophète.

אֵשֶׁת מָשִׁיחַ – Éshéth mashiah – Feu du Messie.

מַעֲלוֹת הַשַּׁחַר – Maâloth hashahar – Montée de l'aube.

נְבוּאַת שֶׁקֶר – Nevouath shéqér – Fausse prophétie.

- 1060 -

כְּבָרָה לְאֲשִׁיבַת מַיִם - Kevarah lishivath-Mayim - Tonneau des Danaïdes.

כְּתֹנֶת פַּסִּים - Ketonéth passim - Tunique à rayures.

עֵת הָעַתִּיקָה - Êth haâtiqah - Ancien temps.

שֵׂכֶל נִסְתָּר - Sékél nistar - Conscience cachée.

שַׁלְשֶׁלֶת - Shalshéléth - Chaîne solide, développement - Signe de cantillation.

- 1061 -

וַיִּפַּח בְּאַפָּיו נִשְׁמַת חַיִּים - Vayipah bafaïv nishmath hayim - « Et souffla dans ses narines une respiration de vie » (Gen. 2:7).

וַתֵּרֶא אֹתוֹ כִּי־טוֹב - Vatéré oto ki-tov - « Voyant comme il était bon » (Ex. 2:2).

לוּחֹת הַבְּרִית - Louhoth habrith - Tables de l'Alliance.

מְנוֹרַת יְשָׁנֵהּ - Menorath yeshanéh - Lampe de chevet.

שִׁיר הַמַּעֲלוֹת - Shir hamaâloth - Cantique des degrés.

- 1062 -

בְּנֵי־הָאֱלֹהִים אֶת־בְּנוֹת הָאָדָם - Vnéi-haÉlohim éth-banouth haAdam - Fils d'Élohim avec les filles d'Adam.

יוֹצֵר אוֹר וּבוֹרֵא חֹשֶׁךְ - Yotsér or ouvoré hoshék - Forme la lumière et crée l'obscurité.

נֶפֶשׁ רוּחַ נְשָׁמָה חַיָּה - Néfésh, rouah, neshamah, hayah - Les quatre niveaux de l'âme.

- 1063 -

אָדֹם יָרֹק צֹהַב סָגֹל כָּחֹל כָּתֹם - Adom, yaroq, tsohav, sagol, kahol, katom - Rouge, vert, jaune, violet, bleu, orange.

יֹתֶרֶת הַמֹּחַ - Yotéréth-Hamoah - Hypophyse.

מְרַחֶפֶת עַל־פְּנֵי הַמַּיִם - Merahéféth âl-fnéi hamayim - «Planait sur les faces des eaux» (Genèse 1:2).

נֹחַ אִישׁ צַדִּיק תָּמִים - Noah ish tsadiq tamim - «Noé est un homme juste intègre» (Genèse 6:9).

קוֹרֵא מַחְשָׁבוֹת - Qoré mahashavoth - Lecture de pensées.

- 1064 -

אֵשֶׁת הַמָּשִׁיחַ - Ishath haMashiah - Femme du Messie.

מִדָּתָן עֶשֶׂר - Midatan éssér - Leur mesure est dix.

רֹאשׁ וְרִאשׁוֹן - Rosh verishon - Avant tout, le plus important.

רָחֵל שְׁכִינָה בַּגָּלוּת - Rahel shekhinah begalouth - Rachel est la Shekhinah en exil.

שִׁבְעִים וְשָׁלוֹשׁ - Shivîm oushalosh - Soixante-treize.

שָׁלוֹם לָרָחוֹק וְלַקָּרוֹב - Shalom larahoq velaqarov - Paix à celui qui est loin, et à celui qui est près.

- 1065 -

אֵשֶׁת הַשָּׂטָן - Éshéth haShatan – Femme du Satan.

מִלְחָמוֹת יִשְׂרָאֵל – Milhamoth Yshraél – Guerres d'Israël.

מַלְכַּת הָרֶשַׁע – Malk'ath haréshâ – Reine du mal.

סְפִירָה הַשֵּׂכֶל מַחְשָׁבָה – Sefirah hasek'él mahshavah – Compte de l'intellect et de la pensée – Calcul mental.

סְפִירַת הָעֹמֶר - Sefirath haômer - Décompte de l'Ômer.

- 1066 -

וַיִּתֵּן יְהֹוָה אֶת־חֵן הָעָם – Vayitén Yhwh éth-hén haâm – « Yhwh donna la grâce au peuple » (Ex. 11:3).

מַלְכוּת רֶשַׁע – Malkouth réshâ – Royaume maléfique.

מַלְכוּת שֵׁבֶט רְאוּבֵן – Malkouth shévat Rouvén – Royaume de la tribu de Ruben.

- 1067 -

לוּחוֹת הַבְּרִית - Louhoth habrith - Tables de l'Alliance.

שָׂפָה עִבְרִית – Safah ivrith – Langue hébraïque.

שָׁנָה מְעֻבֶּרֶת – Shanah moûbéréth – Année bissextile.

- 1068 -

קַבָּלָה הָאֱלוֹהִית הַנְּבוּאִית – Kabbalah haélohith hanevouith – Kabbale divine prophétique.

עַיִן תַּחַת עַיִן - Âyin tahath âyin - Œil pour œil.

שְׁנַיִם־עָשָׂר כּוֹכָבִים - Shnéïm-assar kokavim - Douze étoiles.

- 1069 -

אֱלִיל בַּעַל עֵינֵי עוֹפֶרֶת – Élil baâl êinéi oféréth – Idole aux yeux de plomb (Tammouz babylonien).

חָתָן תּוֹרָה - Hatan-Torah - Fidèle appelé à terminer la lecture annuelle de la Torah.

יוֹסֵף בֶּן מַתִּתְיָהוּ - Yosséf-Bén-Mathityahou - Flavius Josèphe.

שֶׁבַע אֲרָצוֹת - Shevâ artsoth - Sept pays.

- 1070 -

חוֹמֹתַיִךְ יְרוּשָׁלַם – Homtaïk Yeroushalaïm – Murs de Jérusalem.

מָרַת נֶפֶשׁ – Marath nafésh – Amertume d'âme, mal être.

שְׁבוּעַת הָרוֹפֵא – Shévouâth haroféh – Serment du médecin.

תַּרְדֵּמַת יְהֹוָה - Tardémah Yhwh - Transe de Yhwh.

- 1071 -

הִתְמַכְּרוּת - Hitmakrouth - Addiction.

יְהִי כְבוֹד יְהוָה לְעוֹלָם יִשְׂמַח יְהוָה בְּמַעֲשָׂיו: - Yehi kevod Yhwh leôlam yshmah Yhwh bemaâssaïv - « Que la Gloire de Yhwh soit à jamais ! Que Yhwh se réjouisse en ses œuvres ! » -Psaumes 104:31-.

יְרוּשָׁלַיִם שֶׁלְמַעְלָה - Yroushalaïm Shél-Maâlah - Jérusalem d'en haut.

יְרִיעוֹת שְׁלֹמֹה - Yiriôth Shlomoh – Parchemins de Salomon.

כְּנֶסֶת יִשְׂרָאֵל - Knesset Israël - Communauté d'Israël.

סִיגִים בְּלִי תּוֹעֶלֶת - Siguim beli toêléth - Scories sans bénéfice (valeur).

- 1072 -

מֵאָה וְעֶשְׂרִים שָׁנִים - Méah veêshrim shanim - 120 ans.

נִשְׁמַת רוּחַ חַיִּים - Nishmath rouah hayim - Respirant un souffle de vie.

צְרוּרָה בִּצְרוֹר הַחַיִּים - Tserourah betseror hahayim - Enveloppée dans le faisceau des vivants.

שלמה בן דוד מלך ישראל - Shlomoh ben david mélékh Israel - Salomon fils de David Roi d'Israël.

תַּחֲנַת רוּחַ – Tahnath rouah – Moulin à vent.

- 1073 -

בָּרֹאשׁ וּבָרִאשׁוֹנָה- Barosh ouvarishonah – Tout d'abord.

חֶסֶד־וּמִשְׁפָּט אָשִׁירָה לְךָ -Hesséd oumishpat ashirah lék'h – « Bonté et équité, je chanterai pour toi » (Ps. 101:1).

יִתְגַּלֶּה הַכֶּתֶר – Yithgaléh haKéter - La couronne sera révélée.

רֹאשׁ תּוֹךְ סוֹף - Rosh toukh sof - Début milieu fin.

- 1074 -

הַקָּדוֹשׁ בָּרוּךְ הוּא נִמְצָא בְּכָל מָקוֹם – HaQadosh barouk'h Hou nimtsa bekal maqom – Le saint, béni soit-Il, se trouve en tout lieu.

תּוֹרַת חַיִּים – Torath hayimf – Torah de la vie.

- 1075 -

וַיְדַבֵּר אֱלֹהִים אֶל־מֹשֶׁה וַיֹּאמֶר אֵלָיו אֲנִי יְהוָה: – Vayidabér Élohim él-Moshé vayomér élaïv ani Yhwh – « Élohim parla à Moïse et lui dit : Je suis Yhwh ».

פֵּשֶׁר הַחֲלוֹמוֹת – Péshér hahalomoth – Interprétation des rêves.

שִׁיר הַשִּׁירִים – Shir hashirim - Cantique des cantiques.

שֵׂכָלִים הַמִּתְפַּעֲלִים – Sék'élim hamitpaâlim - Intellects stimulés (actifs).

תְּפִלַּת נְעִילָה – Tefilath neïlah - Prière de clôture du jour des expiations.

- 1076 -

גָּדוֹל יְהוָה וּמְהֻלָּל מְאֹד וְלִגְדֻלָּתוֹ אֵין חֵקֶר: – Gadol Yhwh oumhoulal meod veligdoulato éin héqér – « Yhwh est grand et très digne de louange, et l'on ne saurait sonder sa grandeur » (Ps. 145:3).

כִּיּוֹר נְחֹשֶׁת וְכַנּוֹ - Kiour nehoshéth vekano - Vasque (cuve) d'airain et son socle.

- 1077 -

אֵשׁ לֶהָבוֹת בְּאַרְצָם - Ésh léhavoth bartsam – « Feu de flammes dans leur pays » (Psaumes 105:32).

זְכוּת אַבְרָהָם יִצְחָק וְיַעֲקֹב - Zakoth Avraham, Ytshaq veYaâqov - Vertu d'Abraham, Isaac Jacob.

מֵאָה וְעֶשְׂרִים הַשָּׁנִים - Méah vésrim hashanim - cent vingt ans.

עֶזְרַת נָשִׁים - Êzrath nashim - Parvis de femme.

שָׁלֹשׁ אִמּוֹת - Shalosh imoth - Trois mères.

- 1078 -

שַׁבַּת שָׁלוֹם – Shabbath shalom - Puissiez-vous avoir un shabbath paisible.

פְּתִיחַת עֵינַיִם - Petihath êinaïm - Ouverture des yeux (araméen).

תּוֹרַת הַבִּינָה – Torath habinah – Torah de la compréhension (Binah).

תּוֹרַת חֶסֶד – Torath hesséd – Torah de grâce (hesséd).

- 1079 -

אַרְבָּעִים וּשְׁתַּיִם – Arbaïm oushtaïm - Quarante-deux.

בֶּן־מֵאָה וְעֶשְׂרִים שָׁנָה - Ben-méah vésrim shanah - Je suis âgé de 120 ans.

בַּקֵּשׁ שָׁלוֹם וְרָדְפֵהוּ - Baqésh shalom vedarféhou - Cherche la paix et poursuis-la.

זֶה הַר הַמּוֹרִיָּה יְרוּשָׁלַיִם - Zéh har hamoriah iroushalaïm - C'est le mont Moriah de Jérusalem.

מְגִלַּת רוּת – Meguilath Routh – Rouleau de Ruth (parchemin).

מִי יִתֶּנְךָ כְּאָח לִי יוֹנֵק שְׁדֵי - Mi yténk'a keah li yonéq shdéi - Qui te donne à moi comme un frère, suçant le sein ? (Cantique des Cantiques 8:1).

קַבָּלַת הַמִּצְווֹת - Qabalath hamitsvoth - Réceptions des commandements.

תּוֹרַת הַחַיִּים – Torath hahayim - Torah de la vie.

- 1080 -

הַשָּׁמַיִם כִּסְאִי וְהָאָרֶץ הֲדֹם רַגְלַי - Hashamayim kissi vehaéréts hadom raglaï – « Les cieux sont mon trône, et la terre mon marchepied » -Isaïe 66-1-.

עֲשָׁשִׁית - *Âshashith* - Lampe à huile.

צִפֹּרֶת כְּרָמִים - *Tsiporéth karmim* - Oiseau des vignes.

שִׁיר עֶרֶשׂ - *Shir êrésh* - Berceuse.

- 1081 -

נֶפֶשׁ הַמְדַבֶּרֶת - *Néfésh haMédabéréth* - Âme parlante.

תּוֹרַת הַסּוֹד - *Torath hasod* - Mysticisme, Kabbale.

תִּפְאֶרֶת - *Tiféreth* - Beauté (*sefirah*).

- 1082 -

בָּרוּךְ אַתָּה יְהֹנָה בּוֹרֵא הַפְּלָצֶבּוֹ - *Barouk'h atha Yhwh boré haplatsébo* - Béni sois-tu Yhwh, le Créateur du placebo.

בַּשְׁוָקִים וּבָרְחֹבוֹת - *Bashvaqim ouvarehovoth* - Dans les souks et dans les places.

בְּתוּלַת בַּרְזֶל - *Betoulath habarzél* - Vierge de fer (instrument de torture).

יִשְׂרָאֵל יֵשׁ רל"א - *Israël yésh rl'a* - Israël, il y a 231.

- 1083 -

אוֹצְרוֹת מִצְרַיִם - *Otseroth Mistraïm* - Trésors d'Égypte.

שֶׁבַע רוּחוֹת הָאֱלֹהִים - *Shévâ rouhoth haÉlohim* - Sept esprits (souffles) de l'*Élohim*.

תַּרְנְגֹלֶת - *Tarngoléth* - Poule, volaille.

- 1084 -

אוֹר שִׁבְעַת הַיָּמִים - *Or shivath hayamim* - Lumière des sept jours.

הֵיכָלוֹת רַאבְתִי - *Héikaloth rabbati* - Grands Palais.

מְנוֹרַת שֻׁלְחָן – *Menorath shoulhan* – Lampe de table, lampe de bureau.

מָשִׁיחַ בָּאַחֲרִית הַיָּמִים – *Mashiah baaharith hayamim* – Messie dans la fin des temps.

- 1085 -

בְּרִיאוּת אֵיתָנָה – *Briouth éithanah* – Bonne santé.

שְׁמִירַת הָעַיִן – *Shmirath haâyin* – Garder un œil sur ...

- 1086 -

יוֹתֶרֶת הַכִּלְיָה - *Yotéréth-Hakliah* - Surrénale.

מְצִיאוּת הַמּוּרְגָּשׁ – *Metsioth hamourgash* – Réalité ressenti.

סֵפֶר שְׁמוֹת - *Séfér Shemoth* - Livre de l'Exode.

- 1087 -

שׁוֹמֵר יִשְׂרָאֵל – *Shomér Ysraél* – Gardien d'Israël.

תֵּן לָנוּ טַל וּמָטָר לִבְרָכָה – *Tén lanou tal oumatar labrak'ah* – « Donne-nous la rosée et la pluie pour bénédiction » (Bénédictions des années).

- 1088 -

צַדִּיק יְהֹוָה בְּכָל־דְּרָכָיו וְחָסִיד בְּכָל־מַעֲשָׂיו – Tsadiq Yhwh bekal-derakaïv vehassid bekal-maâssaïv – « Yhwh est juste dans toutes ses voies, et bon dans toutes ses œuvres » Psaumes 145:17.

שֶׁבַע מְנוֹרוֹת זָהָב - Shévâ ménoroth zahav - Sept chandeliers d'or.

- 1089 -

הִנְנִי שֹׁלֵחַ מַלְאָכִי וּפִנָּה־דֶרֶךְ לְפָנָי – Hinéni sholéah malak'i oufnah-dérék' lefanaï – « Voici, j'envoie mon messager, et il préparera le chemin devant moi » (Malachie 3:1).

יְהֹוָה יְהֹוָה אֵל רַחוּם וְחַנּוּן אֶרֶךְ אַפַּיִם וְרַב־חֶסֶד – Yhwh Yhwh Él rahoum vehanoun érék'h apaïm verav-hésséd – « Yhwh, Yhwh ! Dieu miséricordieux et compatissant, lent à la colère, abondant en grâce » (Exode 34:6).

שַׁדַּי צְבָאוֹת אֲדֹנָי אֵל אֱלֹהִים אֱלוֹהַ אֱלֹהֵי – Shaddaï Ysevaoth Adonaï Él Élohim Éloha Élohéi – Shaddaï des armées, Seigneur Dieu, Élohim, dieu des dieux.

- 1090 -

הוּא מְקוֹמוֹ שֶׁל עוֹלָם, וְאֵין הָעוֹלָם מְקוֹמוֹ – Hou meqomo shél ôlam, veéin haôlam meqomo – « Hou (Lui) est le lieu du monde, mais le monde n'est pas son lieu » (Beréshith Rabbah 69:9).

יָשַׁב עַל לֹעַ הַר גַּעַשׁ - Yashav âl loâ har gaâsh - Assis sur un volcan.

מִרְיָם מְצֹרַעַת - Miryam metsoraâth - Miryam lépreuse.

רְאֵה כִּי־פִקּוּדֶיךָ אָהָבְתִּי יְהֹוָה כְּחַסְדְּךָ חַיֵּנִי: - Réh ki-piqoudéik'a ahavti Yhwh kehassidk'a - Vois que j'aime tes préceptes ; Yhwh ! Fais-moi vivre selon ta bienveillance.

שֻׁלְחָן שַׁבָּת - Shoulhan shabbath - Table de Shabbath.

- 1091 -

דַּלֶּקֶת קְרוּם הָרֵאָה - Daléqéth qroum ha-réah - Pleurésie.

חֲבַצֶּלֶת הַשָּׁרוֹן – Havatséléth hasharon - Lys de la plaine.

סָתִים עַתִּיקָא – Satim âtiqa - Occulte antique (araméen).

שַׁעֲרֵי תִקְוָה – Shaâréi tiqvah - Portes de l'espoir.

תַּלְמוּד תּוֹרָה - Talmoud Thorah – Étude de la Torah.

- 1092 -

שָׂרָה רִבְקָה רָחֵל וְלֵאָה – Sarah Rivqah Rahél veLéah - Sarah, Rébecca, Rachel et Léa.

תּוֹרַת אֱלֹהִים – Torah Élohim – Torah d'Élohim.

תְּמוּנָה שְׂרוּפָה – Temounath seroufah - Image brûlée.

תְּרוּפוֹת – Teroufoth – Remèdes, médicaments.

- 1093 -

עַד עֲלוֹת הַשַּׁחַר – *Âd âloth hashahar* - Jusqu'à la montée de l'aube.

קוֹלִי אֶל־יְהוָה אֶזְעָק קוֹלִי אֶל־יְהוָה אֶתְחַנָּן: – *Qoli él-Yhwh ézâq qoli él-Yhwh éthhanan* – « De ma voix je crie vers Yhwh, De ma voix je supplie vers Yhwh » (Ps. 142:2).

- 1094 -

מְטַטְרוֹן אִיסְרָא רַבָּא דְּכוּרְסְיֵהּ – *Metatron isra rabba dekoursiah* – Métatron, le grand prince du Trône divin (incantation araméenne).

מַכַּת בְּכוֹרוֹת - *Makath bek'oroth* - Mort des premiers-nés.

- 1095 -

בָּרָא אֱלֹהִים לַעֲשׂוֹת – *Bara Élohim laâssoth*– « Élohim a créé pour faire » (Genèse 2:3).

פְּנוּ־אֵלַי וְהָשַׁמּוּ וְשִׂימוּ יָד עַל־פֶּה: – *Pnou-élaï vehashmou vessimou yad âl-péh*– « Tournez-vous vers moi, soyez étonnés, Et mettez la main sur la bouche » (Job 21:5).

תְּפִילִין יָד רֹאשׁ – *Tefilin yad rosh* – Phylactères main tête.

- 1096 -

נִשְׁמַת אִשָּׁה – *Nishamath ishah* – Âme de femme.

שֵׁם סִפְרוּתִי – *Shém sifrouti* – Nom de plume, pseudonyme.

שֶׁמֶן תּוּרַק – *Shémén touraq* – Huile répandue.

תִּפְאֶרֶת הוֹד - *Tiféréth Hod* - Beauté, Gloire (*sefiroth*).

תְּפִלַּת מוּסָף - *Téfilath-Moussaf* - Prière additionnelle (le sabbat et les fêtes).

- 1097 -

מֵאָה וַחֲמִשִּׁים וּשְׁלוֹשָׁה - *Méah vahamishim oushloshah* - Cent cinquante-trois.

מִמַּעֲמַקִּים קְרָאתִיךָ יְהוָה – *Mimaâmaqim qrarik'a Yhwh* – « Des profondeurs, je t'invoque, Yhwh ! » (Ps. 130:1).

תּוֹרַת הָאֱלֹהִים – *Torath haÉlohim*– Torah divine.

- 1098 -

אַרְבָּעָה מַרְאוֹת נְגָעִים – *Arbaâh maroth negâyim* – Quatre signes des fleaux.

תּוֹרָה שֶׁבָּעַל־פֶּה - *Torah shébâl Pé* - Torah orale.

- 1099 -

אֲדֹנָי אֵל אֱלוֹהַ אֱלֹהִים שַׁדַּי צְבָאוֹת אֶהְיֶה יה יְהוָה – *Adonaï Él Éloha Élohim Shaddaï Tsevaoth Éhyéh Yah Yhwh* - Adonaï Él Éloha Élohim Shaddaï des armées Éhyéh Yah Yhwh.

בָּרֲכִי נַפְשִׁי אֶת־יְהוָה – *Braki nafshi éth-Yhwh* – « Mon âme, bénis Yhwh ! » (Ps. 104:1).

תּוֹרַת הַנִּגְלֶה - Torath-hanigléh - Doctrine ésotérique.

נֶפֶשׁ רוּחַ נְשָׁמָה חַיָּה יְחִידָה - Néfésh rouah neshamah hayah yehidah – (5 noms de l'âme).

- 1100 -

וַיִּסַּע עַמּוּד הֶעָנָן מִפְּנֵיהֶם וַיַּעֲמֹד מֵאַחֲרֵיהֶם - Vayissâ âmoud héânan mipnéihém vayaâmod méahéréihém – « La colonne de nuée part en face d'eux, puis elle s'arrête derrière eux » (Exode 14:19).

מַחְשָׁבָה טוֹבָה יוֹצֶרֶת טוֹב - Mahshavah tovah yotséréth tov - Une bonne pensée crée du bien.

שֵׁשֶׁת יָמִים - Shéshéth yamim - Six jours.

- 1101 -

אַשְׁרֵי עֲשִׂירִי - Ashréi âsssiri - Béni soit le dixième.

לִהְיֹתְךָ עַם־קָדֹשׁ לַיהוָה אֱלֹהֶיךָ - Lihyotek'a âm-qadosh laYhwh élohéik'a – « Pour que tu sois un peuple saint pour Yhwh, ton Dieu » (Deutéronome 26:19).

מַתַּן תּוֹרָה - Matan Torah - Don de la Torah.

- 1102 -

בֵּית הַתַּרְפָּה - Beith hatourpah – Vagin (litt. Maison de la vulnérabilité).

עֹשֶׂה מַלְאָכָיו רוּחוֹת - Ôssé malak'aïv rouhoth – « Il fit des rouhoth ses messagers (anges) » -Psaumes 104:4-.

- 1103 -

בִּלְתִּי נִרְאֵית - Bilti niréiti - Invisibilité.

הִנֵּה בְרִיתִי אִתָּךְ - Hinéh briti itak' – « Voici mon alliance avec toi » (Gen. 17:4).

הַתּוֹרָה שֶׁבְּעַל־פֶּה- HaTorah shébéâl-péh - La Torah orale.

יָמִין וּשְׂמֹאל הַתּוֹרָה - Yamin ousmol hatorah - Droite et gauche de la Torah.

מִצְוָה גּוֹרֶרֶת מִצְוָה - Mitsvah goréréth mitsvah - « Une mitsvah entraîne une mitsvah » (Midrash Dvarim Rabbah 6:4).

מַחֲשֶׁבֶת שִׂמְחָה - Mehashévéth simhah - Une pensée heureuse.

שִׁבְעַת הָרוֹעִים - Shivâth haroïm - Les sept bergers.

- 1104 -

אֶת־יְהוָה אֱלֹהֶיךָ תִּירָא - Éth Yhwh élohéik'a tira - « Tu craindras Yhwh, ton Dieu » (Deut. 6:13).

אַסְפַּקְלַרְיָא שֶׁאֵינָה מְאִירָה - Aspaqlaria shééinah mirah - Miroir non réfléchissant.

הַמִּקְדָּשׁ הַשְּׁלִישִׁי - Hamiqdash hashlishi - Le troisième Temple.

שְׁנַת שְׁמִטָּה - Shanah shemitah - Année de la shemitah (la septième année d'un cycle de sept ans au cours de laquelle la terre en Israël doit rester en jachère et les dettes annulées).

תְּקוּפַת הַנְּבִיאִים – *Teqoufah haneviïm* – Époque des prophètes.

- 1105 -

אוֹת בְּרִית אֱלֹהִים – *Oth brith Élohim* - Signe de l'alliance d'Élohim.

אֶת־הַטּוֹב וְאֶת־הָרָע – *Éth hatov veéth harâ* - Le bien et le mal.

הַשְּׁכִינָה בַּתְּשׁוּבָה – *HaShekhinah bateshouvah* - La *Shekhinah* est dans le repentir.

חֲשִׁיבָה שְׁלִילִית – *Hashivah shlilith* - Pensée négative.

כֶּתֶר יְהוָה בַּעַל שֵׁם טוֹב – *Kétér Yhwh Baâl Shém tov* - La couronne de *Yhwh* est le Baâl Shém Tov.

מְחָיָה מֵתִים בְּרַחֲמִים רַבִּים – *Mehayéh métim berahamim rabbim* – Ressusciter les morts avec beaucoup de miséricorde.

תִּפְאֶרֶת דָּוִיד – *Tiféréth David* – Beauté de David.

- 1106 -

מַתַּן הַתּוֹרָה - *Matan haTorah* - Don de la Torah.

צִיצִית הָרֹאשׁ - *Tsitsith harosh* - Mèche.

שַׁבָּת קֹדֶשׁ - *Shabbath qodésh* - Saint Shabbath.

- 1107 -

אֵין קְדוּשָׁה כַּתּוֹרָה - *Éin qedoushah kaTorah* - Rien n'est saint comme la Torah.

אֲשֶׁר שָׂרַף יְהוָה – *Ashér saraf Yhwh* - « *Que Yhwh a brûlé* » (Lév. 10:6).

יְשֻׁרוּן יִשְׂרָאֵל – *Yshouroun Ysraél* – Yeshouroun Israël.

- 1108 –

בֵּית הַתּוּרְפָּה – *Beith hatourpah* – Vagin (litt. Maison de la vulnérabilité).

תַּרְדֵּמַת נְבוּאָה - *Tardémah nevouah* - Torpeur de la prophétie.

- 1109 –

יְהוָה בַּתִּפְאֶרֶת – *Yhwh batiféréth* – Yhwh en *Tiféréth*.

כָּל־הַנֶּפֶשׁ לְבֵית־יַעֲקֹב – *Kal hanéfésh levéith yaâqov* - Chaque âme de la maison de Jacob (Gen. 46:27).

פָּרֹכֶת הַקֹּדֶשׁ – *Parokéth haqodésh* – Voile du sanctuaire.

- 1110 –

אֱלֹהִים אוֹת־הַבְּרִית – *Élohim oth-habrith* – Élohim est le signe de l'Alliance.

מִצָּפוֹן זָהָב יֶאֱתֶה עַל־אֱלוֹהַּ נוֹרָא הוֹד: – *Mitsafon zahav yéétéh âl-éloha nora hod* – « *Au nord l'or. Sur Élohah redooutable de majesté* » (Job 37:22).

רְאִיתֶם אֶת־כְּבוֹד יְהֹוָה – *Ritém étj-kevod Yhwh* – « *Vous verrez la Gloire de Yhwh* » (Ex. 16:7).

- 1111 -

אֲדֹנֵינוּ הַמֶּלֶךְ־דָּוִד הִמְלִיךְ אֶת־שְׁלֹמֹה – *Adonéïnou hamélék David himlik éth Shlomoh* – « *Notre maître le Roi David a intronisé Salomon* » (1 Rois 1:43).

מַחְשְׁבוֹת בּוֹרֵא עוֹלָם – *Mahshevoth boré ôlam* – Pensées du Créateur du Monde.

לְקִצְבֵי הָרִים יָרַדְתִּי – *Leqitsvéi harim yardti* – « *Aux entrailles des monts, je suis descendu* » (Jonas 2:7).

מְנוֹרַת הַקּוֹדֶשׁ – *Menoroth haqodésh* – Lampes de sainteté.

נְפִילַת יִשְׂרָאֵל – *Nefilath Israël* – Chute d'Israël.

נֵר יְהֹוָה נִשְׁמַת אָדָם – *Nér Yhwh nishmath Adam* – « *La lampe de Yhwh est l'âme d'Adam* » (Proverbes 20:27).

עַם יִשְׂרָאֵל קְדוֹשִׁים – *Âm Israël qdoshim* – Le peuple d'Israël est saint.

שִׂמְחַת הַמָּשִׁיחַ – *Simhath haMashiah* – Joie du Messie.

שַׁעַר יִשְׂרָאֵל – *Shâar Israël* – Porte d'Israël.

- 1112 -

חַג מַתַּן תּוֹרָה – *Ḥag Matan Torah* – Fête du don de la *Torah* (Shavouot, Pentecôte).

נִיצוֹצוֹת קְדוֹשִׁים – *Nitsotsoth qedoshim* – Étincelles divines.

שִׁבְעִים תְּמָרִים – *Shiviîm tamarim* – Soixante-dix palmiers.

תְּלֵיסַר מְכִילָן דְּרַחֲמֵי – *Tléissar mik'ilan derahaméi* – Treize attributs de miséricorde (araméen).

תָּמִים תִּהְיֶה עִם יְהֹוָה אֱלֹהֶיךָ: – *Tamim tihyéh îm Yhwh élohik'a* – « *Parfait tu seras avec Yhwh ton Dieu* » (Deutéronome 18:13).

- 1113 -

אַרְבַּע דְּלָתוֹת – *Arbâ delatoth* – Quatre portes.

בֵּין הַשְּׁמָשׁוֹת – *Béin hashmashoth* – Crépuscule.

שֵׂכֶל קַדְמוֹן וְרִאשׁוֹן – *Sékhél qadmon verishon* – Intellect originel et premier.

תּוֹרָה וּמַלְכוּת – *Torah ouMalkouth* – Torah et Royauté.

- 1114 -

בֵּית בֹּשֶׁת – *Béith boshéth* – Maison de mauvaise réputation, bordel.

שָׁדַיִךְ כִּשְׁנֵי עֳפָרִים – *Shadaïk'a kishnéi âfarim* – « *Tes seins sont comme des faons* » (Cant. 4:5).

- 1115 -

יְהֹוָה אֲדֹנֵינוּ מָה־אַדִּיר שִׁמְךָ בְּכָל־הָאָרֶץ: – *Yhwh adonéinou mah-adir shimk'a bek'al haéréts* – « *Yhwh, notre Seigneur, que Ton Nom* est magnifique sur toute la terre ! » (Ps. 8:10).

עֵץ פְּרִי עֹשֶׂה פְּרִי – Êts pri ôsséh pri – « Arbre fruitier faisant fruit » (Gen. 1:11).

- 1116 -

בְּרֹאשׁ הַשָּׁנָה נִבְרָא – Barosh hashanah nivra – À Rosh hashanah fut créé .

בְּרֵאשִׁית בָּרָא – Beréshith bara – Au commencement fut créé.

דַּעַת סִבַּת הַנְּפִילָה – Daâth sibbath hanefilah – La connaissance, cause de la chute.

הֲבֵל הֲבָלִים אָמַר קֹהֶלֶת הֲבֵל הֲבָלִים הַכֹּל הָבֶל: – Havél havalim amor qohéléth havél havalim hakol havél – « Vanité des vanités, dit l'Ecclésiaste, vanité des vanités, tout est vanité » (Eccl. 1:2).

כֶּתֶר יוֹמוּלֶדֶת – Kéter Yomoulédéth – Couronne d'anniversaire.

כֶּתֶר מַלְכוּת – Kéter Malkouth – Couronne Royale (sefiroth).

עֶשְׂרִים וְאַרְבָּעָה הַזְּקֵנִים – Êsrim vearbaâh hazeqénim - Vingt-quatre vieillards.

שֶׁבַע שֶׁבַע שֶׁבַע – Shévâ shévâ shévâ – Sept sept sept.

- 1117 -

הַשַּׁבָּת קַדְשׁוֹ – Hashabbath qadesho – Le shabbath est saint.

מַעְיָנוֹת יִשְׂרָאֵל – Mâyonoth Ysraél – Les sources d'Israël.

מָשִׁיחַ מַנְהִיג עַם יִשְׂרָאֵל – Mashiah manhig âm Ysraél – Le Messie est le guide d'Israël.

רֵישָׁא דְּמַלְכָּא סְתִימָא – Réisha demalka stima – Tête cachée du Roi (araméen).

שָׂטָן מַשְׁחִית – Satan mashhith – Satan le destructeur.

- 1118 -

יְהֹוָה גֹּאֲלֶךְ קְדוֹשׁ יִשְׂרָאֵל; אֲנִי יְהֹוָה – Yhwh goalik'a qadosh Israël ani Yhwh - Yhwh ton rédempteur, le Saint d'Israël : Je suis Yhwh (Isaiah 48:17).

יְסוֹד נָשְׁמַת אַבְרָהָם – Yessod nishmath Abraham - Fondement de l'âme d'Abraham.

מְנֵא מְנֵא תְּקֵל וּפַרְסִין – Mené Mené, Teqél ouFarsîn - Daniel 5:25.

שְׁמַע יִשְׂרָאֵל יְהֹוָה אֱלֹהֵינוּ יְהֹוָה אֶחָד: – Shémâ Israël Yhwh élohinou Yhwh éhad - Écoute Israël, Yhwh, notre Dieu, Yhwh est un.

- 1119 -

אַהֲבָה מְסוּתֶרֶת – Ahavah messoutréth - Amour caché.

מַלְאָכִים הַקְּדוֹשִׁים הָעוֹמְדִים בַּמְרוֹמִים – malak'im haqadoshim haômdim bameromim – Saint anges dressés dans les hauteurs.

- 1120 -

אוֹר עוֹבֵר דֶּרֶךְ נְקָבִים קְטַנִּים - *Or ôvér dérék neqavim qatanim* - La lumière qui passe à travers de petits trous.

כֹּהֲנִים הַמְשָׁרְתִים - *Kohanim hamsharétim* - Prêtres de service.

מִנְיָן עֲשֶׂרֶת – *Minyan esséréth* – Assemblée de dix - Minyan.

- 1121 -

וַאֲנִי בְתוֹךְ־הַגּוֹלָה עַל־נְהַר־כְּבָר - *Vaani betok hagolah âl nahar kevar* – « Et j'étais au milieu de l'exil sur le fleuve Kevar » (Ezéckiel).

חֻרְבָּן בֵּית הַמִּקְדָּשׁ - *Hourban béith hamiqdash* - Destruction du Temple.

כֶּתֶר הַמַּלְכוּת - *Kéter haMalkouth* - Couronne de la Royauté.

- 1122 -

בּוֹרֵא בְּרֵאשִׁית – *Boré beréshith* – Créateur de la Genèse.

מַחְשָׁבָה אֱנוֹשִׁית – *Mahshavah énoshith* – Pensée humaine.

- 1123 -

בַּנָּחָשׁ הַנְּחֹשֶׁת – *Banahash haneshoshéth* – Dans le serpent de cuivre.

מִנְּחִירָיו יֵצֵא עָשָׁן כְּדוּד נָפוּחַ וְאַגְמֹן – *Minhirain yétsé âssan kevod napouah veagman* – « Ses naseaux crachent de la fumée, comme un chaudron qui bout sur le feu » - Job 41:12-.

תִּפְאֶרֶת בְּיַד־יְהֹוָה – *Tiféréth bayad-Yhwh* – « Beauté dans la main de Yhwh » - Isaïe 62:3-.

- 1124 -

אַסְפַּקְלַרְיָא מְצוּחְצָחַת – *Aspaqlaria metsouhtsahth* – Miroir immaculé.

דְּחִיַת הָאוֹרוֹת לְמַטָּה - *Dehiyah haoroth lamatah* - Rejet des lumière vers le bas.

הָאוֹזֶן הַשְּׁלִישִׁית – *Haozén hashlishith* – La troisième oreille.

- 1125 -

הַרְנִינוּ לֵאלֹהִים עוּזֵּנוּ הָרִיעוּ לֵאלֹהֵי יַעֲקֹב: - *Harninou léÉlohim ôuznou hariôu léélohéi Yaâcov* – « Jubilez pour Élohim, notre force, acclamez l'Élohéi de Jacob ! » -Psaumes 81:2-.

הִשְׁתַּחֲוָיוֹת - *Hishtahavaioth* – Prosternation, s'incliner.

- 1126 -

טַבַּעַת הַשֶּׁמֶשׁ – *Tavaâth hashémésh* – Anneau solaire.

לִמּוּד הַתּוֹרָה הַקְּדוֹשָׁה – *Limoud haTorah haqedoshah* – Étude de la Sainte Torah.

סוֹף גָּלוּת יִשְׂרָאֵל – *Sof galoth Israël* – Fin de l'exil d'Israël.

שֶׂבַע שְׂמָחוֹת – Sovâ simahoth –
« Assouvissement des joies »
(sept joies) - Psaumes 16:11-.

שְׁנַת שָׁלוֹם – Shanath shalom –
Année de paix.

שְׁנַת שָׁלוֹם – Shanath shalom –
Année de paix.

- 1127 -

אִי סְפִיקַת כְּלָיוֹת - ei safiqéth klaioth
- Insuffisance rénale.

כָּל־עֲדַת בְּנֵי־יִשְׂרָאֵל - Kal âdatth
bnéo-Israël - Toute la
congrégation des enfants
d'Israël.

עוֹמֶק רֵאשִׁית - Ôméq réshith -
Insondable commencement.

- 1128 -

יוֹמָם הַשֶּׁמֶשׁ לֹא־יַכֵּכָה וְיָרֵחַ
בַּלָּיְלָה – Yomam hashémésh lo-
yakékéah veyaréah balaïlah –
« Pendant le jour le soleil ne te
frappera pas, ni la lune pendant
la nuit » -Psaumes 121:6-.

שָׁלוֹם שָׁלוֹם שָׁלוֹם - Shalom –
paix, paix, paix.

- 1129 -

גֵּרוּשׁ רוּחוֹת – Guéroush rouhoth –
Expulsion des esprit
(exorcisme).

הִתְגַּלּוּת אוֹר הַחָכְמָה –
Hithagalouth or hahakhmah –
Révélation de la lumière de
la Sagesse.

אוֹדֶה יְהֹוָה בְּכָל־לִבִּי אֲסַפְּרָה כָּל־
נִפְלְאוֹתֶיךָ – Odéh Yhwh bek'al-libi
assafrah k'al-niflotéik'a – « Je
célébrerai Yhwh de tout mon
cœur, je raconterai toutes tes
merveilles » - Psaumes 9:2 -.

- 1130 -

אֵלֶּה תּוֹלְדוֹת אַבְרָהָם – Éléh toldoth
Avraham – Ce sont les
engendrements d'Abraham.

כִּי־אַתָּה נֵירִי יְהֹוָה וַיהֹוָה יַגִּיהַּ
חָשְׁכִּי – Ki-atha néiri Yhwh veYhwh
yaguiha hashki – « Car tu es ma
lampe, Yhwh ! Et Yhwh fait
resplendir mes pénombres » -
2 Samuel 22:29-.

כֶּתֶר מַלְכוּת דָּוִד – Kéter malkouth
David - Couronne royale de
David.

קַטְרְגָא אִתְעֲבִיד סָנִיגוֹרָא - Qatréga
ithâvid snigourah – « L'accusateur
œuvre en défenseur » -Zohar II
60b -.

שְׁלֹשֶׁת יָמִים – Shloshéth yamim –
Trois jours.

- 1131 -

אֵל מִסְתַּתֵּר – Él mistatér – Dieu
mystérieux (qui se
dissimule).

מָה יְהֹוָה תִּסָּתֵר – Mah Yhwh tissatér
- Ce que cache Yhwh.

עָלֵה כּוֹתֶרֶת – Âléh kotéréth –
Pétale.

תּוֹרַת כֹּהֲנִים - Torath kohanim - Torah des prêtres - Livre du Lévitique.

- 1132 -

אִישִׁים מַלְאָכִים שְׂרָפִים – Ishim malak'im sérafim - (trois catégories d'anges).

כְּתַב סְתָרִים - Ktav-Starim - Écriture secrète (cryptographie).

מִתְּנוּעָה לַתְּנוּעָה – Mitenouâh latenouâh – De mouvement en mouvement – De voyelle en voyelle.

תִּלְבֹּשֶׁת - Tilboshéth - Costume, vêtement, tenue.

- 1133 -

אֵפֶר וְאוֹת גָּלוּת – Afér veoth galouth – Cendre et signe de l'exil.

שִׁפְחָה מִצְרִית - Shifhah mitsrith - Esclave égyptienne.

שִׁירַת הַבְּרִיאָה – Shiath habriah – Chant de la création.

- 1134 -

אֶשָּׂא עֵינַי אֶל־הֶהָרִים מֵאַיִן יָבֹא עֶזְרִי: - Ésha êinaï él-haharim méaïn yabo êzri - « Je lève les yeux vers les montagnes, d'où viendra mon secours ? » - Psaumes 121:1.

מְגִלַּת אֶסְתֵּר - Meguilath Ésther - Rouleau d'Esther.

- 1135 -

דִּירָה בְתַחְתּוֹנִים - Dirah betahtonim - Demeurer en bas.

סְתִימָא דְּכָל סְתִימִין - Stima dekal stimin - Enferment de tous les enfermements (araméen).

קִרְבַת מִשְׁפָּחָה - Qirbath mishpahah - Parenté.

תְּרוּפַת דֶּמֶה – Teroufath déméth – Placebo, remède imaginaire.

- 1136 -

כִּי־שָׂרִיתָ עִם־אֱלֹהִים – Ki sharita îm Élohim – « Car tu as lutté avec Élohim » -Genèse 32:29-.

לָכֵן יְרֵאוּהוּ אֲנָשִׁים לֹא־יִרְאֶה כָּל־חַכְמֵי־לֵב – Lak'én yeréohou anashim lo-yréh kal-hakhméi-lév – « C'est pourquoi les hommes le craignent. Mais il ne regarde pas ceux qui sont sages en leur cœur » -Job 37:24-.

- 1137 -

יִשְׂרָאֵל יְרוּשָׁלַיִם - Israël Yeroushalaïm - Israël Jérusalem.

מַלְכוּתֵהּ מַלְכוּת עָלַם – Malkoutéh malkouth âlam - « Son règne est un règne éternel » -Daniel 3:33-.

תִּשְׁעָה חֳדָשִׁים – Tishâh hadashim – Neuf mois.

- 1138 -

בָּשָׂר אֶחָד אִישׁ וְאִשָּׁה – Bessar éhad ish veishah – Une chair : homme et femme.

דֶּרֶךְ חָכְמַת הָאֱמֶת - Dérek hokmath ha-émeth - Voie de la sagesse et de la vérité.

נְשִׁיכַת נָחָשׁ – Neshikath nahash – Morsure de serpent.

- 1139 -

מְנֹרַת הַמִּקְדָּשׁ – Menorath hamiqdash – Lampe du Temple.

מַרְאֹת הַצֹּבְאֹת - Maroth haTşovoth - Miroirs de femmes, ou des miliciennes.

תְּפִלַּת הַדֶּרֶךְ – Tefilath hadérék - Prière avant d'entreprendre un voyage.

- 1140 -

טָרֶשֶׁת נְפוֹצָה – Taréshéth nefoutsah – Sclérose en plaques.

מְסִירַת־נֶפֶשׁ – Messirath néfésh – Abnégation, dévotion. Don de soi.

מְעָרַת פָּרִיצִים - Meârath paritsim - Repaire d'iniquité - Caverne de brigands.

- 1141 -

בִּרְכוֹת הַשַּׁחַר - Birkoth hashahar – Bénédictions de l'aube.

גִּלּוּי סוֹדוֹת הַתּוֹרָה - Guilouï sodoth haTorah - Révélation des secrets de la Torah.

דַּלֶּקֶת רֵאוֹת - Daléqéth réoth - Pneumonie.

מִשְׁכְּנוֹת הָרֹעִים – Mishkenoth haroîim – « Demeures

(tabernacles) des bergers » Cant. 1:8.

שֵׁבֶט יִשָּׂשכָר – Shévét Yssaskar – Tribu d'Issakar.

תְּהִלּוֹת רוּחַ אֱלֹהִים - Tehiloth Rouah Élohim - Louanges de l'Esprit d'Élohim.

- 1142 -

כֶּתֶר מַלְכוּת יְהוָה - Kéter malkouth Yhwh – Couronne royale de Yhwh.

עֶשֶׂר קַרְנֵי הָאוֹר – Âssar qarnéi haor Yhwh – Dix rayons de lumière.

פִּתְחִין אַרְבַּע נָהוֹרִין – Pithin arbâ nehorin – Ouverture des quatre fleuves (araméen).

שָׁנָה הַשְּׁבִיעִת – Shanah hashviîh – Septième année.

- 1143 -

אֲשֶׁר־יְהוָה אֱלֹהֶיךָ נֹתֵן לָךְ - Ashér-Yhwh élohéik'a notén lak'h – « Que te donne Yhwh ton Dieu » -Exode 20:12-.

דֶּלֶת הַנֶּפֶשׁ סְגוּרָה – Déléth hanéfésh segourah – La porte de l'âme est close.

- 1144 -

בְּרֵאשִׁית הָיָה הַדָּבָר - Beréshith hayah hadavar – « Au commencement était le Verbe » (Ev. Jean 1:1).

שִׂמְחַת הַיְשׁוּעָה – Simhath hayeshouâh - Joie du Salut.

- 1145 -

הִשְׁתַּדְּלוּת - Hishtadlouth - Esseulement.

מִנִּשְׁמַת רוּחַ אַפֶּךָ - Minishmath rouah apék'a - « Au souffle du vent de ta colère » - Psaumes 18:16-.

מִשְׁתֵּה נָשִׁים - Mishtéh nashim - Banquet des femmes.

- 1146 -

מְסִירוּת נֶפֶשׁ - Messirouth néfésh - Dévouement.

צַנְתְּרוֹת - Tsanteroth - Tuyaux, conduits.

שַׁעֲרֵי צַלְמָוֶת - Shaârëï Tsalmavéth - Portes de l'ombre-mort, enfer (6e niveau).

- 1147 -

יְהוָה בְּחָכְמָה יָסַד־אֶרֶץ כּוֹנֵן שָׁמַיִם בִּתְבוּנָה: - Yhwh, beHokhmah Yessod-éréts koné shamayim biTevounah – « Yhwh a fondé la terre avec sagesse, Il a stabilisé les cieux avec intelligence » - Proverbes 3:19 -.

שֵׁשׁ מָשְׁזָר - Shésh mashzar - Lin tressé.

- 1148 -

בִּינָה תִּפְאֶרֶת - Binah Tiféréth - Intelligence, Beauté (sefiroth).

נָשַׁמְתָּ מָשִׁיחַ - Neshamath mashiah - Âme du Messie.

קַבָּלַת הַתּוֹרָה - Qabalath haTorah - Réception de la Torah.

שֶׁבַע קְעָרוֹת - Shévâ qâroth - Sept coupes.

שְׁבַע שָׁעוֹת - Shevâ shaôth - Sept heures.

שָׁבַת וַיִּנָּפַשׁ - Shavath vaïnafash - « Il cessa et se reposa » (Exode 31:17).

תּוֹרַת הַקַּבָּלָה - Torath haQabbalah - Torah de la Kabbale.

- 1149 -

יֵשׁ אוֹר וְיֵשׁ חוֹשֵׁב - Yésh or veyésh hoshév - Il y a lumière et il y a pensée.

שִׁבְעָה שָׁבֻעֹת - Shivâh shavouôth - Sept semaines.

שֶׁמֶשׁ יָרַח אֶרֶץ - Shémésh yaréah éréts - Soleil, lune, terre.

- 1150 -

בַּל תַּשְׁחִית - Bal tashhith - Ne détruis pas, ne corrompt pas, ne vandalise pas, n'endommage pas.

חֲמֵשׁ מֵאוֹת שָׁנָה - Hamésh méoth shanah - Cinq cent ans.

תְּכֵלֶת וְאַרְגָּמָן - Tek'éléth veargaman - Bleu azur et pourpre.

- 1151 -

אֶרֶץ פְּלִשְׁתִּים - Éréts plishtim - Terre des Philistins.

מְקַדֵּשׁ הַשַּׁבָּת - Meqadésh hashabbath – Sanctification du Shabbath.

מִתְקַבֵּל עַל הַדַּעַת - Mitqabél âl haDaâth - Acceptable, raisonnable, plausible.

סְפִירַת הַנּוֹצְרִים - Sefirath hanotsrim - Décompte chrétien des années.

- 1152 -

כָּתְנוֹת עוֹר - Katenouth ôr - Tuniques de peau.

נֹצֵר תְּאֵנָה יֹאכַל פִּרְיָהּ - Notsér ténah yok'al piryah - « Celui qui garde le figuier mange ses fruits » -Proverbes 27:18-.

- 1153 -

חֶסֶד תִּפְאֶרֶת - Hesséd Tiféréth - Bienveillance, Beauté (sefiroth).

מְצֹרַעַת כַּשָּׁלֶג - Metsoraâth kashélég - Lépreuse comme la neige.

נִשְׁמַת הַמָּשִׁיחַ - Nishmath haMashiah - Âme du Messie.

סַרְטָן שֶׁלְפוּחִית - Sartan shelpouhith - Cancer de la vessie.

- 1154 -

חָכְמָה תִּפְאֶרֶת - Hokhmah Tiféréth - Sagesse, Beauté (sefiroth).

תִּפְאֶרֶת הַחַיִּים - Tiféréth hahayim - Beauté de la vie.

- 1155 -

דּוֹדִי לִי וַאֲנִי לוֹ הָרֹעֶה בַּשּׁוֹשַׁנִּים - Dodi li veani lo, haroêh bashoshanim - « Mon bien aimé est à moi, et je suis à lui, le berger dans les roses » (Cant. 2 :16).

הַחַשְׁמַל מִתּוֹךְ הָאֵשׁ – Hahashmal mitoq haésh – Le hashmal au milieu du feu.

טָהַרְתָּ יִשְׂרָאֵל – Tiharéth Ysrael – Pureté d'Israël.

- 1156 -

הִתְגַּלּוּת עוֹלָם עֶלְיוֹן – Hithgalouth ôlam êliyon – Révélation du monde supérieur.

סוֹד הַתִּפְאֶרֶת – Sod hatiféréth – Secret de Tiféréth (Beauté).

קַשְׁתָּא דִשְׁמַיָּא - Qashta di shemaya – Arc-en-ciel (araméen).

תְּחוּם שַׁבָּת - Tehoum Shabbath - Limite du Shabbath.

- 1157 -

אֶסְתֵּר מַלְכוּת - Esther Malkhouth – Royauté d'Esther.

שִׁבְעַת הַסָּרִיסִים - Shivâth hasarssim - Sept eunuques.

תַּרְדֵּמָה נָפְלָה עַל־אַבְרָם - Tardémah naflah âl-Avram - Une torpeur tombe sur Abram.

- 1158 -

חָמֵשׁ עָלִין תַּקִּיפִין – Hamésh âlin taqifin - Cinq feuilles rigides (araméen).

שֵׂכֶל וּמַשְׂכִּיל וּמוּשְׂכָּל – *Sék'hél oumaskil oumouskal* – Intellect, intelligent, intelligible.

שֵׁשׁ מֵאוֹת אֶלֶף – *Shash méoth éléf* – Six-cent mille.

- 1159 -

כְּפֶלַח הָרִמּוֹן רַקָּתֵךְ – *Kefélah harimon raqaték'h* – « *Comme segment de grenade est ta tempe* » (Cant. 4:3).

שֵׂכֶל וּמַשְׂכִּיל וּמוּשְׂכָּל – *Sék'hél oumaskil oumouskal* – Intellect, intelligent, intelligible.

- 1160 -

אֶרֶץ תַּחְתּוֹנָה – *Éréts tahtonah* – Terre inférieure.

חֶרֶב הַמִּתְהַפֶּכֶת – *hérév hamithafékéth* – Épée tournoyante ou épée flamboyante.

- 1161 -

תִּפְאֶרֶת יְסוֹד – *Tiféréth Yessod* – Beauté, Fondement (*sefiroth*).

תְּפִלַּת הַמּוּסָפִין – *Téfilath-Moussafin* – Prière additionnelle (le sabbat et les fêtes).

- 1162 -

אַרְבַּע מַחֲנוֹת שְׁכִינָה – *Arbâ menahoth Shekhinah* – Quatre camps de la *Shekhinah*.

כִּי שִׁבְעָתַיִם יֻקַּם-קָיִן – *Ki shivâtayim youqam-qaïn* – « *Car*

Caïn sera vengé sept fois » - Genèse 4:24-.

שַׁבַּת-קֹדֶשׁ לַיהוָה – *Shabbath-qodésh laYhwh* – « *Shabbath est saint pour Yhwh* » - Exode 16:23.

- 1163 -

הִלְכוֹת שַׁבָּת – *Hilk'oth Shabbath* – Règles de *Shabbath*.

יְהִי-נָא חַסְדְּךָ לְנַחֲמֵנִי כְּאִמְרָתְךָ לְעַבְדֶּךָ – *Yehi-na hasdek'a lenahaméni kimratek'a* – « *Que ta bienveillance soit donc ma consolation Selon ta promesse à ton serviteur !* » - Psaumes 119:76-.

- 1164 -

אֱמֹר לַחָכְמָה אֲחֹתִי אָתְּ – *Omér lahakhmah ahoti ath* – « *Dis à la sagesse : Tu es ma sœur* » - Proverbes 7:4 -.

אַרְבַּעַת הַיְסוֹדוֹת – *Arbaâh hayessodoth* – Quatre éléments.

יוֹם לְיוֹם יַבִּיעַ אֹמֶר וְלַיְלָה לְּלַיְלָה יְחַוֶּה-דָּעַת: – *Yom leyom yaviâ omer velaïlah lelaïlah yehouah-Daâth* – « *Le jour exprime le dire du jour, et la nuit rapporte la connaissance de la nuit* » - Psaumes 19:3 -.

- 1165 -

מֵאַרְבַּע כַּנְפוֹת הָאָרֶץ – *Méarbâ kanfoth haaréts* – Des quatre coins de la terre.

קֶסֶם שֵׁם הַמְפֹרָשׁ - *Qéssém Shém haMeforash* - Magie du Nom explicite.

- 1166 -

בְּרוּאַת הָעוֹלָמוֹת - *Boréth haôlamoth* - Créateur des mondes.

הִתְגַּלּוּת הָעוֹלָם הָעֶלְיוֹן – *Hithgalouth haôlam haêlion* - Révélation du monde supérieur.

שַׁלְוַת נֶפֶשׁ - *Shalvath néfésh* - Tranquillité d'esprit, paix intérieure, sérénité.

- 1167 -

אַתָּה אָבִינוּ שֶׁבַּשָּׁמַיִם – *Atha avinou beshamayim* – Tu es notre père céleste.

וַיַּסְתֵּר מֹשֶׁה פָּנָיו – *Vayastér Moshé panaïv* – « Et Moïse occulta son visage » - Exode 3:6 -.

- 1168 -

וְעָשׂוּ אֲרוֹן עֲצֵי שִׁטִּים - *Veâssou aron êtsi shitim* – « Ils feront une Arche de bois d'Acacias » -Exode 25:10-.

שְׂעִיר־עִזִּים אֶחָד לְחַטָּאת - *Séïr-âzim éhad lehatath* – « Un bouc pour le sacrifice pour le péché » - Nombres 7:16-.

- 1169 -

אֵל רוֹפֵא נֶאֱמָן וְרַחֲמָן אַתָּה – *Él rofé nééman verahaman atha* – « Dieu guérisseur fidèle et compatissant, Tu es ».

בְּרֵאשִׁית דְּבָרִים – *Beréshith devarim* – Commencement des choses (ou des paroles).

- 1170 -

בְּרִית נִצְחִית – *Brith nitshith* – Alliance éternelle.

בְּרִיאַת הָעוֹלָמוֹת – *Briath haôlamoth* – Création des mondes.

- 1171 -

חַקְלָא דְּתַפּוּחִין קַדִּישִׁין - *Haqla deTapohin qadishin* - Verger des pommiers sacrés *(araméen)*.

מְיַלְּדֹת הָעִבְרִית - *Meyaldoth haîvrioth* - Accoucheuses des hébreux.

- 1172 -

מַלְאַךְ שֹׁמֵר יִשְׂרָאֵל - *Malak shomér Israël* - Ange gardien d'Israël.

רְאֵה נְתַתִּיךָ אֱלֹהִים – *Réh netatik'a Élohim* – « Vois, je t'ai donné Élohim » -Exode 7:1-.

- 1173 -

יְבָרֶכְךָ הַשֵּׁם וְיִשְׁמְרֶךָ – *Yevarék'a haShém veyishmérék'a* – Dieu te bénit et te protège.

תִּקּוּן הַבְּרִית – *Tiqoun haBrith* – Réparation de l'Alliance.

301

- 1174 -

יְהֹוָה נִשְׁמַת מָשִׁיחַ - Yhwh nishmath mashiah - Yhwh est l'âme du Messie.

יִתְקַדֵּשׁ שְׁמָךְ - Yteqadésh shimk'ah - Que ton Nom soit sanctifié.

עֲדֵה נָא גָאוֹן וָגֹבַהּ וְהוֹד וְהָדָר תִּלְבָּשׁ: - Âdéi na gaon vagovah vehod vehadar tilbash – « Orne-toi de magnificence et de grandeur, Revêts-toi de splendeur et de gloire ! » -Job 40:10-.

רֶשֶׁת דְּרָכִים – Réshéth derak'im – Réseau routier.

- 1175 -

אַף בְּרִי יַטְרִיחַ עָב יָפִיץ עֲנַן אוֹרוֹ: - Af-bri yatriah âv yafits ânan oro – « Il surcharge d'humidité le nuage épais ; le nuage diffuse sa lumière » - Job 37:11.

לִשְׁכַּת הַגָּזִית - Lishkath hagazith - Chambre de pierre taillée - Siège du Grand Sanhédrin dans le Second Temple.

צוּרַת הַדַּעַת - Tsourath hadaâth – Forme de la connaissance (daâth).

- 1176 -

שָׁלֹשׁ סְעוּדוֹת – Shalosh seôudoth – Trois repas.

שָׁלֹשׁ מַעֲלוֹת – Shalosh maâloth – Trois degrés.

- 1177 -

אָכַלְתִּי יַעֲרִי עִם־דִּבְשִׁי – Ak'alti yâri îm-divshi – « Je mange mon rayon avec mon miel » (Cant. 5:1).

כֶּתֶר מְלוּכָה לְבֵית דָּוִד – Kéter-Malkouth lebéith David – Couronne royale de la maison de David.

- 1178 -

וַיְבָרֶךְ אֱלֹהִים אֶת־יוֹם הַשְּׁבִיעִי – Vayebارék'h Élohim éth-yom hasheviî – « Et Élohim bénit le septième jour » (Gen 2:3).

מְשׁוֹרֵר בַּנֶּפֶשׁ – Meshorér banéfésh – Poète dans l'âme.

שִׁבְעִים וּשְׁתַּיִם – Shiviîm oushtaïm – Soixante-douze.

- 1179 -

חַרְבִּי תֹּאכַל בָּשָׂר – Ḥarbi tok'al bassar – « Mon épée dévore la chair » -Deutéronome 32:42-.

לְכָבוֹד וְלְתִפְאָרֶת – Lakavod velatiféréth – Pour la gloire et pour la beauté.

- 1180 -

נִצְחִיּוּת הַתּוֹרָה – Nitsḥiyouth haTorah – Éternité de la Torah.

קֶשֶׁר תְּפִילִין – Qéshér tefilin – Nœud des phylactères.

- 1181 -

הוֹלֵךְ בְּיָשְׁרוֹ יְרֵא יְהוָה וּנְלוֹז דְּרָכָיו בּוֹזֵהוּ – Holék'h beyashro yera Yhwh ouneloz derak'aï bozihou – « Celui qui marche dans la droiture craint Yhwh, Mais celui qui prend des voies tortueuses le méprise » - Proverbes 14:2-.

שׁוֹמְרֵי הַקְּלִיפוֹת - Shomréi haqlipoth - Résidu des qlipoth.

- 1182 -

בַּשְּׁוָקִים וּבָרְחֹבוֹת – Baqshvaqim ouvrehovoth – Dans les souks et dans les marchés.

יִתְבָּרֵךְ שְׁמוֹ לָעַד – Ithbaré'k shemo laâd – Béni soit son Nom pour toujours.

- 1183 -

חָכְמַת הַנִּסְתָּר - Hokhmath hanistarh - Sagesse occulte, mysticisme, Kabbale.

מְעֹנוֹת אֲרָיוֹת – Meônoth arayoth – Tannières des lions.

- 1184 -

הָיְתָה תֹהוּ וָבֹהוּ, וְחֹשֶׁךְ - Hayetah tohou vavohou ve hoshék - C'était Tohu-Bohu et obscurité.

הַסֹּלֵחַ לְכָל-עֲוֹנֵכִי; הָרֹפֵא, לְכָל-תַּחֲלֻאָיְכִי: - Hasoléah lékal-ônéki, harofé lekal-téhalouaïki – « Il pardonne tous tes torts,

médecin de toutes tes infirmités » (Psaumes 103:3).

וַאֲחוֹת תּוּבַל-קַיִן נַעֲמָה - Veahoth Touval-Qaïn nââmah – « et la sœur de Tubal-Caïn : Naama » (Genèse 4:22).

וַיַּעַן הַשָּׂטָן אֶת-יְהוָה וַיֹּאמַר - Vayaân haShatan éth-Yhwh, vayomér – « Le Satan répond à Yhwh et dit : » (Job 1:9).

וַיִּקְרָא אֶל-מֹשֶׁה; וַיְדַבֵּר יְהוָה אֵלָיו, מֵאֹהֶל מוֹעֵד - Vayiqra él-Moshé, veydabér Yhwh élaïv, Méohél moëd – « Il appela Moïse et Yhwh parla de la Tente du Rendez-vous » (Lévitique 1:1).

יִשְׂרָאֵל אֶרֶץ חָלָב וּדְבַשׁ - Israël éréts halav oudvash - Israël, pays du lait et du miel.

- 1185 -

יֵבֹשׁוּ וְיִסֹּגוּ אָחוֹר כֹּל שֹׂנְאֵי צִיּוֹן - Yévoshou veyéssogou ahour kol sonéi tsion – « Qu'ils soient tous confondus, repoussés, les ennemis de Sion » - Psaumes 129:5-.

מַשִּׁיב הָרוּחַ וּמוֹרִיד הַגֶּשֶׁם - Mashiv harouah oumorid haguéshém – Le vent répond et la pluie tombe.

- 1186 -

יְרוּשָׁלַיִם הָעַתִּיקָה – Yeroushalaïm haâtiqah – Jérusalem l'Ancienne.

סוֹד בְּרֵאשִׁית בָּרָא - Sod beréshith bara - Secret de « Au commencement il créé ».

- 1187 -

חֹסֶר רְגִישׁוּת - Hossér reguishouth - Insensibilité.

- 1188 -

וַיְדַבֵּר יְהֹוָה אֶל־מֹשֶׁה וְאֶל־אַהֲרֹן לֵאמֹר: - Vaïdavér Yhwh él-Moshé et él-Aharon lémor – « Et Yhwh parla à Moïse et à Aaron en disant ».

תַּחְפֹּשֶׂת - Tahposséth - Déguisement.

- 1189 -

הִתְגַּלּוּת הַשֵּׁם – Hithgalouth haShém – Révélation du Nom.

סֵפֶר הַהִתְגַּלּוּת – Séfér haHithgalouth – Livre de la Révélation (Apocalypse).

שִׁין אַרְבָּעָה רָאשִׁים - Shin arbaâh rashim - Shin à quatre têtes.

- 1190 -

הַסֹּלֵחַ לְכָל־עֲוֹנֵכִי הָרֹפֵא לְכָל־תַּחֲלֻאָיְכִי - hassoléha lek'al-âonék'i harofé lek'al-tahalouaïk'i – « C'est lui qui pardonne toutes tes fautes, qui guérit toutes tes maladies » - Psaumes 103:3-.

תִּנְשָׁמֶת - Tinshaméth - Caméléon.

- 1191 -

הִתְפָּרְקוּת - Hithparqouth - Désintégration.

יְנִיקַת הַקְּלִפּוֹת - Yeniqath haqlipoth - Succion (influence) des qlipoth.

שַׁעֲרֵי תוֹרָה – Shaâréi Torah – Portes de la Torah.

- 1192 -

שַׁעַר הָאֲרָיוֹת – Shaâr haorayoth – Porte des lions.

וַיהֹוָה לְעוֹלָם יֵשֵׁב כּוֹנֵן לַמִּשְׁפָּט כִּסְאוֹ – VaYhwh leôlam yéshév konén lamishpat kisso – « Yhwh siège pour toujours, Il a établi son trône pour le jugement » - Psaumes 9:8-.

- 1193 -

יַעַר בְּרֵאשִׁית - Yaâr beréshith - Forêt vierge.

מְגִילַת סְתָרִים – Meguilath setarim – Rouleau des mystères.

- 1194 -

טַבַּעַת שַׁבְתַאי – Tabaâth shabtaï – Anneau de Saturne.

שְׁמַע־יְהֹוָה קוֹלִי אֶקְרָא וְחָנֵּנִי וַעֲנֵנִי – Shemâ-Yhwh qoli éqra vehanéni vaânéni – « Yhwh ! Écoute ma voix, je t'invoque : Fais-moi grâce et réponds-moi ! » -Psaumes 27:7-.

- 1195 -

הַדְלָקַת נֵרוֹת - *Hadlaqath néroth* - Allumage des bougies.

נֶפֶשׁ הַשִּׂכְלִית - *Néfésh haSik'lith* - Âme intellectuelle.

סְעוּדָה שְׁלִישִׁית - *Seoûdah shlishith* - Troisième repas.

- 1196 -

כַּפּוֹת תְּמָרִים - *Kapoth temarim* - Feuilles de palmier, branches de palmier (de palmier dattier).

תְּקוּפַת הָאָרָד – *Teqoufath haadar* – Âge de bronze.

- 1197 -

אֲרִיאֵל רְפָאֵל גַּבְרִיאֵל מִיכָאֵל נוּרִיאֵל – *Ariél Rafaél Gavriel Mik'aél Nouriél* – Ariel Raphael, Gabriel, Mikael, Nouriel.

וָאוֹצִיאֵם מֵאֶרֶץ מִצְרַיִם וָאֲבִאֵם אֶל־הַמִּדְבָּר – *Vaoysiém mééréts mitsraïm véaviém él-hamidbar* – « Je les fis sortir du pays d'Égypte et les conduisis au désert » - Ézéchiel 20:10 -.

- 1198 -

שְׁנֵי כְרוּבִים עֲצֵי־שָׁמֶן - *Shnéi Kerouvim êtéi-shamén* - Deux *kerouvim* (chérubins) en bois à huile (olivier).

תּוֹרָה כְּהוּנָה וּמַלְכוּת – *Torah kehounén oumalkouth* – Torah, sacerdoce et royauté.

- 1199 -

הִתְחַפְּשׂוּת - *Hithapshouth* – Simulation, déguisement.

מְעָרַת שָׂדֶה הַמַּכְפֵּלָה - *Meârath sdéh haMakpélah* - Caverne du champ de Makpélah.

שַׁתָּנָת־הַדָּם - *Shatanath-hadam* - Urémie.

- 1200 -

יוֹם רֹאשׁ הַשָּׁנָה זִכָּרוֹן - *Yom Rosh haShanah Zikaron* - Souvenir du jour de l'an.

קוֹל יְהֹוָה יָחִיל מִדְבָּר יָחִיל יְהֹוָה מִדְבָּר קָדֵשׁ : – *Qol Yhwh yahil midbar yahil Yhwh midbar qadésh* – « La voix de Yhwh fait trembler le désert. Yhwh fait trembler le désert de Qadès » (Psaumes 29:8).

קַשְׂקֶשֶׂת - *Qassqésseth* - Écaille de poisson, pellicule - Bavardage.

רֵאשִׁית בָּרָא אֱלֹהִים - *Réshith bara Élohim* - Début : Élohim crée.

שֵׂכֶל נִשְׁרָשׁ - *Sékél nishrash* - Conscience enracinée.

שִׂפְתֵי יְשֵׁנִים – *Shiftéi yeshénim* – Lèvres dormantes – Langues mortes.

שָׁתִיתִי יֵינִי – *Shatiti yéni* – « J'ai bu mon vin » (Cant. 5:1).

שַׁתֶּקֶת - *Shatéqéth* - Aphasie.

- 1201 -

בֵּית־יְהוָה בְּרֹאשׁ הֶהָרִים – *Béith-Yhwh berosh héharim* – « *La maison de Yhwh est au sommet des montagnes* » - Esaïe 2:2-.

ד' בְּחִינוּת דְּאוֹר יָשָׁר - *4 behinot de-Or yashar* - Quatre phases de lumière directe.

- 1202 -

בְּרֵאשִׁית בָּרָא אֱלֹהִים - *Béréshith Bara Élohim* - Au commencement Dieu créa.

צְרוּפָה אִמְרָתְךָ מְאֹד וְעַבְדְּךָ אֲהֵבָהּ: - *Tseroufah imraték'a meod veâvdék'a ohévah* - Ta parole est très affinée et aimée de ton serviteur.

שַׁלְשֶׁלֶת הַקַּבָּלָה - *Shalshaléth haKabbalah* - Chaîne de la Kabbale.

תּוֹרָה נְבִיאִים כְּתוּבִים - *Torah Neviim Ketouvim* – Torah, Prophètes, Écrits = Tanak.

- 1203 -

אוּרִיאֵל רְפָאֵל גַּבְרִיאֵל מִיכָאֵל נוּרִיאֵל - *Oriel Raphael Gabriel Nouriel* - Oriel Raphael Gabriel Mikael Nouriel (dont les initiales forment Argaman : pourpre).

בּוֹרִית כַּרְשִׁינָה - *Borith karshinah* - Saponaire (vesce).

תְּקוּפַת הַזֹּהַר – *Teqoufath hazohar* – Âge d'or (litt. ère de la splendeur).

- 1204 -

הֶחָכָם יַעֲנֶה דַעַת־רוּחַ וִימַלֵּא קָדִים בִּטְנוֹ – *Héhak'am yaânéh daâth-rouah vimalé qadim bitno* – « *Un sage répond-il par une connaissance en l'air et se repaît-il d'un vent d'est ?* » - Job 15:2-.

יוֹם קַבָּלַת הַתּוֹרָה – *Yom qabalth haTorah* – Jour de la réception de la Torah.

- 1205 -

תִּיקּוּן עֵץ הַדַּעַת – *Tiqoun êts haDaâth* – Réparation de l'Arbre de la Connaissance.

- 1206 -

אָמַרְתִּי אֶחְכָּמָה וְהִיא רְחוֹקָה מִמֶּנִּי – *Amarti ahakamah vehi rehoqah miméni* – « *J'ai dit: J'acquerrai de la sagesse; mais elle s'est éloignée de moi* » -Ecclésiastes 7:23-.

- 1207 -

חַסְדֵי יְהוָה אַזְכִּיר תְּהִלֹּת יְהוָה – *Hasdéi Yhwh azkir tehiloth Yhwh* – « *J'évoque les bontés de Yhwh, les louanges de Yhwh* » -Esaïe 63:7-.

- 1208 -

בְּרִית לַתִּינוֹק - *Brith hatinouq* – Alliance pour le nourisson.

- 1209 -

גּוּלְגַּלְתָּא דְּרֵישָׁא חִוּוְרָא - *Goulgalta dréisha hiouvra* - Crâne de la Tête blanche.

לַהַט הַחֶרֶב הַמִּתְהַפֶּכֶת - *Lahat hahérév hamithapék'éth* - Flamme de l'épée tournoyante.

- 1210 -

קַשְׁתִּית - *Qashtith* - Iris. Scie à métaux

תַּרְשִׁישׁ - *Tarshish* - Chrysolithe.

- 1211 -

שְׁלוֹשׁ עֶשְׂרֵה - *Shlosh êssréh* – Treize.

שְׂפָת הַצִּפּוֹרִים - *Safath hatsiporim* – Langue des oiseaux.

שְׁתֵּי טַבָּעוֹת זָהָב - *Shtéi tabaôth zahav* – Deux anneaux d'or.

- 1212 -

שְׁחֹרוֹת כָּעוֹרֵב - *Shehoroth kaôrév* – Noires comme le corbeaux.

מֶלֶךְ וְכֶתֶר מַלְכוּת - *Mélék'h vekéter malkouth* – Roi et couronne royale.

- 1213 -

עַל־אֱלֹהִים יִשְׁעִי וּכְבוֹדִי צוּר־עֻזִּי מַחְסִי בֵּאלֹהִים - *Âl-Élohim yishï ouk'vodi tsour-îzi maḥssi baÉlohim* – « *Sur Élohim est mon salut et ma gloire. Mon fort rocher, mon refuge est en Élohim* » -Psaumes 62:8-.

- 1214 -

אוֹתִיּוֹת הַלָּשׁוֹן – *Othioth halashon* – Lettres labiales.

מֵעֲמַל נַפְשׁוֹ יִרְאֶה יִשְׂבָּע - *Méâmal nafsho Yiréh yshbâ* – « *Par le labeur, son âme verra et se désaltérera* » (Isaïe 53:11).

נַעֲשֶׂה אָדָם בְּצַלְמֵנוּ כִּדְמוּתֵנוּ - *Naâsséh Adam betsalménou kidmoténou* - Faisons Adam dans notre image, à notre ressemblance.

צֵירוּף הָאוֹתִיּוֹת - *Tséirouf haOthioth* - Combinaison des lettres.

שִׁבְעִים לְשׁוֹנוֹת - *Shivûm lashonoth* - Soixante-dix langues.

תּוֹרָה וּנְבִיאִים וּכְתוּבִים - *Torah ounivim veketouvim* - Torah, prophètes et écrits.

- 1215 -

וְעָשָׂה אֶת אֵינוֹ יֶשְׁנוֹ - *Âssah éth éino yésho* - « *Il a fait de son néant son existence* » Séfér Yestsirah (2:6).

וְקָרַב אֹתָם אֶחָד אֶל־אֶחָד לְךָ לְעֵץ אֶחָד; וְהָיוּ לַאֲחָדִים בְּיָדֶךָ - *Veqarav otém éhad él-éhad lek'ah leên éhad, vehayou laah'adim beyadék'ha* –

« *Approche-les vers toi l'un vers l'autre, en un seul arbre : ils seront réunis dans ta main* » -Ézéchiel 37:17-.

יֵשׁ עֵת וּמִשְׁפָּט - *Yésh êth oumishpate* - *Il y a temps et équité* (Qohéléth 8:6).

עָלִיַּת תִּקְרָה - *Âlith tiqrah* - Grenier, rangements au-dessus du plafond.

שִׁבְעִים פָּנִים בַּתּוֹרָה - *Shiviîm panim baTorah* - 70 facettes dans la Torah.

- 1216 -

גְּנֵבָה סִפְרוּתִית - *Guenévah sifroutith* - Vol littéraire, plagiat.

חָכְמָה וּתְבוּנָה רוּחָנִית - *Hokhmah ouTevounah rouhanith* - Sagesse et Intelligence spirituelle.

- 1217 -

שֵׂכֶל בֵּית הַשֶּׁפַע - *Sékél béith hashéfâ* - Conscience maison du Shéfâ.

- 1218 -

הַזֹּרֵעַ בַּצִּמְצוּם יִקְצֹר בַּצִּמְצוּם - *Hazérâ betsimtsoum yeqatsér betsimtsoum* - Celui qui sème chichement moissonnera chichement.

מְהֵיטַבְאֵל בַּת־מַטְרֵד, בַּת מֵי זָהָב - *Méhéitavél bath-Matréd bath Méi-Zahav* - Mehétabeël, fille de Matréd, fille de Méi Zahab (Eau d'or).

קוֹל יְהֹוָה עַל־הַמָּיִם אֵל־הַכָּבוֹד הִרְעִים יְהֹוָה עַל־מַיִם רַבִּים: - *Qol Yhwh âl-hamayim Él-haKavod hirîm Yhwh âl-mayim rabim* - « *La voix de Yhwh est sur les eaux, Él de Gloire tonne, Yhwh est sur les eaux multiples* » -Psaumes 29:3-.

- 1219 -

חָכְמַת הַשֵּׁמוֹת - *Hokhmath hashémoth* - Sagesse des noms.

יוֹצֵר בְּרֵאשִׁית - *Yotsér Beréshith* - Formateur de la Création.

- 1220 -

שֶׁמֶן כָּתִית - *Shémin katith* - Huile pressée, Huile d'olive vierge.

- 1221 -

אֲשֶׁר עָשָׂה מֹשֶׁה – *Ashér âssah Moshéh* - Ce que Moïse a fait.

מָאתַיִם אַרְבָּעִים וּשְׁמוֹנֶה – *Mataïm arbaîm oushmonéh* – Deux cent quarante-huit.

רוּחָנִיּוּת יִשְׂרָאֵל – *Rouahniyouth Yisraél* – La spiritualité d'Israël.

שְׂפַת אֱמֶת – *Sfath éméth* – Langage de vérité, vraie langue.

- 1222 -

אִתְעַבָּתָר לְמַלְכּוּ שֶׁל עוֹלָם - *ktar lemal'ko shél ôlam* - Couronne pour le roi du monde.

מְעָרַת רשבי - *Mârath Rasbi* - Grotte du Rashbi (rabbi Shiméon bar Yoḥaï).

עַיִן רוֹאָה וְאֹזֶן שׁוֹמַעַת - *Âyin roah veozén shomaâth* - Un œil voit et une oreille entend.

פְּרִי עֵץ הַדַּעַת טוֹב וָרַע - *Pareï éts hadaath tov verâ* - Fruit de l'arbre de la Connaissance du bien et du mal.

- 1223 -

אִתְעָרוּתָא דִּלְעֵילָא - *Itârouta dilêila* - Éveil d'en haut.

- 1224 -

אֶסְתֵּר הַמַּלְכָּה בַּת־אֲבִיחַיִל - *Ésther hamlakah bath-Avihayil* - Reine Esther, fille d'Abichaïl.

בִּרְכַּת הַלְּבָנָה מַלְכוּת דָּוִד - *Birkath halevenah Mal'khouth David* - Bénédiction de la lune de la royauté de David.

גָּדוֹל יְהוָה וּמְהֻלָּל מְאֹד בְּעִיר אֱלֹהֵינוּ הַר־קָדְשׁוֹ: - *Gadol Yhwh omhoulal meod baîr élohénou har qadosho* - « Grand, Yhwh, et louable hautement dans la ville de notre Dieu, le mont sacré » (Ps. 48:2).

נֶאֱמָן לֶאֱמֶת בְּרִית - *Neamén leémeth brith* - Fidèle à la vérité de l'alliance.

שְׁמַע קוֹלֵנוּ יְהוָה אֱלֹהֵינוּ חוּס וְרַחֵם עָלֵינוּ - *Shemâ qolénou Yhwh élohéinou houss veraḥém âlinou* - « Entends notre voix, Yhwh notre Dieu, aie pitié de nous ».

- 1225 -

עַתִּיקָא דְעַתִּיקִין - *Âtiqa deâtiqin* - Ancien des anciens (araméen).

סֵפֶר תּוֹלְדֹת אָדָם - *Séfér toldoth Adam* - Livre des engendrements d'Adam.

- 1226 -

אוֹרוֹת הַתָּבוֹר - *Oroth haTavor* - Lumières du Tabor.

מֶלַח נִשְׁמַת מָשִׁיחַ - *Mélaḥ nishmath mashiah* - Le sel est l'âme du Messie.

עֶשְׂרִים וָשֵׁשׁ - *Êsrim vashésh* - Vingt-six.

- 1227 -

אָבוֹא בִבְרִית אֹתָךְ נְאֻם אֲדֹנָי יְהוה - *Avo viverith otak neém Adonaï Yhwh* - « Je viens à toi en alliance, clame Adonaï Yhwh » (Ézéchiel 16:8).

- 1228 -

אַבִּיר שֶׁל אֵשׁ וְחַשְׁמַל - *Abir shél ésh vehashmal* - Chevalier de feu et de ḥashmal.

אוֹתִיּוֹת הַשִּׁנַּיִם - *Othioth hashinaïm* - Lettres dentales.

חֲלִישׁוּת דַּעַת - *halishouth daâth* - Chagrin, affliction - Faiblesse d'esprit.

מַעְיְנֹת תְּהוֹם רַבָּה - *Maêinoth tehom rabah* - Source du grand abime.

שלגיה וְשִׁבְעַת הַגַּמָּדִים – Shelguiah veshivâth hagamadim – Blanche-Neige et les sept nains.

תּוֹרָה בַּכְּתָב וּבְעַל פֶּה – Torah baktav ouvâl pêh – Torah écrite et orale.

- 1229 -

תִּפְאֶרֶת נֶצַח - Tiféréth Nétsah - Beauté, Éternité (sefiroth).

- 1230 -

כַּפּוֹת מֹאזְנַיִם מְעֻיָּנוֹת – Kapoth moznaïm meoûyanoth – Situation équilibrée.

קָדוֹשׁ קָדוֹשׁ קָדוֹשׁ - Qadosh qadosh qadosh - Saint ! Saint ! Saint !

תְּקוּפַת הַבַּרְזֶל – Teqoufath habarzél – Âge de fer.

- 1231 -

אֵשֶׁת לַפִּידוֹת - Ishath Lapidoth – Femme de Lapidoth (de flammes).

כֶּתֶר תּוֹרָה – Kéter Torah – Couronne de la Torah.

נְקֻדַּת הַשִּׁוּוּי שֶׁל הָאָבִיב - Niqoudath hashioui shél haaviv – Équinoxe vernal (printemps).

עֲשֶׂרֶת הַדְּבָרִים - Asséréth hadevarim – Dix commandements.

- 1232 -

אוֹתִיּוֹת הַקֹּדֶשׁ - Othioth haqodésh - Lettres sacrées.

וַיְדַבֵּר יְהוָה אֶל־מֹשֶׁה בְּהַר סִינַי לֵאמֹר: - Vayédabér Yhwh él-Moshé behar Sinaï, lémor - Et Yhwh parle à Moïse, dans la montagne Sinaï, pour dire:.

כֹּרֵת בְּרִית - Karéth brith - Tranche l'alliance.

מַרְאַת הַפְּלָאִים שֶׁל הַמַּיִם - Maroth hapélim shel hamaïm - Miroitement des merveilles sur les eaux.

- 1233 -

מַה־זֹּאת עָשִׂיתָ - Mah zoth âssita - Qu'as-tu donc fait là !

מָקוֹם אֲחִיזַת הַקְּלִפּוֹת - Maqom ahizath haqlipoth - Lieu occupé par les qlipoth.

- 1234 -

קַבָּלַת שַׁבָּת - Qabbalath shabbath - Accueil du Shabbat.

- 1235 -

אַשְׁרֵי תְמִימֵי־דָרֶךְ – Ashréi tamimi-dérékh – « Heureux les intègres en chemin » -Psaumes 119:1-.

לָלֶכֶת עִם הַשֶּׁמֶשׁ – lalék'éth îm hashémésh - Marcher avec le soleil.

- 1236 -

כְּתָתִיּוּת - *Kitatiouth* - Sectarisme, scission en petits groupes.

- 1237 -

שִׁבְעָה חוֹתָמוֹת - *Shivâh hotamoth* - Sept sceaux.

- 1238 -

תָּכִי תֵּבוֹת - *Touki tévoth* - Milieu des mots.

- 1239 -

תּוֹרַת הַקַּבָּלָה הִיא הַסּוֹד - *Torath haqabbalah hi hasod* - La *Torah* de la Kabbale est le secret.

- 1240 -

הֵיטִיבָה יְהֹוָה לַטּוֹבִים וְלִישָׁרִים בְּלִבּוֹתָם: - *Hitivah Yhwh latovim velisharim belibotam* - « *Yhwh*, est bon pour les gens de bien et pour les intègres en leur cœur » -Psaumes 125:4-.

- 1241 -

מְלָאכֶת מַחֲשֶׁבֶת - *Melék'éth mahashévéth* - Chef-d'œuvre, œuvre d'art.

- 1242 -

כְּנִיסַת שַׁבָּת - *Knissath Shabbath* – Entrée du Shabbath.

כָּרַתִּי בְרִית – *Karti brith* – J'ai conclu une alliance.

- 1243 -

כְּמַרְאֵה הַקֶּשֶׁת בֶּעָנָן - *Kemaréh haqéshéth béânan* - Comme la vision de l'arc-en-ciel.

שִׁבְעִים פָּנִים לַתּוֹרָה - *Shiviîm panim latorah* - 70 facettes de la Torah.

- 1244 -

אִישׁ מִצְרִי אִישׁ־עִבְרִי – *Ish mitsri ish îvri* – Homme égyptien, homme hébreu.

הַדַּעַת מְחַבֵּר שְׁנֵי הֲפָכִים – *HaDaâth mehabér shnéi hapak'im* – La connaissance relie deux contradictions.

שְׁכִינַת יְהֹוָה תִּגָּלֶה – *Shekhinah Yhwh tegaléh* – La *Shekhinah* de *Yhwh* sera révélée.

- 1245 -

אַבְרָהָם יִצְחָק יַעֲקֹב מֹשֶׁה וְאַהֲרֹן- *Avraham Ytshaq Yaâqov Moshé veAharon* - Abraham, Isaa, Jacob, Moïse et Aaron.

עֲשָׂרָה כְּתָרִים – *Âssarah ketarim* – Dix couronnes.

שִׁבְעִים אוֹתִיּוֹת – *Shvéîm othioth* – Soixante-dix lettres.

- 1246 -

הִתְגַּלּוּת אִישׁ הָאֱלֹהִים – *Hithgalouth ish haÉlohim* –

Révélation de l'homme de Dieu.

הִתְגַּלּוּת מֶלֶךְ חָדָשׁ – Hithgalouth mélékh hadash – Révélation d'un nouveau roi.

- 1247 -

מֵאָה וַחֲמִשִּׁים וּשְׁלוֹשָׁה דָּגִים גְּדוֹלִים – Méah vahamishim oushloshah daguim gadolim - Cent cinquante-trois grands poissons.

- 1248 -

בְּצַעֲרָא דִּידְהוּ יַדְעֵי בְּצַעֲרָא דַּאֲחְרִינָא לָא יָדְעֵי - Betasâra didehou yadêï betsaâra dahrina la yadêï - Ils connaissent leur propre douleur, mais ne connaissent pas la douleur des autres.

חַמָּה נֹגַהּ כּוֹכַב לְבָנָה שַׁבְתַאי צֶדֶק מֵאָדִים - Hamah nogah kokav levanah shabbtaï tsédéq méédim - Soleil vénus, mercure, lune, saturne, jupiter, mars.

- 1249 -

לֹא־תִירָא מִפַּחַד לָיְלָה מֵחֵץ יָעוּף יוֹמָם- Lo-tiré mipahad laïlah méhéts yaôuf yomam - « Tu ne craindras pas les terreurs de la nuit, ni la flèche qui vole de jour » - Psaumes 91:5-.

- 1250 -

רָחֵל לֵאָה זִלְפָּה בִּלְהָה רִבְקָה שָׂרָה – Rahél Léah Zilpah Bilhah Rivqah Sarah - Rachel Léah Zilpah Bilhah Rébecca Sarah.

- 1251 -

רְשׁוּת הַשֵּׁם - Reshouth ha-shém - Approbation du Nom.

שַׂר הַשֵּׁמוֹת - Sar ha-shémoth - Prince des noms.

- 1252 -

מַעֲשֶׂה לִבְנַת הַסַּפִּיר – Maâsséh livnath hasappir – Œuvre de l'édifice de saphir.

תְּהוֹמָא תַּתָּאָה – Tehoma tataah – Abîme inférieur (araméen).

- 1253 -

סֵפֶר בְּרֵאשִׁית - Séfér Beréshith - Livre de la Genèse.

תְּפִלַּת גֶּשֶׁם – Tefilath guéshém – Prière de la pluie.

- 1254 -

אַתָּה אָהַבְתָּ נַפְשִׁי – Atha ahavta nafshi – Tu es l'amour de mon âme.

- 1255 -

כֶּתֶר לְמַלְכוּת דָּוִד הַמֶּלֶךְ – Kéter lemalkouth david hamélékh –

Couronne de la royauté du Roi David.

רְגָשׁוֹת אַשְׁמָה – Ragashoth ashémah – Sentiments de culpabilité.

שִׁירַת מֹשֶׁה – Shirath Moshé – Cantique de Moïse.

תֵּבַת עֲצֵי־גֹפֶר – Tévath âtsi-gofér – Arche de bois résineux.

- 1256 -

כִּי אֶלֶף שָׁנִים בְּעֵינֶיךָ כְּיוֹם אֶתְמוֹל - Ki éléf shanim beêink'akeyom étmol - Car mille ans sont à tes yeux comme le jour d'hier qui passe.

- 1257 -

שֵׁשׁ מַעֲלוֹת לַכִּסֵּא - Shésh maâloth lakissé - Six degrés du Trône.

- 1258 -

בְּרֵאשִׁית מֹשֶׁה – Beréshith Moshé – Au commencement, Moïse.

וַיַּעַשׂ אֱלֹהִים אֶת־הָרָקִיעַ - Vayaâss Élohim éth-haRaqiâ – « Et Élohim fait l'étendue (firmament) » - Gen. 1:7.

מֹשֶׁה קִבֵּל תּוֹרָה מִסִּינַי – Moshé qibél Torah missinaï – « Moïse a reçu la Torah du Sinaï » - Pirkéi Avoth 1:1.

- 1259 -

תּוֹכֵי תֵּיבוֹת – Toukéi tévoth – Milieu de mots.

- 1260 -

הַקְשִׁיבָה לִי וַעֲנֵנִי אָרִיד בְּשִׂיחִי וְאָהִימָה: – Haqshivah li vaânéni arid beshihi vahimah – « Sois attentif à mon égard et réponds-moi ! J'erre çà et là en soupirant et je m'agite » (Psaumes 55:3).

רָחֵל לֵאָה זִלְפָּה בִּלְהָה רִבְקָה שָׂרָה – Rahél Léah Zilpah Bilhah Rivqah Sarah - Rachel Léa Zilpah Bilhah Rébecca Sarah.

תַּרְשִׁישִׁים - Tarshishim - Chrysolithes (classe d'anges).

- 1269 -

כַּסְפִּית וְגָפְרִית - Kaspith vegafrith – Mercure et soufre.

- 1270 -

דִּמְעַת עוֹפֶרֶת - Dimâth oféréth – Larme de plomb.

זְרִיחַת הַשֶּׁמֶשׁ - Zrihath hashémésh – Lever du soleil.

- 1271 -

חַיּוֹת אֵשׁ מְמַלְלוֹת - Hayoth ésh memalloth - Les Vivantes sont un feu parlant.

מַפְתְּחוֹת שְׁאוֹל - Mafthoth shéol - Clés du Shéol (séjour des morts).

- 1272 -

הַקּוֹשֵׁר וְהַמַּתִּיר – Haqoshér vehamatir – « Le noueur et le délieur » (Thème discussion *Talmud Shabbath 74b*).

- 1273 -

מְנוֹרַת שִׁבְעָה קָנִים – *Menorah shivâh qanim* – Ménorah, chandelier à sept branches.

- 1279 -

אֲנִי אוֹהֶבֶת אֶת הַשֵּׁם חֵן - *Ani ohévéth éth hashém hén* - Je suis amoureux du Nom de Grâce.

אֵשׁ מִתְלַקַּחַת - *Ésh mitlaqahath* - Feu ardent.

- 1278 -

אוֹתִיּוֹת מֵטוֹת – *Othioth moutoth* – Lettres italiques.

- 1281 -

יָם הַמֶּלַח נָשַׁמְתָּ מָשִׁיחַ – *Yam hamélah neshamath mashiah* – La Mer morte (de sel) est l'âme du Messie.

כָּתָר לַמֶּלֶךְ יִשְׂרָאֵל – *Kéter lamélék'h Israel* – Couronne du Roi d'Israël.

סִתְרֵי תּוֹרָה - *Sitréi Torah* - Mystères de la *Torah*.

צֵרוּפִים הַשׁרָשִׁים - *Tséroufim hashorashim* – Combinaisons des racines.

- 1282 -

מִלְחִית אַשְׁלַגְנִית – *Milhith ashlagnith* – Sel de potassium.

שִׁבְעַת שָׂרֵי - *Shivath saréi* - Sept princes.

- 1283 -

בֵּיַת תְּפִלָּה נוֹצְרִי - *Beith-Téfilah Notsri* – Église (litt. Maison de prière nazaréenne).

פָּרַת מֹשֶׁה רַבֵּנוּ – *Parath Moshé rabenou* - Coccinelle.

- 1285 -

בֵּית קָדְשֵׁי הַקָּדָשִׁים – *Beith Qadshéi haQadoshim* – Saint des saints.

- 1289 -

וְאֹרַח צַדִּיקִים כְּאוֹר נֹגַהּ הוֹלֵךְ וָאוֹר עַד־נָכוֹן הַיּוֹם: – *Veorah tsadiqim keor nogah holék vaor âd-nekon hayom* – « La voie des justes est comme la lumière de Vénus, elle va et illumine jusqu'à la perfection du jour » - Proverbes 4:18.

חֲלוֹם יוֹסֵף הִתְעַלָּה עַל חֲלוֹם פַּרְעֹה – *Holam yosséf hitâlah âl holam parôh* – Le rêve de Joseph a surpassé le rêve de Pharaon.

יֹשְׁבוֹת עַל־מְלֵאת – *Yoshévoth âl-miléth* – Siégeant en plénitude.

- 1290 -

שׁוֹשַׁנַּת יְרִיחוֹ - *Shoshanath Yeriho* - Rose de Jéricho.

- 1294 -

תִּקְוַת חוּט הַשָּׁנִי - *Tiqvath hout hashani* - Cordon de fil écarlate.

- 1297 -

גְּבוּרָה תִּפְאֶרֶת - *Gvourah Tiféréth* - Rigueur, Beauté (*sefiroth*).

- 1301 -

יְפֵיפֶה שַׂר הַתּוֹרָה - *Yafyafah sar ha-Torah* - Beau Prince de la Torah.

- 1304 -

הוֹדוּ לַיהֹוָה בְּכִנּוֹר בְּנֵבֶל עָשׂוֹר זַמְּרוּ־לוֹ: - *Hodou laYhwh bekonor benévél âssor zamrou-lo* – « Célébrez *Yhwh* avec la lyre, chantez-le le luth à dix cordes » - Psaumes 33:2-.

- 1305 -

מִתַּת נְשִׁיקָה - *Mitath-neshiqah* - Baiser de la mort.

- 1307 -

וַיְהִי־עֶרֶב וַיְהִי־בֹקֶר יוֹם הַשִּׁשִּׁי - *Vayéhi-êrev vayéhi-boqér yom hashishi* – « Et ce fut et ce fut matin : Jour 6 » - Gen. 1:31 -

רוּחַ נוֹשֶׁבֶת עַל פְּנֵי הַמַּיִם - *Rouah noshévéth âl pnéi hamaïm* – Le vent souffle sur les eaux.

תַּחַת הַתַּפּוּחַ - *Tahath hatapouah* – Sous le pommier.

- 1308 -

יְגִיעַ כַּפֶּיךָ כִּי תֹאכֵל אַשְׁרֶיךָ וְטוֹב לָךְ: - *Yeguiâ kapéik'a ki tok'él ashréik'a vetov lak'h* – « *Car tu manges le fruit de tes mains, tu es heureux et c'est bon pour toi* » - Psaumes 128:2-.

- 1310 -

אַרְבַּע מֵאוֹת שֶׁקֶל כֶּסֶף - *Arbâ méoth shéqél késséf* - Quatre cent sicles d'argent.

בְּתִשְׁרֵי נִבְרָא הָעֹלָם - *Be-Tishréi nivra ha-ôlam* - Au mois de Tishréi a commencé le monde.

רִשְׁתִית - *Rishtith* - Rétine.

שְׁנַת יְשָׁרִים - *Shenath yesharim* - Le sommeil du juste.

- 1311 -

הוֹפֶכֶת עוֹפֶרֶת לַזָּהָב – *Hofékéth ôféréth lazahav* - Transmutation du plomb en or.

הִתְרוֹמְמוּת רוּחַ – *Hithromemouth rouah* - Extase - Élévation spirituelle.

שַׂר תַּתְוָה - *Sar haTorah* - Prince de la *Torah* - Ange préposé à la *Torah* (Yofiél).

315

- 1312 -

סְעוּדַת לֵיל שַׁבָּת - *Seoûdah léil shabbath* - Repas de Shabbath.

- 1313 -

תְּחִיַת הַמֵּתִים - *Thiyath ha-métim* - Résurrection des morts.

- 1314 -

תַּרְדֵּמַת דּוֹרְמִיטָא - *Tardémah dormita* - Torpeur de la transe.

- 1316 -

כְּדַת מֹשֶׁה וְיִשְׂרָאֵל - *Kedath moshé veYsrael* - Conforme à la loi de Moïse et d'Israël.

- 1317 -

אַרְיֵה שׁוֹר נֶשֶׁר אָדָם - *Ariéh shor néshér Adam* - Lion, taureau, aigle, homme.

- 1319 -

מֶלֶךְ עַל-יִשְׂרָאֵל בִּירוּשָׁלַם - *Mélék'h âl-Ysraël beYroushalaïm* - Roi sur Israël dans Jérusalem.

רָאשֵׁי תֵּבוֹת - *Rashéi tévoth* - Acronymes (têtes des mots).

- 1321 -

וְאֵלֶּה תֹּלְדוֹת עֵשָׂו הוּא אֱדוֹם: - *Veéléh toldoth Êssav hou Édom* – « Voici les enfantements d'Ésaü, lui Édom (rouge) » *(Gen. 36:1).*

שׁוֹשַׁנַּת הָעֲמָקִים - *Shoshanath haâmaqim* – Rose des vallées.

- 1322 -

הַטּוֹב הַפְּנִימִי הַמִּסְתַּתֵּר – *Hatov hapnimi hamistatér* – Le bien intérieur caché.

מַיִם רַבִּים לֹא יוּכְלוּ לְכַבּוֹת אֶת-הָאַהֲבָה - *Mayim rabim lo youk'lo lek'aboth éth-haahvah* – « Les grandes eaux ne peuvent éteindre cet amour » (Cantique des Cantiques 8:7).

רוּחַ אֱלֹהִים בְּחָכְמָה בִּתְבוּנָה וּבְדַעַת - *Rouah Élohim beHokhmah biTevounah ouvDaâth* - Esprit d'Élohim en Sagesse, Intelligence et Connaissance.

- 1323 -

אֵשׁ שְׁחוֹרָה עַל-גַּבֵּי אֵשׁ לְבָנָה - *Ésh shahorah âl-gavéi Ésh levanah* - Feu noir sur feu blanc.

מָתְנָיו חֲגֻרִים בְּכֶתֶם אוֹפָז - *Matnaïv hagourim bé-Kétém paz* - Hanches ceintes d'or fin pur.

- 1324 -

סוֹף מַעֲשֶׂה יוֹם הַשַּׁבָּת – *Sof maâsséih yom shabbath* – Fin de l'œuvre du Shabbath.

רְבִּי שִׁמְעוֹן בַּר יוֹחַאי מֵאֶרֶץ הַגָּלִיל – *Rabbi Shiméôn bar Yohaï méréts haGalil* – Rabbi SHiméon bar Yoħaï de la terre de Galilée.

שֶׁם-יוֹסֵף צָפְנַת פַּעְנֵחַ – *Shém Yosséf Tsafnath Pânéha* – Nom de Joseph : Tsafnath Panéaḥ.

- 1325 -

דֶּלֶת פְּתוּחָה בַּשָּׁמַיִם – *Déléth ptouhah bashamayim* - Porte ouverte dans les cieux.

שֶׁבַע פִּלְאֵי תֵּבֵל – *Shévêth piléi tévél* - Les sept merveilles du monde.

שִׁירַת הַבַּרְבּוּר – *Shirath habarbour* – Le chant du cygne.

- 1326 -

הֶסְתֵּר אֶסְתֵּר – *Héstér Ésthér* – Masquer Esther.

יוֹנָתִי תַמָּתִי – *Yonathi tamathi* – « Ma colombe, ma parfaite ».

יִשָּׂא יְהוָה פָּנָיו אֵלֶיךָ וְיָשֵׂם לְךָ שָׁלוֹם: – *Ysha Yhwh panaïv veyashém lék'h shalom* – « Yhwh tourne sa face vers toi et te donne la paix » - Numbers 6:26.

נְפִילַת סְפִירוֹת – *Nefilath sefiroth* - Chute des *sefiroth*.

עֶשֶׂר סְפִירוֹת – *Éssér sefiroth* - 10 *sefiroth*.

- 1328 -

מַעֲשֵׂה בְרֵאשִׁית – *Maâsséh Beréshith* - Œuvre de la création.

שִׁבְעַת הָרָאשִׁים – *Shivâh harashim* - Sept têtes.

- 1329 -

רָאשֵׁי תֵּיבוֹת – *Rashéi téivoth* – Initiales, acronymes.

תִּפְאֶרֶת אַבְרָהָם – *Tiféréth Abraham* - Beauté d'Abraham.

- 1330 -

מוּסְתָּר בַּהַר הַבַּיִת – *Moustar bahar haBayith* – Caché dans le Mont du Temple.

- 1331 -

אוֹרוֹת הַתְּשׁוּבָה – *Oroth hateshouvah* – Lumière de la Teshouvah.

סִתְרָא גּוֹ סִתְרָא – *Sitra go sitra* - Occulte dans l'occulte *(araméen)*.

- 1332 -

שְׁנַיִם עָשָׂר חֳדָשִׁים – *Shtéïm âssar hadashim* - Douze mois.

- 1333 -

סְפִירוֹת הָעֶלְיוֹנוֹת – *Sefiroth haêliyonoth* – *Sefiroth* supérieures.

- 1335 -

וַיִּשְׂאוּ אֶת-יוֹנָה וַיְטִלֻהוּ אֶל-הַיָּם וַיַּעֲמֹד הַיָּם מִזַּעְפּוֹ: – *Vayissou éth-Yonah vaïtilouhou él-hayam vayâmod hayam mizâpo* – « Ils portent Jonas et le jettent à la mer. La mer arrête sa fureur » -Jonah 1:15-.

תּוֹרָה שֶׁבִּכְתָב - Torah shabiktav - Torah écrite.

- 1336 -

חוֹתָם בְּתוֹךְ חוֹתָם – Ḥotém betok hotém – Sceau dans le sceau.

לָשׁוֹן חָק מַכְרִיעַ בִּנְתַּיִם - Lashon haq mekriâ bintaïm - La Langue légifère entre les deux.

- 1337 -

חַיּוֹת בְּרֵאשִׁית – Ḥayoth beréshith - Animaux préhistoriques.

צְרוֹר הַנְּפָשׁוֹת - Tseror haneshamoth - Faisceau des âmes.

- 1338 -

דַּעַת תַּחְתּוֹן - Daâth Taḥton - Connaissance inférieure.

- 1339 -

אָרִיתִי מוֹרִי עִם־בְּשָׂמִי – Ariti morié îm-bessami – « Je recueille ma myrrhe avec mon parfum » (Cant. 5:1).

הֵבִיא בְּכִלְיוֹתָי בְּנֵי אַשְׁפָּתוֹ: – Hévi beklioti vnéi ashpato – « Il fait venir dans mes reins les fils de son carquois » (Lam. 3:13).

- 1340 -

מִתַּחַת לִפְנֵי הַשֶּׁטַח – Mitaḥath lifnéi hashétaḥ - Sous la surface, à huis clos.

- 1341 -

הִשָּׁאֲרָת הַנֶּפֶשׁ – Hasharath-Hanéfésh - L'immortalité de l'âme.

- 1342 -

מִצְוַת לֹא תַעֲשֶׂה – Mitsvoth lo taâsséh – Préceptes négatifs.

- 1347 -

אוֹתִיּוֹת מַחְכִּימוֹת – Othioth maḥkimoth – « Les lettres rendent sage », lettres éclairantes, inspirantes.

- 1350 -

מֵאִגְּרָא רָמָא לְבֵירָא עֲמִיקְתָּא - Méïgara rama levéida âmiqta - Une baisse soudaine de statut (litt. D'un toit haut à une fosse profonde - araméen).

- 1354 -

עוֹלָמוֹת וּנְשָׁמוֹת - Ôlamoth ouneshamoth - Mondes et âmes.

- 1355 -

מוֹרֶשֶׁת אָבוֹת - Moréshéth Aboth - Héritage ancestrale.

- 1356 -

וְאַל תְּבִיאֵנוּ לִידֵי נִסָּיוֹן כִּי אִם חַלְּצֵנוּ מִן הָרָע - *Veal-teviénou lidéi nissayon ki im-ẖaltsénou min-haraâ* - Et ne nous soumets pas à la tentation, mais délivre-nous du mal.

- 1358 -

בָּרוּךְ שֵׁם כְּבוֹד מַלְכוּתוֹ לְעוֹלָם וָעֶד׃ - *Barouk shém kevod malkouto leôlam vaêd* – « *Béni soit le nom de son royaume glorieux pour toujours et à jamais* » -Talmud, Pesaẖim 56a-.

כָּל־הָעָם רֹאִים אֶת־הַקּוֹלֹת – *Kal-haâm roïm éth-haqoloth* – « *Tout le peuple voit les voix* » (Exode 20:18).

נֵרוֹת שַׁבָּת - *Néroth shabbath* – Bougies de Shabbath.

- 1359 -

אֶבֶן מָאֲסוּ הַבּוֹנִים הָיְתָה לְרֹאשׁ פִּנָּה׃ - *Évén maassou habonim hayétah lerosh pinah* – « *La pierre que les bâtisseurs ont rejetée est tête d'angle* » (Ps. 118:22).

שִׂמְחַת תּוֹרָה - *Simẖath Torah* - Joie de la *Torah*.

- 1360 -

אוֹת בְּסֵפֶר תּוֹרָה - *Oth beSéfér Torah* – Une lettre (signe) dans le Séfér Torah.

כְּעֵין תַּרְשִׁישׁ - *Keëin tarshish* - Comme la vision de la chrysolithe.

סֵתֶר מִסֵּתֶר – *Séter misétér* – Occulte de l'occulte – Mystère du mystère.

שָׁתִיתִי יֵינִי עִם־חֲלָבִי – *Shatiti yéini îm-halavi* – « *Je bois mon vin avec du lait* » (Cant. 5:1).

- 1361 -

קֶשֶׁר הַסְּפִירוֹת - *Qéshér ha-sefiroth* - Connection des *sefiroth*.

- 1363 -

פָּרָשַׁת הַשָּׁבוּעַ - *Parashath hashevouâh* - Péricope de la semaine.

רוּחַ אֱלֹהִים מְרַחֶפֶת עַל־פְּנֵי הַמָּיִם - *Rouaẖ Élohim meraẖéféth âl-pnéi hamayim,* - Le Souffle d'*Élohim* plane sur les faces des eaux,.

- 1365 -

זְמִירוֹת שַׁבָּת - *Zmiroth shabbath* - Louanges de Shabbath.

- 1368 -

אָסְנַת בַּת־פּוֹטִי פֶרַע – *Asnath bath-Poti-Férâ* – Asnath, fille de Potiphéra.

חָכְמַת גִּלְגּוּל הָאוֹתִיּוֹת - *Ḥokhmath guilgoul haothioth* - Sagesse de la rotation des lettres.

- 1369 -

וְרוּחַ אֱלֹהִים מְרַחֶפֶת עַל־פְּנֵי הַמָּיִם: - Verouah Élohim merahéféth âl-pnéi hamayim – « Et le souffle d'Élohim vibrait sur les faces des eaux » (Genèse 1:2).

חֶסֶד גְּבוּרָה תִּפְאֶרֶת - Hesséd Gvourah Tiféréth - Bienveillance, Rigueur, Beauté (sefiroth).

מַחְשָׁבוֹת זָרוֹת - Mahshavoth zaroth – Pensée étrangères.

ç – Réshéth gonith – Réseau tonal.

שִׁבְעָה שׁוֹפְרוֹת – Shivâh shofroth – Sept shofars (cornes).

- 1370 -

עַשְׁתֹּרֶת - Âshtoreth - Astarté.

- 1371 -

וְהִקְטִירָם הַכֹּהֵן הַמִּזְבֵּחָה לֶחֶם אִשֶּׁה לְרֵיחַ נִיחֹחַ כָּל־חֵלֶב לַיהֹוָה: – Vehiqtiram hakohén hamizbéhah léhém ishah leréiha nihohah kal-hélév laYhwh – « Le prêtre les encense à l'autel, pain, feu, odeur agréable, toute graisse est pour Yhwh » (Lév. 3:16).

סוֹד הַמַּקְשִׁיבוֹת בַּתֻּכִּי – Sod hamaqshivoth batouki – Le secret d'écouter en moi.

רֹאשׁ שְׂנִיר וְחֶרְמוֹן – Rosh Shénir veHermon – Sommet du Shénir et de l'Hermon.

- 1374 -

וַיִּיצֶר יְהֹוָה אֱלֹהִים אֶת־הָאָדָם עָפָר מִן־הָאֲדָמָה – Vayitsér Yhwh Élohim éth-haadam âfar min-haadamah – « Et Yhwh Élohim forma l'Adam de la poussière de l'Adamah » (Genèse 2:7).

נִשְׁמַת הַתַּעֲנוּגִים - Nishmath ha-taânouguim - Âme des délices.

- 1375 -

מַעֲרֶכֶת הַשֶּׁמֶשׁ - Maârékéth Hashémésh - Système solaire.

- 1376 -

יְדִיעַת הַמָּשִׁיחַ וְחָכְמַת הַגּוֹאֵל – Yediâth hamashiah vehak'hmath hagoél - La connaissance du Messie et la sagesse du Sauveur.

עֶשְׂרִים וּשְׁתַּיִם - Êsrim oushtaïm - Vingt-deux.

- 1377 -

נִבְהָל לַהוֹן אִישׁ רַע עָיִן וְלֹא־יֵדַע כִּי־חֶסֶר יְבֹאֶנּוּ: – Nivéhal lahon ish râ âyin velo-yédâ ki-hassar yevoénou – « L'homme au mauvais œil se hâte pour s'enrichir, mais il ne sait pas que la disette adviendra » - Proverbes 28:22.

עֲמֻקּוֹת הַסְּפִירוֹת – Âmouqoth ha-sefiroth – Profondeurs des sefiroth.

עֶשֶׂר וְלֹא תֵשַׁע – Êssér velo téssâ – 10 et pas 9.

- 1386 -

בְּכָל אָדָם מְתַקְנָא חוּץ מִבְּנוֹ וְתַלְמִידוֹ – Bek'al adam metaqna houts mivno vetalmido - Une personne peut avoir de la jalousie, excepté pour son fils et pour son élève.

הַשָּׁמַיִם הַחֲדָשִׁים וְהָאָרֶץ הַחֲדָשָׁה – Hashamayim hahadashim vehaaréts hahadashah – Les nouveaux cieux et la nouvelle terre.

עֲחַרְצִית רֵיחָנִית – Âhrtsith réihanith - Chrysanthème parfumé.

- 1388 -

לִישׁוּעָתְךָ קִוִּיתִי יְהוָה: – Lishouâthk'a qiviti Yhwh – « J'espère ton salut, Yhwh » - Genèse 49:18.

- 1390 -

שְׁנַת שֶׁמֶשׁ – Shanath shémésh – Année solaire.

- 1391 -

מִסֵּתֶר אֶל סֵתֶר – Miséter él séter – D'occultation en occultation.

- 1395 -

וַאֲנִי הִנְנִי מֵקִים אֶת־בְּרִיתִי – Vaani hineni méqim éth-briti - « Et moi, me voici, je dresse mon Alliance » - Gen. 9:9.

- 1396 -

מִמָּחֳרַת הַשַּׁבָּת – Mimaharath haShabbath - Lendemain du Shabbath.

נְתִיבוֹת פְּלִיאוֹת – Netivoth plioth – Sentiers merveilleux.

- 1400 -

תְּלַת רֵישִׁין - Tlath rishin - Trois têtes (araméen).

- 1405 -

קְרִיאַת הַתַּרְנְגוֹל - Qriath hatarngol - Chant du coq.

- 1406 -

מִשְׁתֵּה אֶסְתֵּר - Mishtêh Esther - Festin d'Esther.

יְשָׁרִים צַדִּיקִים חֲסִידִים קְדוֹשִׁים – Yessarim tsadiqim hassidim qedoshim – Intègres, justes, dévots, saints.

מַצְרֵף לַכֶּסֶף וְכוּר לַזָּהָב וּבֹחֵן לִבּוֹת יְהוָה: – Matsréf lakésséf vekour lazahav ouvohén livoth Yhwh – « La raffinerie pour l'argent et le creuset pour l'or; mais Yhwh éprouve les cœurs » Proverbes 17:3.

תִּיקוּן נִשְׁמַת הָאָדָם – Tiqoun nishmath haAdam – Réparation de l'âme humaine.

- 1407 -

לְשׁוֹנוֹת אֲחֵרוֹת - Lashonoth aharoth - Autres langues.

- 1409 -

תַּרְדֵּמַת שֵׁינָה - Tardémah shéinah - Torpeur du sommeil.

- 1411 -

הִתְקַשְׁרוּת - Hitqashrouth - Connexion, relation ; contact.

- 1413 -

וַיַּפֵּל יְהוָה אֱלֹהִים תַּרְדֵּמָה עַל־הָאָדָם וַיִּישָׁן - Va-yapél Yhwh-Élohim tardémah âl haAdam va-yishan – « Yhwh-Élohim fait tomber une torpeur sur l'Adam et il dort » -Genèse 2:21-.

עֶשֶׂר סְפִירוֹת בְּלִימָה - Êssér sefiroth belimah - 10 sefiroth dans l'indicible.

- 1418 -

אוֹתִיוֹת מֵאַבָּא וְתָגִין מֵאִמָּא - Othitoh me-abba vetaguin me-imma - Lettres du Père et couronnes de la Mère.

- 1419 -

חָכְמַת הַעֲלָאַת הַמֵּת - Hokhmath haâlath hamavéth - Science des évocateurs de la mort.

נְהָרוֹת יִמְחֲאוּ־כָף יַחַד הָרִים יְרַנֵּנוּ: - Neharoth ymehaou-kaf, yahad harim yeranénou. - « Les fleuves applaudissent, unies les montagnes chantent ! » -Psaumes 98:8-.

- 1420 -

בָּרוּךְ הַבָּא בְּשֵׁם יְהוָה בֵּרַכְנוּכֶם מִבֵּית יְהוָה: - Barouk haba beshém Yhwh, kérak'nouk'ém mibéith Yhwh – « Béni soit celui qui vient au nom de Yhwh ! Nous vous bénissons de la maison de Yhwh » (Psaumes 118:26).

שִׂמְחָה עֶצֶב כַּעַס גֹּעַל הַפְתָּעָה פַּחַד - Simhah Êtsév Kaâss Goâl Haftaâh Pahad - Joie, tristesse, colère, dégoût, surprise, peur.

- 1423 -

לַעֲלוּקָה שְׁתֵּי בָנוֹת הַב הַב - Laâlouqah shtéi vanouth hav hav – « Pour âlouqah (sangsue), deux filles : Hav ! Hav ! (Donne ! Donne !) » -Proverbes 30:15-.

שֶׁלֹּא עַל מְנָת לְקַבֵּל פְּרָס - Shélo âl menath leqabél prass - Agir de façon désintéressée - Altruiste.

תְּפִלַּת הַשַּׁחַר – Tefilath hashahar – Prière du matin.

- 1426 -

הִתְפַּעֲלוּת הַנֶּפֶשׁ - Hitpaâlout hanéfésh - Exaltation de l'âme.

וְהַחַיּוֹת רָצוֹא וָשׁוֹב כְּמַרְאֵה הַבָּזָק: - Vehahayoth ratso vashov kmaréh habazaq – « Et les Ḥayoth vont et viennent, comme la vision de la foudre » (Ezeckiel 1:14).

כִּי־רָם יְהֹוָה וְשָׁפָל יִרְאֶה וְגָבֹהַּ מִמֶּרְחָק יְיֵדָע: - *Ki-ram Yhwh veshafal yréh vegavoha mimérhaq iyédâ* – « Car *Yhwh* est élevé, il voit ce qui est abaissé Et reconnaît de loin les arrogants » (Psaumes 138:6).

מַרְאֶה זֶה מִשְׁתַּקֵּף בַּמַּרְאֶה - *Maréh zéh mishtakéf bamarah* - Ce miroir est réfléchi dans le miroir.

- 1428 -

הַזְכָּרַת נְשָׁמוֹת - *Hazkaroth neshamoth* - Évocation des âmes (souvenir des disparus).

- 1431 -

שַׁעַר בֵּית הַמִּקְדָּשׁ - *Shaâr Béith hamiqdash* - Porte du Temple.

- 1432 -

זֹאת אוֹת־הַבְּרִית - *Zoth oth-habrith* - Celle-ci est le marque de l'Alliance.

אִשָּׁה כֻשִׁית צִפּוֹרָה - *Ishah koushith Tsiporah* - La femme éthiopienne Tsiporah.

- 1439 -

תְּקוּפַת תַּמּוּז - *Teqoufath tamouz* – Saison d'été.

- 1442 -

שְׁלוֹשִׁים וּשְׁתַּיִם - *Shloshim oushtaïm* - Trente-deux.

שְׁנַת בַּצֹּרֶת - *Shanath batsoréth* – Année de sécheresse.

- 1444 -

נֹתֵן לֶחֶם לְכָל־בָּשָׂר כִּי לְעוֹלָם חַסְדּוֹ: - *Notén léhém lekal-bassar ki leôlam hassdo* - « *Il donne du pain à toute chair, car éternelle est Sa Bonté* » -Psaumes 136-25-.

- 1447 -

אוֹתִיּוֹת שֶׁל טַל וּמָטָר - *Othioth shél tal oumatar* – Lettres de rosée et de pluie (Très petits caractères).

- 1448 -

הָרִיעוּ לַיהוָה כָּל־הָאָרֶץ פִּצְחוּ וְרַנְּנוּ וְזַמֵּרוּ: - *Harîou laYhwh kal-haaréts pitshou vérénenou vezamérou* – « *Acclamez Yhwh, toute la terre ! Exultez, vibrez, chantez !* » - Psaumes 98:4 -.

שַׁרְשֶׁרֶת גְּדוֹלָה - *Sharshéréth guedolah* - Grande chaîne.

תַּחַת־תֹּמֶר - *Tahath tomér* – Sous le palmier.

- 1449 -

לְהַגִּיד בַּבֹּקֶר חַסְדֶּךָ; וֶאֱמוּנָתְךָ, בַּלֵּילוֹת: - *Lehiguid baboquér hassedék'a vé-émounatk'a baléiloth* – « *Annoncer ta bonté dès matin et ta confiance durant les nuits* » - Psaumes 92:3 -.

שַׁלְבֶּקֶת חוֹגֶרֶת - *Shalbéqéth hoguéréth* - Zona.

תְּשׁוּבָה וּתְפִילָה וּצְדָקָה - *Teshouvah ve-tefilah outsedaqah* - Repentir, prière et charité.

- 1453 -

בָּרוּךְ אַתָּה יְיָ אֱלֹהֵינוּ מֶלֶךְ הָעוֹלָם בּוֹרֵא מָאוֹר - *Barouk atha YY élohénou mélékh haÔlam boré meor* - Béni sois-tu Y'y notre Dieu, roi du monde, créateur de la lumière.

וַיּוֹצָא נוֹזְלִים מִסָּלַע וַיּוֹרֶד כַּנְהָרוֹת מָיִם: - *Vayotsi nozlim missalâ vayoréd kanharoth mayim* - Il fit jaillir des liquides du rocher, et descendre, comme des fleuves, les eaux..

תַּחַת הַשָּׁמֶשׁ - *Tahath haShémésh* - Sous le soleil.

- 1460 -

וּמֵעֵץ הַדַּעַת טוֹב וָרָע לֹא תֹאכַל - *Ouméêts haDaâth tov veraâ lo tok'al* - « Mais de l'arbre de la connaissance du bien et du mal, tu n'en mangeras pas ».

נַייחִין בְּרֵישָׁא וְתַקִיפִין בְּסֵיפָא - *Naihin berisha vetqifin besifa* - Passif au début et affirmatif à la fin. Méthode d'interprétation.

שַׁבַּת שַׁבָּתוֹן - *Shabbath shabbaton* - Shabbath shabbatique.

שָׁמַיִם אֶרֶץ חֹשֶׁךְ תְּהוֹם - *Shamaîm éréts hoshék tehoum* - Cieux, terre, obscurité, abîme.

- 1462 -

וְאַךְ אֶת־דִּמְכֶם לְנַפְשֹׁתֵיכֶם - *Vak-damk'ém lanafshotaik'ém* - « Votre sang est seulement pour vos âmes ».

- 1468 -

נְתִיבוֹת פְּלִיאוֹת חָכְמָה - *Netivoth plioth Hokhmah* - Sentiers merveilleux de la Sagesse.

- 1471 -

הַשְׁתָּלְשְׁלוּת - *Hishtalshlouth* - Enchaînements progressifs.

- 1472 -

רֶשֶׁת עֲצַבִּית - *Réshéth âtsavith* - Réseau neuronal.

שִׁבְעָה שׁוֹפְרוֹת הַיּוֹבְלִים - *Shivâh shofroth hayobelim* - Sept shofars des jubilés (Josué 6:4).

- 1474 -

אַשְׁרֵי אָדָם מָצָא חָכְמָה וְאָדָם יָפִיק תְּבוּנָה: - *Ashréi ! Adam matsa Hokhmah veAdam yafiq Tevounah* - « Heureux ! Homme qui trouve la Sagesse et homme qui partage l'intelligence » -Proverbes 3:13-.

- 1477 -

הוּצַק חֵן בְּשְׂפְתוֹתֶיךָ - *Houtsaq hén besftotéik'a* - « La grâce coule de tes lèvres » (Psaumes 45:3).

יִשָּׁקֵנִי מִנְּשִׁיקוֹת פִּיהוּ - *Yshaqéni mineshiqoth pihou* - « *Qu'il me baise des baisers de sa bouche* » (Cantique des Cantiques 1:2).

שַׁרְשֶׁרֶת הַחֶסֶד - *Sharshéréth hahesséd* - Chaîne de bienveillance.

- 1479 -

אוֹתִיּוֹת מְחֻבָּרוֹת - *Othioth mehoubaroth* - Lettres connectées.

- 1480 -

שֶׁבַע שַׁבָּתוֹת - *Shevâ shabatoth* - Sept Shabbath.

- 1484 -

נְתִיבוֹת הַתּוֹרָה - *Netivoth haTorah* - Chemins de la Torah.

- 1486 -

תְּפִלַּת וָתִיקִין - *Tefilath vatiqoun* - Prière du lever du soleil.

- 1490 -

אַסְפַּקְלַרְיָא שֶׁאֵינָהּ מְצוּחְצָחַת - *Apasqlaria shééinah metsouhtsahth* - Miroir qui n'est pas immaculé.

- 1492 -

רֹאשׁ הַשָּׁנָה הָאֶזְרָחִית - *Rosh hashanah haézrahith* - Jour de l'an (du calendrier grégorien).

- 1495 -

א ב ג ד ה ו ז ח ט י כ ל מ נ ס ע פ צ ק ר ש ת - - Somme des lettres de l'alphabet hébreu.

דִּבְרֵי קֹהֶלֶת בֶּן-דָּוִד, מֶלֶךְ בִּירוּשָׁלָם: - *Divra Qohéléth ben-David, mélékh bYroushalaïm* - « *Parole de l'Ecclésiaste, fils de David, roi de Jérusalem* » (Ecclesiastes 1:1).

עַל הַבַּרְזֶל יֵשׁ לְהַכּוֹת כְּשֶׁהוּא חַם - *Âl habarzél yésh lehakoth keshéhou ham* - Il faut battre le fer tant qu'il est chaud.

ת זֹאת הָאוֹת הָאַחֲרוֹנָה - *Tav, zoth haoth haaharonah* - Tav : cette lettre est la dernière.

תּוֹרָה לְלֹא אוֹתִיּוֹת - *Torah lelo otioth* - Torah sans lettres.

תּוֹרַת הֶיחַסּוּת - *Torath héihassouth* - Théorie de la relativité.

- 1496 -

גַּן נָעוּל אֲחֹתִי כַלָּה גַּל נָעוּל מַעְיָן חָתוּם - *Gan naôul ahoti kalah gal naôul maâyan hatoum* - « *Jardin clos, ma sœur-fiancée, onde close, source scellée* » - Cant. 4:12.

וְנַחְתּוֹם בְּטַבַּעַת הַמֶּלֶךְ אֵין לְהָשִׁיב - *Venahtom betabaâth hamélékh éin lehashiv* - « *et scellé avec*

l'anneau du roi est irrévocable »
- Esther 8:8.

וַיְהִי כָל־הָאָרֶץ שָׂפָה אֶחָת וּדְבָרִים
אֲחָדִים: – Vayehi kal-haaréts safah
éhath oudvarim ahadim – « Et toute
la terre avait une seule langue et
les mêmes paroles » - Gen. 11:1.

- 1497 -

נוֹטֵל רְשׁוּת וְנוֹטֵל נְשָׁמָה – Notél
reshouth ne notél – « Il reçoit la
permission et enlève l'âme » -
Bava Batra 16a.

מֶטַטְרוֹן לָשׁוֹן הַלְּשׁוֹנוֹת –
Métatron, lashon halashonoth –
Métatron, langue des
langues.

- 1499 -

אֶת הַשָּׁמַיִם וְאֵת הָאָרֶץ - Éth
hashamayim vééth haaréts - Et les
cieux et la terre.

שָׂם אֶת הַקְּלָפִים עַל הַשֻּׁלְחָן -
Shém éth haqlafim âl hashoulhan -
Mettre ses cartes sur la table.

- 1500 -

דֶּרֶךְ־פִּקּוּדֶיךָ הֲבִינֵנִי וְאָשִׂיחָה
בְּנִפְלְאוֹתֶיךָ: - Dérékh piqoudéik'a
veassihah beniflotéik'a - « Fais-moi
comprendre la voie de tes
préceptes, et je méditerai sur tes
merveilles » -Ps. 119:27-

- 1511 -

הִסְתַּכְּלוּת פְּנִימִית - Histaklouth
pnimith - Contemplation.
Réflexion intérieure.

קְדֻשַּׁת הַשַּׁבָּת - Qedoushath
haShabbath - Sanctification du
Shabbath.

- 1514 -

נְשָׁמוֹת חֲדָשׁוֹת - Neshamoth
hadashoth - Nouvelles âmes.

- 1517 -

וַיֹּאמֶר אֱלֹהִים יְהִי אוֹר; וַיְהִי־אוֹר:
וַיַּרְא אֱלֹהִים אֶת - Vayomé Élohim
yehi or, vayehi-or, Vayare Élohim éth –
« Élohim dit : sera lumière et
lumière sera. Élohim voit : ça ».
יְהַלְלוּהוּ שָׁמַיִם וָאָרֶץ יַמִּים וְכָל־
רֹמֵשׂ בָּם: - Yhalelouhou shamaïm
veéréts yamim vekal-rossém bam –
« Que les cieux et la terre le
louent, les mers et tout ce qui
s'y meut » (Ps. 69:35).

- 1518 -

וְנֹחַ בֶּן־שֵׁשׁ מֵאוֹת שָׁנָה - VeNoah
bén-shésh méoth shanah – Et Noé
avait 600 ans.

עֵץ־חַיִּים הִיא לַמַּחֲזִיקִים בָּהּ
וְתֹמְכֶיהָ מְאֻשָּׁר: - Êts-hayim hi
lamahéziqim bah vetomkéiha meoushér
– « C'est un arbre de vie pour
qui la saisit, et qui la tient
devient heureux » - Proverbes
3:18.

- 1519 -

שִׁין שֶׁל אַרְבָּעָה רָאשִׁים - Shin shél arbaâh rashim - Shin à quatre têtes.

- 1522 -

בָּרוּךְ עוֹשֵׂה בְּרֵאשִׁית – Barouk'h ôsséh Beréshith – Béni soit le faiseur du Commencement .

- 1523 -

נְתִינַת אוֹרוֹת - Netinath oroth - Don des lumières.

- 1524 -

בְּרֵאשִׁית תּוֹרָה – Beréshith Torah – Au commencement de la Torah.

שְׁתֵּי שְׁבָלֵי הַזֵּיתִים - Shtéi shivaléi hazétim – Deux rameaux d'oliviers.

תֻּשְׁבַּחְתָּא חַדְתָּא – Toushbéhta hadta – Hymne nouveau (araméen).

- 1528 -

מְטַטְרוֹן שֶׁשְּׁמוֹ כְּשֵׁם רַבּוֹ – Metatron shéshemo keshém rabo – « Métatron dont le nom est comme celui de son maître » - Tal. Sanhedrin 38b.

- 1525 -

עֶזְרִי מֵעִם יְהֹוָה עֹשֵׂה שָׁמַיִם וָאָרֶץ: - Êzri méïm Yhwh osséh shamayim vaaréts – « Mon secours vient de Yhwh, Faiseur de cieux et de terre » - Psaumes 121:2-.

שְׁנֵי צַנְתְּרוֹת הַזָּהָב - Shnéi tsantroth hazahav – Deux tubes d'or.

- 1527 -

הִתְרוֹמְמוּת נֶפֶשׁ – Hithromemouth néfésh – Extase - Élévation d'âme.

- 1532 -

הִתְרַחֲקוּת מָאוֹר עֶלְיוֹן - Hitrahaqouth maor êlion - Éloignement de la lumière supérieure.

- 1535 -

אִתְגְּזַר בְּמִלָּה אִתְעַר הָכִי לְעֵילָא - Igteguezar bemilah ithâr hak'i leêila – « un mot prononcé [en bas], s'éveille en haut » - Zohar ktav 31b.

- 1540 -

בְּרֵאשִׁית בָּרָא מָשִׁיחַ בֶּן דָּוִד - Beréshith bara Mashiah bén David – Au commencement, il créa le Messie fils de David.

כִּי בְּרֹב חָכְמָה רָב־כָּעַס וְיוֹסִיף דַּעַת יוֹסִיף מַכְאוֹב - Ki berov hakhmah rav-kaâss veyossif daâth mak'ov – « Car à trop de Sagesse, trop de colère. Qui ajoute à la Connaissance ajoute à la douleur » (Ecclésiastes 1:18).

- 1544 -

לְדָוִד מִזְמוֹר לַיהֹוָה הָאָרֶץ וּמְלוֹאָהּ תֵּבֵל וְיֹשְׁבֵי בָהּ: - Le-david mizmor : La-Yhwh ha-aréts oumloah, tévél veyoshvéi bah - « Chant de David : À Yhwh, la terre et sa plénitude, l'univers et ceux qui l'habitent » - Psaumes 24:1 -

- 1548 -

חֶרֶב נוֹלְדוּ־לוֹ שְׁתֵּי פִיּוֹת - Hérév noldou-lo shtéi piyoth - Épée à double tranchant (litt. Épée d'où naissent deux bouches).

תְּחִלַּת חָכְמָה יִרְאַת יְהֹוָה - Tehillath hokhmah yirath Yhwh - « Le début de la Sagesse est la crainte de Yhwh » (Prov. 9:10).

- 1561 -

הֶהָרִים וְכָל־גְּבָעוֹת עֵץ פְּרִי וְכָל־אֲרָזִים: - Héharim vekal-gvaôth êts pri vekal-arazim - « Montagnes, et toutes les collines, arbres fruitiers, et tous les cèdres » - Psaumes148:9-.

שְׁאוֹל תַּחְתִּיּוֹת - Shéol tahtiyah - Enfer inférieur, le pire endroit ou état (1er niveau).

- 1562 -

וְקָרָאתָ לַשַּׁבָּת עֹנֶג - Veqarata lashabbath ônég - « Au Shabbath, clame : Délice ! » (Isaïe 58:13).

- 1563 -

אוֹתִיּוֹת נִפְרָדוֹת - Othioth nifradoth - Lettres séparées (déconnectées).

- 1564 -

אוֹצְרוֹת בֵּית הַמִּקְדָּשׁ - Otsaroth Béith hamiqdash - Trésors du Temple.

- 1566 -

תְּקִיעַת שׁוֹפָר - Teqiath Shofar - Sonnerie de la Corne.

- 1570 -

נְעָרוֹת בְּתוּלוֹת - Nâaroth betouloth - Adolescentes vierges.

- 1574 -

אַרְבָּעָה שָׁרָשֵׁי יְסוֹדוֹת - Arbaâh sharashaï yessodoth - Quatre racines fondamentales.

- 1577 -

תִּפְאֶרֶת מַלְכוּת - Tiféréth Malkouth - Beauté, Royauté (sefiroth).

- 1587 -

עֲשֶׂרֶת-הַדִּבְּרוֹת - Âsséréth hadibroth - Dix Paroles.

- 1591 -

וְאָנֹכִי יְהוָה אֱלֹהֶיךָ מֵאֶרֶץ מִצְרָיִם עֹד אוֹשִׁיבְךָ בָאֱהָלִים כִּימֵי מוֹעֵד: – *Veanok'i Yhwh élohéik'a mééréts mitsraïm ôd oshivh'a vaahalim kiméi moêd* – « *Moi-même, Yhwh, ton dieu depuis la terre d'Égypte. Je te ferai retourner encore dans les tentes, comme aux jours de rendez-vous* » (Osée 12:10).

תַּעֲנִית אֶסְתֵּר – *Taânith Ésther* – Fête d'Esther (jeûne).

- 1592 -

תְּפִלַּת עַרְבִית – *Tefilath ârvith* - Prière du soir.

- 1594 -

שַׁעֲשׁוּעִים בַּנְּשָׁמוֹת – *Shaâshouïm baneshamoth* - Réjouissance des âmes.

- 1595 -

מַה־גָּדְלוּ מַעֲשֶׂיךָ יְהוָה מְאֹד עָמְקוּ מַחְשְׁבֹתֶיךָ: - *Mah-gadol maâsséik'a Yhwh meod âmqo mahshevotéik'a* – « *Que tes œuvres sont grandes, Yhwh. Très profondes sont tes pensées* » -Psaumes 92:6-.

- 1596 -

אֶרְדּוֹף אוֹיְבַי וְאַשִּׂיגֵם וְלֹא־אָשׁוּב עַד־כַּלּוֹתָם - *Érdof oïvaï veashiguém velo-ashouv âd-kalotam* – « *Je poursuivi mes ennemis et je les atteins. Je ne reviens pas avant de les avoir achevés* » -Psaumes 18:38-.

וּמֵעֵץ הַדַּעַת טוֹב וָרָע לֹא תֹאכַל מִמֶּנּוּ - *Ouméêts hadaâth tov varâ lo tok'al miménou* – « *Mais de l'arbre de la connaissance du bien et du mal, tu ne mangeras pas* » - Genèse 2:17-.

מַיִם עֲמֻקִים דִּבְרֵי פִי־אִישׁ נַחַל נֹבֵעַ מְקוֹר חָכְמָה: – *Mayim âmouqim divréi pi-ish nahal nobéâ miqor hakhmah* – « *Eaux profondes, paroles d'une bouche d'homme, torrent déferlant, source de sagesse* » - Proverbes 18:4-.

תִּשְׁעִים וָתֵשַׁע – *Tishîim vatéshâ* – Quatre-vingt-dix-neuf.

- 1608 -

חֹרֶב נוֹקֶמֶת נָקָם בְּרִית - *Horév noqméth naqam Brith* - Épée qui venge le sang de l'Alliance.

- 1610 -

אַרְתַּחְשַׁשְׁתָּא - *Artahshashta* - Artaxerxès.

- 1615 -

שַׁבָּת בְּרֵאשִׁית - *Shabbath Beréshith* – Shabbath au commencement.

- 1633 -

נוּרַת שֶׁבַּעַת הַקָּנִים - *Menorath-Shivâth-Haqaniom* - Chandelier à sept branches.

- 1634 -

מְחַמְּשִׁים שַׁעֲרֵי קְלִפּוֹת - *Meḥameshim shaâréi qliptoh* - Cinquante portes des Qlipoth.

- 1638 -

וְאָנֹכִי הַסְתֵּר אַסְתִּיר פָּנַי בַּיּוֹם הַהוּא - *Veanok'i hastréi astir panaï bayom hahou* - « Et moi, je cacherai entièrement ma face, en ce jour-là » (Deutéronome 31:18).

חַשְׁמַל חָשׁוֹת מְמַלְּלוֹת - *Ḥashmal hashoth memaleloth* - Ḥashmal est le silence parlant.

- 1648 -

תּוֹסֶפֶת שַׁבָּת - *Tosséféth Shabbath* - Augmentation du Shabbath.

- 1650 -

אוֹתִיּוֹת שֶׁל קִדּוּשׁ לְבָנָה - *Othioth shél qidoush levanah* – Lettres pour la consécration de la lune - Très grandes lettres.

- 1658 -

אוֹתִיּוֹת הַשְּׂפָתַיִם - *Othioth hasfataïm* – Lettres labiales.

- 1659 -

אוֹר זָרֻעַ לַצַּדִּיק וּלְיִשְׁרֵי־לֵב שִׂמְחָה: - *Or zarouâ latsadiq oulishréi-lév shimhah* . - « *La lumière est semée pour le juste et la joie pour ceux droit de cœur* » - Psaumes 97:11-.

- 1664 -

כְּבוֹד מַלְכוּתְךָ יֹאמֵרוּ וּגְבוּרָתְךָ יְדַבֵּרוּ: – *Kevod malkouthek'a yomérou ouguevourathek'a yedabérou* – « Ils disent la gloire de ton royaume, ils parlent de ton héroïsme » - Psaumes 145:11.

עֹשֶׂה־עָשׁ כְּסִיל וְכִימָה וְחַדְרֵי תֵמָן: – *Ôsséh-âsh ksil vekimah vehadréi téman* – « Il fait la grande Ourse, Orion, et les Pléiades, et les chambres du midi » - Job 9:9.

שֶׁמֶן זַיִת זָךְ כָּתִית – *Shémén zayith zak katith* – Huile d'olive pure vierge.

- 1667 -

אַתָּה־כֹהֵן לְעוֹלָם עַל־דִּבְרָתִי מַלְכִּי־צֶדֶק - *Atha-kohén leôlam âl-divrati Malki-tsédéq* - Tu es Prêtre éternel selon la parole de Melchitsédéq !

- 1671 -

אֶסְתֵּר יְרַקְרֹקֶת - *Esther yaraqroqéth* - Esther verdâtre.

חַג פּוּרִים שָׂמֵחַ לִי וְלְבָנִי מִשְׁפַּחְתִּי – *Ḥag Pourim saméah li velivni mishpahathi* – Joyeuse fête de Pourim pour toi et pour ta famille.

- 1672 -

מָאתַיִם וְשֵׁשׁ עֶשְׂרֵה – *Mataïm oushésh êssréh* – deux cent seize.

- 1680 -

רַנְּנוּ צַדִּיקִים בַּיהוָה לַיְשָׁרִים נָאוָה תְהִלָּה: – *Ranénou tsadiqim baYhwh layesharim navah tehilah* – « Que les justes se réjouissent en Yhwh, la louange est l'apanage des hommes droits » -Psaumes 33:1.

- 1681 -

שׁוֹשַׁנַּת הָרוּחוֹת – *Shoshanath harouhoth* - Rose des vents.

- 1682 -

נְקֻדַּת הַשִּׁוּוּי שֶׁל הַסְּתָו – *Niqoudath hashioui shél hastav* - Équinoxe automnal.

שִׁבְעַת שָׂרֵי פָּרַס וּמָדַי – *Shivâth saréi Parass oumadaï* - Sept princes de Perse et de Médie.

- 1684 -

נִתְבַּקֵּשׁ לִישִׁיבָה שֶׁל מַעְלָה – *Nitbaqésh lishivah shél-maêlah* - Être convoqué à l'académie céleste, mourir.

- 1696 -

בַּיּוֹם הַהוּא אָקִים אֶת-סֻכַּת דָּוִיד הַנֹּפָלֶת: – *Bayom ha hou aqim éth soukath David hanoféléth* – « En ce jour-là, je relèverai la cabane de David qui est tombée » - Amos 9:11 -.

יְהוָה אָהַבְתִּי מְעוֹן בֵּיתֶךָ וּמְקוֹם מִשְׁכַּן כְּבוֹדֶךָ: – *Yhwh ahavti meôn béiték'h ooumaqom mishkan kevodék'ha* – « Yhwh, j'aime le séjour de ta maison, le lieu où demeure de ta gloire » - Psaumes 26:8-.

יִשְׂמַח יִשְׂרָאֵל בְּעֹשָׂיו בְּנֵי-צִיּוֹן יָגִילוּ בְמַלְכָּם: – *Yismah Israël bôssaïv benéi-Tsion yagilou bemalkam* – « Israël se réjouit avec son Faiseur, que les fils de Sion s'égaient avec leur Roi » - Psaumes 149:2-.

כִּי-תָבוֹא חָכְמָה בְלִבֶּךָ וְדַעַת לְנַפְשְׁךָ יִנְעָם: – *Ki-tavo hak'hmah blibék'ah vedaâth lanafshék'ah yinâm* – « Car viendra : Sagesse en ton cœur et Connaissance pour ton âme sereine » - Proverbes 2:10-.

תּוֹרוֹת שֶׁל שֵׁדִים – *Toroth shél shédim* - Doctrines de démons.

- 1701 -

תַּחַת כִּפַּת הַשָּׁמַיִם – *Kéter Tiféréth* - À ciel ouvert, à l'air libre – Sous le dôme céleste.

- 1703 -

כֶּתֶר תִּפְאֶרֶת הַשָּׁמַיִם – *Tahath kippath hashamayim* - Couronne, Beauté (*sefiroth*).

- 1708 -

עֶשְׂרִים וּשְׁתַּיִם חֲפָצִים בְּגוּף אֶחָד - *Êssrim oushtaïm haftsim begouf éhad* - Vingt-deux objets (désirs) dans un seul corps.

- 1710 -

בֵּית הַקְּבָרוֹת הֶעַתִּיק – *Béith haqvaroth héâtiq* – Ancien cimetière.

נֵרְדְּ כַּרְכֹּם קָנֶה קִנָּמוֹן לְבוֹנָה מֹר אֲהָלוֹת – *Nerde karkom qanéh qinamon lebonah mor ohaloth* – Nard, safran, acore odorant, cannelle, oliban, myrrhe, aloès.

שָׁמוֹר אֶת־יוֹם הַשַּׁבָּת – *Shamor éth-yom hashabbath* – « Observe le jour du Shabbath » - Deut. 5:12.

- 1715 -

אֲרוֹמִמְךָ יְהוָה כִּי דִלִּיתָנִי וְלֹא־שִׂמַּחְתָּ אֹיְבַי לִי: - *Aromimk'a Yhwh ki dilitani velo-simahta oïvaï li* – « Je t'exalte, Yhwh, car tu m'as relevé, et tu n'as pas laissé mes ennemis se réjouir à mon sujet » -Psaumes 30:2-.

- 1721 -

תּוֹרַת הַנִּסְתָּר - *Torath hanistar* - Torah ésotérique - Mysticisme, Kabbale.

- 1724 -

אַבְרָהָם יִצְחָק יַעֲקֹב שָׂרָה רִבְקָה רָחֵל לֵאָה - *Avraham Ytshaq Yaâqov Sarah Rivqah Rahel Léah* - Abraham Isaac Jacob Sarah Rebecca Rachel Léah.

- 1738 -

הִתְפָּרֵץ לְדֶלֶת פְּתוּחָה – *Hitparéts ledéléth petouhah* - Pousser une porte ouverte, demander quelque chose qui a déjà été convenu.

נָשְׁמוֹת שֶׁל הָאָדָם הָרָאשׁוֹן - *Neshamoth shél haAdam ha Rishon* - Âmes du premier Adam.

- 1740 -

זָהָב כֶּסֶף נְחֹשֶׁת בְּדִיל וְעוֹפָרֶת - *Zahav késsef nehoshéth bdiyl veoférét* - Or, argent, cuivre, étain et plomb.

- 1743 -

אֲדֹנָי שְׂפָתַי תִּפְתָּח - *Adonai sfataï tiftah* - Adonai, ouvre mes lèvres (Psaumes 51:17).

עֲשֶׂרֶת יְמֵי תְּשׁוּבָה - *Êsséreth yeméi teshouvah* - Dix jours de repentance.

- 1746 -

בְּרִית שָׁלוֹם בְּרִית עוֹלָם – *Brith shalom brith ôlam* – Alliance de paix, alliance du monde.

הִנֵּה־נָא פָתַחְתִּי פִי דִּבְּרָה לְשׁוֹנִי בְחִכִּי: – *Hiné-na patahéti pi dibrah lashoni beḥiki* – « Voici donc, j'ai ouvert ma bouche, ma langue parle en mon palais » (Job 33:2).

חֶרֶב שֶׁל שְׁתֵּי פִיּוֹת – *Ḥérév shél shtéi piyoth* – Épée à double tranchant (litt. Épée à deux bouches).

יֵשׁוּ, מִתָּוֶךְ מִבְּרִית חָדָשׁ – *Yshou, mitavék' mibrith hadash* – Jésus, médiateur d'une Alliance nouvelle.

- 1749 -

תְּקוּפַת הַנְּחֹשֶׁת – *Teqoufath haneḥoshéth* – Âge du cuivre.

- 1759 -

הַלְלוּהוּ בְצִלְצְלֵי־שָׁמַע הַלְלוּהוּ בְּצִלְצְלֵי תְרוּעָה: – *Halelouhou betsiltsli-shamâ halelouhou betsiltsli tereouâh* – « Louez-le avec des cymbales qui résonnent ! Louez-le avec des cymbales retentissantes ! » -Psaumes 150:5- .

- 1766 -

אָבוֹת אָכְלוּ בֹסֶר וְשִׁנֵּי בָנִים תִּקְהֶינָה – *Avoth ak'lo bossér veshinéi banil tiqihéinah* – « Les pères ont mangé des raisins verts, et les dents des enfants en sont agacées » - Jérémie 31:29-.

בָּאתִי רָאִיתִי כָּבַשְׁתִּי – *Baéti raïti kavsti* – Je suis venu, j'ai vu, j'ai vaincu.

תּוֹרַת הַשְּׁמָטוֹת – *Torath hashemitoth* – Doctrine des cycles.

- 1781 -

הַשָּׁמַיִם מְסַפְּרִים כְּבוֹד־אֵל וּמַעֲשֵׂה יָדָיו מַגִּיד הָרָקִיעַ: – *Ha-shamayim messafrim Kavod-Él, oumaâsséi yadaïv maguid ha-raqiâ* – « Les cieux parlent de la Gloire divine et le firmament raconte l'œuvre de ses mains » - Psaumes 19:2 -.

- 1790 -

סְפִירוֹת הָעֶלְיוֹנוֹת הָאֱלֹהִיּוּת – *Sefiroth haêliyonoth haélohiyouth* – Sefiroth divines supérieures.

- 1798 -

שֵׂכֶל סוֹד הַפָּעוּלוֹת הָרוּחָנִיּוֹת כּוּלָם – *Sékél Sod ha-paôuloth ha-rouaḥniyout koulam* – Conscience du mystère de toutes les actions spirituelles.

- 1800 -

שִׁירוּ־לוֹ זַמְּרוּ־לוֹ שִׂיחוּ בְּכָל־נִפְלְאוֹתָיו: – *Shirou-lo zamrou-lo sihou bek'al-niflothaïv* – « Chantez

pour lui, psalmodiez-le !
Méditez toutes ses merveilles »
-Psaumes 105:2-.

- 1801 -

אֶת הַשָּׁמַיִם וְאֵת הָאָרֶץ וְהָאָרֶץ -
*Éth hashamayim veéth haaréts
vehaaréts* - Les cieux et la terre
et la terre.

וַיֹּאמֶר לָאָדָם, הֵן יִרְאַת אֲדֹנָי הִיא
חָכְמָה; וְסוּר מֵרָע בִּינָה: - *Vayomér
laAdam hén yrath Adonai hi Ħokhmah,
Vessour méraâ Binah* - Et il dit à
l'Adam : « *Craindre Adonai,
voilà Ħokhmah ! S'écarter du
mal, voilà Binah !* » (Job 28:28).

פּוֹתֵחַ אֶת־יָדֶךָ; וּמַשְׂבִּיעַ לְכָל־חַי
רָצוֹן: - *Potéaħ éth-yadék'a oumssviâ
le-kal-ħaï Ratson* - Ouvres ta main
et tu assouvis tout vivant à
Volonté.

תִּשְׁרֵי חֶשְׁוָן כִּסְלֵו טֵבֵת - *Tishri
heshevan Kislév Tevét* - Tishri
Heshevan Kislév Tevét
(mois).

- 1803 -

הַמַּשְׁפִּילִי לִרְאוֹת; בַּשָּׁמַיִם
וּבָאָרֶץ: - *Hamashpili lireoth
bashamaïm ouvaéréts* - Il s'abaisse
pour voir dans les cieux et
sur la terre.

שְׁתֵּים עֶשְׂר מַזָּלוֹת - *Shtéïm éssér
mazolth* - 12 constellations
(zodiaque).

- 1810 -

תְּפִלָּה לְעָנִי כִי־יַעֲטֹף וְלִפְנֵי יְהֹוָה
יִשְׁפֹּךְ שִׂיחוֹ: - *Tefilah leâni ki-yaâtof
velifnéi Yhwh yishpok shiħov* –
« *Prière du pauvre - Quand il
est abattu et qu'il répand sa
plainte devant Yhwh* » -
Psaumes 102:1-.

- 1815 -

יִתְגַּדַּל וְיִתְקַדַּשׁ שְׁמֵהּ רַבָּא -
Yitgaddal vèyitqaddash shméh rabba -
Que ton Grand Nom soit
magnifié et sanctifié
(*Qaddish*).

- 1825 -

אוֹתִיּוֹת שׁוֹרְקוֹת – *Othioth
shourqoth* – Lettres sifflantes.

- 1835 -

וּבְעוֹבָדָא דִּלְתַתָּא אִתְּעַר עוֹבָדָא
דִּלְעֵילָא - *ouvôvada diltata ithâr ôvada
diléila* - « *et par l'œuvre d'en bas,
ainsi est l'œuvre d'en haut* » -
Zohar ktav 31b.

- 1839 -

שָׂרָה מִרְיָם דְּבוֹרָה חַנָּה אֲבִיגַיִל
חֻלְדָּה אֶסְתֵּר – *Sarah, Miryam,
Dvorah, Ħanah, Avigaïl, Ħouldah et
Esther* – Sara, Miriam, Déborah,
Anna, Abigaïl, Houldah et
Esther.

- 1841 -

קָדוֹשׁ קָדוֹשׁ קָדוֹשׁ יהוה אֱלֹהִים צְבָאוֹת - Qadosh qadosh qadosh Yhwh-Élohim tsevaoth - Saint ! Saint ! Saint ! Yhwh Élohim tsevaoth.

- 1851 -

שְׁאֵלוֹת תְּשׁוּבוֹת - Shéloth teshouvoth - Questions-réponses.

- 1848 -

צַדִּיק כַּתָּמָר יִפְרָח כְּאֶרֶז בַּלְּבָנוֹן יִשְׂגֶּה: - Tsadiq katamar yifrah kéréz balvanon yissguéh - « Le juste fleurit comme le palmier, il s'épanouit comme un cèdre au Liban » - Psaumes 92 :13-.

- 1855 -

כְּפֶלַח הָרִמּוֹן רַקָּתֵךְ מִבַּעַד לְצַמָּתֵךְ: - Kefélah harimon raqaték mibaâd letsamaték - « Comme un quartier de grenade est ta tempe est comme un quartier de grenade derrière ton voile » - Cantique des cantiques 4:3-.

- 1856 -

שֶׁבַע נְתִיבוֹת הַתּוֹרָה - Shévâ netivoth haTorah - Sept chemins de la Torah.

- 1865 -

אַרְבַּע חַיּוֹת מְלֵאוֹת עֵינַיִם מִלְּפָנִים וּמֵאָחוֹר - Arbâ Hayoth miléoth êinayim milfanim ouméahor - Quatre vivantes pleins d'yeux devant et derrière.

- 1880 -

שָׁלֹשׁ סְעוּדוֹת בַּשַּׁבָּת - Shalosh seôudoth bashath - Trois repas durant Shabbath.

- 1884 -

בְּקַדְמִין בְּרָא יהוה יָת שְׁמַיָּא וְיָת אַרְעָא - Beqadmin bera Yhwh yath shemaya veath arâ - Au commencement Yhwh créa le ciel et la terre (araméen).

- 1890 -

חִידוּשׁ נְשָׁמוֹת יְשָׁנוֹת - Hidoush neshamoth yeshénoth - Renouvellement de vielles âmes.

- 1894 -

בִּינוּ בֹּעֲרִים בָּעָם; וּכְסִילִים, מָתַי תַּשְׂכִּילוּ: - Binou boêrim baâm ouksilim, mataï tiskilou - Discernez, stupides du peuple ! Imbéciles ! Quand serez-vous conscients ? (Psaumes 94:8).

לְכָה דוֹדִי לִקְרַאת כַּלָּה פְּנֵי שַׁבָּת נְקַבְּלָה - Lék'ah dodi liqrath kalah

Penéi shabbath neqabélah - *Va, mon bien-aimé, à l'abord de la Fiancée, accueillir le shabbath.*

לָכֵן הִנְנִי עַל־הַנְּבִאִים נְאֻם־יְהֹוָה - מְגַנְּבֵי דְבָרַי, אִישׁ מֵאֵת רֵעֵהוּ: Lak'én hineni âl-neviim neoum Yhwh meganvéi dvaraî ish mééth raâhou, - *C'est pourquoi, voici, dit Yhwh, j'en veux aux prophètes qui volent mes paroles chacun à son prochain* (Jérémie 23:30).

- 1899 -

אָסְתֵּירָא בְּלָגִינָא קִישׁ קִישׁ קַרְיָא - Istira belaguina qish qish qaria – *« Une pièce de monnaie dans une bouteille fait qish qish »* (Tal. Baba Metsia 85b).

- 1913 -

אִתְּעָרוּתָא דִלְתַתָּא - Itârouta diltata - Éveil d'en bas.

- 1924 -

הִתְחַדְּשׁוּת הַנְּשָׁמוֹת - Hithadshouth haneshamoth - Régénération des âmes.

- 1927 -

שׁוֹמֵר דַּלְתוֹת יִשְׂרָאֵל - Shomer daltoth Israël - Gardien des portes d'Israël.

- 1935 -

מִכְּנַף הָאָרֶץ זְמִרֹת שָׁמַעְנוּ צְבִי לַצַּדִּיק - Miknaf ha-aréts zimroth

shamânou tsvi latsadiq – *« De l'aile de la Terre nous avons entendu les chants, magnifiant le Juste »* - Isaïe 24:16 .

- 1955 -

הַלְאֵל יְלַמֶּד־דָּעַת וְהוּא רָמִים יִשְׁפּוֹט – HaÉl yilaméd-Daâth veHou ramim yshpot – *« Enseignerait-on la Connaissance à Dieu, Lui qui juge ceux qui sont élevés ? »* - Job 21:22.

- 1972 -

עִילַת הָעִילוֹת וְסִבַּת הַסִּבּוֹת - Ilaâth haîloth vesibath hasiboth - Cause des causes et raison des raisons.

- 1957 -

יֵעָשֶׂה רְצוֹנְךָ בָּאָרֶץ כַּאֲשֶׁר בַּשָּׁמַיִם - Yéâsséh retsonek'ah baaréts kaashér bashamaïm - Que ta Volonté soit sur la terre comme aux Cieux.

- 1981 -

שִׁיר הַשִּׁירִים אֲשֶׁר לִשְׁלֹמֹה: - Shir hashirim ashér liShlomoh – *« Cantique des cantiques de Salomon ».*

- 1998 -

בְּרֵאשִׁית בָּרָא אֱלֹהִים אֵת הַשָּׁמַיִם - Beréshith bara Élohim éth hashamayim – *« Au* commencement Élohim crée les cieux ».

וְכִתְקֹעַ שׁוֹפָר תִּשְׁמָעוּ - Veqiteqoâ shofâr tishmaôu - Et à la sonnerie du shofar, vous l'entendrez ! (Isaïe 18:3).

מִי גֶבֶר יִחְיֶה וְלֹא יִרְאֶה־מָּוֶת; יְמַלֵּט נַפְשׁוֹ מִיַּד־שְׁאוֹל סֶלָה: - Mi guévér Yhyéh velo yréh-mavéth, Ymalét nafsho miyad-shéol - sélah - « Quel brave vivra sans voir la mort, soustraira son âme de la main du shéol ? » (Psaumes 89:49).

שֶׁרֹאשִׁי נִמְלָא־טָל, קְוֻצּוֹתַי רְסִיסֵי לָיְלָה - Shéroshi nimla-tal, qoutsoti ressissé laïlah – « Car ma tête est pleine de rosée, mes boucles d'éclats de la nuit » (Cantique 5:2).

- 2009 -

הַחֲכָמִים מוּדְעִים לְבוֹרוּתָם וּמֻפְתָּעִים כְּשֶׁמַּאֲמִינִים לָהֶם - Hahakhamim moudîm leboroutam oumoufthaîm keshémaaminim lahém – « Les sages sont conscients de leur ignorance et sont surpris quand ils sont crus ».

וְעִמְּךָ לָרֹב עֹשֵׂי מְלָאכָה חֹצְבִים וְחָרָשֵׁי אֶבֶן וָעֵץ וְכָל־חָכָם בְּכָל־מְלָאכָה: – Vîmek'a larob ôsséi malk'ah hotsvim vehalrashéi évén vaêts vek'al hak'am vek'al malkah – « Tu as avec toi beaucoup d'artisans, de tailleurs de pierres, d'artisans de la pierre et du bois, tous sages en tous ouvrages » - 1 Chroniques 22:15 -.

- 2010 -

וָאֶפְתַּח אֶת־פִּי וַיַּאֲכִלֵנִי אֵת הַמְּגִלָּה הַזֹּאת: - Vééftah éth-pi vayak'iléni éth hameguilah hazoth – « Et j'ouvris la bouche, et il me fit manger ce rouleau » - Ezeckiel 3:2 -.

- 2019 -

בָּרֲכִי נַפְשִׁי אֶת־יְהוָה וְאַל־תִּשְׁכְּחִי כָּל־גְּמוּלָיו: - Baraki nafshi éth-Yhwh veal-tishkhi kal-guemoulaïv – « Ma néfésh est bénie par Yhwh et n'oublie pas toutes ses récompenses ».

לְהִסְתּוֹפֵף תַּחַת כַּנְפֵי הַשְּׁכִינָה - Lehistoféf tahath kanéféï ha-Shekinah - Aller se réfugier sous les ailes de la Shekhinah.

- 2020 -

בֵּית כְּנֶסֶת תּוֹרַת חֶסֶד - Béith knésséth Torah Hesséd – Synagogue, Torah de bienveillance.

הִנֵּה־נָא עָרַכְתִּי מִשְׁפָּט יָדַעְתִּי כִּי־אֲנִי אֶצְדָּק: - Hinéh-na ârk'ti mishpat yadâti ki-ani étsdaq – « Voici donc, j'expose ma connaissance équitable, car j'ai raison » - Job 13:18 -.

תִּשְׁכּוֹן בְּאָהֳלוֹ מִבְּלִי־לוֹ יְזֹרֶה עַל־נָוֵהוּ גָפְרִית: - «Tishkon beahalo mibli-lo izoréh âl-navéhou goféréth» – « Demeure dans sa tente, elle n'est plus à lui, le soufre est répandu sur sa demeure » - Job 18:15- .

- 2021 -

בְּרֵאשִׁית שְׁנַת מָשִׁיחַ – *Beréshith shanath mashiah* – Au commencement de l'année du Messie.

וְהָאֱמֶת תְּשַׁחְרֵר אֶתְכֶם – *Vehaéméth teshahrér éthk'ém* – « *et la vérité vous rendra libres* » (Ev. Jean 8:32).

מַה שֶׁתְּחַפֵּשׂ זֶה מַה שֶׁתִּמְצָא – *Mah shéthapésh zéh mah shétimtsa* – Ce que tu cherches, c'est ce que tu trouveras.

- 2022 -

הוֹד־וְהָדָר לְפָנָיו עֹז וְתִפְאֶרֶת בְּמִקְדָּשׁוֹ – *Hod-vehadar lefanaïv ôz vetiféréth bemiqdasho* – « *La majesté et la splendeur sont devant lui, la force et la beauté sont dans son sanctuaire* » (Psaumes 96:6).

וַתִּרְעַשׁ הָאָרֶץ שְׁנַת – *Vatirâsh haaréts shenath* – Et la terre tremblera pendant un an.

- 2023 -

הַהִתְגַּלּוּת שֶׁל הִתְגַּלּוּת – *Hahithgalouth shél hithgalouth* – La révélation de la révélation.

וַיִּתְחַזֵּק שְׁלֹמֹה בֶן־דָּוִיד עַל־מַלְכוּתוֹ וַיהוָה אֱלֹהָיו עִמּוֹ וַיְגַדְּלֵהוּ לְמָעְלָה – *Vayithazéq Shlomoh bén-David âl-malkouto vaYhwh élohéiv îmo vayegadléhou lemâlah* – « *Et Salomon, fils de David, s'affermit dans son royaume.*

Yhwh, son Dieu, fut avec lui et l'éleva bien haut ».

- 2028 -

בֹּאוּ נִשְׁתַּחֲוֶה וְנִכְרָעָה נִבְרְכָה לִפְנֵי־יְהוָה עֹשֵׂנוּ: – *Boou nishtahavéh venikraâh nivrek'ah lifnéi-Yhwh ôssénou* – « *Venez, prosternons-nous, inclinons-nous, agenouillons-nous devant Yhwh notre Faiseur* » -Psaumes 95:6-.

- 2033 -

שָׁנָה יְרֵחִית-שִׁמְשִׁית – *Shanah Yeréhith-shimshith* – Année lunaire.

- 2053 -

חָכְמַת הָאוֹתִיּוֹת וְהַשֵּׁמוֹת : – *Hakhmath ahothioth vehashemoth* – Sagesse des lettres et des noms.

- 2072 -

תְּלִיתִיוּתָא קַדִּישְׁתָּא – *Telitiouté qadishta* – Sainte Trinité (araméen).

- 2091 -

אֶסְתֵּר יְרַקְרֶקֶת הָיְתָה : – *Ésthér yarqroqéth hayetah* – « *Esther était d'un teint verdâtre* » (Méguilah 13a).

- 2095 -

- : לְשָׁנָה טוֹבָה תִּכָּתֵבוּ וְתֵחָתֵמוּ
Leshanah tovah tikatévou vetéhatémou
– Bonne année (vœux, litt. :
*Pendant une bonne année tu écriras
et signeras*).

- 2108 -

חֶסֶד גְּבוּרָה תִּפְאֶרֶת נֶצַח הוֹד יְסוֹד
מַלְכוּת - Hesséd Gvourah Tiféréth
Nétsah Hod Yessod Malkouth -
Bienveillance, Rigueur,
Beauté, Éternité, Gloire,
Fondement, Royauté
(*sefiroth*).

- 2115 -

מִזְרָח וּמַעֲרָב צָפוֹן רוּם וְתַחַת
וְדָרוֹם - Rom vetahath mizrah
oumaârav tsafon vedarom - Haut et
bas, est et ouest, nord et sud.

- 2116 -

בְּרָקִים לַמָּטָר עָשָׂה מוֹצֵא רוּחַ
מֵאוֹצְרוֹתָיו: - Beraqim lamatar âsséh
motsé-rouah méotsrotaïv – « *Il fait
des éclairs pour la pluie. Il fait
sortir le vent de ses trésors* » -
Psaumes 135 :7 -.

- 2126 -

עֶשְׂרָה פְּשׁוּטוֹת שְׁתַּיִם - Shtaïm
êsréh peshoutoth - Douze (lettres)
simples.

- 2128 -

- סוֹדוֹת הַתּוֹרָה שֶׁאָסוּר לְגַלּוֹת
Sodoth haTorah shé-assour legalouth -
Les secrets de la Torah qu'il
est interdit de révéler.

- 2146 -

- הַכְּתָרִים הִשְׁתַּלְשְׁלוּת
Hishtalshlouth haketarim -
Enchaînement des
couronnes.

נֶפֶשׁ הַמִּשְׁתַּתֶּפֶת בַּגּוּף - *Néfésh
hamishtatéféth bagouf* - Âme
attachée au corps.

- 2153 -

כִּי-הִשְׂבִּיעַ נֶפֶשׁ שֹׁקֵקָה; וְנֶפֶשׁ
רְעֵבָה מִלֵּא-טוֹב: - Ki-hisbiâ néfésh
shoqéqah, venéfésh rêvah milé-tov. –
« *Car il a rassasié l'âme altérée,
et rempli de bien l'âme
affamée* » - Psaumes 107:9.

- 2158 -

שִׁיר הַמַּעֲלוֹת מִמַּעֲמַקִּים קְרָאתִיךָ
יְהֹוָה: - Shi hamaâloth. Mimaâmaqim
qeratik'a : Yhwh! –

« *Chant d'ascension : Des
profondeurs, je crie : Yhwh !* » -
Psaumes 130 :1-.

- תְּנוּ לַקֵּיסָר אֶת אֲשֶׁר לַקֵּיסָר
Tenou laQéissar ashér laQéissar -
Donnez à César ce qui est à
César.

- 2170 -

אָז יְרַנְּנוּ עֲצֵי הַיַּעַר מִלִּפְנֵי יְהוָה כִּי־בָא לִשְׁפּוֹט אֶת־הָאָרֶץ: - *Az yeranenou êtsi hayaâr milfnéi Yhwh kiva lishpot éth-haaréts.* « *Que les arbres de la forêt jubilent devant Yhwh, car il vient pour juger la terre* » -1 Chroniques 16:33-.

עוּרִי צָפוֹן וּבוֹאִי תֵימָן, הָפִיחִי גַנִּי יִזְּלוּ בְשָׂמָיו; יָבֹא דוֹדִי לְגַנּוֹ, וְיֹאכַל פְּרִי מְגָדָיו: - *Ôri tsafon ouvoï téiman ! Hafihi gani izélou vessamaïv. Yavo Dodi legano veyik'al pri megadaïv* - « *Éveille-toi, vent du nord, et viens vent du sud ! Souffle sur mon jardin, afin que ses fragrances s'en exhalent. Que mon Bien-aimé vienne dans son jardin et mange de ses fruits délicats* » - Cantique des cantiques 4:16 -.

- 2172 -

וֶהֱוֵי זָנָב לָאֲרָיוֹת, וְאַל תְּהִי רֹאשׁ לַשּׁוּעָלִים - *Véhévéi Zanav laarayoth veal tehi Rosh lashouâllim* – « *Sois une queue pour les lions, et non une tête pour les renards* » - Pirqé avoth 4:15-.

- 2199 -

עֶשְׂרִים וּשְׁתַּיִם אוֹתִיּוֹת - *Êsrim oushtaïm othioth* - Vingt-deux lettres.

- 2210 -

קָדוֹשׁ קָדוֹשׁ קָדוֹשׁ יְהוָה צְבָאוֹת מְלֹא כָל־הָאָרֶץ כְּבוֹדוֹ - *Qadosh qadosh qadosh Yhwh tsevaoth milo kalhaéréts kivodo* – « *Saint, saint, saint, Yhwh tsevaoth, toute la terre est remplie de sa Gloire !* » - Esaïe 6:3 -.

- 2222 -

וְאֶת־מִזְבַּח הָעֹלָה וְאֶת־כָּל־כֵּלָיו וְאֶת־הַכִּיֹּר וְאֶת־כַּנּוֹ: - *Veéthmizbéah haôlah veéth-kal-kélaïv veéth-hakir veéth-kano* – « *L'autel des holocaustes et tous ses accessoires, le bassin et son socle* » -Exode 30:28-.

וַיָּבֹא הַמֶּלֶךְ וְהָמָן לִשְׁתּוֹת עִם־אֶסְתֵּר הַמַּלְכָּה: - *Vayabo kamélékh vehaman lishtoth îm-Ésther hamalkah* – « *Le roi et Haman viennent pour boire avec la reine Esther* » -Esther 7:1-.

- 2274 -

מֶטַטְרוֹן רוּחַ יִסְקוֹנִית אִיטְמוֹ הִיגְרוֹן סִיגְרוֹן מֶטוֹן מִיטַן נֵטִיט נֵטִיף - *Métatron Rouah Pisqonit Itmon Higron Sigron Méton Mitan Nétit Nétif* - Nom du Prince de la Présence (*Séer Qomah*).

- 2277 -

כֶּתֶר תִּפְאֶרֶת יְסוֹד מַלְכוּת - *Kéter Tiféréth Yessod Malkouth* - Couronne, Beauté, Fondement, Royauté (*sefiroth*).

- 2279 -

עֶשְׂרִים וּשְׁתַּיִם אוֹתִיּוֹת יְסוֹד - Êsrim oushtaïm othioth Yessod - Vingt-deux lettres de fondement.

- 2284 -

אַחַת דִּבֶּר אֱלֹהִים, שְׁתַּיִם־זוּ שָׁמָעְתִּי - Ahath dibér Élohim shtaïm-zou shamâti - « Une fois Élohim parle, deux dois je l'entends » - Psaumes 62:12-.

- 2285 -

אָמַר לְעוֹלָמוֹ דַּי וְלֹא תִּתְפַּשְׁטוּ יוֹתֵר - Amar leôlamo daï valo titpashtoou yotar - Il a dit «assez» à son monde et ne se propagea pas davantage.

- 2303 -

שֵׁשׁ מֵאוֹת שִׁשִּׁים וָשֵׁשׁ - Shésh méoth shishim vashésh - Six cent soixante-six.

- 2304 -

אֵין־חֹשֶׁךְ וְאֵין צַלְמָוֶת; לְהִסָּתֶר שָׁם, פֹּעֲלֵי אָוֶן: - Éin-hoshék etéin tsalmavéth lehissatér sham pialéi avén - Il n'y a pas d'obscurité, il n'y a pas d'ombre-mort, où se puissent cacher les oeuvrant d'iniquité (Job 34:22).

עִיר פְּרוּצָה אֵין חוֹמָה אִישׁ אֲשֶׁר אֵין מַעְצָר לְרוּחוֹ: - Îr proutsah éin homah ish ashér éin maêtsar larouah – « Ville en brèche, sans rempart, est l'homme sans maîtrise de son souffle » (Proverbes 25:28).

שְׁלֹשִׁים וּשְׁתַּיִם נְתִיבוֹת - Shloshim oushtaïm netivoth - 32 sentiers.

- 2313 -

אֵשׁ וּבָרָד שֶׁלֶג וְקִיטוֹר רוּחַ סְעָרָה עֹשָׂה דְבָרוֹ: - Ésh ouvarad shélég veqitor rouah saârah ôsséh devaro – « Feu et grêle, neige et brouillard, vent de tempête faiseur de sa parole » -Psaumes 148:8-.

- 2314 -

מִקֹּלוֹת מַיִם רַבִּים, אַדִּירִים מִשְׁבְּרֵי־יָם; אַדִּיר בַּמָּרוֹם יְהוָה: - Miqoloth mayim rabim adirim mishbréi-yam, adir bamarom Yhwh – « Plus que les voix des eaux multiples, que les creux puissants de la mer, impressionnant en hauteur est Yhwh » - Psaumes 93:4 -.

- 2319 -

אָנֹכִי אֵרֵד עִמְּךָ מִצְרַיְמָה וְאָנֹכִי אַעַלְךָ גַם־עָלֹה וְיוֹסֵף יָשִׁית יָדוֹ עַל־עֵינֶיךָ: - Anok'i éréd îmk'a mitsraïmah veAnok'i aâlk'a gam âloh veYosséf yashith yado âl-êinéik'a – « Moi-même, je descendrai avec toi en Égypte. Moi-même, je t'en ferai monter, monter aussi : Joseph placera sa main sur tes yeux » -Gen., 46:4-.

גִּבּוֹר כַּאֲרִי לַעֲשׂוֹת רְצוֹן אָבִיךְ שֶׁבַּשָּׁמַיִם - Guibor kaari laâssoth retson abik'a sébashamaïm – « Sois courageux pour faire la Volonté de Ton Père qui est aux Cieux » - Pirqé Avoth, 5:20-.

שְׁלָחַיִךְ פַּרְדֵּס רִמּוֹנִים עִם פְּרִי מְגָדִים כְּפָרִים עִם־נְרָדִים – Shlahayik'h pardès rimonim îm pri megadim kfarim îm nardim – « Tes effluves, un paradis de grenades, avec le fruit des succulences, hennés avec nards » - Cant., 4:13-.

- 2328 -

אַל־תֶּאֱהַב נָה פֶּן־תִּוָּרֵשׁ פְּקַח עֵינֶיךָ שְׂבַע־לָחֶם: - Al-tééhav pén-tivarésh peqah êinéik'a sevâ-lahém – « N'aime pas le sommeil, de peur de devenir pauvre, ouvre tes yeux, et tu seras rassasié de pain » -Proverbes 20-13-.

- 2330 -

שֶׁמֶשׁ יָרֵחַ עָמַד זְבֻלָה; לְאוֹר חִצֶּיךָ יְהַלֵּכוּ, לְנֹגַהּ בְּרַק חֲנִיתֶךָ: - Shémésh yaréah âmad zvoulah leor hitséik'a yehaléik'ou lenogah beraq haniték'a – « Le soleil couvert de la lune, se tient dans sa demeure. Il accélère à la lumière de tes flèches, et à l'éclair de ta lance scintillante » - Habacuc 3:11 -.

- 2351 -

הַלְלוּ אֶת־יְהוָה מִן־הָאָרֶץ תַּנִּינִים וְכָל־תְּהֹמוֹת: - Halelou éth-Yhwh min-haaréts taninim vekal-tehomoth - « Louez Yhwh ! De la terre des dragons et de toutes profondeurs » -Psaumes 148:7-.

- 2367 -

כִּי לְךָ הַמַּלְכוּת, הַגְּבוּרָה וְהַתִּפְאֶרֶת לְעוֹלְמֵי עוֹלָמִים אָמֵן - Ki-léka'h haMalkouth haGvourah haTiféréth leÔlaméi olamim, Amén - Car c'est à toi qu'appartiennent le Règne, la Puissance et la Gloire pour les siècles des siècles, Amen.

- 2403 -

עֹשֶׂה מַלְאָכָיו רוּחוֹת מְשָׁרְתָיו אֵשׁ לֹהֵט: - Ôsséh malakaïv rouhoth meshartaïv ésh lohét – « Il fait de ses anges des vents, ses ses serviteurs un feu flamboyant » - Psaumes 104:4-.

- 2435 -

אֲחֹתִי רַעְיָתִי יוֹנָתִי תַמָּתִי – Ahoti r[âyati yonati tamati – « Ma sœur, ma fiancée, ma colombe, ma parfaite » - Cant. 5:2 -.

וַיַּחֲלֹם וְהִנֵּה סֻלָּם מֻצָּב אַרְצָה וְרֹאשׁוֹ מַגִּיעַ הַשָּׁמָיְמָה וְהִנֵּה מַלְאֲכֵי אֱלֹהִים עֹלִים וְיֹרְדִים בּוֹ: - Vayahalom vehinéh soulam moutsav artsah verosho maguiâ hashamaïmah vehinéh malak'éi Élohim ôlim veyordim bo – « *Et il songea: et voici une échelle dressée sur la terre, et son sommet touchait aux cieux; et voici, les anges de Dieu montaient et descendaient sur elle* » - Genèse 28:12 -.

- 2437 -

יָרֵחַ אוֹמֶרֶת. עָשָׂה יָרֵחַ לְמוֹעֲדִים שֶׁמֶשׁ יָדַע מְבוֹאוֹ: - *Âssah yaréah lemoêdim shémésh yadâ mevoeo* – « *Il a fait la Lune pour les saisons, le Soleil connaît son coucher* » - Psaumes 104:19 -.

- 2496 -

אִם־תַּגְבִּיהַּ כַּנֶּשֶׁר וְאִם־בֵּין כּוֹכָבִים שִׂים קִנֶּךָ מִשָּׁם אוֹרִידְךָ נְאֻם־יְהֹוָה: - *Im-tagubiha kanéshér veim-béïn kokavim shim qinék'a misham oridk'a neoum-Yhwh* - « *Si tu t'élèves comme l'aigle, et que parmi les étoiles tu places ton nid, je t'en précipiterai, dit Yhwh* » -Obadia 1:4-.

- 2517 -

יֵשׁ קַנְקַן חָדָשׁ מָלֵא יָשָׁן, וְיָשָׁן שֶׁאֲפִלּוּ חָדָשׁ אֵין בּוֹ – *Yésh qanqan hadash malé yashan veyashan shéafilou hadash éin bo* - « *Il y a une jarre neuve remplie de vin vieux, et une vieille dans laquelle il n'y en a même pas de nouveau.* » - Pirqé avoth 4:20 -.

- 2519 -

יִרְאַת יְהֹוָה רֵאשִׁית דָּעַת; חָכְמָה וּמוּסָר אֱוִילִים בָּזוּ: – *Yirath Yhwh réshith Daâth, hak'hmah ou moussar évilim bazou* - « *La crainte de Yhwh est le commencement de la connaissance, sagesse et discipline sont méprisées des fous.* » -Proverbes 1:7 -.

- 2533 -

אֶחָד רֹאשׁ אֶחָדוּתוֹ רֹאשׁ יְחוּדוֹ תְּמוּרָתוֹ אֶחָד – *Éhad Rosh Éhadouto Rosh Yihoudo Temourato Éhad* – « *Un, sommet de Son unification, sommet de Son unité, Sa permutation est Une* » - Développement du nom Ararita.

- 2608 -

מִי־כָמֹכָה בָּאֵלִם יְהֹוָה מִי כָּמֹכָה נֶאְדָּר בַּקֹּדֶשׁ נוֹרָא תְהִלֹּת עֹשֵׂה פֶלֶא: - *Mi-kamokah baélim Yhwh ? Mi kamokah néedar baqodésh ? Nora tehiloth, ôssé pélé !* – « *Qui est comme toi parmi les dieux, Yhwh ? Qui est comme toi, magnifique en sainteté, redoutables en louanges, faiseur du merveilleux* » -Exode 15 :11.

- 2640 -

אֶהְיֶה כַטַּל לְיִשְׂרָאֵל יִפְרַח כַּשּׁוֹשַׁנָּה וְיַךְ שָׁרָשָׁיו כַּלְּבָנוֹן - *Éhyéh katal leYsraél ifrah kashoshanah veyak sharashaïv kalvanon* - « *Je serai* comme la rosée pour Israël, il fleurira comme une rose, il enfoncera ses racines comme le Liban. » - Ossé 14:6 -.

- 2649 -

מִמָּרוֹם יִשְׁאָג וּמִמְּעוֹן קָדְשׁוֹ יִתֵּן קוֹלוֹ שָׁאֹג יִשְׁאַג עַל־נָוֵהוּ: - Mimarom yishag oumimeôn qadésho yitén qolo shaog yshag âl-navéhou – « Yhwh rugira d'en haut et fera retentir sa voix depuis sa demeure sainte, son cri résonne profondément sur son habitation » -Jérémie 25:30-.

עֵת לַעֲשׂוֹת לַיהוָה הֵפֵרוּ תּוֹרָתֶךָ. - Êth laâssoth laYhwh héférou Toraték'a - « Il est temps d'agir pour Yhwh, ils ont annulé Ta Torah » -Psaumes 119:126-.

- 2701 -

בְּרֵאשִׁית בָּרָא אֱלֹהִים אֵת הַשָּׁמַיִם וְאֵת הָאָרֶץ - Beréshith bara Élohim éth hashamayim vééth haaréts - « Au commencement Élohim crée les cieux et la terre ».

בְּרֵאשִׁית הָיָה הַדָּבָר וְהַדָּבָר הָיָה לַיהוָה וַיהוָה הָיָה הַדָּבָר : הוּא הָיָה בְּרֵאשִׁית לַיהוָה : - Beréshith hayah hadavar vehadavar hayah laYhwh vaYhwh hayah hadavar. Hou hayah beréshith laYhwh – « Au commencement était le Verbe et le Verbe était pour Dieu et le Verbe était Dieu. Il était au commencement pour Dieu » (Ev. Jean 1:1).

וּבַחֹדֶשׁ הַשֵּׁנִי בְּשִׁבְעָה וְעֶשְׂרִים יוֹם לַחֹדֶשׁ יָבְשָׁה הָאָרֶץ - Ouvahodésh hashnéi bashiviih vîshrim yom lahodésh yavshih haaréts - Et au second mois, le vingt-septième jour du mois, la terre fut sèche (Genèse 8:14).

וְאַתָּה תָּגִיל בַּיהוָה בִּקְדוֹשׁ יִשְׂרָאֵל תִּתְהַלָּל – Veatah taguil baYhwh biqdosh Yisraél tithalal – « Et toi, tu te réjouiras en Yhwh, tu te glorifieras dans le Saint d'Israël » (Isaïe 41:16).

- 2718 -

תְּלָמֶיהָ רַוֵּה נַחֵת גְּדוּדֶיהָ בִּרְבִיבִים תְּמֹגְגֶנָּה צִמְחָהּ תְּבָרֵךְ: - Telaméiha ravéh gdoudéiha birvivim temogguénah tsimhah tevarék. – « Tu arroses ses sillons en abondance, tu affermis ses mottes, tu la détrampes avec des averses, tu bénis sa croissance » -Psaumes 65:11-.

- 2720 -

חֲמִשִׁים שַׁעֲרֵי בִינָה נִבְרְאוּ בָּעוֹלָם וְכֻלָּן נִתְּנוּ לְמֹשֶׁה חָסֵר אֶחָד - Hamishiym shaaréi beynah nivrao baôlam vekhoulan nitanou lemoshéh hassér ahéd - « Cinquante portes de Binah ont été créées dans le monde et toutes ont été données à Moïse, à l'exception d'une » (Talmud - Rosh haShanah 21b-11).

- 2766 -

לָבְשׁוּ כָרִים הַצֹּאן וַעֲמָקִים
יַעַטְפוּ־בָר יִתְרוֹעֲעוּ אַף־יָשִׁירוּ:
Lavsho karim hatson vaâmaqim yaâtfou-bar yitroâôu af-yashirou. – « Les prairies se recouvrent de troupeaux, les vallées se drapent de froment, elles crient de joie, elles chantent aussi » - Psaumes 65:14-.

- 2798 -

כִּסֵּא הַכָּבוֹד שְׂרָפִים וְאוֹפַנִּים
וְחַיּוֹת הַקּוֹדֶשׁ וּמַלְאֲכֵי הַשָּׁרֵת
Kissé haKavod, serafim veofanim veHayoth haqodésh ouMalakéi hasaréth - Trône de Gloire, Serafim et Ofanim, Vitalités saintes et Anges de service.

- 2868 -

כֶּתֶר חָכְמָה בִּינָה חֶסֶד גְּבוּרָה
תִּפְאֶרֶת נֶצַח הוֹד יְסוֹד מַלְכוּת
Kétér Hokhmah Binah Hesséd Gvourah Tiféréth Nétsah Hod Yessod Malkouth - Couronne, Sagesse, Intelligence, Bienveillance, Rigueur, Beauté, Éternité, Gloire, Fondement, Royauté (sefiroth).

- 2922 -

כֶּתֶר וְחָכְמָה וּבִינָה וְחֶסֶד וּגְבוּרָה
וְתִפְאֶרֶת וְנֶצַח וְהוֹד וְיְסוֹד וּמַלְכוּת
- Kétér veHokhmah ouBinah veHesséd ouGvourah veTiféréth ouNétsah veHod veYessod ouMalkouth - Couronne et Sagesse et Intelligence et Bienveillance, Rigueur et Beauté et Éternité et Gloire et Fondement (sefiroth) et Royauté.

- 2927 -

רֵישׁ מָתִיבְתָּךְ דִּי בִזְכוּתֵיהּ
מִתְפַּרְנְסִין כָּל עָלְמָא - Rish metivtak'h di bizk'outéyah mithparnessin kal âlma - « Ton maître d'école, par son mérite, soutient le monde entier » - Targoum onkelos Shir hashirim 7-3 (aram.).

- 2943 -

וְאַתָּה צַדִּיק עַל כָּל־הַבָּא עָלֵינוּ כִּי־
אֱמֶת עָשִׂיתָ וַאֲנַחְנוּ הִרְשָׁעְנוּ:
- Veatha tsadiq âl kal-haaba âléinou kiéméth âssith vaanahenou hirshaânou – « Tu es juste en tout ce qui nous arrive, car Vérité est ton œuvre, et nous agissons méchamment » -Néhémie 9:33-.

- 2968 -

גֶּשֶׁם נְדָבוֹת תָּנִיף אֱלֹהִים נַחֲלָתְךָ
וְנִלְאָה אַתָּה כוֹנַנְתָּהּ - Guéshém nedavoth tanif Élohim nahlathk'a venilah atha konantah – « Élohim, tu as versé une pluie généreuse, pour fortifier ton héritage quand il languissait » - Psaumes 68:10 -.

- 2969 -

אִישׁ תַּחַת גַּפְנוֹ וְתַחַת תְּאֵנָתוֹ - Ish tahath gafno vetahath ténato – « L'homme sous sa vigne et sous son figuier » - 1 Rois 5:5.

וַיהוָה הֹלֵךְ לִפְנֵיהֶם יוֹמָם בְּעַמּוּד עָנָן לַנְחֹתָם הַדֶּרֶךְ וְלַיְלָה בְּעַמּוּד אֵשׁ לְהָאִיר לָהֶם לָלֶכֶת יוֹמָם וָלָיְלָה: - VaYhwh hol'ék lifnéihém yomam beâmoud ânan lanihotam hadérék' vilaïlah biâmoud ésh lehaïr lahém lalék'éth yomam valaïlah – « Et Yhwh allait devant eux, le jour dans une colonne de nuée, pour les conduire par le chemin, et la nuit dans une colonne de feu, pour les éclairer, afin qu'ils marchent jour et nuit. » - Exode 13:21.

- 2973 -

יְשֻׂשׂוּם מִדְבָּר וְצִיָּה וְתָגֵל עֲרָבָה וְתִפְרַח כַּחֲבַצָּלֶת: - Yshoushoum midbar vetsiyah, vetaguél ârvah vetiprah ka-havatsaléth – « L'aride et le désert se réjouiront, la steppe exultera et fleurira comme le lys » - Isaïe 35:1 -.

- 3051 -

בְּרֵאשִׁית הָיָה הַדָּבָר, וְהַדָּבָר הָיָה עִם הָאֱלֹהִים, וֵאלֹהִים הָיָה הַדָּבָר, הוּא הָיָה בְּרֵאשִׁית עִם הָאֱלֹהִים. - Beréshith hayah hadavar vehadavar hayah îm haÉlohim véÉlohim hayah hadavar. Hou hayah beréshith îm haÉlohim –

"Au commencement était le Verbe et le Verbe était avec Dieu et le Verbe était Dieu. Il était au commencement avec Dieu" (Ev. Jean 1:1).

- 3179 -

וּסְלַח לָנוּ אֶת אַשְׁמָתֵנוּ כַּאֲשֶׁר סָלַחִים גַּם אֲנַחְנוּ לַאֲשֶׁר אֲשָׁמוֹ לָנוּ - Ousilah lanou éth ashmaténou kaashér selouhim gam anahnou laashér ashamo lanou – « Pardonne-nous nos offenses comme nous pardonnons à ceux qui nous ont offensés ».

- 3242 -

עַד־מָתַי עָצֵל תִּשְׁכָּב מָתַי תָּקוּם מִשְּׁנָתֶךָ: - Âd-mataï âtsél tishkav mataï taqoum mishnaték'a – « Combien de temps vas-tu dormir, paresseux ? Quand te relèveras-tu de ton sommeil ? » - Proverbes 6:9-.

- 3333 -

וַתִּתֶּן־לִי מָגֵן יִשְׁעֶךָ וִימִינְךָ תִסְעָדֵנִי וְעַנְוַתְךָ תַרְבֵּנִי: - Vatitén-li maguén Yishêkh vimink'a tissâdéni veânvateh'a tarbéni – « Tu me donnes le bouclier de ton salut, ta droite me soutient, et ta bonté me grandit » - Psaumes 18:36-.

- 3434 -

אֹמַר לַצָּפוֹן תֵּנִי וּלְתֵימָן אַל תִּכְלָאִי הָבִיאִי בָנַי מֵרָחוֹק וּבְנוֹתַי מִקְצֵה

346

הָאָרֶץ: - *Omar latsafon téni ! ouoltéiman al-tik'laï ! haviï vani mérahoq ouvnotaï miqtséh haaréts* – « *Je dirai au nord : Donne ! et au sud : Ne te retiens pas ! Fais venir de loin mes fils et mes filles du bout de la terre* » - Isaïe 43:6 -.

- 3468 -

כְּתַפּוּחַ בַּעֲצֵי הַיַּעַר כֵּן דּוֹדִי בֵּין הַבָּנִים בְּצִלּוֹ חִמַּדְתִּי וְיָשַׁבְתִּי וּפִרְיוֹ מָתוֹק לְחִכִּי: - *Ketapouah hayaâr kén dodi béïn habanim betsilo himadti veyashvti oufriv matoq lehiki.* – « *Comme le pommier parmi les arbres de la forêt, ainsi est mon bien-aimé parmi les fils. Je me suis assise à son ombre avec délice et son fruit est doux à mon palais* » - Cantique des cantiques 2:3-.

- 3482 -

בּוֹר. שַׁחַת. דּוּמָה. טִיט הַיָּוֵן. שְׁאוֹל. צַלְמָוֶת. אֶרֶץ תַּחְתִּית. - *Bor, shahath, doumah, tit hayavén, shéol, tsalmavéth, éréts tahtith.* – Les sept compartiments de la Géhenne : La fosse, la tombe, le silence, la boue épouvantable, l'enfer, l'ombre-mort, la terre souterraine.

- 3700 -

וְכִי תִשְׁגּוּ, וְלֹא תַעֲשׂוּ, אֵת כָּל־הַמִּצְוֹת הָאֵלֶּה; אֲשֶׁר־דִּבֶּר יְהוָה אֶל־מֹשֶׁה: - *Veki tishgou velo taâssou éth kal-hamitsvoth haéléh ashé dibér Yhwh él Moshé* – « *Car vous vous égarerez et ne ferez pas tous ces ordres dont Yhwh a parlé à Moïse* » (Nombres 15:22).

- 3934 -

כַּרְשְׁנָא שֵׁתָר אַדְמָתָא תַרְשִׁישׁ מֶרֶס מַרְסְנָא מְמוּכָן: - *Karshna Shéthar Admata Tarshish Mérés Marsna Memouk'an* - * Noms des 7 princes de Perse et de Médie dans le *Livre d'Esther*.

- 4027 -

לְךָ יְהוָה הַגְּדֻלָּה וְהַגְּבוּרָה וְהַתִּפְאֶרֶת וְהַנֵּצַח וְהַהוֹד כִּי־כֹל בַּשָּׁמַיִם וּבָאָרֶץ לְךָ יְהוָה הַמַּמְלָכָה וְהַמִּתְנַשֵּׂא לְכֹל לְרֹאשׁ: - *Lék'a Yhwh haGuedoulah ve haGuevourah vehaTiféréth vehaNétsah vehaHod, kikol bashamaïm ouvaaréts lek'a Yhwh hamamelak'ah vehamithnashé lekol lerosh* – « *À toi, Yhwh, la grandeur, la vigueur, la beauté, l'éternité et la gloire, car tout ce qui est dans les cieux et dans la terre est à toi Yhwh, ainsi que la royauté et l'élévation au-dessus de chaque tête* » - 1 Chroniques 29:11-.

- 4044 -

יָשֶׁת חֹשֶׁךְ סִתְרוֹ סְבִיבוֹתָיו סֻכָּתוֹ חֶשְׁכַת מַיִם עָבֵי שְׁחָקִים: - *Yashéth hoshék sitro sevivotaïv soukato héshk'ath-mayim âvéi shehaqim* – « *Il fait de l'obscurité une cabane occultante autour de lui,* obscurité d'eau et de nuées de nuages épais » - Psaumes 18:12 -.

- 4064 -

אֶשְׁתְּךָ כְּגֶפֶן פֹּרִיָּה בְּיַרְכְּתֵי בֵיתֶךָ בָּנֶיךָ כִּשְׁתִלֵי זֵיתִים סָבִיב לְשֻׁלְחָנֶךָ: - Éshtheek'a keguéfén poriyah byarketéi beiték'a kishtiléi eéitim saviv leshoulhanék'a - « Ta femme sera comme une vigne féconde dans les recoins de ta maison, tes enfants comme des rameaux d'olivier autour de ta table » -Psaumes 128:3-.

- 4129 -

שָׁלֹשׁ אִמּוֹת וְשֶׁבַע כְּפוּלוֹת וּשְׁתֵּים עֶשְׂרָה פְּשׁוּטוֹת: - Shalosh imoth veshévâ kefouloth oushtaïm êssréh pshoutoth - Trois mères, sept doubles et douze simples.

- 4436 -

אַךְ אֶת־הַזָּהָב וְאֶת־הַכֶּסֶף אֶת־הַנְּחֹשֶׁת אֶת־הַבַּרְזֶל אֶת־הַבְּדִיל וְאֶת־הָעֹפָרֶת: - Ak éth-hazahav veéth hakésséf éth haneḣoshéth éth habarzél éth havdil veéth haôféréth – « Ce sont : l'or, l'argent, le cuivre, le fer, l'étain, le plomb » (Nombres 31 :22).

- 4444 -

וְכֶבֶשׂ בֶּן־שְׁנָתוֹ תָּמִים תַּעֲשֶׂה עוֹלָה לַיּוֹם לַיהוָה בַּבֹּקֶר בַּבֹּקֶר תַּעֲשֶׂה אֹתוֹ: - Vékévésh bén-shnato tamim taâsséh ôlah layom laYhwh

baboqér baboqér taâsséh oto - Un agneau âgé d'un an parfait, tu feras monter au jour pour Yhwh au matin. Au matin tu feras cela -Ézéchiel 46:13-.

- 4672 -

לְקוֹל תִּתּוֹ הֲמוֹן מַיִם בַּשָּׁמַיִם וַיַּעַל נְשִׂאִים מִקְצֵה־אָרֶץ בְּרָקִים לַמָּטָר עָשָׂה וַיּוֹצֵא רוּחַ מֵאֹצְרֹתָיו: - Leqol tito hamon mayim bashamayim vayaêl nessiïm miqtséh-aréts, beraqim lamatar âssah vayotsé rouah méotsrotaïv. – « Quand sa voix résonne, les eaux célestes s'agitent. Il monte les vapeurs des confins de la terre, fait les éclairs pour la pluie et tire l'esprit (vent) de ses trésors » - Jérémie 51:16- .

- 5555 -

וְאֵלֶּה הוּסַד שְׁלֹמֹה, לִבְנוֹת אֶת־בֵּית הָאֱלֹהִים; הָאֹרֶךְ אַמּוֹת בַּמִּדָּה הָרִאשׁוֹנָה אַמּוֹת שִׁשִּׁים, וְרֹחַב אַמּוֹת עֶשְׂרִים: - Veéléh houssad Shlomoh livnoth éith Bétih haÉlohim haorék amoth bamidah harishonah amoth shishim verohav amoth êsrim – « Ceci est le fondement que Salomon posa pour bâtir la maison de l'Élohim : la longueur, en coudées d'après l'ancienne mesure, est de soixante coudées, et la largeur, de vingt coudées » -2 Chroniques 3:3-.

- 5782 -

אלף בית רייש הה מם - יוד צדי
חית קוף – יוד עין קוף בית - שין
רייש הא - רייש בית קוף הא - רייש
חית למד - למד אלף הא – *Alef
béith réish hé mém / Yod tsadé héith qof
/ Yod âyin qof béith / Shin réish hé /
Réish béith qof hé / Réish héith laméd /
Laméd alef hé* – Écriture
développée des lettres des sept
noms des Patriarches et des
Matriarches : *Abraham Isaac
Jacob Sarah Rebecca Rachel
Léah* [אַבְרָהָם יִצְחָק יַעֲקֹב שָׂרָה רִבְקָה
רָחֵל לֵאָה].

- 5878 -

כֹּה אָמַר יְהֹוָה כַּאֲשֶׁר יִמָּצֵא
הַתִּירוֹשׁ בָּאֶשְׁכּוֹל וְאָמַר אַל־
תַּשְׁחִיתֵהוּ כִּי בְרָכָה בּוֹ כֵּן אֶעֱשֶׂה
לְמַעַן עֲבָדַי לְבִלְתִּי הַשְׁחִית הַכֹּל:
*Koh amar Yhwh kaashér yimatsé
hatirosh baéshkol veamar él-tashhitéhou
ki vrak'ah bo kén éêshéh lemaân âvadaï
lvilti hashhith ha kol.* – « Ainsi parle
Yhwh : Comme le moût se
trouve dans la grappe et qu'on
dit : Ne le détruis pas, car il y a
une bénédiction en elle, ainsi je
ferai pour mes serviteurs, afin
de ne pas tout détruire » - Isaïe
65:8-.

- 6666 -

וְעַל־הַמִּסְגְּרוֹת אֲשֶׁר בֵּין הַשְׁלַבִּים
אֲרָיוֹת בָּקָר וּכְרוּבִים וְעַל־
הַשְׁלַבִּים כֵּן מִמַּעַל וּמִתַּחַת
לַאֲרָיוֹת וְלַבָּקָר לֹיוֹת מַעֲשֵׂה

מוֹרָד: - *Veâl-hamasgroth éshér béin
hashalbim arioth baqar oukerouvim
veâl-hashlabim kén mimaâl oumitahath
laarayoth velaqar loyoth maâsséh morad*
- « Sur les panneaux qui étaient
pris entre les montants il y avait
des lions, des bœufs et des
chérubins. Sur les montants,
au-dessus comme au-dessous
des lions et des bœufs, il y avait
des ornements qui pendaient » -
1 Rois 7:29-.